當才子

遇

上

論語

〔明〕張岱 著

馮寧寧 編譯

中華書局

目　錄

序

　　張岱（1597—1689），字宗子、石公，號陶庵、蝶庵，浙江山陰（今浙江紹興）人。

　　他為人們所熟知，首先是因為他的山水美文，《西湖夢尋》《陶庵夢憶》等著，格調高古，境界夐絕，而文筆清新婉麗，時露胸次灑落氣象。現代以來，周作人、施蟄存等皆對其推崇備至，黃裳則稱其為「絕代的散文家」。

　　但張岱不只是一位「絕代的散文家」，還是一位著名的史學家。他有大量的史學著作，如《古今義烈傳》《史闕》《石匱書》《石匱書後集》等。尤其是《石匱書》與《石匱書後集》，其「事必求真，語必務確」，以至於「五易其稿，九正其訛」，為有明一代存其信實可靠之史，實與談遷《國榷》、萬斯同《明史稿》同光於史林。然張岱又不只是一位著名的史學家，其《四書遇》之著，又使之躋身於思想家之列。

　　《四書遇》原為未刊抄稿本，初藏於江蘇常熟周氏鴿峰草堂，浙江圖書館於 1934 年購得此本，將其列為甲級特藏稿本。

　　《四書遇》是張岱對四書的解釋。書之所以名為「遇」，張岱說：「蓋遇之云云者，謂不於其家，不於其寓，直於途次之中邂逅遇之也。」語雖寥寥，而其用心之勤苦已然深蘊於其中。因此所謂「遇」者，正是張岱獨特的經典解釋方式。

　　在《四書遇序》中，張岱又大略說了其「遇」的基本手段：「間有不能強解者，無意無義，貯之胸中。或一年，或二年，或

讀他書，或聽人議論，或見山川雲物、鳥獸蟲魚，觸目驚心，忽於此書有悟，取而出之，名曰《四書遇》。」

然則所謂「遇」者，悟也，非搜求於各家注疏、牙籤滿屋，而悟之於山川雲物、鳶飛魚躍之當下生命，而遇之於道阻水長、流離顛沛之倉皇困頓之間者也。故《四書遇》之撰著，前後歷時四十年，亦可謂傾其全付精神，而為其獨與天地精神相往來之獨立人格的文字見證。雖當明清易代「天崩地解」之時，作者播遷於亂離，蹎蹶於道途，而猶妥為珍藏：「余遭離亂兩載，東奔西走，身無長物，委棄無餘。獨於此書，收之篋底，不遺隻字。」足見張岱對這一作品的特為重視。

雖說張岱之所「遇」乃其獨特心得，但並不是說他只是獨運孤明。恰恰相反，《四書遇》的文獻徵引極為廣博，據朱宏達先生統計，書中引文所涉人物有二百六十七人之多。許多不見於其他史料的人物，藉《四書遇》而得以留存其思想之吉光片羽。然則《四書遇》又匯存了大量的中晚明思想史料，豈不彌足珍貴！

雖說「不讀朱注」，但就《四書遇》的內容來看，張岱對朱熹的《四書章句集注》實諳熟於心，書中多明引或暗引朱熹之說，或贊同，或批判，在與朱注的對話中出以己意，自出手眼，不落窠臼。

張岱自謂「凡學問最怕拘板。必有活動自得處，方能上達」。故凡書中所論，無非其「活動自得」之處，是其獨特心得。然必有博學審問，方能獨得機杼；必有明辨篤行，方能獨有心得；必有別出心裁，方顯知識專精。

《四書遇》對於四書的解釋，深受陽明心學的影響。張岱

有深厚的家學淵源。其曾祖張元忭（1538—1588）為隆慶五年（1571）進士第一，從學於王陽明大弟子王畿，是「浙中王門」的重要人物之一。其祖父張汝霖（1561—1625）繼承張元忭的心學取向，對張岱的思想格調與治學方法影響最巨。

張岱之基於陽明心學視域來解讀四書，正與其家學淵源及其時代風氣精神相接。因此《四書遇》所呈現出來的基本面貌，無論其思想意趣、解釋路向，還是其語言風格、解釋形式，均與朱熹的《四書集注》迥然有異。其最為突出者，是融入佛道二家之說，甚至認為「孔子、佛氏之言相為表裏」。馬一浮先生曾說：「明人說經，大似禪家舉公案，張宗子亦同此血脈」，然「卷中時有雋語，雖未必得旨，亦自可喜，勝於碎義逃難、味同嚼蠟者遠矣」。

張岱博洽通才，學問淹貫，而《四書遇》內涵宏富，徵引廣博，解釋方式靈活，可謂氣象萬千。書中時見珠璣，然因時代不同，閱讀習慣有異，今人讀來，或頗見扞格。為使《四書遇》合於今人閱讀，以領會其思想，在語言形式上予以「現代轉換」，實為勢在必行，此則本套叢書之所以著也。

《四書遇》原書不錄四書原文，編著者又據《四書集注》配上原文，亦予語譯。本套書編著者之一馮寧寧博士是我的學生，碩士、博士皆隨我學習，在前後五年的時間裏，始終表現出對於中國哲學的專業興趣，踏實勤奮，好學深思，而又懷抱「君子三畏」之心態，治學嚴謹。她的主要研究領域為陽明學及陽明後學，博士論文即以《四書遇》為主要研究對象，因此，本套書的《論語》部分由她來主筆，甚為恰當。我相信，她的語譯不會對張岱原文有太多偏移。

隨着本書的出版，張岱將為更多人所熟知，其獨特的四書解釋維度將在現代語境之下為人們帶來新的心靈啟迪，而為今日傳統文化之繁榮更添新彩，是則可跂而望者也。

本書付梓之際，承馮寧寧之請，爰弁數語於卷端。是為序。

董平

二〇一八年二月十日於浙江大學中國思想文化研究所

張岱《四書遇》自序

四書六經，自從被後人加上注解，原有的意趣就失去十之五六了，再被人加上詮釋，原有的意趣就失去十之八九，幾乎喪失殆盡了。所以前輩曾經說：「給六經加上注解，反而不如不加。」這些經典完完整整的幾句好文章，卻被後人的訓詁弄得零散破碎，真是太可惜了！

我自幼遵從祖父的教導，讀六經時從不看朱熹的注解，也不參考其他各派的注疏，以免先入為主。我只是正襟危坐，朗誦幾十遍正文，對其中的意思往往就能蓦然有所領悟。間或有一些內容自己無法弄通，就把它不加理解地牢記心中。然後過個一年或兩年，或者在讀別的書時，或者在聽別人聊天時，或者在觀賞山川風物、鳥獸蟲魚時，突然間有所感觸，對那些不理解的內容就會恍然大悟。

我把這些感悟整理出來，就成了這本《四書遇》。

之所以用「遇」字，就是說這些感悟不是在家裏碰到的，也不是在旅舍遇到的，而是旅途中偶然邂逅的。古代有一位大書法家文與可，偶爾看到路旁兩條蛇絞繞纏鬥，頓時領悟到草書的竅門；「草聖」張旭欣賞公孫大娘舞劍，觸發靈感而書藝大進。大概他們的心靈也是與什麼相遇了吧？

古人精思靜悟，對一個東西鑽研日久，忽然石火電光般徹悟，洞察到其精深微妙的變化，別人根本無從知道他的想法是從何處而來。現在的讀書人歷經十年苦讀，在風簷寸晷的科舉考場上，爭分奪秒地構思八股文章。而主考官在醉生夢死之

餘，忽然被某一篇投合了心意，就像磁鐵吸引鐵塊和琥珀吸引草芥一樣，相悅以解，全部注意力幾乎都被吸引過去。這種莫名奧妙的邂逅，真是讓人無法理解。我們繼續深究下去，人世間的色、聲、香、味、觸、法，沒有一樣的裏頭不存在可供相遇的途徑，就只等着與用心深邃的明眼人邂逅相遇，成為情投意合的朋友。

我在戰亂中逃離家鄉，兩年裏東奔西走，身無長物，所有的東西都統統扔掉了，唯獨把這部書稿藏在行李箱底，一頁都不曾丟掉。我還記得蘇東坡當年被貶官到海南島，在渡海時遇到了颶風，所坐的船眼看就要翻了。他自言自語說：「我的《易解》和《論語解》兩本書還沒有刊行問世，即使遇險也一定會逢凶化吉。」後來他果然平安抵達。我的這部書稿將來能不能遇到知己，和會不會遇到盜賊水火，都同樣是一個遇字啊。結果到底會怎樣，誰能輕易說得清呢？

原文：

六經四子，自有注腳而十去其五六矣，自有詮解而去其八九矣。故先輩有言，六經有解不如無解，完完全全幾句好白文，卻被訓詁講章說得零星破碎，豈不重可惜哉！

余幼遵大父教，不讀朱注，凡看經書，未嘗敢以各家注疏橫據胸中，正襟危坐，朗誦白文數十餘過，其意義忽然有省，間有不能強解者，無意無義，貯之胸中，或一年，或二年，或讀他書，或聽人議論，或見山川雲物、鳥獸蟲魚，觸目驚心，忽於此書有悟，取而出之，名曰《四書遇》。

蓋遇之云者，謂不於其家，不於其寓，直於途次之中邂逅遇之也。古人見道旁蛇鬥而悟草書，見公孫大娘舞劍器而筆法

大進，蓋真有以遇之也。古人精思靜悟，鑽研已久，而石火電光，忽然灼露，其機神攝合，政不知從何處着想也。舉子十年攻苦，於風簷寸晷之中構成七藝，而主司以醉夢之餘，忽然相投，如磁引鐵，如珀攝芥，相悅以解，直欲以全副精神注之，其所遇之奧竅，真有不可得而自解者矣。推而究之，色聲香味觸發中間，無不有遇之一竅，特留以待深心明眼之人，邂逅相遇，遂成莫逆耳。

余遭亂離兩載，東奔西走，身無長物，委棄無餘，獨於此書，收之篋底，不遺隻字。曾記蘇長公儋耳渡海，遇颶風，舟幾覆，自謂《易解》與《論語解》未行世，雖遇險必濟。然則余書之遇知己，與不遇盜賊水火，均之一遇也，遇其可易言哉？

學而第一

時習章

子曰：「學而時習之，不亦說乎！有朋自遠方來，不亦樂乎！人不知而不慍，不亦君子乎！」

* 譯文：

孔子説：「學習的時候，經常反覆多次練習，難道不會有發自內心的喜悦嗎！與我志同道合的朋友從遠方過來與我切磋討論，不也很快樂嗎！別人不了解我而我內心毫無怒意，不就是君子的德行嗎！」

朋友圈縱橫談

※ 張　岱

《論語》的開篇第一章，具備了《周易．乾卦》中所提到的「三龍」：「時習」，對應的是「終日乾乾」，即是「惕龍」；「朋來」，對應的是「見龍在田」「德施普也」，即是「見龍」；「不知不慍」對應的是「不見是而無悶」，即是「潛龍」。

原文：

《論語》首章《乾》內卦，三龍皆備。「時習」，「終日乾乾」，惕龍也。「朋來」，「見龍在田」，「德施普也」。「不知不慍」，「不見是而無悶」，潛龍也。

※ 張侗初

世人對「學」的認識是不真切的，如果真正懂得「學」是什麼，便自然會識得其中之樂趣。只有聖人才能描繪出其中樂趣之一二，這就是所謂的飲水者才知冷暖、食蜜者才知甘甜。

原文：

張侗初曰：世人只認學不真耳，若識得學為何事，便自然悅此際光景。獨聖人能描寫一二，所謂飲水知冷，食蜜知甜也。

※ 張　岱

譬如說彈琴，經常彈奏便能得心應手，其中的樂趣，自己自然能夠領會。知音從遠方而來，引琴而彈，指尖一撥動便心有靈犀，對着意氣相投之人，難道不是最快樂的？如果是鄉村野夫，對韻律如同無知覺的木頭一樣毫無感受；對牛彈琴，半個音符都無法進入其內心。在這種情況下，彈奏者也心灰意冷，只能自娛自樂。

原文：

譬之彈琴，時時操弄，得手應心，此種意趣，悠然自領。知音遠來，引商刻羽，動指會心，相對莫逆，豈非至樂！至如村夫豎子，頑木不知；癡牛相向，毫不介心。一念冷然，自舞自蹈已耳。

※ 宋羽皇

本章說「遠方」，並不是用「遠」來包括「近」，也不是對親近的人因太熟識而心生厭倦。聖賢們證道，哪裏需要借助別人

呢？一人能夠印證於心，便是整個宇宙。神龍不居住在同一片水澤，麒麟、鳳凰不生活在同一片土地上，所以說「遠方」。

原文：

宋羽皇曰：「遠方」，不是舉遠該近，亦不是為近者耳目習執生厭。聖賢相證，豈資徒眾？一士印心，便空宇宙。神龍不共澤，麟鳳不共國，故曰「遠方」耳。

※ 張　岱

學問之事最怕拘束、呆板，必須靈活而自得於心，才能夠最終上達於天道。曾子所說的「傳不習乎」，也是擔憂後人有這種弊病。「習」，在《周易》中僅見於《坎卦》《兌卦》兩章。「坎」與「澤」都是水，所以孔子說：「水哉！水哉！」又說：「逝者如斯夫，不舍晝夜。」君子就是在這個意義上來「習」的。

原文：

凡學問最怕拘板，必有活動自得處，方能上達。曾子所謂「傳不習乎」亦懼此病。「習」之獨見於《坎》《兌》，《坎》與澤皆水也，故曰：「水哉！水哉！」曰：「逝者如斯夫，不舍晝夜。」君子於是取「習」焉。

※ 張　岱

「悅」，是在苦心向學的過程中實現的，所以說「不亦」。

原文：

「悅」，正在苦心時想見，故曰「不亦」。

務本章

有子曰：「其為人也孝弟，而好犯上者，鮮矣；不好犯上，而好作亂者，未之有也。君子務本，本立而道生。孝弟也者，其為仁之本與！」

✻ 譯文：

有子說：「能夠孝順父母、敬愛兄長，卻喜好冒犯上司，這樣的人是很少的。不喜好冒犯上司，卻喜好發動叛亂，這樣的人就更不會有了。君子致力於根本，根本建立起來，道自然就產生了。孝順父母、敬愛兄長，這就是實行仁道的根本吧！」

朋友圈縱橫談

※ **呂子巽**

這一章中所用的「本」字和「為」字非常好。除了「孝悌」，沒有別的可以概括人；除了踐行「孝悌」，沒有別的做人的方法。領會到「本」字的內涵，則「孝悌」是可以創生天地的；領會到「為」字的內涵，則「孝悌」是可以充塞天地的。

原文：

呂子巽謂：其為人章提「本」字「為」字極好。捨「孝弟」，別無人；捨為「孝弟」別無為人。會得「本」字，「孝弟」直是生天生地；會得「為」字，「孝弟」直是充天塞地。

※ 張　岱

「本立而道生」一句所說的「道生」，所產生的道不能比喻為樹木的枝葉，只可以比喻為樹木中汁液。只要樹根不萎謝，汁液通暢而豐富，則樹木自然會發芽生長；高達千尋的大樹，說到底也只是由最初的一粒小小的種子長成的。如果說產生的道是枝葉，那便落於形跡上去了。

將「仁」聚焦濃縮於「孝悌」之中，就如同將樹木反溯於果核的幼芽，將鳥鳴聲向蛋殼之中回溯。枝葉和聲音本身便已經無所不包。

原文：

道生叫不得枝葉，只好譬作樹中之有滋液。根本不凋，滋液暢滿，自會發生；千尋之樹，究竟只完得初來一點種子。若說枝葉，便在形跡上去矣。

聚「仁」於「孝弟」中，如木反蒂於核芽，鳥收聲於彀殼。枝葉聲音，政自苞括不盡。

※ 劉頤真

只要知道果核中有一個「仁」，「仁」中有一點生機，將它埋於土中，春風吹拂時，長成樹根枝幹，都是自然而然的。

原文：

劉頤真曰：只要了得核中一個「仁」，「仁」中有一點生意，藏之土中，春風才動，根生幹長，都出自然。

鮮仁章

子曰：「巧言令色，鮮矣仁。」

＊ 譯文：

　　孔子說：「用花言巧語和虛偽面目來談論和表現仁，這種人內心擁有的仁其實是很少的。」

朋友圈縱橫談

※ 張　岱

　　不說「仁鮮矣」，而說「鮮矣仁」，聖人心地慈悲善良，不肯說得決絕。

　　知道「剛毅木訥」接近於「仁」，就知道什麼是「鮮仁」了；知道「巧言令色」是「鮮矣仁」的，那也就知道什麼樣的是「仁」了。「巧言」是談論仁義的，「令色」是為了獲取仁義之名的。語言不根植於心，即便是像韓愈之文、司馬相如之賦那樣美妙的語言，也都可稱之為「巧言」；容色不出自真心，即便做出像堯舜一樣的行徑，也都可稱之為「令色」。這其實也是在「仁」上花心思，但卻只關注外在的言行。

原文：

　　不曰「仁鮮矣」，而曰「鮮矣仁」，聖人婆心，不肯說煞。

　　知剛毅木訥之近仁，則知鮮仁矣；知巧言令色之鮮仁，則知

仁矣。「巧言」是談「仁」的;「令色」是取「仁」的。言不根心,雖韓文馬賦,皆謂之「巧言」;「色」不根心,雖堯行舜趨,皆謂之「令色」。其實俱在「仁」上打點,只打點在外耳。

三省章

曾子曰:「吾日三省吾身:為人謀而不忠乎?與朋友交而不信乎?傳不習乎?」

✳ **譯文:**

曾子說:「我每天都要反省自己三件事:為別人籌謀思考有沒有竭盡所能?與志同道合的朋友交往有沒有真實不虛?老師傳授的課程內容有沒有熟透於心?」

朋友圈縱橫談

※ **張　岱**

「為人謀而不忠」怎麼去「省」呢?曾經問過一個先輩:「您自己想想您是否也有私心呢?」他回答:「哪裏能夠無私呢!我哥哥的孩子生病了,我一夜之間起牀去看了十次,回來之後仍舊安然睡覺。我自己的孩子生病了,我並沒有去探視,然而卻整夜不能入睡。怎麼能說是無私!」這也是為人謀事的微小隱祕之證據。

曾經有位禪師（瑞巖和尚）每天自問：「清醒嗎？」自己回答說：「清醒。」這就是每日自省的意思。三個「乎」字是細問自身心靈的用詞，所以說是「三省」。

宋代邢恕（字和叔）每天檢視自己的行為三次。他的老師明道先生程顥說：「真是可悲啊！其餘的時間裏你怎麼做的呢？你這就是錯誤模仿三省之說了，可見你沒有用功讀書領會。」

原文：

「為人謀而不忠」如何「省」？嘗問一先輩曰：「公自想亦有私否？」答曰：「那得無私！吾兄子病，一夕十起，退而安寢如故。吾子病，吾不往視，然竟夕不寐也。何謂無私！」此亦為人謀之微密證據也。

昔有禪師常日喚主人公：「惺惺否？」自答曰：「惺惺。」此即是日省之意。三「乎」字是細細問心之詞，故曰「三省」。

邢和叔一日三檢點。明道曰：「可哀也哉！其餘時，理會甚事？蓋仿三省之說錯了，可見不曾用功。」

千乘章

子曰：「道千乘之國，敬事而信，節用而愛人，使民以時。」

＊ **譯文：**

孔子說：「治理擁有千乘馬車的國家，處理政事態度恭敬，獲得人民信任，節省用度，關愛人民，按照季節時令來役使百姓。」

※ 張 岱

「信」不專指人的言語,「人」也不專指百姓。

原文:

「信」不專在言,「人」不專在民。

※ 丘毛伯

凡是花銷繁重的國家,就一定有繁重的賦稅;有繁重的賦稅,就必定有嚴苛的律法。一旦刑嚴法峻,則人民的生命便沒有保障。所以愛人其實是根植於「節用」的。

原文:

丘毛伯曰:凡國家有重費者,必有重斂;有重斂者,必有重法。法一重,而人莫必其命矣。故愛人實根於「節用」。

弟 子 章

子曰:「弟子入則孝,出則弟,謹而信,泛愛眾而親仁。行有餘力,則以學文。」

※ 譯文:

孔子說:「弟子應當在家孝順父母,出門則尊敬兄長,謹慎

行事，誠實可信，博愛大眾，親近有仁德的人。如此踐行之後還有餘力，就可以學習文化知識了。」

朋友圈縱橫談

※ 張　岱

　　這一章是從「弟子」說起的，其實也是指出作為父兄的人應該做的事情。

原文：

　　此章以弟子起語，全是責成為父兄者。

易色章

　　子夏曰：「賢賢易色；事父母能竭其力；事君能致其身；與朋友交言而信。雖曰未學，吾必謂之學矣。」

※ 譯文：

　　子夏說：「向賢德之人學習，能夠更改自己的行為；侍奉父母能夠竭盡全力；侍奉君主能夠委身致力；與朋友交往能夠言而有信。這樣的人雖然說沒有學習文化知識，但我一定會認為他有學問。」

※ 張恭簡

　　現在的人，對清廉的人也會稱讚其賢能，但卻不會改變自己貪圖財利之心；對安恬退讓的人也會稱讚其賢德，但卻不會改變自己爭強好勝之心。由此可以知道本章中的「易」——改變自己的意思。

原文：

　　張恭簡云：今人賢人之廉，未嘗易其好利之心；賢人之恬退，未嘗易其好進之心。可想「易」字之義。

※ 張　岱

　　「事君」要奉獻其身，然而縱然一死，難道就足夠了嗎？如果不「致身」，就是極度不合臣道，根據一死並不能下判斷。

原文：

　　「事君」言致身，縱一死，豈遽完得？若不「致身」，便是不臣之極，只緣一死判不下耳。

威重章

　　子曰：「君子不重則不威；學則不固；主忠信，無友不如己者；過則勿憚改。」

* **譯文：**

孔子說：「君子（內心）不莊重，那麼（外表）就不威嚴；所學習到的東西就不堅固；心以忠信為主；不與德行不如自己的人交友。有過錯，就不要畏懼改正。」

朋友圈縱橫談

※ 韓求仲

本章所說的「重」——莊重，是君子做學問得力的反映，並不是指個性氣質。

原文：

韓求仲云：「重」是學問用力處，不以氣質言。

※ 柳子厚

立身的根本一旦敗壞，則萬事俱廢。對「不重」應當如此看，才算是正確的理解方式。如果僅僅是在外在的威儀上說，難道世間沒有表面像聖賢堯禹而行為卻如夏桀、盜跖一樣的人了嗎！聰明的人不要被這種人給蒙蔽了。

原文：

柳子厚云：立身一敗，萬事瓦裂。「不重」須如此看，方有關係。若在威儀上講，世豈無衣冠堯禹，而行同桀跖者哉！明眼人莫被此輩瞞過。

　　下面三句都沒有說到威儀這件事情上去，可想而知「重」字的含義。「憚改」，古人將此比喻為小孩子掩護着病痛之處不讓醫治。

原文：

　　下三句都不曾說到威儀動盪上去，可想「重」字之義。「憚改」古人譬之如小兒護痛。

　　「學則不固」和「則學不固」是有區別的。「重」就是「學」，沒有差別，所以說「君子不重則不威」，「學則不固」。一旦不「重」就是「不威」「不固」了，所以兩個「則」字都在上面。現在的人解釋「重」字之外，還有一個「學」字，這分明就是當成「則學不固了」，哪裏算是「學則不固」的內在之義呢！

原文：

　　楊復所曰：「學則不固」與「則學不固」有辨。蓋「重」便是「學」，別無二事，故曰「君子不重則不威」，「學則不固」。一不「重」就是「不威」「不固」了，故二「則」字俱在上。如今人解「重」之外，還有個「學」，分明是「則學不固」了，豈「學則不固」之文脈哉！

歸厚章

　　曾子曰：「慎終追遠，民德歸厚矣。」

曾子説：「謹慎對待喪禮，誠意追溯先人，人民的道德就能越來越醇厚。」

朋友圈縱橫談

※ 張　岱

浮薄膚淺的人，就像流浪的人長時間離開家鄉。如果遇到有人談論故鄉的景色，就會想要回家。所以説「民德歸厚」。

喪家臉色哀戚，哭泣悲痛，來弔唁的人就大感欣慰。這正是「民德歸厚」的地方。

原文：

澆薄之民，如亡子久離鄉井。若遇人指點故鄉景色，便想歸來。故曰「民德歸厚」。

顏色之戚，哭泣之哀，弔者大悦。政是「民德歸厚」處。

聞政章

子禽問於子貢曰：「夫子至於是邦也，必聞其政，求之與，抑與之與？」子貢曰：「夫子溫、良、恭、儉、讓以得之。夫子之求之也，其諸異乎人之求之與？」

　　子禽問子貢說：「夫子到達一個地方，必定能夠了解到當地的政事，是他尋求而聽到的，還是別人主動告訴他的呢？」子貢說：「夫子和厚、易直、莊敬、節制、謙遜的品德展露其外，自然會有人尊敬信任夫子，向夫子詢問政事。夫子尋求的方式和其他人也許是不一樣的吧？」

朋友圈縱橫談

※ 張　岱

　　「溫、良、恭、儉、讓」，是因為孔夫子不忍心漠視那些百姓，所以在觀察詢問民風民俗的時候，呈現出謙虛和藹、平易近人的容色，就像春天的陽光和煦溫暖，萬物都感到舒適愉快，夫子諮詢考察所及，自然能夠得其要領。譬如他問關於禮、官之類，都是如此。子禽之問，原本也沒有確指「聞其政」是發生在君主和孔子之間或孔子一定是求君主的。子貢之答，也沒有確指孔子之得一定是得之於君主的。這一點，以前始終沒有講清楚。

原文：

　　「溫、良、恭、儉、讓」，是夫子不忍恝視斯民，故於觀風問俗時，現出一片虛己近人光容，如春日和煦，萬物皆怡，咨詢觀考到處，自然得其要領，如問禮問官之類。子禽原不指定邦君與夫子，夫子必求邦君。子貢亦不指定夫子之得，得之邦君也。從來瞶瞶。

※ 吳長卿

　　把聽聞稱為「得」，就是鐵與磁石相吸一樣自然，如果說「與」「求」，就未免顯得刻舟求劍了。只有表現出他的既有意又似無意，才是高明的。

原文：

　　吳長卿云：聞曰「得」，只是引鐵遇磁，若「與」若「求」，未免刻舟求劍。只摹寫其有意無意方高。

※ 張　岱

　　認真讀正文，就自然會明白君主是從哪裏出現的。

　　吳國討伐越國，摧毀了會稽城，獲得了一節巨骨，專門用一輛車才拉得走它。吳國君主派使者去魯國作親善訪問，順便讓使者向孔子詢問巨骨的事情，並且說：「不要告訴孔子這是我的命令。」廣泛地認識世間之物本來是聖人的閒餘之事，春秋時期，大家都是把吳國當蠻夷之地來看待，但是吳國君主的好問，竟也達到了如此地步。以至於陳國出現「肅慎之矢」（肅慎氏使用的箭），楚國出現商羊（預兆要發大水的神獸）、萍實（一種吉祥植物），兩國的君主都從遠方派使者向孔子詢問。由此，「夫子至於是邦也，必聞其政」，它的原因就可想而知了。

原文：

　　細讀白文，自明邦君從何地出現。

　　吳伐越，墮會稽，獲骨專車。吳子使來好聘，且問之仲尼，曰：「無以吾命。」夫博物固聖人餘事，春秋之吳，以夷待之，其君好問，一至於此。以至陳則肅慎之矢，楚則商羊、萍實，遣使遠問。「夫子至於是邦也，必聞其政」，其故可得而思之。

觀志章

子曰：「父在，觀其志；父沒，觀其行。三年無改於父之道，可謂孝矣。」

✳ 譯文：

孔子說：「父親在世時，觀察他的志向；父親去世之後，觀察他的行動。三年沒有更改父親的行事之道，就可以叫做孝順了。」

朋友圈縱橫談

※ 管登之

此章一定是孔子為某個輕易更改父輩行事之道、行事誇耀自己才能的家大夫而發的。《周易·蠱卦》中說：「有子，考無咎」，兒子對父親的繼承，全在於善於繼承父親之志、善於敍述父親之事。「三年無改於父之道」，應當在「道」字和「無改」二字上理解父子一致。

原文：

管登之曰：此章必為有家之大夫輕改父道，而以幹蠱矜能者發。有子、考無咎，父子相承，全在善繼善述。「三年無改於父之道」，須於「道」字「無改」字討個對同。

禮用章

有子曰：「禮之用，和為貴。先王之道，斯為美。小大由之。有所不行，知和而和，不以禮節之，亦不可行也。」

✳ 譯文：

有子說：「禮儀的遵行，以從容不迫的態度最可貴。裏面傳承的先王道理，是禮中最美的部分，小事大事都是以它為準則。如果有行不通的地方，大概是為了達到和諧從容的姿態而流於表面的從容，不用禮的道理去節制，也是不能進行下去的。」

朋友圈縱橫談

※ 張　岱

《中庸》中所說的「發而皆中節，謂之和」，是這一章的注腳疏解。「和」不在禮之外，因此說「禮之用」；「節」也不在禮之外，所以說「以禮節之」。

曾子說：「人與人相處，太親近了就會互相輕慢，太莊重了就不夠親密。因此君子對人應當親切到足以彼此歡悅，同時莊重又能夠合乎禮儀。」孔子聽說曾子的話以後說：「你們都知道了吧，誰說曾參不懂得禮呢！」

近義章

有子曰：「信近於義，言可復也。恭近於禮，遠恥辱也。因不失其親，亦可宗也。」

* **譯文：**

有子說：「定約守信能夠接近義的要求，那麼言語就可以變成實踐了。恭敬姿態接近於禮儀節文，那麼就能夠遠離恥辱了。所依靠借助的都是可親近的人，心中也就可以有主了。」

朋友圈縱橫談

※ **張　岱**

「義」和「禮」稱「近」，「言」稱「可復」，「恥辱」稱「遠」，「親」稱「不失」，「宗」稱「亦可」，用的都是語意比較平和的

虛字，而沒有用一個實字，由此可以了解君子一片憂慮、戒懼、謹慎之心。

原文：

> 「義」「禮」曰「近」，「言」曰「可復」，「恥辱」曰「遠」，「親」曰「不失」，「宗」曰「亦可」，未嘗實下一字，總見君子一片憂危謹慎之心。

※ 邵堯夫

我們去行善，應該量力而行，這句話最有深意。事物超過了其本身的度，就難以為繼。忠信、厚道的好名聲，也不適合獲取太多。並且一個人平生的勇氣、血性是有限的，怎麼能輕易許諾於人呢？有子這是金針度人，向逞一時血氣者指出錯誤並傳授正確方法。

原文：

> 邵堯夫曰：吾人為善，當量力而為之，此語最深。夫物過其量，不能相繼。忠厚長者之名，亦不宜多取。且生平肝膽有數，豈容輕易許人。有子直為負氣者下一金針。

※ 張　岱

（《世說新語·賢媛篇》中記載，趙母在女兒出嫁時反覆叮嚀她）：「行善都不可刻意而為，更何況是作惡呢？」其實也是這個意思。

原文：

> 「善不可為，何況為惡？」亦是此意。

※ 顧仲朗

世人都以為「復言」就是「信」，所以聖賢使用「義」字來超越它。「可復」二字是和緩商量的話語，並不是説一定要「復」。

原文：

顧仲朗云：世人皆以「復言」為信，故聖賢以「義」字壓之。「可復」字直從容商量語耳，不在必「復」也。

※ 張 岱

春秋時期的賢能之士，有很多都去別的國家依靠借助他人做事。古人尤其推重樂於助人的君子司城貞子、蘧伯玉，是其中一個例證。不過孔子並沒有依靠品行低下的寵臣癰疽、瘠環接近過君主，這件事兒也還要勞煩孟子去分辨。由此可以知道當時「因」字的意思。

大丈夫只有志同道合、聲氣相通而相交，哪裏肯依靠借助別人！「因」原本就不是交往之正道，但能夠不失為可親之人，也大概是可以依若宗主的。「亦可」二字是權且之詞。

原文：

春秋諸賢，多適他國依人一事。昔人尤重司城貞子、蘧伯玉，其一證也。癰疽、瘠環，猶煩孟子辨之。以此知當時「因」字之義矣。

丈夫只有聲應氣求。安肯因人！「因」原非交之正，但能不失其親，亦庶乎可宗也。「亦可」字是聊且之詞。

好學章

子曰：「君子食無求飽，居無求安，敏於事而慎於言，就有道而正焉，可謂好學也已。」

＊ 譯文：

孔子說：「君子對於日常飲食不求一定能夠吃飽，居住環境不求一定能夠安逸，只要做事敏捷迅速，言語謹慎小心，向有道之人接近來端正自己的行為，就可以稱作好學了。」

朋友圈縱橫談

※ 李卓吾

這是訓誡君子應當如此做，而不是讚美君子如此做過。如果按照讚美君子的意思來理解，對末句的理解便會有障礙。

原文：

李卓吾曰：此是訓君子如此，不是讚君子如此。若讚君子看，末句血脈便礙。

※ 楊復所

事情與行為是不同的。說「事」，就是確實有件事情在那裏，如同農夫耕田、婦女織布，不是空泛而談。

原文：

　　楊復所曰：事與行不同。說「事」，則真有一事在，如農之耕，女之織，非漫言也。

※ 張　岱

　　試着思考一下我們所學習的，究竟是什麼「事」呢？若弄懂了此「事」，那麼即便想要不「敏」，也是不可能的；即便想要不「無求飽」，不「無求安」，不「慎言」，不「就正」，也是不可能的。

原文：

　　試思吾輩所學，果有何「事」？識得此「事」，即欲不「敏」，亦不能也；即欲不「無求飽」，不「無求安」，不「慎言」，不「就正」，亦不能也。

貧富章

　　子貢曰：「貧而無諂，富而無驕，何如？」子曰：「可也，未若貧而樂，富而好禮者也。」子貢曰：「《詩》云：『如切如磋，如琢如磨。』其斯之謂與？」子曰：「賜也，始可與言《詩》已矣，告諸往而知來者。」

＊ 譯文：

　　子貢說：「貧窮卻不諂媚，富有卻不驕橫，這種人怎麼樣？」

孔子說：「可以。不過不如貧窮時也能自得其樂，富有時也崇尚禮節的人啊！」子貢說：「《詩經》說：『如同磨合骨頭稜角一樣先切後磋，如同雕琢玉石一樣先琢後磨。』是這個意思嗎？」孔子說：「（端木）賜啊，可以開始和你講《詩經》了！告訴你前人已經說過的話，你可以知曉他尚未表達的意思。」

朋友圈縱橫談

※ 張　岱

　　曾經說「志學」一章，並非夫子能精進，而是夫子能夠捨棄。學問時時精進，便時時捨棄。得法於天龍禪師的俱胝和尚揮刀截斷了侍者一根手指，痛處即成為侍者的頓悟之處。佛門禪學的要旨在於掃除，儒門聖學的要旨在於脫落，其關鍵處都是相通的。明道先生說：「學者沒有什麼需要增加的，只有要減除的，減除殆盡便無事了。」切磋琢磨，都是減法。茅鹿門說：從「無諂」到達「樂」，「無驕」到達「好禮」，中間相差不知多少個層次！不知要費多少切磋琢磨功夫才能到達！子貢所說「如切」一段，正是對前面兩句話的體會品味。不是在說《詩經》，卻可以和他談論《詩經》。

　　「其斯」是指孔子所說的話深一步又更深一步。上文中的「未若」，下文中的「往」「來」都是這個意思。

原文：

　　嘗言志學章，非夫子能進，乃夫子能舍。學問時時進，便時時舍。天龍截卻一指，痛處即是悟處。禪學在掃，聖學在脫，總一機鋒。明道云：「學者無可添，惟有可減，減盡便無事。」切磋琢磨，俱是減法。茅鹿門云：無諂而至於樂，無驕而至於好

禮，其中多少層級！不知費多少切磋，多少琢磨！子貢「如切」一節，正為上兩語體味一番。全不言《詩》，故可與言《詩》。

「其斯」指夫子所言進一步又有一步也。上文之「未若」，下文之「往」「來」皆此意。

不患章

子曰：「不患人之不己知，患不知人也。」

✻ 譯文：

孔子說：不擔心他人對自己不了解，擔心不了解他人。

朋友圈縱橫談

※ 張　岱

鏡子不能照出物體，是因為鏡子本身昏暗不明，所以說「患」。如果自己真是一塊像秦鏡那樣能夠照出肝膽的明亮鏡子，也不愁別人看不見。子貢曾經問孔子：「現在的大臣有誰是賢能的呢？」孔子回答：「我不知道。以前齊國有鮑叔、鄭國有子皮，算是賢臣。」子貢說：「難道齊國的管仲、鄭國的子產不算嗎？」孔子回答：「端木賜啊，你認為盡心盡力稱得上賢能呢，還是能夠舉薦賢能者才稱得上賢能呢？」子貢說：「確實是舉薦賢能者才稱得上賢能！」孔子說：「對。我聽說鮑叔舉薦了管仲，子皮

舉薦了子產，但是卻沒聽說管仲、子產二人舉薦過比自己更賢能的人。」

原文：

　　鏡子不能照物，是鏡體昏，故「患」。若果是秦銅照膽，亦不愁人不知。子貢問於孔子曰：「今之人臣孰為賢？」子曰：「吾未識也。往者齊有鮑叔，鄭有子皮，則賢者矣。」子貢曰：「齊無管仲，鄭無子產乎？」子曰：「賜！爾聞用力為賢乎？進賢為賢乎？」子貢曰：「進賢，賢哉！」子曰：「然。吾聞鮑叔進管仲，子皮進子產，未聞二子之進賢己之才者也。」

爲政第二

北辰章

子曰：「為政以德，譬如北辰，居其所而眾星共之。」

＊ 譯文：

孔子說：「以德行來治理政治，就好比北極星，保持不動，而眾星四面旋繞並歸向它。」

朋友圈縱橫談

※ 張　岱 _____

亂世的法度，全然沒有一個根本性的指向，到這裏（指為政以德）才能夠從無到有，達到教化百姓的目的。這也就是荀子所說的「誠心守仁」「誠心守義」的意思。後面兩句說眾星拱月，是緊緊圍繞在「德」上，如果當作是在討論天文現象，那便因小失大了。郭象注解《莊子》說：「要想行動而有所作為，就不能自處於一切事物之上。」所以孔夫子說「為政以德」、說「無為而治」、說「篤恭而天下平」。要想像舜帝一樣舉賢任能、除暴安良、封禪大山、疏通河道，事事都有所作為，倒是應該有一個寂然不動之處。這就是帝王之道。

「眾星拱月」也不是用來比喻人民歸附的。只是因為「德」是共通的，「以德」的人，是合乎其自身的本來狀態的。星星哪裏是刻意去拱衛北極星呢？

原文：

　　末世令行禁止，全沒個本領去處銷歸，到此才能出無入有，相視而化。荀子所謂「誠心守仁」，「誠心行義」也。末二句政鞭緊德上，若認作天文訓，便顧子失母矣。郭象注《莊子》曰「動而為之，則不能居萬物之上。」故夫子曰「為政以德。」曰「無為而治。」曰「篤恭而天下平。」要想舉八元，誅四凶，封山浚川，事事勤勞，卻有個寂然不動處。是為帝道。

　　「星拱」亦不譬民歸。只是德本同然，「以德」者，合其本位耳。星何嘗設意拱辰？

※ 王世貞

　　北極星應該是天的最高處了吧！運動的東西變化多端但卻聽從於靜止的東西，靜止的東西非常精微但卻能制約運動的東西，其中的道理非常高深啊！如果一個人自己紛紛亂亂不安寧，卻反過來尋求「極」，「極」怎麼會在呢！

原文：

　　王弇州曰：北極其天之極乎！動處至神而聽於靜，靜處至微而能制動，亦淵矣。夫人曰膠膠乎，擾擾乎，反而求之，而「極」安在哉！

無邪章

子曰：「《詩》三百，一言以蔽之，曰：『思無邪』。」

＊ **譯文：**

　　孔子說：「《詩經》三百首，用一句話概括，是：『思想真誠純正』。」

朋友圈縱橫談

※ 張　岱

　　蘇軾在《心經藏記》中說：「聽孔子說《詩經》三百篇怎麼怎麼樣，有所思慮，都是邪念……沒有思慮，那就像枯木頑石一樣了。怎麼做才能夠有所思慮而沒有邪念、無所思慮同時又不像枯木頑石呢？」

　　莊子說：「天地吐氣，就被稱為風。」韓愈說：「各種事物不得其平的時候都會發出聲音。」詩歌的作用，就是宣泄人心中的鬱結、疏導人心中的滯塞，是節制表達人的情感的最重要渠道。人的情感就像水一樣，如果不進行疏導就會包圍山嶽、漫過丘陵，沒有不淹的地方。「思無邪」的，只有《詩經》三百篇，所以說「思慮而沒有邪念」，感動啟發或者訓誡警示並不是它最主要的目的。

原文：

　　蘇長公《心經藏記》云：「聞之孔子，《詩》三百云云，夫有思，皆邪也……無思，則土木也。云何能使有思而無邪，無思而非土木乎？」

　　莊子曰：「大塊噫氣，其名為風。」韓子曰：「物不得其平則鳴。」詩歌之道，宣鬱導滯，是節宣人情第一事。蓋人情若水，無所以疏淪之則懷山襄陵，無所不至。「思無邪」者，惟《詩》三百，故「思無邪」也。感發懲創猶落一層事。

《詩經》中存在描寫男女私奔的篇章，不是後生小輩們應該知道的，想來可能不是它的舊文。表示懲戒的任務很艱巨，所以孔子特別指出「無邪」來警醒世人，也是用來自我提醒。

原文：

王弇州曰：詩之存淫奔也，非小子所敢知，意非其舊也。示戒懲而道欲重，夫子特揭「無邪」之言救世也，亦自救也。

用一句話來概括《詩經》三百篇，是為了讓人慎重思考。程頤說：「『思無邪』就是誠的意思。」又說：「睿智的人懂得精微的道理，在反思之中達到真誠。」內心忠誠，並體現於外在的容貌、行為之中。比如說《牆茨》《鶉奔》這兩首詩，范祖禹認為：「衛國的詩歌這個樣子就說明它的人道已經消失殆盡、天理毀滅。它雖然處於中原，卻已經和未開化的夷狄一樣了，國人的行為已經和禽獸一樣了，所以國家也就隨即滅亡了。」楊氏說：「《詩經》中記載這兩篇，是為了讓大家明白衛國被北狄所滅，都是因為起於一點兒邪念，以至於身死國破，能不謹慎嗎！」

原文：

以一言蔽三百，只是要人慎思。程子曰：「『思無邪』者，誠也。」又曰：「哲人知幾，誠之於思。」誠於中，形於外。如《牆茨》《鶉奔》之詩，范氏所云：「衛詩至此而人道盡，天理滅。中國無以異於夷狄，人類無以異於禽獸，而國隨以亡。」楊氏謂：「詩載此篇，以見衛為狄所滅之因也。總起於一點邪思，以至於喪身亡國，可不慎哉！」

道齊章

子曰：「道之以政，齊之以刑，民免而無恥；道之以德，齊之以禮，有恥且格。」

＊ 譯文：

孔子說：「用法制禁令來引導人民，用刑法來統一約束民眾，人民就會（雖然不作惡）只是避免懲罰而毫無羞恥之心。用道德來引導人民，用禮制來管理統一民眾，人民就會恥於不善而將善事做到極致。」

朋友圈縱橫談

※ 張　岱

孔子到了衛國，衛國的將軍文子問孔子如何處理訟獄事務。孔子回答：「如果通過禮來治理百姓，用駕車來比喻的話，禮就是韁繩；如果用刑來管理百姓，用駕車比喻的話，刑就是鞭子。人握着韁繩則馬自然會走，這是好的駕車方法，沒有韁繩而只用鞭子，那麼馬就會偏離道路。」

「道之以政」和「道之以德」是分開說的。前面「為政以德」是合在一起說的。

原文：

孔子適衛，衛將軍文子問聽獄。孔子曰：「以禮齊民，譬之

於御，則轡也；以形齊民，譬之以御，則鞭也。執轡於此而動於
彼，御之良也，無轡而用策，則馬失道矣。」

「道之以政」，「道之以德」是分說。「為政以德」是合說。

志學章

子曰：「吾十有五而志於學，三十而立，四十而不惑，
五十而知天命，六十而耳順，七十而從心所欲不踰矩。」

※ 譯文：

孔子說：「我十五歲而立志學習大學之道；三十歲能夠堅定
自立；四十歲能夠沒有困惑；五十歲能夠知曉天道運行的事理；
六十歲能夠順乎周遭，無所違逆；七十歲能夠跟隨自己的內心
所想行動，卻不超過道理法度之外。」

朋友圈縱橫談

※ 張　岱

立志為學，是一顆種子。種下真正的種子，那麼根苗花果每
天都會生長更新。人心都是如此，更何況是聖人向為學的人指出
新的境界。本章並不是孔夫子自己敍述自己的年譜。

「不惑」等修養功夫，聖人在志學之後十五年便已經着手去

做了，但是要真正達到，還是有一定的先後順序的，就是所謂的要逐個境界地去證悟，而不是逐個階段地去做功夫。

原文：

> 志學，是種子也。下得真種子，根苗花果日生日新。人心盡然，何況聖人向學人指點新新光景。初非自敍年譜也。
>
> 「不惑」等功夫，聖人於志學以後十五年，便已入手。但得手處，自有次第耳，所謂逐節證，非逐節修也。

※ 楊復所

「耳順」就如同自己家裏的人說家常話，提到的東西都是非常詳細熟識的，沒有不知道的，絲毫沒有阻礙，絲毫沒有異議之處。這是什麼樣的地步，什麼樣的景象，容易到達嗎？就算到了知天命的階段，還會覺得有些道理有新奇和可喜的地方的。到了耳順這個境界，天命也成了人事，何其平常。聖人的經歷，從他自己口中說出，就好像是在回憶和夢境中所見到的，又好像是在追述以前所認識到的東西，有一種自我吟唱自我欣賞，無法用語言描述的奇妙之處。

原文：

> 楊復所曰：「耳順」如自家家裏人說家裏話，提起便詳詳悉悉，無不知者，毫無隔礙，毫無思議。這是何等地位，何等光景，可易到乎？即知天命，猶覺說道理還有新奇可喜之意在。到此，天命亦為人事矣。直恁平常。聖人履歷，從聖人口中吐出，如憶夢中所見，如追舊時所識，有一種自吟自賞，不可名言妙處。

「耳順」是「六經」（《詩》《書》《禮》《易》《樂》《春秋》）
之中沒有提到的詞語。眼睛有睜有閉，嘴巴有吐有進，鼻子有呼
有吸，只有耳朵是沒有出入的，佛教將之稱為「圓通」；「順」和
逆是相反的，也沒有好壞美醜的選擇。用來解釋這句話是非常透
徹的。

舜是有「達聰」的境界，孔子則有「耳順」的境界。

原文：

王龍溪曰：「耳順」乃「六經」中未道之語。目有開閉，口
有吐納，鼻有呼吸，惟耳無出入，佛家謂之圓通；「順」與逆對，
更無好醜揀擇矣。解之極徹。

舜「達聰」，夫子「耳順」。

無違章

**孟懿子問孝。子曰：「無違。」樊遲御，子告之曰：「孟
孫問孝於我，我對曰『無違』。」樊遲曰：「何謂也？」子曰：
「生，事之以禮；死，葬之以禮，祭之以禮。」**

※ 譯文：

孟懿子詢問孝道，孔子說：「不要違逆父母。」樊遲為孔子
駕車，孔子告訴樊遲說：「孟孫向我詢問孝道，我回答說『不要
違逆父母』。」樊遲說：「這話怎麼說？」孔子說：「父母尚在

人世，就應當用禮侍奉；父母去世後，就應當用禮去埋葬，用禮去祭祀。」

朋友圈縱橫談

※ 張　岱

> 　　孟僖子快要去世時，留下遺命讓自己的兒子孟懿子跟孔子學習禮。所以當孟懿子問什麼是孝時，孔子告訴他「無違」，意思是讓他不要違背父親的遺命。下文中提到的「以禮」正是「無違」的實際內容。後面三句應該是側重在葬禮和祭祀上。孟僖子已經去世了，希望孟懿子能夠像他生前那樣以禮對待他。

> 原文：
>
> 　　孟僖子將卒，遺命懿子學禮於夫子。於其問孝，而告之以「無違」。意謂「無違」父命耳。下文「以禮」正「無違」之實。後三句當趨重葬祭上。孟僖子既歿，欲其事死如生耳。

憂疾章

孟武伯問孝。子曰：「父母惟其疾之憂。」

＊ 譯文：

　　孟武伯詢問孝道。孔子說：「讓父母只憂慮你的身體疾病，而不要讓他們為你的節操憂慮。」

朋友圈縱橫談

※ 張　岱

　　諺語說：「人只有生養了子女，才能真正懂得父母的恩情。」只是說起父母愛子之心，無論是孝子和逆子都會汗流浹背。人們在緊急的情況下都會呼天喊地，而病痛時候則會呼喊父母，這正是自己的心與父母之心的相通之處。

　　孔子回答孟懿子問孝，告訴他遵守禮法為孝；回答孟武伯問孝，則告訴他保持德行節操為孝。

原文：

　　諺曰：「養子方知父母恩。」只說父母之心，孝子逆子都通身汗下。凡人急則呼天，疾痛則呼父母，政與親心相照處。

　　答孟懿子，以守禮為孝。答孟武伯，以守身為孝。

能養章

　　子游問孝。子曰：「今之孝者，是謂能養，至於犬馬皆能有養。不敬，何以別乎？」

※ 譯文：

　　子游詢問孝道。孔子說：「現在的人們所談論的孝道，認為是能夠奉養就算是盡孝，甚至連父母的狗和馬也都飼養著。如果內心沒有對父母的尊敬，怎麼區別奉養與飼養的不同呢？」

※ 楊復所

　　「敬」就是「孝」，二者是同一個意思。指出一個「敬」字，「孝」的精神就全部體現出來了。賈誼《新書》中説：「借給父親鋤頭之類的農具時，他面露憂慮之色；母親來取瓢、碗、掃帚等日常用具時，他想起那些訓斥的語言。抱着餵孩子的時候，和父親平起平坐；妻子和母親鬧不愉快，便撇嘴斜眼。這種人對孩子慈愛、貪圖利益而輕視簡慢自己的父母，是沒有倫理的，而倫理恰恰是人與禽獸僅有的不同之處。」

原文：

　　楊復所曰：「敬」便是「孝」，絕無兩層。拈出「敬」字，「孝」之精神全體現矣。賈子《新書》曰：「假父耰鋤杖彗耳，慮有德色；母取瓢碗箕帚，慮立訊語。抱哺其子，與公並踞；婦母不相悅，則反唇而睨。其慈子嗜利而輕簡父母也，念罪非有倫理也，亦不同禽獸僅焉耳。」

※ 張　岱

　　孔子談論孝，哪裏有將父母和犬馬相比較的道理呢？按照《禮記‧內則》中曾子所説：「所以父母喜歡的東西也要喜歡，父母所尊敬的也要去尊敬。哪怕是狗和馬也是如此，更何況是人呢！」所以這裏提到的「犬馬」，是指父母的「犬馬」。是説孝順的人自己説能夠奉養父母，哪怕是父母的狗和馬，也能夠飼養。但是不敬重，怎麼去區別奉養父母的心呢？歷來解釋者都沒有考察清楚，所以造成了這千百年來一直流傳的錯誤。

原文：

　　孔子論孝，豈有以父母與犬馬相比之理！按《內則》曾子曰：「是故父母之所愛亦愛之，父母之所敬亦敬之。至於犬馬盡然，而況於人乎！」則犬馬者，是父母之犬馬。言孝者自謂能養，至於父母之犬馬，皆能有以養之。但不敬，則何以自別其養父母之心乎？釋者不考，遂成千古之誤。

色難章

　　子夏問孝。子曰：「色難。有事，弟子服其勞；有酒食，先生饌。曾是以為孝乎？」

＊ 譯文：

　　子夏詢問孝道。孔子說：「難在相處時的容色上。遇到事情，由年幼者操勞，有酒菜飯食，讓年長者先食用。這就是孝道了嗎？」

朋友圈縱橫談

※ 張　岱

　　「色難」是修養心志中看不見的東西，「服勞盛饌」是奉養父母生活的實際事務。

《禮記》説:「莊重而有威嚴,是自身修養成君子的方式,而不是侍奉父母的方式。」莊重嚴肅尚且不可,更何況是粗暴殘忍呢!由此可知其中的不易。

孔子回答子游,特別強調一個「敬」字;回答子夏,委婉隱晦地告訴他一個「愛」字。子游和子夏都是文學方面的賢者,他們在侍奉父母時外在的禮儀肯定是不缺的,因此孔夫子特別擔心他們缺少「愛」「敬」之真情、真心。

原文:

「色難」是養志的虛神,「服勞盛饌」是養口體的實事。

《記》曰:「嚴威儼恪,成人之道也,非所以事親也。」嚴恪且不可,況暴戾乎!可以知其難矣。

告子游,甚言一個「敬」字。告子夏,隱言一個「愛」字。夫二子乃文學之賢,其於外面事親的儀文決不缺,特懼其少「愛」「敬」之真耳。

如 愚 章

子曰:「吾與回言終日,不違,如愚。退而省其私,亦足以發,回也不愚。」

✳ 譯文:

孔子説:「我對顏回講學一整天,他都沒有任何疑問,看起來好似愚鈍。等他退下,我省察他的私底下的言行,卻也能夠發揮運用我所説過的道理,所以顏回並不是愚鈍的。」

朋友圈縱橫談

※ 張　岱

　　坐在同一個課堂的座位上，有獨自的見解，這就是這裏所講的「私」。「發」是從內心中生發出來，就像春天的太陽照耀，草木萌動一樣自然。若是已經抽出新芽長出枝幹，哪裏還需要「省」呢？但凡提到「省」的意思，都是向內心深處説的。

　　顏回和孔子敏鋭的思維是相互呼應的，相互投契，每句話都能夠融會貫通，就像雪貼在燒紅的爐子上一樣。如果沒有消化融合，一句話就只是一句話，哪裏能夠感發得出來呢？就像人吃東西一樣，如果沒有消化，只是堆積在肚子裏，哪裏能夠滋養補益身體呢？

原文：

　　同堂共席，有獨見獨聞在焉，這便是「私」。「發」從腔子中來，如春陽回，草木動。若到抽芽挺幹，何待「省」也。凡「省」之義，都向裏面説。

　　顏子與聖人機鋒相對，針芥相投，語語消融，如紅爐貼雪。若不消融，一句只是一句，如何發得出來？如人吃物，若不消化，只生在肚裏，如何滋益肌膚？

※ 張　岱

　　孔子稱讚顏回，跟《周易》中的《復》卦是一樣的。「如愚」，就是《復》卦中「休復」的「下仁」；「休」，就是意見和鋒芒都一起消除掉。「足發」，就是《復》卦中「敦復」的「自考」；「敦」，有真實而充滿光輝的意思。「不違」的時候，沒有一種意見不消除；「足發」的時候，沒有一句話不精彩。

※ 鄒嶧山

　　「發」就如同草木的生機，說它不是造化的力量，是不行的；說它完全出自於造化，也是不行的。

原文：

　　鄒嶧山云：「發」如草木生意，謂之非造化之力，不可；謂之盡出於造化，亦不可。

※ 尤西川

　　孔門其他弟子都是模仿孔子，而顏淵則是修學自己，兩種方法都是好的。

原文：

　　尤西川曰：諸子是摹仿孔子，顏子是學自家，都好。

※ 張　岱

貶損又一再讚揚，好像是有不能完全用語言形容出來的意味在其中。」

原文：

夫子讚回，如父之讚子，俱以不足之詞，寓無窮之愛。此章曰「如愚」，曰「亦足」，曰「不愚」，何嘗滿口？何嘗盡情？但味其再抑再揚，若有不能盡其形容者。

觀人章

子曰：「視其所以，觀其所由，察其所安。人焉廋哉？人焉廋哉？」

＊ 譯文：

孔子說：「檢視一個人的行為，觀察他行為的緣由，探究他心中安樂之處。他還能隱藏什麼呢？他還能隱藏什麼呢？」

朋友圈縱橫談

※ 張　岱

人們不安於旅居而安於居家，聖人不過是指導點撥大家認得自己的家而已。「察其所安」，與考察人事有什麼關係呢？

觀察別人行事的方式和行為的意態，即是着眼於觀察其行事動機。觀察他的行為方式則能夠辨明正邪，觀察他做事情時的心理狀態則能夠辨明真假。這種方法不僅可以用在了解他人之上，也可以用來考察自己。

　　「以」「由」「安」是一件完整的事情，而不是三件事情。一件事情之間，在一人的身上，同時都具備。

　　謝安看到謝玄擺放木屐得當，就知道他能夠打敗前秦苻堅的百萬雄兵。這是「以」「由」「安」都同時存在，而不是三件事情分開。

原文：

　　人不安於僑而安於家，聖人不過指點人認得自家耳。「察其所安」，何與考較人事？

　　觀由，察安，即在視以處着眼。觀由而邪正分，察安而真偽分。此法非止以知人，亦可以自考。

　　「以」「由」「安」是團圞一件，非三件；一事之間，一人之身，同時俱具。

　　謝東山見阿玄置一屐得當，知其能退苻秦百萬之眾。此是「以」「由」「安」一時俱到，不是三件分開。

※　張　岱 _____

　　匡章得罪了父親，是不對的，可是因為「責善」——勸勉父親從善，難道不該「觀其所由」嗎？「責善」，就不免有損於父子恩情以至於休掉妻子趕走兒子，他內心的不安是可想而知的，難道不該「察其所安」嗎？其他的，像管仲年輕時曾經三次臨陣脫逃，毛義為了奉養母親而在接到委任通知時喜形於色，徐庶為

了保護母親而任職於曹魏，狄仁傑為恢復李唐而屈從於武則天，都有應該檢視查考的心跡，不能草率地忽略。

原文：

匡章得罪於父，所為非矣，而由於「責善」，將無觀乎？「責善」不免賊恩而出妻屏子，其心之不安可原也，將無察乎？他若管仲三北，毛義色喜，徐庶事魏，狄仁傑從周，皆有當觀當察之心跡，不得草草略過。

溫故章

子曰：「溫故而知新，可以為師矣。」

✳ **譯文：**

孔子說：「溫習過去學到的知識而能夠有新的領悟，這樣，就可以成為他人的老師了。」

朋友圈縱橫談

✳ **鄧定宇**

做學問必須要打破現成的規矩，就像醫生治病時開具處方，打仗時運用兵法一樣，不能夠依靠別人。必須要能夠在舊的書籍中體悟出新的見解來，才能夠成為人師。

原文：

　　鄧定宇云：為學須翻窠倒臼，如醫之用方，兵之用法，依傍人不得。必須從舊紙堆中翻出新意見來，方可以為人師。

※ 張　岱

　　為人之師，並不是要教育別人，這也是孟子所說的「子歸而求之，有餘師（你回去自己尋找就會有很多老師）」的一個例子。

原文：

　　為人師，非教人也，即「子歸而求之有餘師」字一例。

※ 李卓吾

　　打井而沒有打到有水的深度，可以稱它為井嗎？鐘不能發出聲響，能稱它為鐘嗎？一個人擁有記憶背誦的學問，並不足以成為人師，因為他說着別人說過的話，自己沒有什麼心得。就像諺語所說的那樣「讀書一輩子，卻經不住別人一句提問」，這也就跟沒打到水的井和沒有聲音的鐘是一樣的吧？

原文：

　　李卓吾曰：井不及泉，謂之井可乎？鐘不能聲，謂之鐘可乎？若記問之學，不足為人師者，以其言人之言，無所得於心也。諺曰「讀書至老，一問便倒」，其亦所謂井不泉而鐘不聲者與？

不器章

子曰：「君子不器。」

✳ 譯文：

孔子說：「君子不像只有固定功用的器物一般。」

朋友圈縱橫談

※ 董其昌

世人大多認為「不器」就是無所不能，卻不知道君子恰恰不以才能多為貴。因為沒有一種才能可以指稱君子，所以才不能用「器」為他命名。

原文：

董思白曰：世人多以不器為無所不能，不知君子政不貴多能。惟其無能可名，故不可以器名。

※ 張　岱

老子說：質樸的道分散為天下萬物，聖人沿用本真之道，就可以成為百官之長，因此完善的規制是不可割裂的。

原文：

老子曰：樸散則為器，聖人用之，則為官長，故大制不割。

先行章

子貢問君子。子曰:「先行其言而後從之。」

✳ 譯文:

　　子貢詢問怎樣是一個君子。孔子說:「先用行動來踐行他想要說的話,然後再遵循它行事。」

朋友圈縱橫談

※ 張　岱

　　世間有許多可以說卻不可以行的事情。先把自己想說的東西,落實到自身行動上來,確認是非常可行的,然後再遵循它行事,這就是切身實踐的君子。本文只是說「從之」,不是說要接着將自己的做法說出來。

原文:

　　世間盡有說得行不得之事。先把己所欲言者,措之躬行,必大通無礙,然後從之,是之謂躬行君子。本文只說「從之」,並不曾說到從而言之也。

周比章

子曰：「君子周而不比，小人比而不周。」

✳ **譯文：**

　　孔子說：「君子一視同仁，絕不偏私；小人公私不分，拉幫結派。」

朋友圈縱橫談

※ 張　岱

　　「周」和「比」的區別不在於人的數量的多少，而在於出於公心還是私心。內心大公無私，哪怕只有一個人相信也算是「周」；內心為私，哪怕到處都有朋友也算是「比」。以普遍地愛護眾人還是只親近一人來區分「周」和「比」，是錯誤的。

　　志向、性格是「周」的內核；拉幫結派是「比」的本質。

　　「小人」和「君子」之間的差別是非常細微的，不是牛僧孺、王安石這一類的，而是鄉愿和中行這樣的差別。這是從源頭之處對君子和小人的區分找出根據。

原文：

　　「周」與「比」不在量之廣狹，而在情之公私。情公，即一人相信亦「周」；情私，即到處傾蓋亦「比」。以普愛眾人，專昵一人，分「周」「比」者誤。

聲氣是「周」的血脈；朋黨是「比」的精神。

「小人」與「君子」爭差毫釐，不是牛僧孺、王安石一流，鄉原、中行便是榜樣，此直從源頭上理出線索。

學思章

子曰：「學而不思則罔，思而不學則殆。」

✳ 譯文：

孔子說：「僅對外學習卻不向內思考就會感到迷茫，僅向內思考卻不對外學習就會有危害。」

朋友圈縱橫談

✳ **張　岱** _____

只有聽到或看到的知識而沒有智慧，就如同人處在日、月、星的光照之下自己卻沒有眼睛，什麼東西都看不到，最終也還是一片漆黑而已。有智慧卻沒有學習知識，就如同眼睛明亮的人在無邊黑暗行走，一抬腳就可能掉進山谷溝壑，怎麼能不惶惶不安呢？領會到了「思」和「學」是同一件事情，「罔」和「殆」便會一掃而盡了，就不會成為這兩種人的阻礙了。

一屋子零散的銅錢，卻沒有繩子將它們串起來；只有一根孤零零的繩子，卻沒有錢可以串。都是沒有什麼用的。

原文：

　　有聞見而無智慧，如人在三光之下而自家無眼，不見一物，終冥然而已。有智慧而無聞見，如明眼人在大暗中舉足坑塹，豈不脆脆！會得「思」「學」是一非兩，「罔」「殆」便一時掃去，不為兩種人設法也。

　　一屋子散錢，無索子串起；一條寡索子，無錢可串。皆濟不得事。

異端章

子曰：「攻乎異端，斯害也已。」

* **譯文：**

　　孔子說：「專門從事研究不是聖人之道的異端，那危害就嚴重了。」

朋友圈縱橫談

* 陸九淵

　　孔子生活的時代，佛教尚未傳入中國，雖然有老子，但是當時他的學說並沒有盛行，到底「異端」是指誰呢？其實「異」與「同」是相對的，雖然都是學習堯舜之道，但出發點與堯舜稍有不同就是「異端」，哪裏只限於佛學和道家呢？有人問：怎麼樣

才算是「異」呢？答案是：你先領會到「同」的一面，然後就會知道與它不同的都是「異端」。

原文：

　　陸象山云：孔子時佛教未入中國，雖有老子，其說未著，卻指那個為「異端」？蓋「異」與「同」對，雖同學堯舜，而所學之端緒，與堯舜稍不同，便是「異端」。何止佛老哉？或問：如何是「異」？曰：子先理會得「同」的一端，則凡異此者，皆為「異端」。

※ 張　岱

　　孔子能夠預測到自己死後會出現倒置其衣裳的秦始皇，怎麼會預知不到數代之後會出現楊朱、墨子、佛家、道家會與自己相爭呢？「異端」不必刻意去歪曲解釋。

原文：

　　孔林預知有顛倒衣裳之秦始皇，豈不知數世之後，有楊墨佛老來與吾夫子鬥法乎？「異端」不必曲解。

誨知章

　　子曰：「由！誨女，知之乎！知之為知之，不知為不知，是知也。」

孔子說：「仲由，我教你如何是知道吧！知道就是知道，不知道就是不知道，這就是智慧。」

朋友圈縱橫談

※ 張　岱

「知之為知之，不知為不知」之「知」是一直明白、永遠存在的。禪宗稱它為「孤明」，我們儒者稱它為「獨體」。它是不依賴於見聞也不需要借助思維而獨立存在的。它可以讓人即刻做出判斷，無需反覆思考，所以說「是知」。

原文：

「知之為知之，不知為不知」，息息不昧，千古長存。禪家謂之孤明，吾儒指為獨體。既不倚靠聞見，亦不假借思維。當下即照，更無轉念，故曰「是知」。

※ 張　岱

《論語》中的「之」「斯」「是」等字，最應當引起思考，譬如說「是知也」「是丘也」這兩句話，都是急切認定的意思。一方面是因為不可以埋沒了這當下的靈光閃現，另一方面是不可以錯認了當前的這個真正面目。

原文：

《論語》中「之」字、「斯」字、「是」字，最當着眼，如「是知也」，「是丘也」，俱急切指認。一是不可當下埋沒了這點真靈明，一是不可當前蹉過了這個真面目。

干祿章

　　子張學干祿。子曰：「多聞闕疑，慎言其餘，則寡尤；多見闕殆，慎行其餘，則寡悔。言寡尤，行寡悔，祿在其中矣。」

＊ 譯文：

　　子張學習如何求取祿仕。孔子説：「多聽別人説話，把你覺得可疑的放一邊，至於其他想説的，也要謹慎地去表達，那便能夠少有過失；多看別人做事，把覺得不安的放一邊，至於其他想做的，也要謹慎地去行事，那麼便能少有悔恨；言語沒有過失，行事沒有悔恨，謀求祿仕之道，就在這裏面了。」

朋友圈縱橫談

※ 張　岱 _____

　　「子張學干祿」，只是在多聽聞多見識上下功夫。孔夫子就從多聞多見上説起，真正是依據病症來開藥方。

　　子張學習做官求取俸祿，子貢學習做生意，都是像獅子滾繡球一樣拿手。所以孔夫子對二人的調教馴服，就像是在泥水之中揮動刀劍，卻沒有絲毫拖泥帶水。不過「祿在其中」這麼確定的話，除了孔夫子其他人都不敢説。

原文：

「子張學干祿」，只是多聞多見上用功夫。夫子就從此處說起，真是以病為藥。

子張學干祿，子貢貨殖，俱是獅子弄繡球。故夫子調伏二子處，俱在泥水中使刀劍。只是「祿在其中」一語，非夫子不敢言。

※ 張　岱

「闕」就是「缺陷」之「缺」，終生都很難去除，這正是需要做修養功夫的地方。如果一下就能去除，那麼「疑」「殆」這些問題怎麼解決呢？

孔夫子認為「寡尤」「寡悔」是非常困難的事情，所以強調這兩句話，意味無窮。

人一旦走上仕途，真的沒有一句話是不招來怨恨的，沒有一件事是不留下遺憾的，這時候才知道「闕疑」「闕殆」，「慎言」「慎行」真正是在世間有所作為的重要訣竅。「祿在其中」說的就是事實，不用去講虛幻的道理。

原文：

「闕」是缺陷之「缺」，終身放不下，正是做功夫處。若一筆勾倒，「疑」「殆」，公案如何銷得？

聖人看得「寡尤」「寡悔」是千難萬難的事，所以復頓此二句。無窮意味。

凡人一入仕途，真無語不招尤，無事不貽悔，方知「闕疑」「闕殆」，「慎言」「慎行」真是用世要訣。「祿在其中」，不必太講虛理。

民服章

哀公問曰：「何為則民服？」孔子對曰：「舉直錯諸枉，則民服；舉枉錯諸直，則民不服。」

＊ 譯文：

魯哀公問：「如何使得民眾服從？」孔子回答說：「舉用正直之人放置在邪曲之人的上面，民眾便能夠服從了；舉用邪曲之人放置在正直之人的上面，那麼民眾就不會服從。」

朋友圈縱橫談

※ 楊復所

不說「君子」「小人」而說「直」「枉」，非常高妙。同樣是「君子」，只有「直」的「君子」最容易引起是非爭議，也最容易被誤解。同樣是「小人」，只有「枉」的「小人」最善於迎合拍馬，所以容易被舉薦。

原文：

楊復所曰：不說「君子」「小人」而曰「直」「枉」，極妙。同一「君子」，惟「直」的「君子」最惹是非，所以容易「錯」。同一「小人」，惟「枉」的「小人」最善迎合，所以容易「舉」。

　　君子即便是處在困頓、險惡的不利境地中，他所堅持的道也是直的，正像是石頭壓住竹筍，竹筍會斜着長出，但它自身還是直的。小人會拉攏關係、倚仗權勢，所以沒有才能而身居高位，沒有道德而手握重權，豈不是深加欺騙？所以説「錯枉」。

原文：

　　君子雖困厄折挫，其道自直，所謂石壓筍斜出也。小人夤緣攀附，無才而在高位，無德而握重權，豈不厚誣？故曰「錯枉」。

使民章

　　季康子問：「使民敬、忠以勸，如之何？」子曰：「臨之以莊，則敬；孝慈，則忠；舉善而教不能，則勸。」

✳ 譯文：

　　季康子問：「要勸勉民眾恭敬、忠誠，該如何去做呀？」孔子説：「你面對他們時能夠莊重，他們自會尊敬你；你使得人民孝順老人、慈愛幼小，民眾便會發自內心忠誠；將善人推舉出來教化尚未能夠行善的人，那麼民眾受到勸告就會樂而行善了。」

※ 張　岱 _____

季康子的意圖在於要求百姓，而孔子只是讓他反省自己。一個「使」字是有意為之，而三個「則」字則是自然而然的結果。

子張説「嘉許善人」「哀矜沒有才能德行的人」。孔夫子説「推舉善人」，確實是針對有權位的人來講的。但是「勸導無才無德的人」，則是有權位和無權位的人都可以努力去做的。「教」字和「矜」字是大相徑庭的啊。

原文：

康子意在責民，聖人只令反己。一「使」字有意，三「則」字無心。

子張言「嘉善」「矜不能」。夫子言「舉善」，固就有位者言。至於「教不能」，則有位無位皆可用力。「教」字與「矜」字，大徑庭矣。

为 政 章

或謂孔子曰：「子奚不為政？」子曰：「《書》云：『孝乎，惟孝，友於兄弟，施於有政。』是亦為政，奚其為為政？」

※ 譯文：

有人對孔子說：「你為什麼不從事政治呀？」孔子説：「《尚書》記載：『孝是什麼？孝就是書中所説的孝啊。對兄弟也能友

好善待，將此心實施到家政上。』這也算是治理政事了，為什麼還要專門去從事政治呢？」

朋友圈縱橫談

※ 張　岱

　　陸九淵主持家政三年，自稱學問有所進步。這件事正可讓我們知道「施於有政，是亦為政」的含義，這全是孝順、友愛等家庭倫理發揮實際作用的地方，不要將它當作柴米油鹽之類的雜亂細碎的小事看。

　　魯昭公在乾侯這個地方去世，魯國人共同擁立昭公的弟弟為國君，這就是魯定公。魯昭公的靈柩從乾侯回到都城，季平子派役夫到公室墓地那兒，要在昭公墓道旁邊挖溝，使昭公和魯國歷代君主的墓分隔開。榮駕鵝說：「活着的時候你不侍奉他，死了之後你又隔離他，你這是在彰顯自己的罪惡。即使你忍心這麼做，你的後代也必定會有人以此為恥辱。」季平子就不再這樣做了。到七月的時候，還是將昭公單獨葬在了墓道南面。孔子擔任大司寇後，另外挖溝將墓地合在了一起。

　　《穀梁傳》說：「昭公的喪葬，不是正當的喪葬。定公的即位，也不是正當的即位。」孔子的《春秋》在定公元年沒有書寫定公的即位，正是因為定公即位並不是來自先王的遺命，而是來自權臣季孫意如的支持。

原文：

　　陸象山當家三年，自謂於學有進。此正可想「施於有政，是亦為政」，全是孝友真功實際處。莫徒作米鹽零雜細碎觀也。

魯昭公卒於乾侯，魯人共立昭公弟宋為君，是為定公。昭公喪至自乾侯，李孫使役如闞公氏，將溝焉。榮駕鵝曰：「生不能事，死又離之以自旌也，縱子忍之，後必或恥之。」乃止。秋七月，葬昭公於墓道南。孔子之為司寇也，溝而合諸墓。

《穀梁傳》曰：「昭公之終，非正終也。定公之始，非正始也。」《春秋》於定公元年不書即位，正以社稷非先公所命，而受之於意如耳。

※ 張　岱

細細玩味「是亦」兩個字，多麼含蓄啊，如果只是執定「孝乎，惟孝，友於兄弟」是「政」，那麼孔子當年棲棲遑遑、周遊列國又是為何呢？

原文：

玩「是亦」二字，多少含蓄，若執定只此是「政」，則吾夫子棲棲皇皇者何為？

輗軏章

子曰：「人而無信，不知其可也。大車無輗，小車無軏，其何以行之哉？」

※ 譯文：

孔子說：「做人要是不真實可信，就不知道他還能做什麼

了。就像載重的牛車沒有了使得轅與衡可以靈活轉動的輗，駕四馬的輕車沒有了安穩車身的軏，那麼該如何行進呢？」

朋友圈縱橫談

※ 蘇　轍

　　我和外物明顯是兩個概念，車和牛馬明顯是不同的東西，怎麼樣才能夠通行呢？只有用輗軏這類銷子將它們連接起來，然後車才能夠借助牛馬的力量運行。輗軏，是連接兩者的東西。車與牛馬有了輗軏而連接在了一起。我和外物有了誠信而連接在一起。哪怕像金石那樣堅硬的東西，天地那麼渺遠的地方，只要有了誠信，也能夠暢行無阻。由此可以知道誠信是連接人與外物的輗軏。

原文：

　　蘇子由云：我與物判然二也，車與牛馬判然二也，將何以行之？惟有以輗軏交之，而後車得藉於牛馬也。輗軏者，相交之物也。車與牛馬得輗軏而交，我與物得信而交。金石之堅，天地之遠，苟有誠信，無所不通。吾然後知信之為輗軏也。

※ 馮秀水

　　「而」字將「人」字襯托起來，可見人沒有誠信是萬萬不可的。人如果沒有誠信，就像車沒有輗軏那樣，該怎樣行走於世間呢？絕對是沒有這樣的道理的。拿車作喻不是用來比喻「行」的，而是用來比喻說明「萬萬不可沒有」的道理的，是從「而」字上面生發出來的。

原文：

　　馮秀水云：「而」字襯起「人」字，見人而萬萬無有不信者矣。設若無之，猶車之萬萬不可無輗軏，其何以行？決無是理也。取車不譬行，只譬萬無之理，從「而」字生來。

十世章

　　子張問：「十世可知也？」子曰：「殷因於夏禮，所損益可知也；周因於殷禮，所損益可知也；其或繼周者，雖百世，可知也。」

✳ 譯文：

　　子張問：「十世以後的事，可以提前知道嗎？」孔子說：「殷代因襲於夏禮，有些損益的情況，現在仍可考察知道。周代因襲於殷禮，有些損益的情況，現在也可以考察知道。將來有繼承周代而崛起的朝代，即使過了一百世，也是可以預知的。」

朋友圈縱橫談

※ 張　岱

　　子張認為世上的事情都不過是這種樣子，所以說「可知」。然而在這其中還有不能十分確信的地方，所以只說「十世」。孔夫子抬眼一看，便發現戲台上的許多劇目，都不過是悲歡離合的

老套路罷了。所以把夏、商、周當作一個典型的例子來說，哪怕是大禹商湯、文王武王這樣的聖王，也跳不出這些套路，有什麼稀奇古怪的呢？所以說堯舜的禪讓也不過就像喝幾杯酒一樣，商湯周武的征伐也不過就像一局棋一樣。看得透了，天大的事情也不值得一笑了。

孔子預知百世只是從「禮」上看的：以禮來治理國家，禮合乎中道便能井然有序，不合乎中道便會天下大亂。譬如說夏代和商代之禮太過質樸，那麼就應該減少質樸而增加文采；周代文采太過，那麼就應該減損文采而增加質樸。《周易·繫辭》說：「減損和增加，是興盛和衰敗的開始」。興盛至極便是衰敗的開始，只懂得增加而不懂得停止必然會招致減損。衰敗至極是興盛的開始，只懂得減損而不懂得停止必然會導致增加。一時興盛一時衰落，是天道的循環；一方減損一方增益，是人事的調節。善於觀察歷史的人，只要觀察一個朝代的結束和開始，就知道後一個朝代的聖人將如何進行補救。所以說：「百世可知」。

以世事來轉變自己則不能知道，以自己來轉變世事則什麼不能知道呢？這個意思沒有闡明出來。

原文：

子張看得世上事不過是這光景，故曰「可知」。然中間還有信不過處，故止曰「十世」。夫子橫眼一覷，見戲場中許多雜劇，只是悲歡離合之套數。故把夏殷周做個榜樣說，隨你禹湯文武聖人，也跳不出圈套，有怎麼古怪事？所以道唐虞揖讓三杯酒，湯武征誅一局棋。看得破時，天大來事不直一笑。

孔子知百世只在禮上看：制世以禮，禮得中則治，失中則亂。如夏殷質勝，則損在質而益之以文；周末文勝，則損在文而益之以質。《繫辭》云：「損益，盛衰之始也」。盛為衰之始，益而不已必損。衰為盛之始，損而不已必益。一盛一衰，天運之循

環。一損一益，人事之調劑。善觀古者，但觀一代之末造，便知後一代聖人作何補救。故曰「百世可知」。

以世轉我則不可知，以我轉世則何不可知？此意未發。

※ 張　岱

《尚書》的《秦誓》記載了對過失的懺悔和對賢才的渴求，秦國的興盛就是它取代周朝的徵兆，所以聖人將《秦誓》作為《尚書・周書》的最後一篇。《詩經》的頌記「車鄰」「馬白」，透露秦國興盛的原因也正是它衰落的緣由，是秦國滅亡的徵兆，所以聖人將《寺人》作為《詩經・秦風》的第一篇。

原文：

夫誓以志悔過，志思賢，而識秦之所以興也，繼周之兆也，故聖人以《周書》終《秦誓》。《詩》以頌「車鄰」頌「馬白」，而識秦之所以興，即其所以敗也，亡秦之兆也，故聖人以《寺人》冠《秦風》。

諂祭章

子曰：「非其鬼而祭之，諂也。見義不為，無勇也。」

✳ 譯文：

孔子說：「不是應當祭祀的鬼神，而去祭祀，這是心中存有諂媚；遇到應當做的事情卻不做，這是心中缺乏勇氣。」

※ 張　岱

「見義不為」的念頭，就像電光石火，忽然出現又忽然消失。人猛然見到小孩子即將掉落井中，都會恐懼害怕，這是「見義」——看到了應當做的事情；但是對安撫天下的事情卻不去做，就是「不為」——沒勇氣做應當做的事情。人都知道不食嗟來之食，這是「見義」——看到了應當做的事情；但對優厚的俸祿卻不區別是否符合禮義就接受它，就是「不為」——沒勇氣做應當做的事情。

原文：

「見義不為」，如石火電光，倏起倏滅。只如乍見孺子而怵惕，見義也；不能保四海，則不為矣。呼蹴不受，見義也；不能辨萬鍾，則不為矣。

※ 韓求仲

諂媚鬼神，是諂媚他人的極致。可以當作無鬼之說，又可以當作戒除諂媚之說。不明不白的人暫且不論，有的人既然知道不是自己的先祖之靈卻又去祭祀，既然見到了應該做的事情卻又不去做，豈不是可惜了生而為人所擁有的一點良知嗎？

原文：

韓求仲云：諂鬼者，諂人之極思耳。着無鬼論者，又當着戒諂論。蒙懂者無問矣。既曉得非其鬼而又祭之，既見義而又不為，一點良知，豈不可惜？

八佾第三

八佾雍徹二章

孔子謂季氏：「八佾舞於庭，是可忍也，孰不可忍也。」

三家者以《雍》徹。子曰：「『相維辟公，天子穆穆』，奚取於三家之堂？」

＊ 譯文：

孔子談及魯大夫季孫氏：「以天子的八八六十四人的舞蹈陳列在自己的庭院中表演，這種事都能容忍，還有什麼事情是容忍不下的？」

魯大夫孟孫、叔孫、季孫三家，家祭結束後，演奏《雍》樂來撤回祭品。孔子說：「『四方諸侯都來助祭，天子儀容，那樣肅穆地敬而美。』這樣在三家堂上演奏有何意義？」

朋友圈縱橫談

※ 葛屺瞻

通過談論舞佾的情境，來調動對方的恐懼警惕之心；通過引用《詩經》的語言，來點醒對方的羞恥之心。這些都不是跟他詳細計較名分之事，而是勾起對方內心的良知。

原文：

葛屺瞻曰：就舞佾景象，聳動他怵惕之心；就歌詩語句，挑醒他羞惡之心。都不把名分與他較，全從心苗中鉤剔。

　　宰予縮短服喪日期，孔夫子説「你如果覺得安心，你就這麼做吧！」。季氏僭越禮法，孔子説「你能忍心這樣做嗎！」。聖人遇到不忠不孝的人，只是去喚醒他們自身的良知，讓他們進行自我反思。

　　舞佾、雍徹最早是從魯國君主進行僭越禮法開始的。孟孫氏、叔孫氏和季孫氏特意建造桓廟，用來祭祀魯桓公，就是他們對魯國君主的錯誤行為進行效仿而做的。

　　「忍」這個字，本來是英雄大有作為的地方。使用得光明正大，便是伊尹流放太甲，霍光廢除昌邑這樣的正義之舉；用得不清不楚，就成了王莽、曹操這一類人。

原文：

　　宰予短喪，夫子曰「女安，則為之」。季氏僭禮，夫子曰「是可忍也！」。聖人遇不忠不孝的，只是挑動他良心，使之惻然自省。

　　舞佾、雍徹先自魯之僭禮始。三家特立桓廟，故亦用此以祭桓公，是其效尤處。

　　「忍」之一字，原是英雄大作用處。用得光明正大，便是伊尹之放太甲，霍光之廢昌邑；用得曖昧不明，便是王莽、曹瞞一流。

※ 張　岱

　　《舞佾章》是熱切的棒喝，《雍徹章》是冷峻的嘲諷。孟孫氏、叔孫氏和季孫氏三家聽到，也應該會慚愧流汗。孔融在世的時候，曹操不敢馬上給自己加九錫（九錫是九種禮器。是天子賜

給諸侯、大臣有殊勳者的九種器用之物，表示最高禮遇），所以當時的人們都歌唱「山有猛虎」，表示對孔融的敬重。

原文：

《舞佾章》是熱喝，《雍徹章》是冷嘲。三家聞之，亦應汗下。孔北海在日，曹孟德不敢遽加九錫，時人所以歌「山有猛虎」也。

禮樂章

子曰：「人而不仁，如禮何？人而不仁，如樂何？」

＊ 譯文：

孔子說：「人心若是沒有了仁，還怎麼運用禮呢？人心若是沒有了仁，還怎麼運用樂呢？」

朋友圈縱橫談

※ 楊復所

不能為禮樂設下邊界障礙，要自己將禮樂落實。這裏明明白白說出了禮樂的根本，可以回答下一章中林放的問題了。

原文：

楊復所云：不能為禮樂設藩籬，且自為禮樂立地步。明明說出禮樂之本，可覆下章林放之問。

林放章

林放問禮之本。子曰：「大哉問！禮，與其奢也，寧儉；喪，與其易也，寧戚。」

※ 譯文：

林放詢問禮的根本，孔子說：「你的問題意義重大啊！禮，與其過於奢侈，寧可過於節儉。喪禮，與其過於和易，寧可過於哀戚。」

朋友圈縱橫談

※ 張　岱

恭敬，是禮物錢財未送出去之前就應該有的。「儉」與「奢」，還是在說禮物錢財的多少而已。「奢」固然脫離了「禮」的根本，「儉」難道就可以當作是「禮」的根本了嗎？然而，從「儉」處尋求，畢竟不偏離「禮」的最初意思，所以說「寧儉」。玩味「寧」這個字，就可以明白孔子是不把「儉」當作「本」的。「戚」則是自己的內心難以承受，與「儉」是不同的。然而僅僅有「戚」，就能說是「必誠必信，勿之有悔（真誠不欺，以免留下遺憾）」的嗎？所以也用了一個「寧」字。

原文：

恭敬者，幣之未將者也。「儉」與「奢」，猶言幣之有隆殺

云爾。「奢」固離本，「儉」亦豈遂可以當「本」乎？然從「儉」而求之，猶不失最初之意，故曰「寧儉」。玩一「寧」字，其不即以為「本」可知也。「戚」則本心之不容已，與「儉」不同。然徒「戚」而已，亦豈所謂「必誠必信，勿之有悔」者乎？故亦下一「寧」字。

夷狄章

子曰：「夷狄之有君，不如諸夏之亡也。」

＊ 譯文：

孔子說：「夷狄之地尚且有君主，不像華夏地區（君主秩序）反而沒有了。」

朋友圈縱橫談

※ 張　岱

我遭遇亂世，見到夷狄尊奉君王，情況比華夏還要好一些。比如女真族君王鏟除宗親鄉黨、殺戮有功之臣，那些人十分之九都被殺害，其他人卻不敢稍有反抗。而我們大明朝的建文皇帝才稍微對宗親嚴苛了一點，燕王朱棣就起兵反抗，實在是遠遠不如夷狄呢！

原文：

　　余遭亂世，見夷狄之有君，較之中華更甚。如女直之芟夷宗黨，誅戮功臣，十停去九，而寂不敢動。如吾明建文之稍虐宗藩，而靖難兵起，有愧於夷狄多矣！

泰山章

　　季氏旅於泰山。子謂冉有曰：「女弗能救與？」對曰：「不能。」子曰：「嗚呼！曾謂泰山不如林放乎？」

＊ 譯文：

　　季氏去祭祀泰山。孔子對冉有說：「你就不能匡正這件事情嗎？」冉有回答說：「我不能。」孔子說：「唉！難道泰山神明還會不如林放懂禮嗎？」

朋友圈縱橫談

※ 張　岱

　　旅泰山，是一種儀禮，而為什麼「旅」，是有所規定的。季氏以大夫的身份去行諸侯應該行的禮，是違背了規定的。泰山之神，是不可欺騙的。假若泰山之神真的接受了季氏的禮拜，那他就真連林放也不如了。

原文：

　　旅泰山，禮也，而所以旅者，有本焉。以大夫而行諸侯之禮，失其本矣。泰山之神，不可誣也。使泰山而享，真不如林放矣。

無爭章

　　子曰：「君子無所爭。必也射乎！揖讓而升，下而飲。其爭也君子。」

＊ 譯文：

　　孔子說：「君子沒有什麼想要爭的。一定要有的話，那就是比射了！射禮開始三揖之後升堂，比射完畢作揖退下，勝者敗者作揖升堂，舉杯對飲。這樣的爭，才是君子之爭。」

朋友圈縱橫談

※ 張　岱

　　只說「不爭」，就還是政壇不倒翁馮道、胡廣這一類人。這句話則從「爭」說到了「不爭」，這才是君子大有作為的地方。

　　孔子在矍相（地名）的園圃中進行射箭，讓子路手執弓箭

到門外延請想參加射禮的人。子路出去說：「敗軍之將、亡國之大夫以及改名換姓做了別家後人的，不得進來。」於是走掉了一半人，進來了一半人。這種忠孝之義令人敬畏，哪裏僅僅是「不爭」呢？

原文：

　　單說不爭，尚是馮道、胡廣一流。此獨從爭說到不爭，方是君子大作用。

　　孔子射於矍相之圃。子路執弓矢出延射，曰：「賁軍之將、亡國之大夫與為人後者，不入。」忠孝之義凜然，奚止不爭？

繪事章

　　子夏問曰：「『巧笑倩兮，美目盼兮，素以為絢兮。』何謂也？」子曰：「繪事後素。」曰：「禮後乎？」子曰：「起予者商也！始可與言《詩》已矣。」

＊ 譯文：

　　子夏問：「『巧笑倩啊，美目盼啊，素色為彩色裝飾。』這是什麼意思？」孔子說：「繪畫之事，在素色之後啊。」子夏說：「是說禮是後起之事嗎？」孔子說：「啟發我的人是卜商你啊！可以開始與你討論《詩經》了。」

※ 張　岱 _____

　　六經有注解，還不如無注解。「素以為絢」，既非一又非二，詩意多麼圓滿啊！孔夫子不得已用繪畫之後才覺察「素」來作說明，已經是於月亮之外又添了一根手指了。子夏又進一步說「禮之後」，則就更不是原初的月亮了。孔子欣喜於他得月忘指（佛教用語。比喻領會到了真諦而捨卻了途徑、表象），所以以可以跟他談論《詩經》來讚許他。可笑的是世人不僅沒有忘記「後」，反而又增加了一個「先」字。

　　不要認為「素」就是先於天地的先驗存在，看到具體的事物並加以考慮便都是「後」。任憑人再聰明再精微地推論認知，也總不能窮盡「後」的事物，哪裏能說得到「先」字呢？一說「先」這個字，便已經是在說「後」了。

　　「禮後乎」一句，不是對「禮」的感悟，而正是對《詩經》精微之義的感悟，所以說「可與言《詩》已矣」。這正是讚許子夏懂得精微之義。「繪」「禮」兩個字，恐怕都不是主要的意思。

原文：

　　六經有解，不如無解。「素以為絢」，非一非二，詩意何圓？夫子不得已明以繪之後覺，已於月外添指。子夏復曰「禮之後」，則更非初月矣。子喜他得月忘指，故以「言《詩》」與之。堪笑世人又添一「先」字也。

　　莫道「素」便是「先」天地相推而出，見形著想皆是「後」。憑他萬般聰明精微推識，總不盡「後」，安有「先」字可說？才說一「先」，已是「後」了也。

「禮後乎」，非悟禮也，正悟《詩》之微，故曰「可與言《詩》已矣」。蓋與其知微也。「繪」「禮」二字，恐終是枝意。

※ 張　岱

子夏在西河設立教席，寫了《毛詩・小序》。這一章的問答，孔夫子明確以《詩經》之學來稱許他，即是教天下後代之人研讀《詩經》的方法。「禮」字只是借用來説明《詩經》的問題的，不要賓主顛倒、因小失大。

原文：

子夏設教西河，作《毛詩・小序》。此章問答，夫子明以《詩》學與之，是即教天下後世以讀《詩》之法也。「禮」字借來影語，不得顧賓失主。

文獻章

子曰：「夏禮，吾能言之，杞不足徵也；殷禮，吾能言之，宋不足徵也。文獻不足故也。足，則吾能徵之矣。」

＊ 譯文：

孔子説：「夏朝的禮我能説出來，但杞國不足以為我的學説證明；殷代的禮我能説出來，但宋國不足以為我的學説證明。都是因為文獻不足啊。文獻要是足夠，那麼我就能夠證明（禮）。」

※ 宋羽皇

　　這一章中三個「吾能」，字面意思是相互呼應、引發的，文獻不夠而有我的言語在，這就是沒有佚失的文獻啊，所以最後一句發感慨說沒有文獻可以徵用。真是用一句話來當作文獻，以自己一人之身來保存夏商文獻。孔子不是感歎杞國和宋國的滅亡，而是拋開杞宋兩國談文獻。

原文：

　　宋羽皇曰：章內三個「吾能」，字意相映發，文獻不足而有吾言在，即未亡之文獻也，故末句致慨無徵。直是以一言當文獻，以一身存二代上。不是歎杞宋淪亡，直是撇開杞宋。

※ 張　岱

　　武王將東樓公分封在杞國，將微子分封在宋國。從微子到宋國的最後一個國君戴公，歷任有十位國君，禮樂制度在這期間被廢棄破壞。正考父是孔子的七世祖，得到了《商頌》共十二篇呈給太師，到孔子的時候則只在《詩經》中保存了五篇，這就是文獻不夠的原因。《左傳·僖公二十七年》記載：杞桓公來魯國朝見，用的是夷人的禮節，以致《春秋》稱呼他為「杞子」來貶低他。這也是文獻不夠造成的。

　　在《禮運》中，孔子說：「我想要考察夏朝的治道，而在夏朝後人所建的杞國沒有文獻可以驗證，我得到的是夏朝的時令書。我想要考察商朝的治道，而在商朝後人所建的宋國沒有文獻可以驗證，得到的是商朝的卜筮書《坤》《乾》。」讀這段話，可以明白《論語》中所載「夏禮吾能言之，杞不足徵也；殷禮吾能言之，宋不足徵也」的意思。

原文：

　　東樓公，武王封之杞。微子，武王封之宋。自微子至戴公凡十君，其間禮樂廢壞。正考父為孔子七世祖，得《商頌》十二篇周之太師，至夫子則《詩》僅存五篇，是文不足徵也。《左傳・僖公二十七年》：杞桓公朝，用夷禮，故《經》書「子」以貶之，是獻不足徵也。

　　《禮運》孔子曰：「我欲觀夏道，是故之杞，而不足徵也，吾得夏時焉。我欲觀殷道，是故之宋，而不足徵也，吾得《坤》《乾》焉。」讀此知《論語》「夏禮吾能言之，杞不足徵也；殷禮吾能言之，宋不足徵也」。

既灌章

子曰：「禘自既灌而往者，吾不欲觀之矣。」

* 譯文：

　　孔子說：「禘禮，從剛開始祭祀將鬱鬯之酒澆在地以求神降開始，我就不想再看下去了。」

朋友圈縱橫談

※ 張　岱

　　「不欲觀」，不一定因為是進行禘禮的誠意不夠。大禮從根

本上已經錯了,哪裏還談得上誠意呢?在灌以前,還沒有宣讀祝告之文;灌以後,則要宣讀祝告了,這怎麼能出現在三家的家廟上呢?孔子怎麼可能想看呢?

原文:

「不欲觀」,不必誠意之衰。大禮既非,何誠意之足言?蓋未灌以前,猶未宣讀告文;既灌,則告文宣讀,所謂奚取於三家之堂矣,聖人寧欲觀之?

禘說章

或問禘之說。子曰:「不知也。知其說者之於天下也,其如示諸斯乎!」指其掌。

✳ 譯文:

有的人詢問禘禮的說法。孔子說:「我不知啊。若是有知道禘禮說法的人,他對於整個天下,就像擺在這裏這樣!」一邊說一邊指着自己的手掌。

朋 友 圈 縱 橫 談

※ 張　岱 _____

從前有人說,周成王命令魯國國君世世代代用天子的禮樂

來祭祀周公。《史記》說：「魯惠公讓宰讓去周天子那裏請郊廟之禮，天子派了史角前往。」由此可知魯國僭越禮法，是從周平王和魯惠公時期開始的。根據《閟宮》這首詩的記載：「周天子命令魯惠公，在東魯做諸侯要慎重。賜給他山川和土地，以及一些作為附庸的小國。」周成王並沒有將郊禘之禮賜給魯僖公。

原文：

　　向言成王命魯公世世祀周公以天子之禮樂。《史記》云：「魯惠公使宰讓請郊廟之禮於天子，天子使史角往。」據此則魯之僭禮，自平王惠公始也。按《閟》之詩曰：「乃命魯公，俾侯於東。錫之山川，土田附庸。」成王未嘗以郊禘賜魯。

※ 張　岱

　　《春秋》記載閔公二年：「以禘禮祭祀莊公。」僖公三十一年：「四次為郊祀的事情占卜。」由此可知，禘禮的僭越，開始於魯閔公；郊禮的僭越，開始於魯僖公。不然，為何自伯禽以來的三十八位君主都沒有廟頌，卻偏偏從魯僖公開始有了呢？總之，如果郊禘之禮是周成王賜給魯公的，那麼周成王就做得不對，伯禽接受了這一賞賜也是不對的。如果是閔公、僖公僭越，那麼就是閔公、僖公不對，而後來的魯國君主沿用郊禘之禮也是不對。孔子說：「魯國使用郊禘之禮是不符合禮法的，周公應該會感到悲傷的！」就是諷刺當時的君主和大臣一樣都是僭越的。

原文：

　　《春秋》書閔公二年：「禘於莊公。」僖公三十一年：「四卜郊。」據此，則禘之僭，始於閔。郊之僭，始於僖也。不然，何伯禽以下三十八君未有廟頌，而頌獨始於僖哉？總之郊禘賜於成

王，則成王為非，而伯禽受之亦非，僭於閔、僖則閔、僖非，而後人用之亦非。孔子曰：「魯之郊禘，非禮也，周公其衰矣！」蓋刺當時之君若臣耳。

如在章

祭如在，祭神如神在。子曰：「吾不與祭，如不祭。」

✳ 譯文：

　　祭祀時，就要像真的有祖先在接受祭祀一樣，祭祀神靈時，也好像真有神靈在面前一般。孔子說：「我若是不身心合一地參與到祭祀儀式中，那麼就如同沒有祭祀過。」

朋友圈縱橫談

※ 張　岱

　　王浚問盧裕：「『祭神如神在』，是有神呢，還是無神呢？」盧裕回答：「有神。」王浚又問：「如果是有神那麼應該說『神在』，為什麼要說『如』呢？」這句話最為精微。「如」，是指我的精神所在，「不與祭」有精神在嗎？這段話的精義是：祭祀，則精神應當在此；如果精神不在此，那就跟沒有祭祀一樣。

原文：

　　王浚問盧裕曰：「『祭神如神在』，為有神耶，無神耶？」答

曰「有神」。曰：「有神當言神在，何以言『如』？」此語最微。「如」者，吾之精神着之也，「不與祭」而有之乎？此段精神：祭，則如在；不與，則如不祭。

※ 張　岱

「君王到宗廟裏祭祀」「內心誠敬」，這正是古聖先王以神明之理教化天下的開始。「如在」這一句話，就概括盡了一篇《祭義》的精髓。

原文：

「王假有廟」，「有孚顒若」，此政是先王以神道設教之始。「如在」一語，括盡一篇《祭義》。

媚奧章

王孫賈問曰：「與其媚於奧，寧媚於灶，何謂也？」子曰：「不然。獲罪於天，無所禱也。」

※ 譯文：

王孫賈詢問孔子說：「『與其在房屋西南角的主神那兒求媚討好，不如向管事兒的灶君司命求媚討好』，這是什麼意思呢？」孔子說：「不是這樣。若是受到來自上天的懲罰，那就沒有地方可以禱告了。」

　　王孫賈的這個問題，與彌子、衛卿的意思是相同的。孔子對彌子就説「命」，稱「命」是為了拒絕小人。對王孫賈則説「天」，説「天」是為了震懾有權勢的奸臣。這兩種回答都是像啞謎一樣，並沒有説得那麼直接。「何謂也」，王孫賈問話的語氣驕傲自大；「不然」，孔子回答的語氣嚴肅果決。一問一答，二人的神情全都表現出來了。「獲罪」這兩句話，不過是補足「不然」這兩個字的內涵罷了。

原文：

　　王孫賈此問，與彌子、衛卿可得同意。對彌子則曰「命」，稱「命」所以屏絕宵小。對賈則曰「天」，稱「天」所以震讋權奸。兩邊都是啞謎，並不曾說破。「何謂也」，語氣矜誇；「不然」，語氣嚴毅。問答神情全在此處。「獲罪」二句，不過找足「不然」二字語意耳。

從周章

子曰：「周監於二代，郁郁乎文哉！吾從周。」

＊ 譯文：

　　孔子説：「周代追溯了夏、商二代禮的演進，它的禮樂文化是多麼繁盛啊！我主張遵從周代。」

※ 張　岱

　　有種説法是：周代並不是文禮昌盛。但當時楚莊王向周天子問九鼎的輕重，晉文公請求使用只有在周王畿才能用的鄉遂制度，魯國大夫八佾舞於庭、在家廟中結束祭禮時唱本該只有天子祭祀能唱的《雍》之詩，這些純粹是一派粗野而傲慢的景象，哪裏能稱得上「文」呢？然而四海同一的世界，有誰不追隨周呢？孔夫子特地指出來，正可見當時的社會所崇尚的，是奢侈而不是有禮節，是背離周天子而不是遵從周天子。

　　禮樂制度隆盛，是周代制度最完備的地方。從周幽王、周厲王開始，綱常紀律被掃除殆盡，禮樂制度毀滅而國家也隨之毀滅了，哪裏是擔憂禮樂太過隆盛呢！並且孔夫子明確指出「從周」，可現在科舉應試的文章卻説是「遵從夏商兩代」，這是什麼原因呢？

原文：

　　語謂：周未文勝。當時問鼎、請隧、舞佾、歌雍，純是草野倨侮氣象。何嘗是「文」？然而同軌同倫世界，誰有不從周者？夫子特地標拈，正見當時所崇尚者，是奢非文，是畔周非從周也。

　　文盛，是周制大備處。降自幽厲，紀綱掃地，文盡而國亦隨之，豈憂文勝耶！且夫子明說「從周」，時文卻曰「即所以從二代」，何也？

※ 張　岱

　　西漢王朝剛剛建立時，大臣和百姓都粗野而傲慢。自從叔孫

通制訂整頓了朝儀典章，漢高祖才說：「我今日才感覺到作為天子的高貴威嚴。」看來繁瑣的儀式或禮節，也是必不可少的。

原文：

漢室草創，臣民倨侮。自綿蕝制興，而漢高曰：今日始知天子之貴。覺繁文縟節，自不可少。

太廟章

子入太廟，每事問。或曰：「孰謂鄹人之子知禮乎？入太廟，每事問。」子聞之，曰：「是禮也。」

✳ 譯文：

孔子初入太廟，每遇見事情都要詢問。有的人說：「誰說鄹邑的年輕人懂得禮呀？進到太廟，遇事就要詢問。」孔子聽到了，說：「那就是禮啊。」

朋友圈縱橫談

※ 張　岱

孔子在朝堂上就談論朝堂之事，在宗廟裏就談論宗廟之事。在朝堂上，夫子對下寬容對上嚴謹，商議妥當再等待國君上朝時奏對。在宗廟每件事都要過問，考察精細而等待君主來祭拜。恪

盡職守之禮就應當是這樣，所以說「是禮」。宗廟中的儀禮，關係重大。杞國和宋國的「文獻不足徵」的缺憾，用一問來彌補。對這一點，少不了有人進行反駁。孔子進入太廟而見到金屬所鑄之人（金人背後刻有銘文）、觀摩欹器（一種禮器），聖人在這裏長了許多見識學問。更何況在宗廟之禮的傳承中，只殺一隻羊敷衍了事的事情也很多。孔子的一提問一查考，更加體現出了禮的精神。

原文：

> 子在朝言朝，在廟言廟。在朝誾誾侃侃，商榷定而俟君出，對揚之。在廟每事問，考據精而俟君祭。駿奔之禮當如是，故曰「是禮」。廟中之禮，關係甚大。杞宋文獻，直以一問當之。正不可少或人一駁。入太廟而見金人，觀欹器，聖人於此長多少學問。況廟內之禮，如餼羊者盡多。一問一考，禮之精神愈出。

主皮章

子曰：「射不主皮，為力不同科，古之道也。」

✳ **譯文：**

孔子說：「比射重點不在於能夠射穿皮革，因為人的體力是不同的，這是古人的道理。」

※ 韓求仲

　　孔夫子特意在需要力量的地方指出蠻力是不可取的。他用「無爭」來引導射箭之道，用德行來評論駿馬，都是這個意思。

原文：

　　韓求仲曰：夫子專在用力處點出力之不可用，所以無爭引射，稱德論驥，俱是此意。

※ 張　岱

　　品味「不主」這兩個字，原本不是完全不考慮「力」，這才可以見得孔夫子之意包羅甚廣。現今的科舉應試文章完全抹殺了「力」字，必須知道將牛馬放歸田野去耕作（因為戰爭結束了，不再需要打仗，周武王就宣佈歸馬放牛，讓牠們拉犁耕地），與鑄造十二金人（秦始皇沒收天下之人的兵刃，將牠們聚集在咸陽進行銷毀，用這些金屬鑄成了十二金人）是有本質區別的。「古之道」，說的是古聖先王不可改變的治理法則，言外便有感傷當今之世的意思。

　　鄉射之禮以五件事情來從眾人中選拔人才：一是心志中正，二是動作協調，三是射中箭靶，四是容色和於音樂，五是起舞。天子有三個箭靶，分別用熊皮、虎皮、豹皮做。

　　朱熹注解說「以中正為主要目的」，說主要目的在於「和容」，而不是射中箭靶。所以《尚書傳》說：「中正之人，即使射不中箭靶也是可以錄用的；不中正之人，即使射中箭靶也不錄用。」

原文：

味「不主」二字，原不是廢「力」，才見網羅之大。時文抹殺「力」字，須知放馬歸牛，與金人十二自別。說「古之道」，是古之成法必不可變者，言外便有傷今意。

鄉射以五物詢眾庶：一曰和志，二曰和容，三曰主皮，四曰和顏，五曰興舞。天子三侯，以熊虎豹皮為之。

朱注言「主於中」，言主於中「和容」，不主於中的。故《尚書傳》云：「中者，雖不中也取；不中者，雖中也不取。」

餼羊章

子貢欲去告朔之餼羊。子曰：「賜也！爾愛其羊，我愛其禮。」

✳ 譯文：

子貢想要取消每月行告朔之禮時用羊祭祀，孔子說：「賜啊！你愛惜那隻羊，我愛惜那種禮啊。」

朋友圈縱橫談

※ 王觀濤

告朔這種儀禮，是稟明周天子新的一年的開始的，屆時還會殺一隻羊來供奉，也說明魯國的君臣還沒有敢公然蔑視典章

禮儀，所以孔夫子愛惜的是逐漸被行禮者忘失的禮，是有深意在的。

原文：

　　王觀濤曰：告朔之禮，所以稟周天王之政朔也，餼羊猶供，亦魯君臣未敢顯然蔑視典禮處，故夫子所惜是亡於禮者之禮也，殆有深意。

※ 徐自溟

　　舉行儀式典禮的時候，殺羊是禮的一部分；儀禮廢止時，留着羊就是禮。不用像朱熹那樣說到踐行承諾上去。

原文：

　　徐自溟曰：行禮時，殺羊是禮；廢禮時，存羊是禮。不必說到可復上。

※ 張　岱

　　羊是用來寄託禮的，所以留着牠就是禮，不用牠，牠就僅僅是隻羊。「其」這個字有精妙的理解。孔子書寫《春秋》時，特地記載魯文公「第四次不參加告朔之禮」，可見孔子對待告朔之禮是非常鄭重的。

原文：

　　羊以寄此禮，故留之則其禮也，去之則其羊也。「其」字有妙解。孔子作《春秋》特書文公「四不朝朔」，故於告朔之禮，十分鄭重。

盡禮章

子曰：「事君盡禮，人以為諂也。」

﹡ 譯文：

孔子說：「侍奉君主能夠事事達到禮的要求，人們卻以為是諂媚。」

朋 友 圈 縱 橫 談

※ 張　岱

如果禮遇比自己地位低的人，人們認為是「禮」，現在以禮對待地位高的人，人們則反而認為是諂媚。本章中的「人」，就是指做法違背多數人時的「多數人」。

原文：

如拜下，禮也，今拜乎上，則反以為諂矣。「人」即違眾之眾人。

君臣章

定公問：「君使臣，臣事君，如之何？」孔子對曰：「君使臣以禮，臣事君以忠。」

　　魯定公問：「君主役使臣子，臣子侍奉君主，該如何呢？」
孔子回答：「君主依照禮來役使臣子，臣子以忠誠的原則來侍奉
君主。」

朋友圈縱橫談

※ 張　岱

　　晏子常常告訴齊景公田氏家族壯大可能引起禍患，齊景公
問怎麼樣才能補救。晏子回答說：「只有禮可以終止禍患。依照
禮的原則，卿大夫家的施捨，不可以讓他面向全國進行以獲取人
心，而家大夫也不能斂聚國家之財利。」齊景公沒有聽從晏子的
建議，齊國最終滅亡。

　　三國時期馬超第一次見劉備，談話中很不禮貌地以劉備的字
玄德來直呼他。關羽很氣憤，請劉備殺掉馬超。劉備說：「別人
境遇困窘才來投奔我，我卻因為他稱呼我的字而殺他，怎麼樣昭
告天下呢？」張飛說：「既然如此，應該以禮對待馬超。」第二
天會面，劉備請馬超入席，關羽和張飛拿着杖和刀站立在一旁，
馬超大驚，不敢再直呼劉備的字。像這樣，禮也足夠用來管理
下屬。

原文：

　　晏子常告景公以田氏之禍，公問所以救之者。晏子曰：「惟
禮可以已之。在禮，家施不及國，而大夫不收公利。」公不能
用，齊卒以亡。

　　馬超初見先主，與先主言，呼先主字。關羽怒，請殺之。

先主曰：「人窮來歸，以呼我字而殺之，何以示天下？」張飛曰：「如是，當示之以禮。」明日大會，請超入，羽、飛並杖刀立直，超乃大驚，遂不復敢呼字。禮之足以御下也如此。

※ 張　岱

天子的房子高九尺，諸侯的高七尺，相差的就是兩尺罷了。天子的座席五層，諸侯的座席三層，相差的也就是兩層。但就是這小小尺寸，使得君臣之間的區分變得顯著。以禮來治理國家，就是這個樣子。

原文：

天子之堂九尺，諸侯七尺，所爭者二尺耳。天子之席五重，諸侯三重，所爭者再重耳。只此尺寸，君臣之分截然。禮之治國，關係若此。

關雎章

子曰：「《關雎》樂而不淫，哀而不傷。」

＊ 譯文：

孔子說：「《關雎》這首詩，快樂而不過度，哀戚而不至於損傷。」

※ 張　岱

本章是讚美《關雎》的音樂，而不是讚美這首詩。不要在鐘鼓、琴瑟、寤寐、反側等詞語上分析難過或快樂。「哀」和「傷」是不同的。「哀」，是合乎心性的；而「傷」，則出自於私情私心。心性在生活中可以日用日新，一旦沉溺於私情則會立即敗壞。

原文：

此是贊樂，不是贊詩。不必以鐘鼓、琴瑟、寤寐、反側等語，較量哀樂。哀與傷辨。夫哀，性也；而傷，持情之私也。性愈用而日新，情一沉而立敗。

問社章

哀公問社於宰我。宰我對曰：「夏后氏以松，殷人以柏，周人以栗，曰：使民戰栗。」子聞之，曰：「成事不說，遂事不諫，既往不咎。」

＊ 譯文：

魯哀公詢問宰我關於社的事情，宰我回答道：「夏后氏用松樹為社，殷人用柏樹，周人用栗樹，說是要使得百姓戰栗。」孔子聽說了，說道：「已經完成的事情，就不再說了。大勢已趨的事情，也就不需要再進諫了。過去的事情，就不必再追咎了。」

※ 張　岱

　　何休注解《公羊傳》説:「神主牌位使用松,就相當於『容』,
想到他的容貌而侍奉他,表明神主代表的人是合乎法度的。神主
牌位使用柏,就相當於『迫』,親近而不疏遠,表明神主所在的
地方是合乎法度的。栗就相當於顫栗,是謹慎恭敬的樣子,表明
神主所承受的天命是合乎法度的。」《禹貢》載:「青州,出產
鉛、松樹、像玉一樣的石頭。荊州,出產香椿、檞樹、栝樹、柏
樹。」《周禮》説:「栽種各自地方所適宜生長的樹木。」「夏代
的都城安邑,適宜種松樹;商代的都城亳,適宜種柏樹;周代的
都城豐鎬,適合種栗樹。」又説:「太社(古代天子為百姓祈福、
報功而設立的祭祀土神、穀神的場所)只能種植松樹,東社只
能種植柏樹,南社只能種植梓樹,西社只能種植栗樹,北社只能
種植槐樹。」由此可知,宰我所説的話也不是不對,孔子卻否定
他,不知道是什麼原因。「使民戰栗」又與孔子所説的「下霜的
時候不拔草」一致,即周武王所説的不可以再勸勉了。孔夫子讓
他不要説、不要勸諫、不要怪罪,也不知道什麼原因。「土地廟
的老鼠不能用水灌,城牆下的狐狸不能用火熏。」這句話雖然説
的是小事,但可以比喻大事。所以要議論在魯國樹立君主權威的
事情,應當在成王和襄王以前,不應當在昭公和定公之後。這個
時候三桓的根基已經穩固、羽翼已經豐滿,大勢已去無法挽回,
所以不用再議論了。

原文:

　　何休注《公羊傳》曰:「松,猶容也,想見其容貌而事之,
主人正之意也。柏,猶迫也,親而不疏,主地正之意也。栗猶戰
栗,謹敬貌,主天正之意也」。又《禹貢》「青州,鉛松怪石。

荊州，杶榦栝柏」。《周禮》云：「各於其野之所宜木。」「夏都安邑，宜松；殷都亳，宜柏；周都豐鎬，宜栗。」又云：「太社唯松，東社唯柏，南社唯梓，西社唯栗，北社唯槐。」則宰我之言，未為不是，夫子非之，不知何故？「使民戰栗」又與夫子隕霜不殺草之對同，即康侯所謂勸之斷也。夫子令勿說、勿諫、勿咎亦不知何故？「社鼠不灌，城狐不熏。」此言雖小，可以喻大。故議魯事者，當在成襄之前。不當在昭定之後。此時根蒂已固，羽翼已成，大事去矣，故不必言也。

※ 張　岱

　　在孔子出任大司寇期間，想要拆除三家的城牆。於是叔孫氏拆除郈（地名）的城牆，季氏拆除費（地名）的城牆，即將拆除成功的時候，公斂處父對孟孫氏說：「郕（地名），是孟氏存在的保障，沒有郕，就是沒有孟氏了。你假裝不知道，我則要堅持不拆除城牆。」魯侯派兵包圍郕，沒有攻打成功。以這個時候三家的勢力之大，孔子本人尚且沒有拆除成功，更何況別的人呢！

原文：

　　當時孔子為政，欲墮三都。於是叔孫氏墮郈，季氏墮費，將墮成，公斂處父謂孟孫曰：「成，孟氏之保障，無成，是無孟氏也。子偽不知，我將不墮。」魯侯圍成，弗克。此時三家之勢，孔子尚不能墮成，何況賢輩！

器小章

子曰：「管仲之器小哉！」或曰：「管仲儉乎？」曰：「管氏有三歸，官事不攝，焉得儉？」「然則管仲知禮乎？」曰：「邦君樹塞門，管仲亦樹塞門。邦君為兩君之好，有反坫，管氏亦有反坫。管氏而知禮，孰不知禮？」

✳ 譯文：

　　孔子說：「管仲的器量很小啊！」有人說：「管仲生活節儉嗎？」孔子說：「管仲娶了三家之女，各處各項官事都設有專人管理，也不親自管理，哪裏算得上節儉？」「那管仲知禮嗎？」孔子說：「國君在大門處設有屏風，管仲家大門處也有屏風。國君為了兩國之間的友好，堂上設有擱置酒杯的土堆，管仲宴客也有那樣的土堆。如果說管氏知禮的話，誰不知禮啊？」

朋友圈縱橫談

✳ 張　岱

　　君主所推行的是王道還是霸道，只有在根本細微之處才有差別。如果達到萬事就如同浮雲飄過天空那樣的境界，那麼功業和名位便也就是道德，眼中只有利益金錢，那麼功業和名位也就只是功業和名位。孔子貶低管仲是有非常精微的含義在其中的，哪裏能對有些人說呢！後面兩段原本也不是證明管仲量小的，只是孔子隨問隨答的話。

原文：

王道伯業，只在根本毫厘上差別。浮雲太虛，功名便是道德，金屑着眼，功名只是功名。聖人小管仲極有微義，豈能對或人言之！下二段原不是證「器小」，只是隨辯隨解耳。

※ 馮開之

管仲即使不那麼奢侈，而是很節儉，也沒辦法擺脫「器量小」的評語。這個意思原本是文毅公商輅說出來的，甲午年科考時由此得到了些皮毛的人，也都成了名家。

原文：

馮開之云：仲即儉，無解於「器小」。此等意原從商文毅公來。甲午諸君得其一班者，亦盡名家矣。

※ 張　岱

刑昺《論語正義》說：「女人出嫁稱為『歸』。」按照禮，大夫雖然可以有小妾，但只能娶同一姓的女子為正妻。現在管仲娶了三姓的女人為正妻，所以說「有三歸」。《國策》也說：「在齊桓公的宮中，一共擁有七個市場和七百個淫樂場所，齊國人都斥責他，於是管仲就故意娶了三個姓的正妻，目的就是為桓公掩飾過錯，自己並非有意傷害民心。」

原文：

《正義》曰：「婦人謂嫁曰歸。」禮，大夫雖有妾媵嫡妾，唯娶一姓。今管仲娶三姓之女，故曰「有三歸」。《國策》亦曰：「齊桓公宮中七市，女閭七百，國人非之。管仲故為三歸之家，以掩桓公，非自傷於民也。」

有人說:「齊國因為有管仲才能夠成就霸業,孔子卻說他『器小』,那麼什麼才是大器?」回答說:「大器大概就像規矩、準繩那樣的吧。先管理好自己然後再管理他人,可以稱之為『大器』。」

又說:「以這個主題寫文章,惋惜管仲的是高明見解,斥責管仲的是拙劣之筆。」

原文:

揚子曰:或曰:「齊得夷吾而霸,仲尼曰『小器』,請問大器?」曰:「大器其猶規矩準繩乎?先自治而後治人之謂大器。」

又云:作此題,惜管仲是高手,罵管仲是拙筆。

管仲固然是天下難得的人才,但他的器量不足以為人稱道。這句話應當有所領會。

原文:

湯宣城云:仲固天下才也,其器不足稱也。語有領會。

管仲之器量雖然只像僅容一斗二升的斗筲一樣小,然而依然算是器。現在連這樣小的器,也沒有了。為什麼呢?成才之後才能成器,現在還沒有成才就被毀壞了,怎麼能成器呢?

原文:

斗筲之器,管仲之器雖小之,然器也。今之材雖小,無之矣。何也?成而後器,今未成而毀之,奚其器?

語樂章

子語魯大師樂，曰：「樂其可知也：始作，翕如；從之，純如也，皦如也，繹如也，以成。」

✳ 譯文：

孔子告訴魯國的太師說：「音樂是可以知道的：剛開始起奏時，緩緩合起；逐漸跟隨着眾多樂器釋放樂聲後，純一而和諧，如此清亮激昂，如此相續不絕，直到演奏完成而停止。」

朋友圈縱橫談

※ 張　岱

牆外有人說話，牆內的人就能夠知道牆外是誰。聲音的道理，原本就是如此通達、微妙的。所以說「觀其樂而知其德。」

孔子的一生中在韶樂中了解舜，在琴聲中了解文王，在音樂上留心談論卻只有這短短幾句話，不過僅此就已經具備了孔子作為「素王」對音樂之道的領悟精髓。

原文：

牆外人說話，牆內人便曉得是某人某人。聲音之道，原自通微如此。故曰「觀其樂而知其德」。

孔子生平見舜於韶，見文王於琴，留心音律，只此數語，已備素王一部鼓吹。

　　古人彈奏音樂，舞蹈中所使用的盾、斧、羽毛、犛牛尾和奏樂所使用的金屬樂器、石製樂器、弦樂器、管樂器是一起表演的。現在談論音樂，只說聲音而不討論舞蹈，怎麼回事呢？更何況舞蹈中原本也有「翕」「純」「皦」「繹」這些音樂的形態和節奏存在啊。

原文：

　　古人作樂，干戚羽旄與金石絲竹一齊並奏。近日言樂，但言聲音而不及干羽，何也？況干羽中亦自有個「翕」「純」「皦」「繹」者在。

木鐸章

　　儀封人請見，曰：「君子之至於斯也，吾未嘗不得見也。」從者見之。出曰：「二三子何患於喪乎？天下之無道也久矣，天將以夫子為木鐸。」

※　譯文：

　　衛邑的掌封疆之官請求與孔子見面，說：「但凡有君子到了這個地方，就未有我不曾見到的。」便跟從弟子去見了孔子。出來後，他說：「諸位何必憂慮你們的夫子失去權位呢？天下無道很久了，上天將會把你們夫子當作木鐸來傳道以警醒世人。」

朋友圈縱橫談

※ 張侗初

儀封人的見解透徹千古，其見解遠在長沮、桀溺、荷蓧丈人之上。《傳注》只是說「孔夫子得到權位並實施教化，不久之後失掉權位」。這還是就孔子在世間的遭遇來說的。儀封人說「木鐸」的這句話，卻是在千世萬世都振聾發聵、點出關鍵的。當年顏回說孔子之道博大精深，所以天下不能容納他。從國家、家族來說還是沒有將關鍵之處說透關鍵，而得到儀封人這句評語，就如同雷鳴於天下了。

原文：

張侗初曰：儀封人見透千古，在沮、溺、丈人之上。《傳注》只謂「夫子得位設教，不久失位」。還在世上際遇論耳。封人木鐸一語，卻在千萬世提聾振聵，大機括點破。當日以顏之道大，莫容賜之；擬得邦家尚未說透此關，得封人一言，便如雷鳴天下。

※ 張　岱

老子出關的時候有尹喜，孔子到達衛國時有儀封人，都是他們塵世間的知己。

原文：

老子出關而有尹喜，孔子適衛而有封人，皆是風塵知己。

韶武章

子謂《韶》：「盡美矣，又盡善也。」謂《武》：「盡美矣，未盡善也。」

譯文：

孔子評價《韶》樂：「極盡美好，又極盡完善。」評價《武》樂：「極盡美好，卻未極盡完善。」

朋友圈縱橫談

※ 張　岱

上一千年説了一個《韶》樂，下一千年説了一個《武》樂，眼光非常嚴格挑剔，美和善都要説到最極致，胸懷極為淵深，這是孔子的能力。如果只是從聲音、容貌、世間形勢上來分析，那就不免是吳國季札這一類人鑒賞音樂的語言了。

原文：

上千載説一「韶」，下千載説一「武」，眼底甚嚴，美善都要説到盡處，胸中甚深，是孔子本領所在。從聲容時勢上疏出，未免是吳季一派賞鑒語。

舜和周武王都是孔子特別推崇的人，善和不善的差別特別細微，並不是一般俗人能夠理解的。

舜是君王之道，所以簫韶九章是從黃鐘起調的。周武王雖然是順從天意順應民心，但終究是以人臣之道自居而不敢以君王之道自居，所以從討伐紂王的時候就以蕤賓起調。盡美而沒有盡善，是說只有聖人不掩飾自己的缺點。

原文：

舜與武王皆是孔子極得意人，善與未善，消息甚微，要非俗人所識。

舜君道，故簫韶九成從黃鐘起調；武王雖順天應人，終是以臣而不敢以君道自居，故從伐紂之歲月而以蕤賓起調。美而未善，乃不自諱之心，非聖人不能也。

居上章

子曰：「居上不寬，為禮不敬，臨喪不哀，吾何以觀之哉？」

＊ 譯文：

孔子說：「如果一個人居於上位而不寬厚，行禮時不敬重，面臨喪事沒有哀戚，我又該怎麼去看待他呢？」

朋友圈縱橫談

※ 張 岱

　　從一個人說起，其實是為當時參與政治的人說的。沒有一樣是說得過去的，我用什麼去考察他呢，這才懂得用一個「以」字，和「不欲觀」「不足觀」是有區別的。

　　任性妄為、兇殘傲慢的行為，很多人都有。居上不寬，為禮不敬，臨喪不哀，這三者是相互關聯的一個系列。

原文：

　　就一個人說，為當時從政者言之也。無一而可，我更把甚麼去觀他，方醒得「以」字出，與「不欲觀」，「不足觀」有別。

　　恣睢暴慢，人多有之，此三者是一套生事。

里仁第四

里仁章

子曰：「里仁為美。擇不處仁，焉得知？」

✳ 譯文：

孔子說：「人能居於仁道是最美好的。所處之地不以仁為選擇標準，哪裏能夠獲得真知呢？」

朋友圈縱橫談

※ 張侗初

不選擇仁道也不堅守，是無知的人，一旦覺悟便能夠轉變；選擇了卻不堅守，是喜歡走歪門邪道的人，永遠都不會回到正路上。

原文：

張侗初曰：不擇而不處，是蚩蚩之民，一覺便轉；擇而不處，是好徑之民，永斷歸路。

※ 張　岱

管仲管理國家，不允許士、農、工、商混合居住，因為混合居住的話，他們討論的事情就會混雜，所從事的職業就會改變。這是戶籍管理制度的第一有效方法。正是了解到這其中的深意，所以孟母為給孟子創造一個良好環境而三次搬家。

約樂章

　　子曰：「不仁者不可以久處約，不可以長處樂。仁者安仁，知者利仁。」

＊ 譯文：

　　孔子說：「不仁的人不能夠長期處於窮困之中，不能夠長期處於安樂之中。擁有仁的人自能安於仁道，擁有智慧的人懂得仁道的益處，便會想要獲得仁道。」

朋友圈縱橫談

※ 張　岱

　　舜吃乾糧吃野菜，好像終身就會這樣；披着華麗的衣服鼓琴，像本來就有這些東西一樣。這就是仁者的可以「久處約」也可以「長處樂」的例子。

　　原憲居住在狹小簡陋的房間，閔子騫隱居在汶上，魯國的季文子無衣帛之妾、無食粟之馬，齊國的晏子食不重肉、妾不衣帛，這都是智者既可以「久處約」也可以「長處樂」的例子。

原文：

　　舜之飯糗茹草，若將終身，被袗鼓琴，若固有之，此仁者之久處約，長處樂也。

　　原憲環堵，閔子汶上，魯之季文子，齊之晏平仲，此智者之「久處約」「長處樂」也。

※ 蘇石水

　　人心中不因窮困而改變，也不因快樂而迷失的東西，就是仁。仁者所安心的，就是安於此；智者所利行的，就是利行於此。不是情境之外另有一個『仁』，也不是要用『仁』去駕馭情境。跟《不處不去章》合在一起看就會明白了。

原文：

　　蘇石水曰：人心之約不能移，樂不能淫者，即仁也。仁者所安，安此；知者所利，利此。非境之外，別有一仁，亦非以仁去御境也。合《不處不去章》看自得。

※ 張　岱

　　暫時地處在困窘或者快樂的情境中是容易的，長久地身處其中，才能看出人品。

原文：

　　約樂暫處尚易，久處之，便見人品。

好惡章

子曰：「惟仁者能好人，能惡人。」

＊ **譯文：**

孔子說：「只有仁人能不帶私心地喜歡別人，能公正地厭惡別人。」

朋友圈縱橫談

※ **張　岱**

老子說：「聖德的人善於做到人盡其才，在其眼中沒有廢棄的人。」現在的人看到壞人，所有的氣憤、不服，都是由於自己已經先失去了仁的中正平和狀態，而墮落到惡的那一邊去了，還能做些什麼能幫助壞人變好呢！兩個「人」字也要思考清楚。喜歡善而厭棄惡是容易的；喜歡一個人或厭棄一個人是困難的，為什麼呢？因為善或惡是人的已經能夠確定的東西。而人本身，善或惡是不確定的。所以喜歡善而厭棄惡，平常人都能做到；喜歡人或者厭棄人，如果不是沒有一點兒私心成見的仁者，恐怕是做不到的。

原文：

老子云：「常善救人，故無棄人。」今人見惡人，一切忿恨不平，是先已失仁體，而墮於惡矣，又何能惡人之有！二「人」

字亦要看。好善惡惡易；好人惡人難，何也？善惡，人之已定者也；人，善惡之未定者也。故好善惡惡，常人能之；好人惡人，非一無成心如仁者，恐不能也。

志仁章

子曰：「苟志於仁矣，無惡也。」

✻ **譯文：**

孔子說：「如果立志踐行仁道，就不會去做壞事。」

朋 友 圈 縱 橫 談

✻ **張　岱** _____

「志」，是意氣的統帥。這個「志」一旦醒悟，就像是大將登上了高壇，軍隊都要聽從他的命令，哪裏還有眾多欲望的紛雜煩擾呢？雪庵禪師說：「源頭澄清，則所有支流都變得清澈。挑起智慧之燈，那麼千山都會被照亮。儒家所說的志於仁則無惡，它的宗旨就是這樣的。俗世間的邪念作祟，都是因為主人神不守舍的緣故。切記，切記。」

心就是一個空腔，想要仁，仁就來了，再也沒有空隙可以容納惡了。

欲惡章

子曰：「富與貴，是人之所欲也；不以其道得之，不處也。貧與賤，是人之所惡也；不以其道得之，不去也。君子去仁，惡乎成名？君子無終食之間違仁，造次必於是，顛沛必於是。」

＊ 譯文：

孔子說：「富裕和顯貴，是人人都想要的，但是不以應當獲得的方式獲得它，君子是不能夠安處於富貴的。貧窮和低賤，是人人都厭惡的，但是不以正當的方式擺脫，君子是不會去擺脫貧賤的。君子要是離開了仁道，那他有什麼理由獲得君子的稱謂呢？君子不會在一頓飯的時間內違背自己的仁道，在急遽匆忙之時是如此，在顛沛流離之際也是如此。」

※ 張　岱

　　孟子從「突然看見」來點明人的惻隱之心，現今的人見到美色就會動心，談論到梅子就會產生唾液，這與孟子所說的「突然看見」有什麼差別呢？大概是從很久遠的時候開始，長時間積累的惡業非常深重，煩惱的殘餘成分和攀緣事物之心遇到現實的情境就會顯現，所以遇到事情的第一個念頭不能認清。評估、考慮禍福和道理，全都靠第二念頭。「想要的」「厭惡的」是第一念頭，「不持守」「不去除」是第二念頭，是仁的本體。所以直接說「君子去仁，惡乎成名」。孟子把它看得太自然而然，中間倒是有一些迴避，所以告子不相信他。

　　荀子的「性惡」學說，也有自己的獨到見解，但不能作為教化萬世的依據。

原文：

　　孟子從「乍見」指點惻隱，今人見色動心，談梅生唾，此與「乍見」何異？大抵無始以來，積業深重，習氣緣心，觸境便見，第一念認真不得。顧盼禍福，商略道理，全靠第二念頭。「所欲」「所惡」是初念，「不處」「不去」是轉念，是仁體。故徑接「君子去仁，惡乎成名」。孟子忒看得自然，中間倒有躲閃，所以告子信他不過。

　　荀子「性惡」之說，亦自有見，第不可以之立教萬世耳。

※ 湯霍林

　　富貴貧賤都各有各的倉促急迫之時、顛沛流離之際，在「不持守」和「不去除」之外，再也沒有「不違背仁」的地方可說了。

原文：

　　湯霍林曰：富貴貧賤各有造次顛沛，不處不去外別無不違仁。

※ 陳伯玉

　　富貴貧賤，不過都是仁中的一個影像罷了，高台上的巢父和許由（二位皆為品行高潔的隱逸之士），怎麼會是站在坐榻邊的衛士呢？

原文：

　　陳伯玉云：富貴貧賤，並仁中一影，高台巢許，豈是牀頭捉刀人？

※ 袁了凡

　　貧賤之時想到了去做不道義的事情，這就是惡的種子；打破這個關卡，對學道之人是真正有用的。

原文：

　　袁了凡曰：貧賤中見有非道，便是惡的種子；打破此關，是學道人真實受用。

未見章

子曰：「我未見好仁者、惡不仁者。好仁者，無以尚

之；惡不仁者，其為仁矣，不使不仁者加乎其身。有能一日用其力於仁矣乎？我未見力不足者。蓋有之矣，我未之見也。」

＊ 譯文：

孔子說：「我從未見過喜好仁的人、厭惡不仁的人。喜好仁的人，沒有比仁更好的了；厭惡不仁的人，那麼他在行仁之時，不讓不仁者影響自己。有沒有能夠一整天都致力於仁道上的人呢？我沒有見過力量不夠的人。大概是有吧，但我從沒見過。」

朋友圈縱橫談

※ 湯霍林

從「好仁者」到句末，表達的是一個完整的意思。「無以尚」「不使加」是需要下功夫的地方。人只要用力氣，力氣便是足夠的，但我沒有見過願意用力氣的人，所以說「我未見好仁、惡不仁者」。周延儒（字玉繩）的《四書主意心得解》第一卷便是依據於此。

原文：

湯霍林謂：自「好仁者」至末，俱一氣說。「無以尚」，「不使加」，便是用力處。用力便力足。我未見用力者，故「我未見好仁、惡不仁者」。周玉繩元卷本此。

※ 張　岱

如果人真厭棄惡臭、壞掉的肉、腐爛的骨骼，那就絕對不會讓它們出現在自己身上。

原文：

如人真惡惡臭、敗肉、腐骼，斷然不使之加於身體。

※ 袁了凡

不使不仁之事出現在自己身上，就如同瓶子裏的水已經滿了，那麼其他的水自然就灌不進來了。儼然就像是瓶中裝滿的水阻止了其他的水，不讓它們灌進來一樣。

原文：

袁了凡曰：不使加身，如瓶水既滿，則他水自不能灌。分明是瓶中滿水拒之，不使灌進一般。

觀過章

子曰：「人之過也，各於其黨。觀過，斯知仁矣。」

＊ 譯文：

孔子說：「人的過失，各分其類。觀察過失之處，一個人是否有仁就可以知道了。」

朋友圈縱橫談

※ 蘇　軾

《禮記》中說：「與仁者有同樣的功績，並不一定就可以知道他的仁德；與仁者有同樣的過錯，然後就可以知道他的仁德。」這就是《論語》中這句話的注解啊。古人有這樣一句話：「違抗命令放走了幼鹿的人，可以推測他的仁德是足以託付國家的」，這是否就是觀察他的過失而知道他的仁德呢？

原文：

東坡云：《記》曰：「與仁同功，其仁未可知也；與仁同過，然後其仁可知也。」此《論語》之義疏也。古人有言曰：「放麑違命也，推其仁可以託國」，斯其觀過知仁也與？

聞道章

子曰：「朝聞道，夕死可矣。」

＊ 譯文：

孔子說：「如果早上能夠聽聞大道，那麼即便晚上就死了也沒有什麼遺憾。」

※ 張　岱

　　朝夕只是假設來説。體味「可矣」這句話的意思，不但不可以活着，就連死也不可以。這句話只應該在「聞道」這個意義上理解，不必在生死上分析。

原文：

　　朝夕只是設言。味「可矣」語意，若不聞道，不但不可生，便死也死不得。只該在聞道上理會，不須在生死上更作商量。

※ 宋羽皇

　　不説「看見道」，而是説「聽聞道」，最是巧妙。「聞」字，是一個「門」加一個「耳」，就像是人聽到自己家裏説的話，每句都能聽進耳內、領會於心。已經到了自己家中，就算死了也是可以的。

原文：

　　宋羽皇曰：不曰「見道」，而曰「聞道」，最妙。「聞」字從門從耳，如人聽自己家裏話，句句會心，語語入耳；已到家裏，就死也得。

※ 張　岱

　　既然説「朝聞道，夕死可矣」，那為什麼孔子又説「再給我幾年時間」呢？難道是他五十歲的時候，還沒有聽聞大道嗎？這裏還請給一句讓人豁然開朗的機鋒轉語。

志道章

子曰：「士志於道，而恥惡衣惡食者，未足與議也。」

✳ **譯文：**

　孔子說：「一個士有志向於道，卻以衣食不好為羞恥，就不足以與他議論交流了。」

朋友圈縱橫談

※ **王　畿**

　容易沉溺的人，難以忘記世俗之心的人，他們的習氣、成見不能去除乾淨，就如同是在乾淨的容器中留下骯髒渾濁的東西，即使再往裏面倒甜美的甘露，也會變成髒水。

原文：

　王龍溪曰：易溺者，凡心難忘者，習見掃除不淨，如留污濁於淨器中，雖投以甘露，亦化為惡水。

　　這一關如果容易打破，穿着破爛的亂絮棉袍而泰然自若，又何必推遜子路呢？

　　士人應當以沒有聽聞大道為恥，只有當他心中不以這為恥的時候，才會以外在的衣食為恥，才會將自己的追求集中在溫飽上。聖人簡直不願意與這種人談話，可恥極了。「不值得跟他談話」，正是為了激起他的羞恥之心。

原文：

　　此關容易打破，衣敝縕袍，何必推遜子路？

　　士恥不聞道，惟其中無恥，所以外恥衣食，便志在溫飽。此等人聖人直不與之接談，可恥之甚。「未足與議」，正激之使知恥也。

比義章

　　子曰：「君子之於天下也，無適也，無莫也，義之與比。」

＊ 譯文：

　　孔子說：「君子對於天下事，沒有一定贊同的，也沒有一定反對的，只跟從義的標準。」

※ 張　岱

「義」就像水一樣，拿着瓶盎（一種容器，腹大口小）在河裏裝水，容器滿了就不能再裝了。「適」或「莫」的成見，就像是瓶盎已經滿了，裝滿就已經罷了，哪裏能反映出大河大海的樣子呢？

普通人心中有成見，不知道壞了天下多少事情。

王安石一生的觀念、一生的學問、一生的事業，都只是做到了「適」「莫」兩個字。宋哲宗這一朝，禁不住他的偏執任性。

原文：

「義」猶水也，操瓶盎而挹於河，器先滿而勿之受矣。「適」「莫」之見，瓶盎之滿也，有覆沒焉已矣，何以與於河海之觀？

凡人胸有成見，不知壞了天下多少事體。

王荊公一生意見，一生學問，一生事業，只做得「適」「莫」二字。元佑一朝，當他執拗不起。

懷德章

子曰：「君子懷德，小人懷土；君子懷刑，小人懷惠。」

※ 譯文：

孔子說：「君子心懷高尚的德性，小人心懷安逸的鄉土；君子心懷法度，小人心懷恩惠。」

※ 張　岱 _____

　　「惠」字和「利」字是有區別的，說出了小人之間相互謀利相互提攜的想法。對於一丘一壑的眷戀，對於私人小恩小惠的報答，都是所謂關於「土」和「惠」的私心。對於這種小人不可掉以輕心。

原文：

　　「惠」字與「利」字有別，道破小人相漚相沫的念頭。一丘一壑之戀，私恩小惠之酬，皆是「土」「惠」私心。這小人不要輕覷了他。

放利章

子曰：「放於利而行，多怨。」

※ 譯文：

　　孔子說：「放任自己依照利益去行動，會招致很多怨恨。」

※ 徐子卿 _____

　　「利」，是與道義和合一致的，但是其五行之性屬「金」，是

側重於殺伐、切斷的。「放」就是「放乎四海」之「放」的意思，到一定的邊界，就會收斂、停止，這才是能夠回歸本源的能力。如果放任它遍及所有的地方，即使能救濟人們脫離苦痛，終究也會招致怨恨。譬如，當年歸順周文王的人天下有三分之二，文王怎麼會不知道要趕快救百姓於水火呢，但是他卻能夠按捺得住這份心。周武王去做了這件事，然後就不可避免地發生了伯夷、叔齊不食周粟而餓死在首陽山下的事情。這才是怨恨，是招致較多怨恨。這是從修行很好的地方挑出一點兒不好的地方來說的。如果按以前的說法指的是小到市井小人、大到奸賊強盜，哪裏值得玷污人的牙齒口舌來一說呢？

用堅固的鐵來做門軸，鬼神也會拍手贊同。如果只按照利益來便宜行事，雖然能夠得到一時好處，又哪能受用終身呢？

原文：

徐子卿曰：「利」者，義之和也，但其德為金，主於斷割，「放」如放乎四海之「放」，到這所在，會收會止，才是還原手段。若放之而行，便使於世界，廣大濟度，終不能無怨。如文王三分有二，豈不曉亟亟救民水火，卻停捺得住。武王行之，遂不免有首陽之歌，這才是怨，才是多怨。蓋從歡喜道場，指其中一點消不去處而言之也。若如舊說，不過小如市儈，大則奸盜，亦何足污人之齒頰哉！

鐵作戶樞，鬼神拍手。世間討便宜事，何便得你終身受用？

禮讓章

子曰：「能以禮讓為國乎，何有？不能以禮讓為國，如禮何？」

孔子說：「若能用禮讓來治理國家，那還有什麼困難呢？若不能用禮讓來治理國家，那又把禮怎麼辦呢？」

朋友圈縱橫談

※ 張侗初

孔子向老子請教「禮」，老子說：「袪除你身上的驕傲之氣和過度的儀態。」驕傲之氣、過度的儀態，都是禮節太多而增添出來的。真正的禮節，就是陰陽平衡的最初之氣，不驕縱不過分，這是老子對禮的簡練論說。後人以為這是在勸諫、貶斥孔子，其實並非這樣。

原文：

張侗初曰：孔子問禮於老聃，老子曰：「去子驕氣與子淫態。」驕氣、淫態，都是節文太多處添出來。真正節文，便是太和元氣，不驕不淫，此是老子精言禮處。後人以為針砭尼父，則非也。

立 位 章

子曰：「不患無位，患所以立。不患莫己知，求為可知也。」

　　孔子説：「不要擔心沒有地位，應該擔心自己拿什麼在這個地位上自處。不要擔心自己不被知道，應該追求能夠讓自己被人知道的東西。」

朋友圈縱橫談

※ 張　岱

　　「位」不專指富有和尊貴，從貧窮、低賤、憂患、磨難、夷狄開始，到處都需要按照自己的地位行動，所以對於靠什麼來使自己符合自己的地位，不可以有片刻不知道。「知」不專門指名譽，從天地之間到臥室被窩，每一處都要保持着自己內心的清醒，所以想要讓大家知道的人，一刻也不能稍有懈怠。

原文：

　　「位」不專屬富貴，自貧賤患難夷狄，到處皆還吾素，故所以立位者，一時不可無主。「知」不專屬名譽，自天地屋漏衾影，隨處皆操吾鑒，故所以求知者，一刻不容少弛。

一貫章

　　子曰：「參乎！吾道一以貫之。」曾子曰：「唯。」子出，門人問曰：「何謂也？」曾子曰：「夫子之道，忠恕而已矣。」

孔子說：「曾參啊！我的道是有一個根本貫穿始終的。」曾子說：「是。」孔子出去，門人問曾子說：「這是什麼意思？」曾子說：「夫子的道，不過就是忠（盡己）和恕（推己）罷了。」

朋 友 圈 縱 橫 談

※ 張　岱

曾子到這個時候，已經疑惑盡解了。別人看「一貫」就只是「一貫」，「忠恕」就只是「忠恕」，哪裏敢說「而已矣」？孟子說「不過是孝悌罷了」，都是已經透徹的話。

儒家傳授道統的說法，是宋代的儒者模仿佛教的傳承衣鉢的說法而提出來的，以前本來是沒有的。曾子根據具體的事件來踐行修行功夫，子夏則拘泥於博學多聞，所以告訴他們要「一以貫之」。如果說是祕密傳授，為什麼不傳給顏回呢？如果說傳授道時要慎重選擇弟子，那麼子夏的後學，為什麼變成莊子這類人？人的性情不同，得道也沒有固定的方法。「忠恕」兩個字，也只是列出對自己很有效並且弟子比較容易明白的方法罷了。這兩個字一直以來被當作是學道的關鍵，近來也有許多人執著於此，這其實都不是正解正見。

天下能夠力行忠恕的人，哪裏行不通呢？曾子切實看到了這一點，就像是吃飽了之後，又給了弟子一碗飯讓他們自己去吃，但就是吃飽後的狀態情形，弟子們竟然說不出來。

曾子說的這一個「唯」字，就像是當年曹植第一次遇到洛神，這個時候是一句話也說不出來的。後來曾子說「忠」說「恕」，只能是相當於曹植後來所作《洛神賦》。黃龍禪師說：「過

關的人，甩手直接走過，哪裏知道有把守關口的官吏？問關吏能不能過，這就是沒能參透關隘的人。」

原文：

　　曾子到此，疑根盡斬矣。他人看「一貫」是「一貫」，「忠恕」是「忠恕」，何敢說「而已矣」？孟子說「孝弟而已矣」。俱是到家語。

　　傳道之說，宋儒仿禪家衣缽而為之，孔門無此也。曾子隨事用功，子夏泥於多學，故語以「一貫」。若云祕傳，何不以語顏子？若曰道慎其所接，子夏之後，何以流為莊周？根性各別，道體無方。「忠恕」二字，亦舉己所得力及門人所易曉。向來認作機鋒，近來紛紛執著，皆屬邊見。

　　看來天下忠恕之人，何處通不去。曾子實見到此，亦是既飽之後，把一碗飯與門人吃，只是飽後光景，門人竟說不出也。

　　曾氏一「唯」，便如陳王初遇洛神，此時正着一語不得。後來說「忠」、說「恕」，只作得個《洛神賦》耳。黃龍師曰：「過關者，掉臂徑去，安知有關吏？從關吏問過否，此未透關者也。」

※ 王世貞

　　孔夫子說：「參乎，吾道一以貫之。」曾子回答說：「唯。」與孔子不同，所以是曾子。「夫子之道，忠恕而已矣。」與孔子相似，所以是曾子。子貢「疑」，所以孔子的宗旨得到了些許彰顯；曾子「唯」，而孔子的宗旨沒有能夠完全展現。唉！

原文：

　　王弇州曰：夫子曰：「參乎，吾道一以貫之。」曾子曰：「唯。」

以非故曾子也。「夫子之道，忠恕而已矣。」猶之乎故曾子也。子貢「疑」，而夫子之旨微彰；曾子「唯」，而夫子之旨有所未竟矣。噫！

※ 張　岱

　　曾子一生最得力的就是一個「誠」字。「忠恕」只是「誠」的別稱。感通豚魚，貫通金石，只有「誠」這個字才做得到。（明代卓發之《上葉曾城師書》有「因思天下精誠之極，可以貫金石，孚豚魚」語。）

原文：

　　曾子一生得力止一「誠」字。「忠恕」是「誠」的表德。格豚魚，貫金石，只有「誠」字擔當得起。

※ 吳雪崖

　　年高有道的高僧說數十年的修行體悟貫通為一體，曾子生平的學問，到此也算是全部消融、歸於本心了。

原文：

　　吳雪崖曰：古德謂數十年來打成一片，曾子平昔學問，至此銷歸。

喻義章

子曰：「君子喻於義，小人喻於利。」

　　孔子説：「同一件事，君子通曉其中之義，小人通曉其中之利。」

朋友圈縱橫談

※ 朱　熹

　　了解義，了解利，就是同一件事情上君子看到的是「義」，小人看到的是「利」。就像伯夷看到飴糖會説：「可以奉養老人。」盜跖看到飴糖則會説：「可以用來潤滑門軸，以免進門偷東西發出聲響被人發現。」

原文：

　　朱子云：喻義，喻利，只是這一事上君子見得是「義」，小人見得是「利」。如伯夷見飴曰：「可以養老。」盜跖見之曰：「可沃戶樞。」

※ 張南軒

　　「學」應當最先弄清楚「義」和「利」的區別。「義」就是按照良知本心應當去做的，不是為了有所作為而去做。為了有所作為而去做的，都是人的私欲，而不是公正無私之天理。

原文：

　　南軒先生曰：學莫先於「義」「利」之辨。「義」者，本心之當為，非有而為之也，有為而為，則皆人欲，非天理矣。

就像喝水一樣，冷暖自己自然清楚。就像撓背一樣，痛癢自己自然能感受到。「喻」字的意思，可以參考他們。

原文：

如人飲水，冷暖自知。如人搔背，痛癢自覺。「喻」字之義，於此可參。

思齊章

子曰：「見賢思齊焉，見不賢而內自省也。」

※ 譯文：

孔子說：「見到賢德的人就要思慮着向他看齊，見到不夠賢德的人就向內反省自身。」

朋友圈縱橫談

※ 沈無回

沒有見到賢人之前，就無時不在尋找了，所以一見到便能夠為我所用。不然的話，什麼樣的人見不到，為什麼見到的不都是有益的呢？

原文：

沈無回曰：要知未見之先，無時不在那裏搜索，所以一見便收為我用。不然，何人不見，何以見不皆益？

幾諫章

子曰：「事父母幾諫，見志不從，又敬不違，勞而不怨。」

＊ 譯文：

孔子說：「侍奉父母要委婉地指出他們的過失。若是發現他們不遵從我們的意願，繼續恭敬孝順，不違背他們，待他們心情愉快，再向他們進諫。如此這般操心憂勞，也不對父母心生怨念。」

朋友圈縱橫談

※ 張　岱

「幾諫」就是「敬」，看「又敬」兩個字就可以知道了。

舜敬重、謹慎、恐懼的樣子，正是瞽叟（舜的父親）得到歡樂的根本。

原文：

「幾諫」只是一個「敬」字，觀「又敬」二字可知已。

夔夔齋栗，政是瞽叟底豫的根本。

遠遊章

子曰：「父母在，不遠遊，遊必有方。」

※ 譯文：

　　孔子説：「父母尚在，不作遠行。若不得已要遠行，也要告訴父母自己所在的地方。」

朋友圈縱橫談

※ 張　岱

　　王孫賈的母親對他説：「你早上出門晚上回來，我就倚着家門向外張望等你回來；你晚上出門而不回來，我就倚着巷子的門向外張望等你回來。」這就是母子之間至誠的情感。孔夫子説的這句話，也就是這個意思。

　　刺客之類的人還知道有老母親健在，不敢將自己的身家性命許諾給自己的朋友，更何況是我們這樣的人呢？曾子的母親因思念他而咬自己的手臂，曾子即刻就感知到了。作為子女怎麼能夠遠離呢？

原文：

　　王孫賈母曰：「汝朝出而晚來，吾倚門而望汝；暮出而不還，吾倚閭而望。」自是母子至情。夫子之言，只是此意。

　　刺客之流猶知有老母在，未敢以身許其友，何況我輩？曾母齧臂，曾參即知。為人子者豈可遠離？

喜懼章

子曰:「父母之年,不可不知也。一則以喜,一則以懼。」

* 譯文:

孔子說:「父母的年齡,不可以不知道啊。一方面是開心他們的長壽,一方面是憂慮他們時日無多。」

朋友圈縱橫談

※ 張 岱 _____

　　知道年歲,不是計算父母的年齡,也不僅僅是驚歎年歲的增加而已。人由健壯到衰老,皮膚、毛髮、臉頰、眼睛,時時刻刻都在變化。子女要在無形無聲之處有所發現,就應當觀察他們在瞬間悄悄改變的地方。兩個「一則」,是內心真實的情感縈繞時,愛意敬意都在這裏面了,不能直接就說擔憂恐懼。

　　樹想要安靜下來而風不停止,子女想要贍養父母而父母卻不在了。子女為父母的年齡憂慮或歡喜,又能有多久呢?

原文:

　　知年,不是數其年,亦不是驚其歲月之增而已。人由壯而老,膚髮面目,刻刻變化。人子視無形,聽無聲,須察其瞬息密換處。兩「一則」,是衷腸縈迴及時,愛敬即在其中,不得徑說憂懼。

樹欲靜而風不寧，子欲養而親不在。憂喜親年，能得
幾時？

恥躬章

子曰：「古者言之不出，恥躬之不逮也。」

✳ **譯文：**

　　孔子說：「古代的人，不肯輕易出言，一旦自己的行為趕不
上就感到羞恥。」

朋友圈縱橫談

※ **張　岱**

　　「躬」這個字是非常精妙的。做所有的事情都必須要實實在
在，要真正用手去拿，用腳去行，用耳朵去聽，用眼睛去看，是
個實實在在的事情。哪能心裏想到嘴裏就說出來，說出來之後就
丟棄在一邊呢？所以說「古者言之不出」。

原文：

　　「躬」字甚妙。做天下事須實。實要手持，足行，耳聽，目
視，是個滯貨。豈如口之想到便說，說便丟耶？故「古者言之不
出」。

說「言之不出」，不是說不讓說話。寫文作論的人要明白這個道理。

原文：

黃貞父曰：要說「言之不出」，非是不出言。作者要知此理。

以約章

子曰：「以約失之者鮮矣。」

＊ 譯文：

孔子說：「因為約束自身而產生的過失是很少的。」

朋友圈縱橫談

※ 張　岱 _____

「約」字是淺顯的說法。老子說：「治理百姓、修養身心沒有比愛惜精神更有用的了。」簡省俗緣、世事，過失自然就會變少。這是實實在在的道理。至於王陽明發揮的尋求丟失的本心的學說，已是一個完整徹底的修養功夫，又何止於很少有過失呢？少管一件事情，少說一句話，到了夜裏進行反思，是多麼有用啊。

原文：

　　「約」字淺淺說。老子曰：「治人事天莫如嗇。」簡緣省事，其失自少。此是實理。若以陽明作求放心說，則是徹首徹尾功夫，豈止鮮失乎？少管一件事，少說一句話，清夜思之，何等受用。

※ 韓求仲

　　邵雍說：「君子行善，也必須根據自身的能力去做。」這句話最為精妙。所以不但小聰明小手段不能用，就算是真正的聰明也要有所節制，這就是「約」的意思。

原文：

　　韓求仲曰：堯夫云：「君子為善，亦須量力而行之。」此語最妙。故不但私小伎倆不可用，即真正聰明亦要收斂，此「約」字之解。

欲訥章

子曰：「君子欲訥於言而敏於行。」

※ 譯文：

　　孔子說：「君子常想說話遲鈍一點，做事敏捷一點。」

朋友圈縱橫談

※ 周季侯

　　僅僅以言語謹慎、行為勤勉來看君子，並不能將君子看得透徹。要看到君子在說話、行動之前，就已經有一種深遠的、敏銳的想法存在於心，沒有任何時候會將其放下，矯正輕浮、警醒怠惰，不是從言語行動中得到的，而是從這種想法中得來的。要明白「欲」的意思，從這種想法說起才正確。

原文：

　　周季侯曰：以謹言勉行窺君子，猶未足盡君子也。惟窺君子於言行之前，自有一段淵然銳然之思，無一時放下，矯輕警惰，不得之言行，而先得之此心。要想出「欲」字意思，說起才是。

※ 張　岱

　　就像母雞孵蛋、龍守護着龍珠一樣，是有一種精神環繞在雞蛋、龍珠之外的。

原文：

　　如雞抱卵，如龍護珠，自有一段精神縈繫於珠卵之外。

有鄰章

子曰：「德不孤，必有鄰。」

孔子說：「任何一種美好的品德都不是單獨的，一定伴隨着其他的美德。」

朋友圈縱橫談

※ 楊復所

現在解釋《論語》的人都將這句話理解成「有德行的人不會孤獨，一定會有追隨者」了。他們不知道孔子說「德不孤，必有鄰」，就是說擁有了一種美德而其他美德也會到來，是勸勉人們提高品德修養的話兒。

原文：

楊復所曰：今之解者都作「有德者不孤，必有鄰」看了。不知夫子原說「德不孤，必有鄰」也，猶言一善立而眾善至也。是勸人進德語。

君友章

子游曰：「事君數，斯辱矣；朋友數，斯疏矣。」

✳ 譯文：

子游說：「侍奉君主數落對方，便會遭受恥辱；交往朋友數落對方，便會與朋友疏遠。」

※ 張　岱

「疏」「辱」不一定要説到「君」「友」上去，至於「數」則是説彼此之間，已經沒有絲毫的餘地了。道路狹窄，自己都已經沒有站立的地方了，怎麼能使別人回頭轉身呢？這種形勢下就必然會出現「疏」和「辱」了。陸贄也説：大臣擬定的上書草稿在銷毀之後（古時大臣上書封事草定奏稿，成輒銷毀，以示慎密），來到皇帝面前，話只能説一半，哪裏有數落對方而招致屈辱的道理呢？如果要招致屈辱，只是一言不合就擔待不起了。富家子弟請塾師，哪裏能夠當面數落對方的過失呢？

勸告別人，要為自己留有餘地，也要給別人留有出路，不要逼迫太緊，才使人能夠有回頭的餘地。到了懸崖邊才勒馬，哪裏容易收住韁繩呢？

原文：

「疏」「辱」不必説到「君」「友」上，至於「數」則彼己之間，已無一毫餘味。徑路逼窄，己且無站腳處，安能使人回轉？其勢亦不得不出於「疏」「辱」矣。陸贄亦云：人臣削草至陛下之前，只道得一半，豈有數諫而辱之理？如要辱者，只是一語枘鑿便擔帶不去。富家子請西賓，豈可面數耶？

忠告人者，要使我有餘地，要使人有去路，放鬆一着，使人方可回頭。臨崖勒馬，怎好收韁？

公冶長第五

公冶章

子謂公冶長：「可妻也，雖在縲絏之中，非其罪也。」以其子妻之。子謂南容：「邦有道，不廢；邦無道，免於刑戮。」以其兄之子妻之。

✳ **譯文：**

孔子說公冶長：「可把女兒嫁給他啊。雖然他曾經下過牢獄，但不是他的罪過啊！」於是把自己的女兒嫁給了他。孔子又說南容：「國家有道，他就會被任用；國家無道，他也可以免於刑法的殺戮。」於是把自己的姪女嫁給了他。

朋友圈縱橫談

※ 張　岱

「縲絏」不足以成為妨害，而「刑戮」又是能夠避免比較好，聖人究竟是怎樣權衡一個人的呢？學道之人明白這個問題，就可以得到安身立命的法門。聖人選擇女婿，並不是不需要保全自己的性命和妻子兒女。然而如果只是依據正理而不是行跡，不僅下過監獄和免於刑罰的人都可以嫁女，即便是被殺的兩位忠臣龍逢、比干這樣的人也是可以的。

原文：

「縲絏」不足為傷，而「刑戮」又所宜免，聖人之權衡人也

何如？學者省此，可得立身法。聖人擇婿，未始不要保身、保妻子。然只論理不論跡，至於縲絏、免戮並妻，雖妻龍逢、比干可也。

※ 張　岱

南宮敬叔（南容），是三桓的族親，以公卿之族親的身份而入朝為官，或者去做家臣，譬如做家宰、馬正等官職，這類的記載在《左傳》之中非常多，所以說「不廢」，這與後世的做官、擁有財富地位、考取功名的人是很不一樣的。

原文：

南宮敬叔，三桓之族也，以公族而升於公朝，或用於私家，如為宰、為馬正之類見於《左傳》者多矣，故曰「不廢」，與後世出仕富貴功名者頗異。

子賤章

子謂子賤：「君子哉若人！魯無君子者，斯焉取斯？」

＊ 譯文：

孔子評價子賤說：「這個人真是個君子啊！魯國要是沒有君子的話，他又是從哪裏學到的美好品德呢？」

朋友圈縱橫談

※ 張　岱

> 這原本是孔夫子對子賤的絕妙讚美之辭，和稱讚顏回的「非助」「如愚」是一樣的。如果改變一種說法，只是說他能夠獲得這樣美好的品德，又有什麼意思呢？

原文：

> 此原是夫子絕妙讚辭，與讚「非助」、讚「如愚」一樣。若拘轉題面，一味能取，有何意味？

※ 張　岱

> 子賤在單父縣做地方長官，像對父親一樣對待的有三人，像對兄長一樣對待的有五人，朋友十一人，都教給了子賤管理人民的方法。用禮樂來教化管理人民，人民都不忍心欺騙他。
>
> 孔子問子賤：「自從你為官以來，得到了什麼？失去了什麼？」子賤回答：「自從為官以來，沒有失去什麼，而得到的東西有三種：剛開始只是誦讀經文，現在可以去踐行它了，使得學問更加昌明了；為官所得到的俸祿，供養家人以及親戚，使得親情更加深厚了；雖然有公事在身，但依然能夠兼顧弔祭死者、看望病人，使得友情更加堅固了。」孔子長歎道：「這個人真是君子啊！如果魯國沒有君子的話，那麼子賤的品德是從哪裏學到的呢？」

原文：

> 子賤宰單父，父事者三人，兄事者五人，所友者十一人，皆教子賤以治人之道。鳴琴而治，民不忍欺。

孔子問子賤曰：「自汝之仕，何得？何亡？」子賤曰：「自來仕無所亡，有所得者三，始誦之，今得而行之，是學益明也；俸祿所共，被及親戚，是骨肉益親也；雖有公事，而兼以弔死問疾，是朋友篤也。」孔子喟然曰：「君子哉若人，魯無君子者，則子賤焉取此？」

瑚璉章

子貢問曰：「賜也何如？」子曰：「女，器也。」曰：「何器也？」曰：「瑚璉也」。

＊ 譯文：

子貢問孔子：「我怎麼樣呀？」孔子說：「你，是一件有用的器物。」子貢說：「什麼器物呀？」孔子說：「放在宗廟裏盛黍稷的瑚璉。」

朋友圈縱橫談

※ 張　岱

晉代的羊孚說：以瑚璉之器作喻，所以可以接引神明。不是給世人享用的而是用來獻祭神明的，應該是有敲響警鐘的意思吧。孔子後來用騂角來比喻仲弓，意思也是很明確的。

原文：

晉羊孚曰：器舉瑚璉，故當以接神。夫不為世饗而以羞神，其有擊磬之思乎！他日喻仲弓，亦曰駢角，意何識也。

※ 吳長卿

夏代的祭祀之器稱為「瑚」，商代的稱為「璉」，周代的稱為「簠簋」，孔子不說「簠簋」而說「瑚璉」，已經是在深深感慨子貢不為當時之世所用了。

原文：

吳長卿云：夏曰「瑚」，商曰「璉」，周曰「簠簋」，夫子不曰「簠簋」而曰「瑚璉」，已深慨賜之不為世用。

仁佞章

或曰：「雍也仁而不佞。」子曰：「焉用佞？禦人以口給，屢憎於人。不知其仁，焉用佞？」

＊ 譯文：

有人說：「雍這個人是仁人，但是沒什麼口才。」孔子說：「哪裏一定要有好口才？專門用一張利口來應對別人，只會經常惹人厭憎。我不知道雍是否是仁人，但哪裏是一定要口才好啊？」

※ 張　岱

> 　　言過其實、誇誇其談的人，無非就是為了取悅世人，孔子反而說他「屢憎於人」，把他那種聳着肩膀露出諂媚笑容、裝出感情深厚的樣子，看得如同嚼蠟一樣淡而無味、非常可恥。這正是為了喚醒他內心中的良知。這也正是孔子善於談論「仁」的地方。
>
> 原文：
>
> 　　便佞之人，無非欲取悅當世，夫子反說他「屢憎於人」，把他脅肩諂笑，一往深情，淡如嚼蠟，何等可恥。此政是喚醒他良心。此政是夫子精於言仁處。

信斯章

子使漆雕開仕，對曰：「吾斯之未能信。」子說。

※ 譯文：

　　孔子想讓漆雕開去當官，漆雕開回答說：「我對此事還沒有自信。」孔子很高興。

※ 張　岱

鄧文潔在南京的國子監考核舉子的學業時，對他們說：「斯」字就是對「仕」而言的，「信」就是「有諸己之謂信」的「信」字，有了這種入仕的能力，才值得相信。

原文：

鄧文潔南雍課士，謂多士曰：「斯」字即指「仕」說，「信」即「有諸己之謂信」之「信」字，蓋有這仕的本領，方才信得過也。

※ 周汝登

漆雕開在孔子門下，完全沒有問答的記錄。如果不是孔子讓他去出仕，那麼這句話也不會說出來，這是真正的潛心修行、默默印證的學問之道。「斯」原本就不在於用言語表達出來，而在於自己相信而已。孔子稱讚顏淵「惟我與爾有是夫」中的「是」字，就是這個「斯」字的意思，「用之則行」，不需要等到別人來驅使。現今的科舉應試文章糾纏在「斯」字上，就是將這句話原本的意思掩蓋了。

原文：

周海門曰：漆雕開在聖門，全無問答。非夫子使之，則此語亦不吐露，真潛修默證之學也。「斯」原不在話說，在自信而已。夫子許顏淵「惟我與爾有是夫，」「是」字即「斯」字，「用之則行」，不待使矣。時文纏繞「斯」字，遂將面目埋沒。

※ 張　岱

　　現在的人出仕或者在家都不認真用心，只是因為心中的修煉功夫不純熟。心中有一分，便只做這一分，沒有什麼可以僥倖的地方，不用一句話就明白伊尹、管仲、諸葛亮抱膝而坐、抬眉舉目時的心事。

　　漆雕開字子若，蔡國人。還有一種說法是魯國人。學習《尚書》，不熱衷於為官。孔子說：「你的年齡可以去出仕了。」漆雕開手拿著《尚書》說：「我對這個還沒有自信啊。」孔子聽了很喜悅。

原文：

　　今人出處草草，只為閒中打點不熟。有這一分，只做這一分，無可僥倖，未能一語恍見伊衡管葛抱膝盱衡一片心事。

　　漆雕開字子若，蔡人。一曰魯人。開習《尚書》，不樂仕。孔子曰：「子之齒可以仕矣。」子若執其書曰：「吾斯之未能信。」孔子悅。

※ 張侗初

　　聖人賢者為世所用，大多時候需要自己拿得出來東西，如果自己心中信不過，就拿不出來。子路的言而有信、子貢的通達、冉有的多才多藝，都是隨手就可以使用、隨口就可以作答，是真正自信的東西。漆雕開被孔子一問，就說出真心話來，這是做學問的真正開始，孔子怎麼能不歡喜呢？白子受頌曰：「內心深處安靜地揣摩思考的時候，自己的感受、領悟是自己清楚的，如果真的將這些東西向別人說起，就會被那些外表光鮮、內心含混的儒者譏笑。」學習者不需要在「斯」字和「信」字上勉強解釋。

原文：

　　張侗初曰：聖賢用世，多要自己拿得出來，信不過，便拿不出。由之果，賜之達，求之藝，信手便用，隨口便答，此是真信處。漆雕開被聖人一逼，便說出真話來，此是學問真種子，聖人如何不悅？白子受頌曰：「心地寥寥揣捫時，自家痛癢自家知。真將痛癢從人說，笑殺含糊體面儒。」學者不消在「斯」字「信」字上強解。

※ 張　岱

《通志》說：古代有位晉國的宰相叫漆沈，就是漆雕開。

原文：

《通志》云：古有漆沈為晉相，即漆雕開。

浮海章

　　子曰：「道不行，乘桴浮於海。從我者，其由與！」子路聞之喜。子曰：「由也好勇過我，無所取材。」

＊ 譯文：

　　孔子說：「道無法在世間施行，我想乘坐木筏，漂浮到海外去，能跟隨我的人大概只有子路吧？」子路聽到之後很高興。孔子說：「子路比我更加勇於行義，卻不能裁奪辨別事理。」

把這道題和《歸與章》相互參看，「取材」兩個字是恰恰相符合的。

「浮海」「居夷」都是孔子寄託之言，聊以寄託沒有根據的想法。子路一高興，有人一過問，反而弄成了死板的事情。

原文：

將此題與《歸與章》參看，「取材」二字恰合。

「浮海」「居夷」是孔子寓言，聊誌無聊之思耳。子路一喜，或人一問，反弄得死煞。

武伯章

孟武伯問：「子路仁乎？」子曰：「不知也。」又問。子曰：「由也，千乘之國，可使治其賦也，不知其仁也。」「求也何如？」子曰：「求也，千室之邑，百乘之家，可使為之宰也，不知其仁也。」「赤也何如？」子曰：「赤也，束帶立於朝，可使與賓客言也，不知其仁也。」

＊ 譯文：

孟武伯問孔子：「子路這個人是否仁？」孔子説：「不知道。」孟武伯再問。孔子説：「子路啊，擁有千乘馬車的國家，可以派

遣他去治理軍事，至於他的仁德，就不知道了。」孟武伯又問：「那冉有怎麼樣呢？」孔子說：「冉求啊，一個千戶的大邑，百輛兵車的國家，可以派遣他去成為家臣，總管一切，至於他的仁德，我也是不知道的。」孟武伯又問：「公西華又怎樣呢？」孔子說：「公西華啊，將頭髮束起，站立在朝堂之上，可以讓他與賓客款款而談，至於他的仁德，也是不知道的。」

朋友圈縱橫談

※ 張　岱

　　漢代的《刑法志》記載：周代靠軍事平定天下。天下安定之後，將武器收藏起來，用文明和道德來教化百姓，但是依然設立司馬這個官職和六軍，依據井田來收軍賦。地方上以一里為一井，十井為一通，十通為一成，一成為方圓十里；十成為一終，十終為一同，一同為方圓百里；十同為一封，十封為一畿，一畿為方圓千里，有稅收也有軍賦。稅收足以供應糧食，軍賦足以補充軍隊。周公用井田來安置軍隊，管仲用版法來兼攝軍事事務，都是仁者管理軍賦的方法。由此，可以知道他們的仁德。

原文：

　　漢《刑法志》云：殷周以兵定天下矣。天下既定，戢藏干戈，教以文德，而猶立司馬之官，設六軍之眾，因井田而制軍賦。地方一里為井，井十為通，通十為成，成方十里；成十為終，終十為同，同方百里；同十為封，封十為畿，畿方千里，有稅有賦。稅以足食，賦以足兵。周公以井田寓師旅，管仲以版法兼軍政，是仁者之治賦也，是可知其仁也。

孰愈章

子謂子貢曰：「女與回也孰愈？」對曰：「賜也何敢望回？回也聞一以知十，賜也聞一以知二。」子曰：「弗如也，吾與女弗如也。」

＊ 譯文：

　　孔子對子貢說：「你與顏回誰更勝一籌？」子貢回答說：「我哪裏趕得上顏回？顏回聽到一就能知道十，而我聽到一只能知道二。」孔子說：「你確實不如他，就是我也一樣不如他啊！」

朋友圈縱橫談

※ 張　岱

　　學者用盡智慧、費盡功夫，如果沒有明眼人點撥、提醒，怎麼能夠通透而跳出窠臼呢？孔子說子貢不如顏回，正是因為知道他認為「以一知二」是得力的，所以趕快提醒他「不如」。子貢很聰明，一點撥便能警醒。這個時候就像是草中跳躍的兔子，轉瞬的工夫就會逃脫，不用迅急的手法是捉不住牠的，所以說：「不如。」然而如果手握太緊，兔子就會死掉，所以又稱許他說：「我和你都不如顏回。」從此以後，子貢必定有脫落枝葉、歸於根本的地方。所以孔子日後才告訴子貢「我的道是有一個根本性的東西貫穿始末的」。縱然是在林中馴服兔子，兔子的行動依然是自由自在的。「弗如也」，是將之前的東西全部否定了；「吾與汝，

弗如也」，是忽然將他引渡到了彼岸。要給予他東西而不將他之前的東西全部扔掉，還留有餘地，那他哪裏願意登上渡船呢？只是奪取而不給予，就是只剩下茫茫大海，丟掉性命啊！張九成讚頌道：難道是子貢真不如顏回嗎？只是因為他聽聞大道還有很多疏漏的地方。如果真能夠聽聞、領悟孔子的一貫之道，哪裏還有別的東西呢？

原文：

　　學者儘饒智慧，儘費工力，不得明人提喝，何由透脫？賜不如回，政從他以一知二得力，故急喚醒他「弗如」。子貢聰明，一提即醒。此時如草中躍兔，逸不轉瞬，不用急手，擒住不得，故曰「弗如也」。然手緊則兔死矣，故復許之曰「吾與女，弗如也」。自此以後，賜必有脫落歸根者。他日始告之曰「予一以貫之」。縱馴兔於中林，遊行自在矣。「弗如也」，盡奪前塵；「吾與女，弗如也」，忽渡彼岸，予不先奪，當前有地，安肯登舟？奪而不予，大海茫茫，拋卻生命矣！張無垢頌曰：豈是於回果弗如？只緣聞處尚多疏。若還真個能聞一，安得其他更有餘？

※ 張　岱

　　通過聞見獲得知識而領悟聖人之道的人，也應該通過聞見之知得到點撥、度化，但是一旦拘泥於表象，終究就只能像捕風捉影一樣什麼也得不到。所以孔夫子用「弗如」兩個字來糾正他之前的錯誤之處，一直到祛除殆盡的時候，才能見到原來的真實本性。

原文：

　　以聞見入道者，亦應以聞見而得度，但一落象數，終是捕影搏風。夫子故把「弗如」二字降伏他從前魔力，直到得懸崖撒手時，方見本來真性。

晝寢章

宰予晝寢。子曰：「朽木不可雕也，糞土之牆不可杇也；於予與何誅？」子曰：「始吾於人也，聽其言而信其行；今吾於人也，聽其言而觀其行。於予與改是。」

✽ 譯文：

宰予白天睡覺，孔子說：「腐朽的枯木不可以雕琢，糞土堆砌的牆壁不可以粉飾，我對於宰予還能責備他什麼？」孔子又說：「以前我對於人，聽到他的話便相信他的行為；現在我對於人，不僅聽到他的話還要觀察他的行為。我是因為宰予而改變的。」

朋友圈縱橫談

※ 張　岱 _____

這是在警告宰我。不能說春秋時期，都是言行不一的人。這樣說的話，就是用宰我一個人概括春秋時期所有人了。況且每句話都是有特定的緣由的，應當了解說這句話的要義。

原文：

此儆宰我耳。不要說春秋世界，俱是言行不相顧者，如此，則以宰我一人，波及一世矣。且語各有自，需要得其言下之旨。

※ 沈無回

「子曰」兩個字，是表示另起一事的詞語，停止之後而又再一次說起，是換另一種方式來責備他，這兩個字是記載此事的人得到精髓的地方。

原文：

沈無回曰：「子曰」二字，更端之詞，息而復起，更轉一法以責之，此二字乃記者大得精神處。

※ 張　岱

白天睡覺罪過很小，卻招致嚴厲的斥責，這是宰我咎由自取。如果是顏回白天睡覺，那麼這和他吃粗茶淡飯、曲肱而枕的清貧閒適倒是很契合的。

原文：

晝寢罪小，遭此痛責，此是宰我自取之也。若是顏子晝寢，蔬水曲肱，爰契斯語矣。

見剛章

子曰：「吾未見剛者。」或對曰：「申棖。」子曰：「棖也欲，焉得剛？」

孔子說：「我未見過剛強不屈的人。」有人回答說：「申棖
是這種人。」孔子說：「申棖欲望很多，哪裏能夠剛強不屈呢？」

朋友圈縱橫談

※ 張　岱

現在喝醉酒的人，看到城門以為是牀具，看到河流以為是田
間小溝。城門和河流依然是它們本來的樣子，而把它們當作牀、
小溝的人，是因為酒力的影響。一旦酒醒了，就漸漸不敢像醉酒
時那樣了。申棖的剛強，是以醉酒人的樣子來對待天下。

原文：

今之醉酒者，見城門則以為臥榻，見川瀆則以為溝澮。夫
門與瀆猶是，而榻之、溝之者，酒之力也。一旦醒解，而漸失其
故矣。申棖之剛，是群天下為酒人也。

※ 張　岱

兩個人打架，理虧的人，哪怕聲調很高，但畢竟是勉強的。
可見沒有正理自然不能氣勢雄壯。孔子的門下有像子路這麼勇猛
的人，而孔子還說「不見剛」，那麼這個「剛」的品德是很要緊
的，申棖怎麼能當得起呢？「棖也欲」這一句，只是為申棖做解
釋。其實孔子對於「剛」的思考，是有深刻的意味在的。

原文：

兩人鬥毆，理虧者，恁他高聲，畢竟勉強。可見無理自然

雄壯不來。聖門勇如子路，而夫子尚曰「不見剛」，則此「剛」之品關係甚大，申棖如何當得來？「棖也欲」句，只是為申棖解耳。其實聖人思剛，自有深意在。

加我章

子貢曰：「我不欲人之加諸我也，吾亦欲無加諸人。」子曰：「賜也，非爾所及也。」

✳ 譯文：

子貢說：「我不想讓別人把某些東西加在我身上，我也不想把東西加在別人身上。」孔子說：「賜啊，這不是你能夠做得到的啊。」

朋友圈縱橫談

※ 張　岱

「不欲」「無加」是空話，跟「仁」沒有關係；「非爾所及」是含義深刻的句子，跟貶低的話沒有關係。

原文：

「不欲」「無加」是虛語，着一「仁」字不得；「非爾所及」是活句，着一抑語不得。

子貢本來就有千里馬般高昂超卓的志向，又捱了這一鞭子，能夠日行千里了。

原文：

李卓吾曰：正有騰驤之志，又着此一鞭，一日千里矣。

※ 張　岱 _____

霜雪從天空中墜落，是天地無意為之，子貢此處說得太理所當然，反而使人無法相信。

原文：

霜雪墜空，天地無意，此處太說得自然，使人反信不過。

性天章

子貢曰：「夫子之文章，可得而聞也；夫子之言性與天道，不可得而聞也。」

＊ 譯文：

子貢說：「夫子的德行法度，可以聽得到的；夫子講性與天道，就很難聽到了。」

※ 張九成

　　既然是德行法度可以聽聞到，此處就不應該還說「夫子之言性天與道，不可得而聞也」。孔夫子怎麼會把天道和德行法度分開說呢？孔子說：「天哪裏有言語呢！四季更替、萬物生長……」這正是指點德行法度和天道是合一的。

原文：

　　張無垢云：既是文章可得聞，不應此處尚云「夫子之言性天與道，不可得而聞也。」如何夫子言天道肯文章兩處分開？子曰：「天何言哉！四時行焉，百物生焉……」正是點化文章、性道之合一處。

※ 張　岱

　　孔夫子的文章不過就是《繫辭》《春秋》，讀《繫辭》《春秋》的人有很多，是可以聽聞到的。而《周易》中談論性，《春秋》中談論天道，則是不能夠聽聞到的。

原文：

　　夫子之文章無過《繫辭》《春秋》，讀《繫辭》，讀《春秋》者多矣，是可得而聞也。《易》之言性，《春秋》之言天道，則不可得而聞也。

※ 周汝登

　　當時傳授一貫之道，孔子哪裏是背地裏單獨告訴曾子的呢？弟子們都在一旁聽，只有曾子回答了「是的」，是曾子知道了，而弟子們不懂孔子在說什麼，是他們沒能知道。

原文：

　　周海門曰：當時一貫之傳，夫子豈背地獨與曾子言之？門人俱在側也，惟曾子一「唯」，是曾子得聞，門人不知何謂，是門人不得而聞。

子路章

子路有聞，未之能行，唯恐有聞。

✳ 譯文：

　　子路聽到一個道理，自己卻尚未能夠做到，就會擔心自己聽到其他的。

朋友圈縱橫談

※ 張　岱 _____

　　「行」怎麼能做得完呢？「聞」又怎麼能彷徨呢？都是天真心腸天真話語。兩個「有聞」是首尾呼應的。這十二個字將子路描寫得十分傳神，是子路畫像上的絕妙贊辭。

原文：

　　「行」如何了得？「聞」亦如何旁皇得？總是癡腸癡話。兩「有聞」首尾呼喚。十二字為子路傳神，是絕妙像贊。

謚文章

子貢問曰：「孔文子何以謂之『文』也？」子曰：「敏而好學，不恥下問，是以謂之『文』也。」

✳ 譯文：

子貢向孔子請教說：「孔文子為何謚號為『文』？」孔子說：「性格勤敏而好學，向不如自己的人詢問也不以為恥，這樣才能謚號為『文』。」

朋友圈縱橫談

※ 張　岱

「敏而好學」而又「不恥下問」，學問都以「敏」字為根基。這是因為對於「敏」的人更難，不能因為看到「下」字就增添出地位高的意思。

千百年來所注重的「學」和「問」兩個字，到這裏開始合併在一起。

原文：

「敏而好學」而又「不恥下問」也，學問俱根「敏」字。蓋在「敏」者為更難耳，不得因「下」字添出位高。

千古所重，「學問」二字，至此始拈合。

子產章

　　子謂子產：「有君子之道四焉：其行己也恭，其事上也敬，其養民也惠，其使民也義。」

＊ 譯文：

　　孔子説子產：「擁有君子之道的四種：表達自己的行為非常謙恭，對待上位者非常尊敬，養護人民多有恩惠，使喚人民有原則法度。」

朋友圈縱橫談

※ 張　岱

　　「恭」「敬」「惠」「義」是總結子產的行事風格，並且每個都用一句話來判斷。倒着來說或詳實來說都是不行的。

　　四個「也」字有期望思念的涵義在。

原文：

　　「恭」「敬」「惠」「義」是總其行事，而各以一言判斷之。倒提不得，實講不得。

　　四「也」字有注想之意。

善交章

子曰:「晏平仲善與人交,久而敬之。」

✻ 譯文:

　　孔子說:「晏嬰擅長與人交往,時間相處久了,仍能夠敬意不衰。」

朋友圈縱橫談

※ 張　岱

> 　　齊桓公想請鮑叔做宰相,而管仲阻止了;齊景公想把尼溪分封給孔子,而晏嬰阻止了。這是千古不滅的交情,千古不滅的知己。齊景公當政的時候,他寵愛的妃嬪在宮內擅權,強幹之臣在宮外橫行,即便是啟用聖人,國勢也難以持久,更何況晏子當年說孔子「累世不能殫其學」。他是對孔子認識最為深刻的人。我認為晏嬰是孔子的第一知己。
>
> 原文:
> 　　齊桓公欲相鮑叔,而管仲沮之;齊景公欲以尼溪封孔子,而晏嬰沮之。千古交情,千古知己。蓋齊景公時嬖寵內擅,強臣外橫,雖用聖人,其勢難久,況當年累世之言?其知孔子最深。余謂晏嬰是孔子第一知己也。

居蔡章

子曰：「臧文仲居蔡，山節藻梲，何如其知也？」

✳ 譯文：

　　孔子說：「臧文仲藏了一隻大龜，在龜室中的柱頭斗拱上刻有山水，樑的短柱上畫了藻草（裝飾的如同宗廟一般），他的智慧是怎樣的呢？」

朋友圈縱橫談

※ 張　岱

　　「何如其知」就是說多麼的明智，是委婉諷刺的語氣。

　　孔子說：「臧文仲有三處不仁德的地方，有三處不明智的地方。」顏回問：「可以聽您說說嗎？」孔子回道：「讓柳下惠屈居於自己之下，設置六個關口來收費，讓小妾織蒲席販賣與民爭利，這三件事是不仁德的；給一隻大烏龜蓋一間大房子把牠養起來，縱容夏父弗忌舉行不合禮儀的祭祀，讓國人祭祀海鳥，這三件事情是不明智的。」

　　大夫是不能私藏烏龜的，「居蔡」已經是不合禮儀了，而更妙的是「山節藻梲」，在「居蔡」這件事情上是多麼花費心思，多麼講究！臧文仲料理烏龜是多麼高明，料理自己卻是多麼拙劣！

原文：

「何如其知」猶云是何等樣智，語亦婉刺。

孔子曰：「臧文仲有不仁者三，有不智者三。」顏回曰：「可得聞乎？」子曰：「下展禽，置六關，妾織蒲：三不仁也；設虛器，縱逆祀，祀海鳥：三不智也。」

大夫不藏龜，「居蔡」已自不知禮，而更妙在「山節藻梲」，於「居蔡」身上何等思忖，何等鑿度！文仲料龜何明，料己何拙！

忠清章

子張問曰：「令尹子文三仕為令尹，無喜色；三已之，無慍色。舊令尹之政，必以告新令尹。何如？」子曰：「忠矣。」曰：「仁矣乎？」曰：「未知。焉得仁？」「崔子弒齊君，陳文子有馬十乘，棄而違之。至於他邦，則曰：『猶吾大夫崔子也。』違之。之一邦，則又曰：『猶吾大夫崔子也。』違之。何如？」子曰：「清矣。」曰：「仁矣乎？」曰：「未知。焉得仁？」

＊ 譯文：

子張問孔子：「令尹子文三次出仕當令尹，不見他有喜色，三次罷免也毫無怒色，過去他做令尹時的舊政也一定會告訴新繼任的令尹，這樣看這個人怎麼樣？」孔子說：「可算是忠了。」

子張說:「那他是否算作仁？」孔子說:「不知道,哪裏看出他仁呢？」子張又問:「崔杼犯上殺害齊國的君主之時,陳文子有馬四十匹,全都拋棄了,離開齊國,到了其他國家,他說:『這裏的大夫和我們的大夫崔子一樣。』於是離開,到了另一國,又說:『這裏的大夫和我們的大夫崔子一樣。』於是又離開了,這樣的話如何呢？」孔子說:「可以說是很潔身自好了。」子張問:「那他仁不仁？」孔子說:「不知道啊,哪裏看得出他仁呢？」

朋友圈縱橫談

※ 張　岱

不說不仁,只說不知道他是否仁;不說忠誠、清廉不屬於仁,只說不知道是否是仁,讀者必須自己領會。

有人問:「仁的本體是怎樣的？」回答說:「觀察一個人的過失,可以知道他的仁德,而一個人忠誠、清廉並不一定就能認定他是仁德的,這樣就可以知道什麼是仁了。」

啊!微妙啊。

鬥穀於菟(羋姓,字子文,鬥伯比之子)算是忠啊,但如果用柳下惠做掌管刑法之官時三次被罷免也不離開自己的國家,他藐視世俗、為人傲慢,就未必是「仁」。陳文子算是清啊,但他見到逆賊而不討伐,出逃別的國家以免受刑罰,如果用晉國的趙盾和他對比,那他就未必是「仁」。這裏還需要再多加探究。

原文:

不謂不仁,止說未知其仁;不謂忠清不是仁中事,止說仁未可知,讀者須自會。

或問：「仁體何如？」曰：「觀過可以知仁，而忠清未可以知仁，則知仁矣。」

噫！微矣哉。

門穀於菟忠矣，律之以柳下惠之為士師，三黜不去，傲物輕世，則未必是「仁」。陳文子清矣，律之以趙盾之見賊不討，踰境求免，則未必是「仁」。此處尚費推敲。

三 思 章

季文子三思而後行。子聞之，曰：「再，斯可矣。」

＊ 譯文：

季文子總是思考再三之後才行動，孔子聽到了之後說：「思考兩次，就可以了。」

朋友圈縱橫談

※ 張　岱

季文子為三個國君做宰相，小妾不穿帛衣，不給馬餵粟米，家裏沒有貴重的器具，左丘明對他大加稱讚。在公子遂殺掉國君的時候，季文子沒有去討伐逆賊，反而跑到齊國去進獻禮物請求安排兩國國君會見。他又在城莒的諸、鄆二邑，為自己聚斂財

貨，小妾、馬匹、金銀玉石是非常多的。這就像公孫弘蓋粗布做的被子，王莽待人謙和恭敬一樣，都是表面文章罷了。當時的人相信他，說他「三思而後行」，孔子卻不這麼認為，說：「再，斯可矣。」就如同說：「倘若能夠稍微多思考一下，也不至於這個樣子。」

結合魯國的事情一起來講，可以見到孔子寓意廣大之處。如果是諸葛恪，應當思考數十次，如果是季文子，不應該思考那麼多次。諸葛恪因輕浮急躁而敗落，季文子因為優柔寡斷而選擇軟弱，都是因為不能正確判斷當時的國家形勢和時代潮流。

原文：

季文子相三君，妾不衣帛，馬不食粟，家無重器，左氏侈稱之。方公子遂弒君，行父不能討賊，反為如齊納賂。又城莒二邑，以自封殖，其為妾、馬、金玉也多矣。是即公孫之布被，王莽之謙恭也。時人信之，曰：「三思後行。」夫子不然之，曰：「再，斯可矣。」若曰：「倘再思之，當不至是也。」

合魯事講，見聖人寓意之大處。蓋為諸葛恪自當十思，為季文子自不當三思。恪以輕躁自敗，季以優柔取弱，皆緣不識國勢時宜也。

寧武章

子曰：「寧武子，邦有道，則知；邦無道，則愚。其知可及也，其愚不可及也。」

孔子說：「寧武子，國家有道之時，則顯得有智慧；國家無道之時，就顯得有點愚鈍了。他的智慧是其他人能夠做得到的，而他的看似愚鈍卻是很多人都趕不上的。」

朋友圈縱橫談

※ 張　岱

「智」是判斷天下有道還是無道的關鍵，「愚」是鞠躬盡瘁死而後已的信念。現在的科舉應試文章竟然把它說成以愚蠢為掩飾來運用聰明，引發出了後來之人多少玩弄權謀、詭祕之術的事情和說法，這不是孔子所說的不能企及的東西，還是就把「愚」當作「愚」原本的意思理解為正確。

如果范蠡當年運用自己的聰明才智來為自己做打算，那他絕對不會在石室之中跟隨勾踐的。由此可知范蠡能夠幫助勾踐脫離困境，閎夭、散宜生能夠將周文王從牢獄中釋放出來，他們所依靠的，都是一個「愚」字。

原文：

「知」是有道無道的總關，「愚」是鞠躬盡瘁，死而後已的心事。時文竟作以愚運知，發引出後人多少權謀、詭祕、說話，非聖人所謂不可及者也，還以就愚論愚為是。

使范蠡當時見才露智，決不能從勾踐於石室矣。故知范蠡之能脫勾踐，閎夭、散宜生之能釋西伯，其得力，全在一「愚」。

狂簡章

子在陳曰：「歸與！歸與！吾黨之小子狂簡，斐然成章，不知所以裁之。」

✳ 譯文：

孔子在陳國，說：「回去吧！回去吧！我在魯國的那些弟子，志向遠大而疏於行事，如今在文理上的成就已經像布疋一樣織得文采斐然了，還不知道怎麼去裁剪啊！」

朋友圈縱橫談

※ 張　岱

學者胸懷眼界不高有兩個問題：喜歡應酬人情世故，不精簡俗務，這是其一；喜歡廣泛涉獵聞見之知，不精簡學問，這是其二。應酬人情世故，是在今人面前做毫無原則的老好人；廣泛涉獵聞見之知，是在古人面前做毫無原則的老好人。他的內心是不純淨的，一般達不到「狂」的境界。

有人說：「簡」就是指狷介之人，因為狷介之人有些事情他是不會做的，所以說「簡慢」。

原文：

學者胸次不高有兩病：好周旋世故，不簡於塵緣，一也；好博涉見聞，不簡於學問，二也。周旋世故，做今人的鄉愿；博涉

見聞，做古人的鄉愿。其胸次不淨，總一般不得「狂」。

　　或曰：「簡」即指狷者，說狷者有所不為，故曰「簡」。

夷齊章

子曰：「伯夷、叔齊不念舊惡，怨是用希。」

✳ 譯文：

　　孔子說：「伯夷、叔齊不念及一切已往的惡事，所以心上少有怨念。」

朋友圈縱橫談

※ 張　岱 _____

　　世人說伯夷叔齊，憎恨惡行太過嚴苛，不免顯得狹隘了。孔子特地說出了他們的一種廣闊高遠的境界，說伯夷叔齊的心境大雁飛過天空，影子倒影在潭水裏，大雁沒有留下蹤跡，水也沒有留戀牠們的影子，沒有掛念沒有怨恨，兩邊都心如止水。

　　「惡」而「奮起」，就如同飛過的影子或飛馳的輪子，很快就過去了，只有不把「舊惡」放在心頭，才能真正明白國恨家仇怎麼可能隱藏得起來呢？李陵投降匈奴，說是為了等到合適的時機來回報漢朝，人們並不相信他。伯夷叔齊的清高是非常徹底的，並不是說還有分量多少之分。

原文：

　　世之說夷齊者，疾惡太嚴，未免入於隘去。孔子特說他一段天空海闊境界，謂夷齊心境如長空雁過，影落寒潭，雁不留蹤，水不戀影，不念不怨，兩邊不動。

　　「惡」而曰「舊」，如飛影馳輪，忽然過去，惟不將「舊惡」放在念頭上，正見君父之仇如何匿得？李陵降虜，謂得當以報漢，畢竟信他不過。其清之徹底處，非謂清而有量也。

※ 張　　岱

　　程顥和程頤一起在一位朋友家裏飲酒，就席間有一位歌妓，程顥刻意矜持避嫌，而程頤卻跟以前一樣和大家詼諧逗趣，程顥很不高興。改天程顥規戒教訓他，程頤說：「前天酒席上有妓女，我本來沒有看到；今天沒有歌妓，你心中卻還留存着她，為什麼呢？」由此可以想到伯夷叔齊的胸懷境界。

原文：

　　程明道與伊川同飲一友家，座上有妓，明道着意矜持，伊川故與諧謔，明道不悅。異日規訓之，伊川曰：「前日席上有妓，弟原不見有妓；今日無妓，老兄胸中還存一妓，何耶？」即此可想夷齊胸次。

乞醯章

　　子曰：「孰謂微生高直？或乞醯焉，乞諸其鄰而與之。」

孔子說：「誰說微生高正直？有人向他討醋，他不直說沒有，而是向鄰居家討要再給人家。」

朋友圈縱橫談

※ 張　岱

是為了說明正直的道理，不是在諷刺微生高。不然的話向鄰居借醋給別人，也是好事，孔夫子為什麼說得這樣刻薄狠毒呢？

微生高還有一個名字叫尾生高，魯國人。他曾經和一個女子約定在橋下見面，女子沒來赴約，河水洶湧而來，微生高沒有離開，最後抱着橋柱被淹死了。

原文：

維直道也，非譏刺微生高也。不然乞鄰與人，亦是好事，夫子何刻毒至此？

微生高一名尾生高，魯人。高嘗與女子期於梁下，女子不來，水暴至，不去，抱梁柱而死。

巧令章

子曰：「巧言令色、足恭，左丘明恥之，丘亦恥之。匿怨而友其人，左丘明恥之，丘亦恥之。」

孔子説：「説好話，裝出好臉色，做出恭敬的樣子，左丘明認為這是可恥的，我也覺得可恥。心裏藏着怨念卻還要和人保持友好，左丘明認為這是可恥的，我也覺得可恥。」

朋友圈縱橫談

※ 張　岱

世間有一種不順着本性的人，喜歡做出一種諂媚或深沉的樣子，其實心中什麼也沒有，所以説「可恥」。如果説希望得到不可能的福分，懷着不可預測的心計，那麼就是天地之間的大惡人，就不僅僅是可恥了。

只説左丘明和孔子，是因為兩個人都編了《春秋》，是一起保存正道的人。朱熹説：「『足』對於『義』來説，是湊足、湊夠的意思。是説如果本來應該是九分，卻偏偏要湊成十分，意思是説他原本是少的卻又添加作假。」

原文：

世間有一等不率性之人，好為諂媚深藏之態，究其胸中絕無所為，故曰可恥。若云希無望之福，懷叵測之心，此則天地間大奸人，不止可恥矣。

單説丘明與夫子，以兩人皆作《春秋》，共存直道者也。朱子曰：「足之為義，湊足之謂也。謂如合當九分，卻要湊作十分，意謂其少而又添之也。」

「怨」字在《論語》中多處都可以見到，都是指平常人事之間的芥蒂、嫌隙，它和「君父之仇」「兄弟之仇」的「仇」字是不一樣的。很多應試科舉之人作這個題目的時候，常常用「仇」字來代替「怨」字，相差甚遠。

原文：

「怨」字散見《論語》中者甚多，皆平常人事中芥蒂嫌隙之名，與「君父之仇」「兄弟之仇」「仇」字不同。作此題者，往往以「仇」字易「怨」字，特差。

言志章

　　顏淵、季路侍。子曰：「盍各言爾志？」子路曰：「願車馬衣輕裘與朋友共，敝之而無憾。」顏淵曰：「願無伐善，無施勞。」子路曰：「願聞子之志。」子曰：「老者安之，朋友信之，少者懷之。」

✳ 譯文：

　　顏淵、季路侍立在旁，孔子說：「你們何不說說各自的志向？」子路說：「我願自己的車馬衣裳都能夠與朋友共同使用，就算壞了也不會心有怨恨。」顏淵說：「我希望自己能夠對於內心的善意不誇大，對人做了有功勞的事情沒有施予感。」子路說：「我想要聽到夫子的志向。」孔子說：「我希望對年老者，

能使他安心；對年齡和我差不多的，能使他信任；對年少者，能使他懷念我。」

朋友圈縱橫談

※ 張　岱

老者安心、少者懷念、朋友信任，孔子只是通過眼前常見的事物將它們説出來。《禪宗永嘉集》説：「不能普遍地利益他人，説明自己沒有修行圓滿。」劉孝標説：「生成萬物的是道，生成而不主宰，稱為自然。」

原文：

老安，少懷，朋友信。聖人說來，只是隨物付與眼前平易事。《永嘉集》曰：「利他不普，自益未圓。」劉孝標曰：「生萬物謂之道，生而無主，謂之自然。」

※ 楊復所

子路之前把和人一起分享毛皮衣服、馬車當作是有德的表現，一聽到顏回説自己的志向，覺得自己不如顏回而無話可説。然後又想「孔子的志向一定比顏回的還要高遠」，所以這個地方特意記載「子路云：『願聞子之志。』」

原文：

楊復所曰：子路當日以共敝車裘為德色矣，一聞顏子之志，不覺啞然自失。因又思曰：「夫子之志必有進於是者。」故於此處特下一「子路曰：『願聞子之志。』」

有停息的時刻就不是天了，就不是聖人了。細細玩味「安之」「信之」「懷之」，其實是終身思考、實踐沒有停息的意思。

原文：

有休歇非天，有休歇非聖。細玩安之、信之、懷之，原是終身勞勞不得休歇語。

※ 陳道掌

子路分享馬車和皮衣，相當於佛教當中的七寶佈施，即將財物分享給別人；顏回奉獻自己的長處和功勞，相當於佛教當中的身命佈施，即將身體性命奉獻分享給別人；孔子的「安」「懷」「信」，相當於佛教當中的不住色相佈施，即是不分我相、財相、人相的分享。

原文：

陳道掌云：子路車裘，是七寶佈施；顏子捨善勞，是身命佈施；夫子安信懷，是不住色相佈施。

※ 楊復所

把「朋友」看作與自己結交的人是多麼狹隘啊，這是不知道這裏的「朋友」，是指和自己年齡差不多的人。就像是說：所有的人都是我的同胞；老年人、壯年人和少年人合在一起，才能包括天下所有的人。

原文：

楊復所曰：朋友作交遊說何隘也，不知此朋友，即指年相

若者。言猶曰：民吾同胞也；合老者、壯者、少者，方盡天地間之人。

※ 張　岱

這一章應該跟《孟子》中「子路人告之有過則喜」章互相參考着來看，有一點進步自然就有一點進步的分量。

原文：

此章書當與《孟子·子路人告之有過則喜章》參看，進一層自有一層分量。

自訟章

子曰：「已矣乎！吾未見能見其過而內自訟者也。」

＊ 譯文：

孔子説：「完了呀！我沒有見過能夠看見自己的過錯而向內心自責的人啊。」

朋友圈縱橫談

※ 鄒肇敏

「已矣乎」就相當於「最終不能還是算了吧」。「能看到自己的過失」的人，他的見解是真切的，他的自我克服和整治，像洗

掉污垢祛除瘡痕，發現邪惡的東西去掃除降服，真的有一刻也不能容忍的意味。

原文：

　　鄒肇敏曰：「已矣乎」猶云「終不然罷了耶。」「能見其過」者，故曰「自訟」。

※ 張　岱

> 　　徐子卿發現自己的過錯就會自我責備，運用孔子所說的「內自訟」的方法解剖自己。有人說：「訟就是告狀的人，心腸刻薄狠毒。」徐子卿回答：「刻毒」兩個字非常好，譬如說我要做善事的時候，忽然起了一個惡念，那它就是我的對頭，但我卻不肯用刻薄狠毒的手段跟它鬥爭，不知道這是什麼原因呢？

原文：

> 　　徐子卿見過自訟，或曰：「訟是告狀人，心腸刻毒。」子卿曰：「刻毒」兩字甚好，比如我要作好，忽然起一惡念，這就是我的對頭，卻不肯下刻毒手與他討個下落，不知何故？

忠信章

子曰：「十室之邑，必有忠信如丘者焉，不如丘之好學也。」

＊ 譯文：

　　孔子說：「十家的小邑，一定會有像我一樣忠信的人，但不能像我一樣好學。」

※ 張　岱

> 遠古時代的皋陶、姬夔、后稷、子契有什麼書可以讀呢？君子威嚴沉穩之學，也是以注重忠信為根本的，而朱熹用美好的本質來解釋忠信，是勾銷了古往今來的治學脈絡。他日孔子稱讚顏回好學，說：「不遷怒，不貳過。」那麼孔子所說的「丘之好學」，哪裏是說讀書、讀文章的意思呢？古時候九個男子為一井，四井為一邑，兩畝半的家宅在田裏，兩畝半的家宅在城邑，一共三十二家。十室之邑，是說這個邑很小，不滿三十二家。

原文：

> 皋、夔、稷、契有何書可讀？君子威重之學，亦以主忠信為本，而朱子以美質繹忠信，抹殺古今學脈矣。異日夫子稱回之好學，曰：「不遷怒，不貳過。」則夫子所謂「丘之好學」，亦豈讀書看文章之謂哉？古者九夫為井，四井為邑，二畝半之宅在田，二畝半之宅在邑，凡三十二家。十室之邑，甚言其小，不滿三十二家也。

※ 諸理齋

> 這句話妙在不是用自己來比較他人，只是用別人來比較自己，這樣的話自然就沒有褒貶的意思了。

原文：

> 諸理齋曰：妙在不將自己形容人，只把人來比自己，自然絕去褒貶。

雍也第六

南面章

子曰：「雍也可使南面。」仲弓問子桑伯子，子曰：「可也，簡。」仲弓曰：「居敬而行簡，以臨其民，不亦可乎？居簡而行簡，無乃大簡乎？」子曰：「雍之言然。」

＊ 譯文：

孔子說：「仲弓（名冉雍）這個人，可以使他擔任一方之長了。」仲弓問子桑伯子怎麼樣，孔子說：「可以呀，這個人簡潔不煩瑣。」仲弓說：「內心處於恭敬，行事簡潔，以此來面對他的人民，不挺好嗎？若是內心處於簡潔，行事簡潔，不就太簡了嗎？」孔子說：「仲弓說得對啊。」

朋友圈縱橫談

＊ 張　岱

薛應旂主考的時候出了這道題，有位考生以「仲弓不理解可字」立論。薛應旂生氣地說：「這個秀才真是沒有見識，仲弓作為一個賢人，怎麼可能一個『可』字都不理解呢？而且都是同一個『可』字，『可使南面』的『可』字就認為是好的，『可也，簡』的『可』字就認為是不好的。一個字用兩種解釋，怎麼說得過去呢？」這一章中的三個「可」字都應當作同一個意思來看，「不亦可乎」與「可也，簡」中的兩個「可」字正好相互呼應。

原文：

　　薛方山考出是題，諸生依「未喻可字」立說。方山怒曰：秀才無見識，仲弓賢者，豈有一「可」字也不識？且均一「可」也，「使南面」之「可」，則認以為優，「可也簡」之「可」則認以為劣。一字而兩解之，何說也？章中三「可」字皆一樣看，「不亦可乎」與「可也，簡」二字政相應。

※ 湯霍林

　　治理百姓的方法，一定要簡單，大事變成小事，小事變成無事。然而這種簡易的根源，應當從「敬」中得來，兢兢業業而不敢麻煩瑣碎，這就是「簡」，並不是「居敬」然後「行簡」。

原文：

　　湯霍林曰：臨民之道，定要簡易，大事化小事，小事化無事。然此簡易根原，必從敬出，一段兢業，不敢煩瑣，便是「簡」，非是居敬又行簡也。

※ 張　岱

　　《淮南子》說：「蓼菜長成行，瓶甌有底座，稱量粟米然後去舂，數著米粒進行烹飪，這樣的人可以掌管家務而不能治理國家。洗淨杯盤進食，洗好爵來飲酒，洗滌乾淨以後伺候長輩吃飯，這樣的人可以在家瞻養老人，但不能供給三軍的伙食。不平易則不能辦大事，不簡約則不能夠聚合眾人。」

原文：

　　《淮南子》曰：「蓼菜成行，瓶甌有堤，量粟而舂，數米而

炊，可以治家，而不可以治國；滌杯而食，洗爵而飲，浣而後
饋，可以養家宅，而不可以饗三軍。非易不可以治大，非簡不可
以合眾。」

好學章

哀公問：「弟子孰為好學？」孔子對曰：「有顏回者好
學，不遷怒，不貳過。不幸短命死矣。今也則亡，未聞好學
者也。」

✻ 譯文：

魯哀公詢問：「你的弟子中哪個最好學啊？」孔子回答說：
「有個叫顏回的是好學的，他有怒意也不向別人發洩，有過失也
不再犯。不幸的是短命死了。現下也沒有了，沒有聽到過有好
學的了。」

朋友圈縱橫談

※ 張　岱 ────────────────

《易・繫辭下》中說：「顏回這個人，他大概已經到接近聖
賢的地步了。有不善的東西沒有他發覺不了的，發覺之後就不會
再去做。」這明明就是「不貳過」的註腳啊。明白這句話，那麼

「不遷怒」這句話也就可以明白了。聖賢的修養功夫，是平易樸實的，不必說得那麼玄虛。

我認為天下的道理在《易》中已經都包括了。《易》是預測逆推之書。所以學者的修養功夫，也都是用相反的、否定的方式。孔子的「四毋」，顏回的「四勿」「三月不違仁」「簞瓢不改其樂」，合之「不遷」「不貳」，都是否定和對治的功夫。顏回是精通《易》的道理的，所以說「其殆庶幾」。

原文：

《易》曰：「顏氏之子，其殆庶幾乎。有不善未嘗不知，知之未嘗復行。」明是「不貳過」注腳。明此則「不遷怒」可知已。聖賢功夫，平平實實，不必說玄說幻。

愚觀天下理盡於《易》。《易》逆數也。故學者功夫，亦盡用逆。夫子「四毋」，顏子「四勿」，「三月不違仁」，「簞瓢不改其樂」，合之「不遷」「不貳」純是用逆功夫。顏子精於《易》者也，故曰「其殆庶幾」。

※ 張　岱

閱讀此章，可以知道「學而時習之」所說的絕不是讀書寫文章。以前有人說「日裏習得夜裏習不得」的話，不知道這是什麼見解？

原文：

觀此章，則「學而時習之」，決非是讀書做文字。昔人有「日裏習得夜裏習不得」之語，是主何見？

辭與章

子華使於齊，冉子為其母請粟，子曰：「與之釜。」請益，曰：「與之庾。」冉子與之粟五秉。子曰：「赤之適齊也，乘肥馬，衣輕裘。吾聞之也，君子周急不繼富。」原思為之宰，與之粟九百，辭。子曰：「毋，以與爾鄰里鄉黨乎！」

＊ 譯文：

公西子華出使到齊國，冉子代他為他的母親請求粟米，孔子說：「給他一釜（六斗四升）吧。」冉子再次請求增加，孔子說：「給他一庾（十六斗）吧。」冉子給了他粟米五秉（九百斗）。孔子說：「公西赤這次去齊國，乘坐肥馬，穿著皮衣。我聽說君子只周濟窮迫，不幫助富有的人。」原思當了孔子的總管，孔子給了他俸米九百斛。原思推辭，孔子說：「不要推辭，可以分給你的鄰里鄉黨呀！」

朋友圈縱橫談

※ 張　岱

這一章完整地包含了君臣、母子、師生、作為使臣、作為長官、鄰里、鄉黨之間的大義。這個時候大家都在做自己應該做的事情：使臣做使臣該做的事，長官做長官該做的事，好友做好友該做的事，清廉的官吏做清廉官吏應該做的事；該給予的給予，

該拒絕的拒絕，一旦經過孔夫子的權衡，都有一個最合適不過不能更改的道理在，所以聖人的教化，具體到聖人使用財富上，就是要讓財富發揮它應有的作用。如果給得不恰當，拒絕得不恰當，就是把財富放在無用的地方了，豈不是太可惜了？

原文：

　　此章書君臣、母子、朋友、師弟、為使、為宰、鄰里、鄉黨之大義俱全。此時各行其是：為使者為使，為宰者為宰，為良友者為良友，為廉吏者為廉吏；與者與，辭者辭，一入夫子之權衡，都有個至當不易之理在，所以聖人之教，直若化聖人用財，要使財皆得用。若與之不當，辭之不當，把財置之無用之地矣，豈不可惜？

※ 張　岱

　　知道一點兒微小的東西為什麼不應該給，就知道天下都是可以禪讓的道理；知道豐厚的俸祿為什麼可以接受，就知道一點兒微小的東西也不應該拿的道理。聖人能夠支配財富而不被財富所支配，這是大能耐。冉求在季氏那裏做家臣，為季氏聚斂了很多財富使季氏更加富有，他的一生都在做使富有者更加富有的事。孔子說「君子周急不繼富」這句話，也包含了對冉求的批評和勸誡。

原文：

　　知一介之不與，則知天下之可禪；知萬鍾之可受，則知一介之不取。聖人能用財而不為財用，此是大手段。冉求仕季氏，為之聚斂而附益之，一生止以繼富為事。「君子周急不繼富」之言，聖人閒中亦下針砭。

犁角章

子謂仲弓曰：「犁牛之子騂且角，雖欲勿用，山川其捨諸？」

✳ 譯文：

孔子說仲弓：「一頭耕牛，生出了一頭通身赤紅且牛角圓滿周正的小牛，雖然不想用牠來祭祀，但是山川之神會捨棄牠嗎？」

朋友圈縱橫談

※ 張　岱

司馬遷寫《史記》想要把它藏在名山大川之間。這難道是夜不能寐的人，信不過自己轉而去乞求山川之間的神靈嗎？孔子說「了解我的大概只有天」，天人之間的參驗是深奧精微的，感慨極深，不在人間尋找知己了。

原文：

太史公作《史記》欲藏諸名山大川。夫炯炯者，不能自信而乞靈於山川乎？知我其天，參契幽微，感慨至深，不向人間索知己矣。

三月章

子曰：「回也，其心三月不違仁。其餘則日月至焉而已
矣。」

＊ 譯文：

　　孔子說：「顏回啊，他的心能夠在一段長久的時間內不離開
仁，其餘的人，有些只能維持一日，有些人只能維持一月，就
停止了。」

朋友圈縱橫談

※ 張　岱

　　《論語》二十章都沒有談論心中的仁，而唯獨這一章談論
了。《易》三百八十四爻都沒有說到「仁」，而唯獨復卦說到了。
顏回的「不違」就是《易》中所說的「不遠復」；其他弟子的「月
至」就是《易》中所說的「頻復」。

原文：

　　《論語》二十章不言心之仁，而此章獨言心之仁。《易》
三百八十四爻不言仁，而《復》卦獨言仁。若顏子之「不違」即
《易》之所謂「不遠復」也；諸子之曰「月至」即《易》之所謂「頻
復」也。

　　宋代的香林澄遠禪師曾經説：「四十年的修行與行住坐臥融匯為一體」，「不違仁」就是融匯成一體了。還有一種説法是：「別人是被時間驅使的，我能夠驅使時間。」説「月至焉」，還是被時間驅使的。

原文：

　　昔有祖師言「四十年打成一片」，「不違仁」，打成一片也。又有云：「他人為十二時辰使，我使得十二時辰。」曰「月至焉」，猶被時辰使也。

從政章

　　季康子問：「仲由可使從政也與？」子曰：「由也果，於從政乎何有？」曰：「賜也可使從政也與？」曰：「賜也達，於從政乎何有？」曰：「求也可使從政也與？」曰：「求也藝，於從政乎何有？」

＊ 譯文：

　　季康子問孔子：「仲由這個人可以讓他去管理政事嗎？」孔子説：「仲由這個人有決斷，讓他管理政事有什麼問題呢？」又問：「那賜呢，可讓他管理政事嗎？」孔子説：「賜這個人通事理，讓他管理政事有什麼問題呢？」再問：「求呢，可以讓他管理政事嗎？」孔子説：「求這個人多才能，讓他管理政事有什麼問題呢？」

※ 張　岱 _____

　　季康子看重政治而蔑視子路、子貢和冉求，所以用了「也與」兩個字；孔夫子看重他們三個人而蔑視政治，所以用「何有」兩個字。這是這段問答中相連接的地方。

　　季康子並非會用人才的人，何必要將熱氣呵在冷牆上呢？這裏只是保存了孔子對這三個人的評定。

　　如果魯國能夠重用孔子，任命顏回為宰相、子路為大將、子貢為掌管朝覲聘問的禮官，閔子騫、冉求等人管理行政，七十二位賢德的弟子各管理一個城邑，人才哪裏比漢唐少呢？

原文：

　　康子大從政而蔑三子，故下「也與」二字；夫子大三子而蔑從政，故下「何有」二字。是問答鬥筍處。

　　康子非用人之人，何苦將熱氣呵冷壁？只存三子之定評。

　　使魯能大用孔子，顏子為相，季路為將，子貢備行人，而閔子、冉求輩體國經野，七十二賢人各宰一邑，則人才豈減漢唐？

費宰章

**　　季氏使閔子騫為費宰。閔子騫曰：「善為我辭焉！如有復我者，則吾必在汶上矣。」**

　　季氏派人請閔子騫去做費地的長官，閔子騫說：「好好幫我推辭掉吧。如果再來召喚我的話，那麼我必然要歸隱到汶水之上了。」

朋友圈縱橫談

※ 張　岱

　　昭公十三年，南蒯在費邑叛變，後來公山弗擾也在費邑叛變。費邑是多次叛變的城邑，是季氏的重要領地，所以子路曾經請子羔來做城宰，現在又請閔子騫，無非就是想要請來賢德的人，以收攏人心，所以孔夫子說他是「賊夫人之子」。閔子騫說「則吾必在汶上矣」，堅定地拒絕他了，也是這個意思。等到孔子升任大司寇就很快着手摧毀三都的城牆，費邑首當其衝。聖賢之人的深謀遠慮之心，由此可見一斑。

　　《孔子家語》中記載閔子騫最終還是在季氏那裏為官，做了費邑的城宰，不知道是什麼原因。有待繼續查考。

原文：

　　昭公十三年，南蒯以費畔，又公山弗擾以費畔。費蓋屢畔之邑，季氏要地，故子路曾使子羔，今又使閔子，無非欲得賢者，為收拾人心計，故夫子曰「賊夫人之子」。閔子曰「則吾必在汶上矣」，拒之之岩，總是此意。及夫子為司寇而遽墮三都，費為其首矣。聖賢深心，於此可見。

　　《家語》中閔子到後畢竟仕季氏為費宰，不知何故？再查之。

伯牛章

伯牛有疾，子問之，自牖執其手，曰：「亡之，命矣夫！斯人也而有斯疾也！斯人也而有斯疾也！」

＊ 譯文：

伯牛生了重病，孔子去慰問他，在屋子的南窗外握着他的手與他訣別，說：「此人逝去，這真是命啊！這樣的人居然會有這樣的疾病啊！這樣的人居然會有這樣的疾病啊！」

朋友圈縱橫談

※ 徐儆弦

顏淵去世孔子說老天要了我的命，伯牛去世孔子則將它歸結於命運。因為在顏淵那裏可以說天，在伯牛那裏可以說命，沒有完成他的道義而去世的人，不可以說天，也不可以說命。

原文：

徐儆弦曰：顏淵之死則謂之天喪，伯牛之亡則歸之有命，蓋在顏淵則可以言天，在伯牛則可以言命，不盡其道而死者，不可以言天，不可以言命也。

陋巷章

子曰：「賢哉，回也！一簞食，一瓢飲，在陋巷。人不堪其憂，回也不改其樂。賢哉，回也！」

✱ 譯文：

　　孔子說：「顏回這個人啊！很是賢德啊！每天用竹器吃飯，用木瓢飲水，居住在簡陋的巷子裏。別人都因無法承受困苦而憂愁，顏回卻也一如既往地樂在其中。很是賢德啊，顏回這個人吶！」

朋友圈縱橫談

※ 張　岱 _____

　　鮮于侁問道：「顏回為什麼能夠不改變他的快樂？」程頤說：「你來說說顏回所樂的是什麼？」鮮于侁回答說：「只是樂於道。」程頤說：「如果顏回真的因為道而快樂，那他就不是顏回了。」鮮于侁沒有明白這是什麼意思，就告訴了鄒浩，鄒浩說：「人的造詣，竟能夠達到如此精深的地步，我今天才真正認識程頤先生的面目。」

原文：

　　鮮于侁問：「顏子何以能不改其樂？」伊川曰：「君謂其所樂者何也？」侁對曰：「樂道而已。」伊川曰：「使顏子而樂道，不

為顏子矣。」佚未達，以告鄒浩，浩曰：「夫人所造，如是之深，吾今日始識伊川面。」

※ 周用齋

應該看到顏回的「簞瓢屢空」、孔子的「蔬水曲肱」，與舜和禹擁有天下都是一樣的，都是真正的、純粹的快樂。

原文：

周用齋曰：看到顏之簞瓢，孔之蔬水，舜禹之天下，通是一樣，乃是樂中真趣。

※ 張　岱

吃着乾糧野菜，好像終身都會如此。顏回開頭已然跟舜是一樣的了，只是後來沒有像舜一樣處在君王的位置。

原文：

飯糗茹草，若將終身。顏子上半截渾然是個大舜，只是下半截不曾做得。

女畫章

冉求曰：「非不說子之道，力不足也。」子曰：「力不足者，中道而廢。今女畫。」

　　冉求說：「我不是不喜歡夫子的道，只是我的力量有限。」
孔子說：「力量不夠的人，在半道上就停止了啊。今日你是畫地
為牢，自我設限。」

朋友圈縱橫談

※ 張　岱

　　「並不是不喜歡你說的道」，把道的責任都推在了孔子身
上，我自己沒什麼關係。說「現在你是自我設限」把「力不足」
的責任推在冉求自己肩上，和別人沒有關係。

原文：

　　「非不悅子之道」，把道一肩推在夫子身上，與己無干。曰
「今女畫」把「力不足」一肩推在冉求身上，與人無與。

※ 蘇　浚

　　「力不足」，把對道的喜歡都說得冷冰冰的；「今女（汝）畫」
把「力不足」都說得鼓舞人心。

原文：

　　蘇紫溪曰：「力不足」，把悅處都說得冰冷；「今女畫」把「力
不足」都說得鼓舞。

※ 揚　雄

　　河流學習大海而最終都到達了大海，可丘陵學習山脈而沒有

成為山脈，所以自我設限是很不好的。

原文：

揚子曰：百川學海而至於海，丘陵學山而不至於山，是故惡夫畫也。

為儒章

子謂子夏曰：「女為君子儒，無為小人儒！」

※ 譯文：

孔子對子夏說：「你要做一個君子儒，不要做一個小人儒。」

朋友圈縱橫談

※ 張　岱

世上人都極力描繪君子、小人，都無可取之處。他們不知道「女（汝）」這個字才是君子小人的重要關口，是「為」和「無為」的要害。從這個地方來解釋，才符合孔子的原意。

《荀子》說：「衣服帽子穿戴整齊，容色嚴整，一副自得的樣子並且終日不說話，這是子夏這一派的低賤的儒者。」儒家的學統分成了八派，就算是孔子也無可奈何。

原文：

世人極意刻畫君子小人，都無是處。不知「女」字是君子小

人關隘處，「為」與「無為」的把柄。從此處下手，才是夫子意中事。

《荀子》曰：「正其衣冠，齊其顏色，嗛然而終日不言，是子夏氏之賤儒也。」儒之統分而為八，即孔子亦無奈之何矣。

※ 王　畿

所有的聖人都是有自己的眼光和手法，哪裏有一個固定的樣子能模仿得來的呢？但凡是模仿一個樣子的人，都不是境界高的人。

原文：

王龍溪曰：從來聖人自出手眼，何嘗有樣子學得來？凡依傍樣子者，畢竟不是大人。

※ 張　岱

有人問為什麼小人也能稱為「儒」、也能稱為「中庸」？回答是《四書》之中所稱的「小人」，他們的勢力和能力，都能夠與君子分庭抗禮，但是心有公心和私心的區別。心是公正的就是「周」「和」「泰」，心是自私的就是「比」「同」「驕」。他們外面的樣子都是一樣的，真小人就是偽君子，偽中行就是真鄉願，欺騙還是愧疚都是他們自己所為，非明察秋毫的人難以辨別。

原文：

問小人如何亦曰「儒」、亦曰「中庸」？曰「四書」中所稱「小人」，其規模本領，皆與君子爭席，但心有公私耳。公則為周，為和，為泰，私則為比，為同，為驕。其外面，皆是一般。真小人即假君子，偽中行乃真鄉願，欺歉唯其所造，非明眼人莫辨。

武城章

子游為武城宰。子曰：「女得人焉乎爾？」曰：「有澹台滅明者，行不由徑，非公事，未嘗至於偃之室也。」

✳ 譯文：

　　子游擔任武城的太宰。孔子說：「你在那裏求得了人才嗎？」子游說：「有一個叫澹台滅明的人，做事不走捷徑。若不是有公事，從未到過我的房間裏來。」

朋 友 圈 縱 横 談

※ 楊復所

　　「行不由徑」是就他的做事方式而言，不是在說他的走路方式。下面「非公事」這兩句，也是一樣的。如果單單從走路上說，怎麼就能說是得到了人才呢？

原文：

　　楊復所曰：「行不由徑」是指其行詣而言，不在走路上說。下面「非公事」二句，政其一也。若作走路說，何以為得人？

※ 張　岱

　　人們一向都說澹台滅明是一個儒者，《水經注》記載：「澹

台滅明帶着一個價值千金的玉璧渡河。河神想要這塊玉璧，等到波浪翻滾的時候，讓兩條蛟龍夾住了澹台滅明的船。澹台滅明說：『我的東西可以通過正當的方式來求取，但是不能通過暴戾的方式來搶劫。』左手拿着玉璧，右手拿着劍，去擊打蛟龍，兩條蛟龍都死了，於是他把玉璧扔到河裏面去。扔進去三次而玉璧又跳出來三次，於是他就把玉璧銷毀之後離開了。」可以看到澹台滅明的勇猛真的不輸給子路，孔子所說的「以貌取人，失之子羽」，就是因為他外貌威猛而踐行儒道。可知他的「行不由徑」以及「非公事不至」，都是他剛毅的表現，不是孤芳自賞的人所能比的。

原文：

　　向謂滅明直儒者流耳，見《水經注》載：「子羽渡河，齎千金之璧。河伯欲之，陽侯波起，兩蛟夾舟。子羽曰：『吾可以義求，不可以威劫。』左操璧，右操劍，擊蛟，皆死，乃投璧於河。三投而輒躍出，遂毀璧而去。」然則子羽之勇，誠不減季路，夫子所謂「以貌取人，失之子羽」者，蓋以其貌武而行儒耳。始知其「行不由徑」非公事不至者，直是其剛毅之概，非踽踽涼涼者比矣。

不伐章

　　子曰：「孟之反不伐，奔而殿，將入門，策其馬，曰：『非敢後也，馬不進也。』」

孔子說：「孟之反是一個不自誇的人，兵敗逃走之際，卻獨自殿後。快進城門的時候，他揚鞭打馬說：『不是我敢在後面拒敵啊，是我的馬兒不肯向前跑。』」

朋 友 圈 縱 橫 談

※ 張　岱

當時的人都以打勝仗為能事，又有誰會在戰敗的時候觀察人、獲取人呢？

清地一戰，冉求率領左師打進齊國軍隊，獲得八十個甲士的首級，齊軍潰不成軍，趁夜晚逃跑了。孟武伯率領右師攻打齊國軍隊，自己卻先逃跑了，孟之反殿後。孟之反說「馬不進」這樣的話，不是故意掩飾自己的功勞，而是憎恨孟武伯這樣的人不能夠齊心合力，以致於戰敗，深深地認為這是可恥的，所以才這麼說。孔子稱讚孟之反，是通過這種方式來批評孟武伯這種大臣的意思。

原文：

當時以戰勝為能，誰復於戰敗時觀人、取人？

清之役，冉有帥左師入齊師，獲甲首八十，齊不能師，宵遁。孟武伯帥右師入齊師而先奔，之反為殿。「馬不進」之語，非故掩功，他實恨武伯輩不能同心戮力，以致喪師，深以為恥，故如此。夫子稱之反，以是討魯臣意。

佞美章

子曰：「不有祝鮀之佞，而有宋朝之美，難乎免於今之世矣。」

✳ 譯文：

孔子說：「一個人，沒有祝鮀一般的好口才，卻有如同宋公子朝一般的美色，那就很難在當今之世不受害了。」

朋友圈縱橫談

※ 張　岱

這是聖人慈悲憐憫這個世界而說的話，如果當成是嬉笑怒罵，就不是孔子說這句話的本意了。

這也不是感慨世間行走艱難的話語，而是為磨煉英雄豪傑。

原文：

此大聖人慈憫世界語，若作嬉笑怒罵，便非立言本懷。

亦非嗟歎行路語，正磨煉豪傑語也。

由戶章

子曰：「誰能出不由戶？何莫由斯道也？」

　　孔子説：「哪個人能不從門戶出來的？但為何沒有人肯跟從大道行事呢？」

朋友圈縱橫談

※ 周用齋

　　不跟從大道的人，不是道以外的人，正是道內的人，修行和領悟都不通過道，這確實很讓人奇怪、感歎，正像是走路的人不經過門一樣。如果是坐着或者躺着的人，就由他去好了。

原文：

　　周用齋曰：不由道，不是道外人，正是道內人，即修悟都不由，此良可怪歎，正是走路人不由門戶耳。若坐若臥，亦自聽之。

文質章

　　子曰：「質勝文則野，文勝質則史。文質彬彬，然後君子。」

＊ 譯文：

　　孔子説：「質樸勝過文采則像個粗野之人，文采勝過質樸則像個掌文書的史官。只有文質互相融合而均匀，然後自然而然地成為君子。」

※ 張　岱

> 野是指野人，史是指史官，都是指人的。君子是一個名詞，不一定確實有這麼個人，這就跟說「君子人與」一樣，相當於說只有「文質彬彬」才能被稱為君子。

原文：

> 野是野人，史是史官，都是人名。君子是空名，不必實有其人，與「君子人與」一樣，猶云「文質彬彬」，這樣才叫做君子也。

生直章

子曰：「人之生也直，罔之生也幸而免。」

※ 譯文：

　　孔子說：「人生來應該是正直的，那些不遵從直道而能夠生存的人，是他們的僥倖。」

※ 蘇　軾

　　天生的東西原本都是直的，彎曲的都有一定緣故，而不是天

生如此。木頭的彎曲，可能是受到了擠壓；水流的彎曲，可能是受到了阻礙。水不受阻礙，木不被擠壓，沒有不直的。所有的東西都是這樣，何況人呢！所以天生的正理就是直的；不直而還生存的東西，是僥倖，而不是正道。

原文：

　　蘇子瞻曰：天之生物必直，其曲必有故，非生之理也。木之曲也，或抑之；水之曲也，或礙之。水不礙，木不抑，未嘗不直也。凡物皆然，而況於人乎！故生之理直；不直而生者，幸也，非正也。

※ 張　岱

　　被石頭壓着的筍會斜着出來，不得已而彎彎曲曲，也不妨礙它的本性是直的。

　　這個「直」字，和「質直」「好直」等「直」字是稍有不同的，它是指事物的本質，也就是性體。性體是沒有善或惡、沒有朝向或背離、沒有選取或捨棄的；它脫離此也脫離彼，是單獨存在的；即不屬於中間也不邊緣，是孤立存在的。所以説「直」就像是千仞之高的峭壁，不是思想、意識所能夠得到的。

　　「直」是什麼東西呢？就是《乾》卦卦象中的一橫，將它豎起來，頂天立地，這是人之所以生的依據。人只要「直」，浩然之氣充塞天地，就算死了也好像活着一樣。人不「直」，沒有誠信無法自立，活着也就像死去了一樣。「不直」為什麼被稱為「罔」呢？人也就只有這一點純粹之心，如果連這點純粹之心都沒有了，也就沒有生機了。「罔」，就是無，「不誠不正就沒有萬物」。

原文：

石壓筍斜出，屈曲委蛇，總不礙其直性。

　　此「直」字，與「質直」「好直」等「直」字稍異，即性體也。性體無善惡，無向背，無取捨；離彼離此而卓爾獨存，非中非邊而魏然孤立。故曰「直」如千仞峭壁，非心思意識之所能攀躋。

　　「直」是何物？《乾》卦剛中一畫，豎將起來，頂天立地，此人之所以為生。人而「直」，浩然充塞，死猶生也。人不「直」，無信不立，生猶死也。不直何以言「罔」？人只此一點真心，無此一點真心，生意絕矣。「罔」，無也。「不誠無物」。

知之章

子曰：「知之者不如好之者，好之者不如樂之者。」

＊ 譯文：

　　孔子說：「知曉此道，不如喜好此道，喜好此道不如以學道為快樂。」

朋友圈縱橫談

※ 張　岱

　　這裏面最為精深微妙的地方，不是人們用一般見解能夠參透的。正所謂雲動月也動，船行岸也行，究竟是誰在動誰在行，難

以分辨清楚，就容易看錯。所以第一個步驟是先找到真相，這是最困難的。所學的東西必須要先去了解它，才能喜歡它。

將知曉引導為喜好，將喜好引導為快樂。知曉是志於道興於詩的階段，喜好是依據仁德遵循禮儀的階段，以此為快樂是成於樂遊於藝的階段。真正知曉就一定會喜好，真正喜好就一定會以此為樂。

晉代有人說：「弦樂不如竹樂，而竹樂又不如人的清唱。」認為這是「越來越接近自然」。

原文：

個中精微之極，非人見聞知解易得參透。所謂雲馳月運，舟行岸移，恍惚成迷，漂入邪見。故第一着是尋見真種子，最難。所以學須知之，才能好之。

引知於好，引好於樂。知之者是志道興詩之候，好之是據德依仁立禮之候，樂之是成樂遊藝之候。真知必好，真好必樂。

晉人曰：「絲不如竹，竹不如肉。」謂其「漸近自然」。

中人章

子曰：「中人以上，可以語上也；中人以下，不可以語上也。」

＊ 譯文：

孔子說：「中等才能以上的人，可以和他講更上面的高深的道理；中等才能以下的人，不可以和他講更高深的道理。」

朋友圈縱橫談

※ 周安期

　　孔子這類的儒者，沒有聽說過有半夜期間在室內祕密傳道的事情，為什麼說「可以語上」「不可以語上」呢？這只是說聽的人自己有可以的和不可以的之分。比如說孔子對「一貫之道」的傳授，曾子說「是的」，而弟子們表示「迷惑」，這就是「上人」和「下人」的差別。

原文：

　　周安期曰：仲尼之徒，不聞有夜半入室而談者，緣何說「可以語上」「不可以語上」？只是此語人自有可不可耳。如一貫之傳，曾子「唯」，而門人「惑」，此即是上下之分。

※ 徐子卿

　　有人問：孔子對中人以上的人和中人以下的人說的話是否是不一樣的呢？我回答：普通人去買菜，買菜就用成色低的銀子。像孔夫子這樣的錢袋中的銀子都是成色足的，只是輕重不同而已，任憑別人來取。就算是用來買米買糧食，也還是用這種銀子，沒有什麼差別。

原文：

　　或問：夫子語中人以上、中人以下有兩樣語否？徐子卿曰：常人買菜，買菜便用低銀子。若夫子囊中原俱足色，只有輕重錙兩，聽人取受；便使將買米納糧，總是這個，無有二致。

樊遲章

樊遲問知。子曰：「務民之義，敬鬼神而遠之，可謂知矣。」問仁。曰：「仁者先難而後獲，可謂仁矣。」

＊ 譯文：

樊遲問孔子什麼是智慧。孔子說：「專用力於人事中應當做好的事情，對鬼神尊敬而保持一定距離，可以稱得上是智慧了。」問什麼是仁，孔子回答：「仁者做難事的時候在前面，獲得回報時甘居人後，就可以稱得上是仁了。」

朋友圈縱橫談

※ 張 岱

理解精深的義理，原本是屬於「智」的事情，而孔子用一個「民」字來解說，是對他最切實熟悉的東西而說的。有人說：「仁並不遙遠，有什麼難的呢？」回答說：「真正難的，就是仁德之人的謹慎刻苦之心，這正是仁德之人真正用功的地方。」

原文：

精義入神，原屬「知」之事，着一「民」字，就其最切近者言之耳。或曰：「仁不遠，何有難？」曰：「難者，仁者兢業之心也，政是仁者之用力處。」

山水章

子曰：「知者樂水，仁者樂山。知者動，仁者靜。知者樂，仁者壽。」

✳ 譯文：

　　孔子説：「智者喜好水，仁者喜好山。智者常動，仁者常靜。智者常樂，仁者常壽。」

朋友圈縱橫談

※ 張　岱

　　智者是快樂的，不快樂的人是因為不明智，他們是呆板愚昧的、不能夠通達宇宙大境界的人。仁者是長壽的，不長壽的人大部分都是不仁德的，他們是殘忍刻薄的、不能夠培養天地正氣的人。

　　「仁」和「智」之道是相同的，而仁者和智者各有自己所達到的獨特境界。就像是擁有共同的父母，孩子卻有男有女；太陽和月亮都是相同的光，而一個照亮白天一個照亮黑夜一樣。相同之中，並不妨礙有所差別，如果不是真正懂得道的人，就不能理解這一點。學者只知道學習「仁」「智」的名稱，而對它微妙的涵義完全不知道，所以孔夫子一一來告訴他們。

原文：

知者樂，不樂之人因不知，此拘滯愚暗之人，不達宇宙之大觀者。仁者壽，不壽之人多不仁，此殘忍刻薄之人，不培天地之元氣者也。

「仁」「知」一道，而仁者、知者各有所至。辟猶父母一本，而男女自成。日月同明，而晝夜各照。統同之中，無妨辨異，非知道者，不能識也。學者但習「仁」「知」之名，而其底蘊微妙，漫然不知，故夫子探而歷指之。

一變章

子曰：「齊一變，至於魯；魯一變，至於道。」

✳ 譯文：

孔子說：「齊國有所變化可以達到魯國的樣子；魯國有所變化則可以達至先王之道。」

朋友圈縱橫談

※ 張　岱

姜子牙是大賢，周公是聖人，他們留下的教化卻是這樣的不同。這是漢代注疏的說法。漢武帝在詔書中說：「我聽說天地

不變化，就不能生育萬物；陰陽不變化，萬物就不能旺盛繁茂。《易》說『根據新的環境進行治國之道的調整，使人民豐衣足食』。《詩經》說『多次改變再進行貫通，是有見識的選擇』。我欣賞堯舜而喜歡商湯文武，用舊的治國之道來檢視新的，所以大赦天下，和人民一起進行新的開始。」由此可以知道「變」字的含義。

就像人們擺放書房的牀、椅子一樣，更換一下位置，就會覺得很清爽。「變」也是做學問、治理天下不可缺少的。

原文：

太公大賢，周公聖人，故遺化不同如此，此漢注之說。漢武帝詔曰：「朕聞天地不變，不成施化；陰陽不變，物不暢茂。《易》曰『通其變，使民不倦』。《詩》云『九變復貫，知言之選』。朕嘉唐虞而樂殷周，據舊以鑒新，其赦天下，與民更始。」於此可想「變」字之義。

如人擺設書房牀椅，互易其處，便覺耳目清爽。「變」字亦學問、治道所不可少。

※ 蘇　軾

以前姜子牙治理齊國，周公治理魯國，到了數十代之後，他們子孫的強弱，國家風俗的好壞，都是可以推測得到的。為什麼呢？他們施政專一，根據當時的情形是勢所必然。

原文：

東坡曰：昔者太公治齊，周公治魯，至於數十世之後，子孫之強弱，風俗之好惡，皆可得而逆知之。何者？其所施專一，則其勢固有以使之也。

不觚章

子曰：「觚不觚，觚哉！觚哉！」

＊ 譯文：

　　孔子說：「觚早就不是觚了，還稱什麼觚呀！還稱什麼觚呀！」

朋友圈縱橫談

※ 季　本

　　着重說「觚」字，是因為當時的風俗是比較崇尚通融的，毀方為圓（比喻去嚴刑而從簡政），喜歡磨掉棱角，所以用「觚」字來寄託感慨。

原文：

　　季彭山曰：重「觚」字說，因當時人習尚通融，破觚為員，多磨棱倒角，故以「觚」致慨。

從井章

宰我問曰：「仁者，雖告之曰：『井有仁焉。』其從之

也？」子曰：「何為其然也？君子可逝也，不可陷也；可欺也，不可罔也。」

* 譯文：

　　宰我問孔子：「仁人，即便告訴他：『井中有人啊（去救人就是仁）。』他會跟從入井嗎？」孔子說：「為什麼要這樣呢？可以誘騙君子讓他到井邊看，但不可以陷害他入井；他可以被騙，但不可以用沒道理的事情去愚弄他。」

朋友圈縱橫談

※ 張　岱

　　到井裏去救人，即便有不辭勞苦、捨己為人的情懷和學問，如果執著於一個念頭，自己也會沒有安身立命的地方。運甕的人，自己是身居甕外的，可以被誘騙但不可以被陷害，可以被騙但不會因為被騙而糊塗，在世間行走，有大修為大智慧的人是縱橫自如、出入從容的。

　　仁者在困境之中，要能找到絕處逢生的辦法。曾經有一個參禪的人問：「假如說有一個人嘴巴咬着樹藤，兩手張開，吊在百丈懸崖上，懸崖下面有人問：『達摩祖師來中國傳播佛教的心法是什麼？』如果回答他，就會掉下來摔死，如果不回答，就辜負了他跑來問道的心意，這該怎麼辦呢？」禪師回答說：「請他在那個人沒有咬樹的時候來問。」

　　司馬光砸破缸來救出小孩子，這才是宰相用的方法。

原文：

　　從井救人，便是摩頂放踵學問，一念執著，自家亦無安身立命去處。運甕者身居甕外，可逝不可陷，可欺不可罔，出沒縱橫，大修行人故自如是。

　　仁者有個窮處，要尋絕處逢生法。昔有一參禪者問曰：「譬如有人口咬樹藤，兩手撒開，懸崖百丈，下面有人問曰：『如何是祖師西來意？』若應他，喪身亡命，若不答他，辜負了他來意，卻是如何？」禪師答曰：「請他在未咬樹時節來問。」

　　司馬溫公擊甕救出小兒，才是宰相手段。

弗畔章

子曰：「君子博學於文，約之以禮，亦可以弗畔矣夫！」

✳ 譯文：

　　孔子説：「君子廣泛地學習人文，用禮來約束和規範行為，如此，就不會離經叛道了。」

朋友圈縱橫談

※ 張　岱

　　顏回是「博我以文，約我以禮」，然後就有了卓爾不凡的見

解，重點都在「我」字上。這裏僅僅說「博學以文」「約之以禮」，那麼就僅僅是「可以弗畔（叛）」而已了。這是陸九淵參透精微的見解，朱熹和二程都沒有達到這種高度。

原文：

> 顏子博我以文，約我以禮，遂有卓爾之見，全重「我」字。此但云「博學以文」「約之以禮」，則僅「可以弗畔」而已。此陸象山入微之見，朱程皆不及。

南 子 章

子見南子，子路不說。夫子矢之曰：「予所否者，天厭之！天厭之！」

✳ 譯文：

> 孔子去見南子，子路不高興，孔子發誓說：「我發誓要是我所做的不合於禮，天將厭棄我！天將厭棄我！」

朋友圈縱橫談

※ 張　岱

> 孔子拜見南子，所妙之處在於子路的發怒，這可以看出聖賢遵循禮儀和道義的門風，讓人精神氣貌更加振奮。就如同讀《水

滸傳》，看到李逵砍倒杏黃色的義旗，會讓人感受到梁山好漢的忠義之情，令人倍感肅然起敬。孔子只是發誓，而沒有向子路解釋，讓子路不高興的感覺更加強烈了。女人坐在懷中而沒有發生非禮行為，這是聖人做的事情，賢人就做不到。關上門拒絕不好的東西進來，這是賢人做的事情，聖人就不需要這麼做。子路不高興，正是子路關上門拒絕不良事物的表現。所以說「論善於向柳下惠學習，都不如魯國的那個男子」。南子夜裏坐在宮中而明了蘧伯玉的賢德。南子用君主夫人接見的禮儀來邀請孔子見面，能夠籠絡聖賢豪傑，也是唐代武則天這一類的人。

原文：

　　子見南子，妙在子路一怒，則聖賢循禮蹈義家風，神氣倍振。如讀《水滸傳》，黑旋風斫倒杏黃旗，則梁山忠義，倍覺肅然。夫子第矢之，而不與解釋，政所以堅其不悅之意也。坐懷不亂，聖人所為，賢人則不可為。閉戶不納，賢人所為，聖人則不必為。子路之不悅，子路之閉戶不納也。故曰「善學柳下惠，莫如魯男子」。南子夜坐而識蘧伯玉之賢。以見小君之禮，要見吾孔子。妖婦人能籠絡聖賢豪傑，唐武曌一流人也。

中庸章

子曰：「中庸之為德也，其至矣乎！民鮮久矣。」

* **譯文：**

　　孔子說：「中庸作為一種德，可以算是至極了！人民少有這種德太久了。」

※ 張　岱

> 「至」，就是沒有聲音、味道的意思。人們通過思考來勉強求取，所以很久都少有中庸之德了。《中庸》一文中這句話多了一個「能」字，就丟掉了孔子的本意。
>
> 原文：
>
> 至者，無聲無臭之謂。人以思勉求之，故鮮久矣。《中庸》多一「能」字，殊失夫子之旨。

施濟章

子貢曰：「如有博施於民而能濟眾，何如？可謂仁乎？」子曰：「何事於仁！必也聖乎？堯舜其猶病諸！夫仁者，己欲立而立人，己欲達而達人。能近取譬，可謂仁之方也已。」

＊ 譯文：

　　子貢說：「如果能夠對民眾廣泛地施與和救濟，這樣的人怎麼樣呢？可以稱得上仁嗎？」孔子說：「這哪裏只是仁呢？一定要說這樣的人可稱為聖人了！即使是堯舜都會於此有不足之處啊！仁人，自己想要立德，也會想幫助他人去立德，自己想要達道，也會幫助他人去達道。能夠將自己的願望聯想到他人身上，可以稱得上是為仁的方法了。」

朋友圈縱橫談

※ 張　岱

> 梁武帝鑄造佛像、撰寫經書、修飾寺廟，問達摩祖師自己這麼做是不是有功德？達摩祖師回答說「其實並沒有功德」。博施濟眾，都是建立功德的想法，所以孔子提出要把最根本的東西歸結到自己身上，而又不僅僅是只空談而不去落實。重要的關鍵和用處都在「立」「達」這兩個字上，有幾人能夠理解呢？

原文：

> 梁武鑄像造經，崇飾梵宇，問達摩有功德否？達摩云「實無功德」。博施濟眾，總是功德念頭，所以聖人提出本領銷歸到自家身上，卻又不是虛願口談沒把柄的話。大機大用全在「立」「達」兩字，非解人誰與歸？

※ 朱　熹

　　打個比方說，東洋大海裏的固然是水，但不能夠認為只有東洋大海裏的水才是水，瓶子裏面倒出來的也是水啊。

原文：

　　朱子曰：譬如東洋大海固是水，但不必以此方為水，只瓶中傾出來的便是水。

※ 張　岱

> 廣泛地施與固然是仁，但是看到孩子即將掉進井內的瞬間生發出的又擔憂又同情的心，也是仁。這個比喻非常好。

堯舜時期，百姓不多尚且還不夠廣泛施與和救濟，怎麼能去苛責夏商周三代以後的人呢？在繁盛興旺之時，聖賢找到問題的關鍵所在，所以討伐誅殺沒有結束的時候，不進行施與、救濟。所以說：「堯舜的根本還在。」

原文：

　　博施固是仁，但那見孺子怵惕惻隱之心亦是仁。此喻甚好。

　　堯舜時幾個百姓尚病博濟，奈何以責三代下人物？繁興之時，聖賢討得頭腦，是故誅伐行不止，不施濟矣。曰：「唐虞種子在。」

迷而第七

好古章

子曰：「述而不作，信而好古，竊比我於老彭。」

＊ 譯文：

孔子說：「傳達古人的本意而不添加自己的創作，對於古人持有相信而向往的態度，姑且把我比作信古而傳述的老彭吧！」

朋友圈縱橫談

※ 張　岱

荀子提倡效法後來的王者，只是因為他對遠古的歷史是信不過的，聖人認為世間之事都是合於中道的，不需要動用人力，伏羲演示《易》就已經是在效法天地之道了，更何況經過各位聖人的籌劃，還存在破綻嗎？

彭祖錢鏗在周朝做柱下史（官名），年輕的時候就喜歡恬靜自適，等到升任大夫，稱病不參與政治之事，喜歡閱覽古籍，由此而聞名於世。

原文：

荀子法後王，只是於古處信不及，聖人看得世間事事端正，不費手腳，羲皇衍《易》已是效天法地，何況經列聖人裁成，尚有破綻去處否？

老彭錢鏗在周為柱下史，少好恬靜，及為大夫，稱疾不與政事，好覽古籍，以此名世。

默識章

子曰：「默而識之，學而不厭，誨人不倦，何有於我哉？」

＊ 譯文：

　　孔子說：「不多說話而謹記在心，勤奮學習而不厭煩懈怠，教誨他人不感到疲倦，有哪些是我做到的呢？」

朋友圈縱橫談

※ 張　岱

　　學者將學習、教育他人看得很容易，孔子曾經認為自己「為之不厭，誨人不倦」，為什麼這裏又說了一句「何有於我」呢？所以不得不在「默而識之」這一句話上面，做一些解釋。古代有高僧大德說：老僧人吃飯，每一口都吃在肚子裏。世間的萬千普通人，僅僅吃飯這一件事，都沒有對的地方，更何況其他事情！普通人認為十分容易的事情，聖人往往認識到它的繁瑣、困難。

原文：

　　學者太看得學誨人等閒容易，夫子曾自認「為之不厭，誨人不倦」矣，如何此處又說個「何有於我」？故不得不於默識句，作些神通。古德云：老僧吃飯，口口吃在肚裏。世間千萬眾生，只一吃飯，無有是處，何況餘事！常人視為十分容易者，聖人視為十分煩難。

吾憂章

子曰：「德之不修，學之不講，聞義不能徙，不善不能改，是吾憂也。」

＊ 譯文：

孔子說：「德行不加以修習，學問不精於講習，聽到應當做的事情卻不能追隨，不善的不能夠改正，是我的擔憂啊。」

朋友圈縱橫談

※ 張　岱

　　庚子年間，山東鄉試出了這道題，主考在解元的卷子上批示説：「吾憂」這句話的理解，長時間被朱熹的注解給阻礙了，不知道「憂」字就是曾子所説的「三省」的「省」字的意思，而不是不能夠做到而開始憂愁。總之，這句話裏面提到的這四件事，都是我們切身實行的功夫，是我們應該時時刻刻勤懇、謹慎的事情。

原文：

　　庚子，山東出此題。主司批解元卷云：「吾憂」句久被紫陽注腳障礙，不知「憂」字即曾子「三省」「省」字，非是不能而始憂。總之四者，是吾切己功夫，吾所當時時兢惕者耳。

※ 徐子卿

　　追隨情感欲望而捨棄自己的天命稟賦，貪圖享受而忘記了遠大的志向，任人擺佈而沒有自己的主見，聽天由命而自己沒有變化氣質的學問：這四者都是君子的大恥辱。

原文：

　　徐子卿曰：徇情欲而捨性命，圖受用而忘遠大，聽人穿鼻而全無自己本領，聽天陶鑄而沒些變化學問：四者君子之大恥。

※ 張　岱

　　君子提升道德建立功業，全都在於能夠保持運動保持變化，這就是風、雷之所以為益的原因。不修德不講學，不遷善不改過，完全不運動不變化，有什麼進益呢？所以說「吾憂」。

　　聽一個善於經營家業的人說：人要想獲得利益，必須要時時刻刻運行改變，那麼家業就會每日有所增加。如果只是守着目前的成果，絲毫不去經營運行，那麼就算老天想讓你富，也不知道從哪裏讓你富。這句話雖然說的是小事，但是可以用來比喻做學問。

原文：

　　君子進德修業，全在能動能變，此風雷之所以為益也。不修不講，不徙不改，全然不動不變，則益在何處？故曰「吾憂」。

　　聞之善作家者曰：人欲營利，必時時運動，則家業日長。若守定目前，毫不營運，天欲富女，亦無從而富女矣。此言雖小，可以喻學。

燕 居 章

子之燕居，申申如也，夭夭如也。

✳ **譯文：**

　　孔子閒暇無事之時，看上去容貌舒展，容色愉悅。

朋 友 圈 縱 橫 談

※ 張　岱

　　《禮記》裏有《仲尼燕居》《子閒居》這兩篇，那麼可知「燕居」也不是關門獨處，而是弟子們請教和討論學問的時候。對待人平易謙和，這正是孔夫子循循善誘之處。「申申」主要說容貌，「夭夭」主要說「面色」，也就是《禮記·玉藻》中所說的「燕居告溫溫」的意思。

　　有人問：「孔子燕居的時候，為什麼能夠做到『申申』和『夭夭』呢？」我回答：「山中空無一人，水自流花自開。」

原文：

　　《禮記》有《仲尼燕居》《子閒居》二篇，則「燕居」亦不是閒門獨處，正是弟子問業討論之時。示人和易，正是夫子循循善誘處。申申主容，夭夭主色，亦即《玉藻》所謂「燕居告溫溫」也。

　　或問：「孔子燕居，何以申申夭夭？」余曰：「空山無人，水流花開。」

吾衰章

子曰：「甚矣吾衰也，久矣吾不復夢見周公。」

✳ 譯文：

孔子説：「我衰老得太厲害啦！很久都沒有再夢見過周公了。」

朋友圈縱橫談

※ 張　岱

　　孔子夢到周公，尚且像耳中響着磬聲，眼中落進金粉一樣有所執著。一直到夢不到的時候，才是一起都放下了。正所謂去年貧窮不是貧窮，今年貧窮才算是貧窮。説「吾衰」，正是到達了放下一切的境界了。子韶説：以前孔子和周公還是有隔閡的，所以經常會在夢中思索；到現在心靈已經相通了，那麼你向西我向東也就沒關係了。

　　衛玠説：「從來沒有夢到過坐着車到老鼠洞裏面或者把鐵棒搗碎了吃掉，是因為沒有過這種想法和來由。」夢到周公的時候，孔子尚且還有所執著，有其因由。

原文：

　　孔子夢周公，尚是耳中鳴磬，眼中金屑。直到不夢時，便是一齊放下。所謂去年貧不是貧，今年貧始貧耳。曰「吾衰」，

政已到大休歇處。子韶云：向也於公隔一重，尋思常在夢魂中；而今直與心相識，爾自西行我自東。

衛叔寶曰：「未嘗夢乘車入鼠穴、搗齏啖鐵杵，無想無因也。」夢周公時，夫子尚着因想。

志道章

子曰：「志於道，據於德，依於仁，遊於藝。」

✳ 譯文：

孔子說：「心向着道，據守着德，依順着仁，遊適於六藝。」

朋友圈縱橫談

※ 艾南英 ───────────────

「道」「德」「仁」「藝」，是經常提及的名詞，而「志」「據」「依」「遊」，是學者之所以能夠獲得道德仁義的方法。聖人是這麼教育大家的，用自己的實際行動來達到那些名詞，不是真的要按照步驟一種一種地來，就像現在的科舉文章所說的那樣。

原文：

艾千子曰：「道」「德」「仁」「藝」，是舊名，「志」「據」「依」「遊」，是學者所以求道德仁藝也。聖人教人如此，以實事赴空名耳，非真有逐節相生，如時文之謏也。

※ 張　岱

　　不是一直到「依仁」完成了才去「遊藝」，在志道之時即可遊藝了。這個解釋是非常妙的，不然一生都沒有「遊藝」的時候了。

　　有前輩説：《論語》後面所説的興於詩、立於禮、成於樂，都是「遊藝」的修養功夫。

原文：

　　不是直到依仁方去遊藝，即志道時未嘗不遊藝。此解妙絕，不然終身無遊藝時矣。

　　有先輩曰：後面興詩、立禮、成樂，便是遊藝的功夫。

※ 徐子卿

　　有人為「遊於藝」怎麼理解？我回答：不要説得像兒戲一樣，就像善於游泳的人在水中游而不被淹沒，這是什麼樣的能力啊？先要問是做什麼的。

原文：

　　徐子卿云：或問「遊於藝」？余曰：也莫説得兒戲，如善游者入於其中而不溺，是何等手段？先要問「藝」是怎麼。

束脩章

子曰：「自行束脩以上，吾未嘗無誨焉。」

孔子説：「自行帶着十脡肉乾的禮節來求見我的，我從來沒有不給予教誨的。」

朋友圈縱橫談

※ 張　岱

《論語》和《禮記》中的「束脩」，解釋為一束肉脯，十條肉乾為一束。東漢的延篤説：「我自從束脩以來，作為別人的臣子，從來沒有不忠誠過。」注解為「束，即是帶。脩，就是飾」。李固在《奏記梁商》中説：「王孫公子應當束脩並砥礪自己的節操。」晉代的荀羨抓住了賈堅，賈堅説「我束脩自立，你怎麼能讓我投降呢」，都是檢點約束、修飾的意思，和《論語》中的意思是不同的。

原文：

《論語》《禮記》，解束脩，束脯也，十脡為束。延篤曰：「吾自束脩以來為人臣，不陷於不忠。」注「束，帶。脩，飾也」。李固《奏記梁商》曰：「王公束脩屬節。」晉荀羨擒賈堅，堅曰「吾束脩自立，君何謂降耶」，皆檢束、修飾之義，與《論語》不同。

憤悱章

子曰：「不憤不啟，不悱不發。舉一隅不以三隅反，則不復也。」

　　孔子說：「不心裏憋悶求通，不去啟示他，不口中難言想說，不去開導他。用一個方面去舉例，而不會用其他三個方面去反過來相互證明，那麼就不再告訴他了。」

朋友圈縱橫談

※ 張　岱

　　「不憤不啟」，孔子孜孜不倦地教誨人，只是想讓人能夠自己有所得，根據他的本性教給他一些東西。所謂我嘴裏說出來的話不適合你來使用，就是這個意思。

　　凡是用話語來表達的，只能說出一方面，不是不願意說出其他方面，而是不能。就像是畫一個人：畫他的臉就一定不能同時畫出他的背，畫側面就不能同時將他的各個面都畫出來。想要完全畫出，世上就不存在這個人了。

原文：

　　「不憤不啟」，夫子惓惓教人，只要人自得，隨根付與。所謂吾口裏說來不中女用者，是也。

　　凡落說話，只得一隅，非不舉他隅，不能舉也。如畫人物：畫面必不能畫背，畫側影必不能畫全影。欲畫完，世無此人物矣。

喪側章

子食於有喪者之側，未嘗飽也。子於是日哭，則不歌。

* **譯文：**

　　孔子在有喪事的人身旁進食，從未吃飽過。孔子在弔喪那天哭了，就不再歌唱了。

朋友圈縱橫談

※ 孫淮海

　　在有喪事的人身邊不吃飽，是以孝子吃到美食也不覺得好吃的心為自己的心。弔喪哭泣之後不歌唱，是以孝子聽到美妙音樂也不快樂的心為自己的心。

原文：

　　孫淮海曰：喪側不飽，以食旨不甘之心為心也。哭則不歌，以聞樂不樂之心為心也。

用行章

子謂顏淵曰：「用之則行，捨之則藏，惟我與爾有是

夫！」子路曰：「子行三軍則誰與？」子曰：「暴虎馮河，死而無悔者，吾不與也。必也臨事而懼，好謀而成者也。」

＊ 譯文：

　　孔子對顏淵說：「有需要用的時候就將此道行於事，不需要的時候就將此道隱藏起來，只有我和你是這樣的啊！」子路說：「夫子若是要帶領三軍前行，將和誰一起呢？」孔子說：「徒手搏虎，徒身涉河，死了也毫無悔恨的人，我是不與他一起做事的。就算要一起的人，也必定是面對事情能小心謹慎，能夠謀劃之後再決定行事的人。」

朋友圈縱橫談

※ 張　岱 _____

　　王樵所著的《紹聞編》中指出，「用之則行，捨之則藏」這兩句話，應當着重理解兩個「則」字。用他則道就會顯現出來，不用他則他將此道藏於己身。兩個「則」字，如果雨雪停止天氣放晴就會出行，如果路上積水就會止步。

原文：

　　《紹聞編》云：用行二句，當就兩個「則」字看。用之則見成將出來，捨之則藏了。兩個「則」字，如霽則行，潦則止。

※ 張　岱 _____

　　遇到事情不是身臨戰場，這一點需要明白。

原文：

> 臨事原非臨陣，此中急宜着眼。

※ 楊復所

「唯我與爾有是夫」，一向被看作連同自己和顏回一起說，其實聖人完全沒有這樣的口氣。

原文：

> 楊復所曰：「唯我與爾有是夫」，向作牽連自家與顏子說，聖人殊無此等口氣。

※ 張　岱

這裏的「與」字與下文的兩個「與」字一起看，可知孔子稱讚顏回能夠「用則行，捨則藏也」，並沒有將自己包括進來。

子路如果能夠領會這句話的深意，那麼子路最終「結纓而死」的劫難，其實是可以避免的。

原文：

> 此「與」字，與下文二「與」字一般看，蓋夫子許顏子能「用則行，捨則藏也」，並不連自家說在內。
>
> 子路若領略此言，則結纓之難，可以不死。

執鞭章

子曰：「富而可求也，雖執鞭之士，吾亦為之；如不可求，從吾所好。」

✳ 譯文：

孔子說：「富貴若是可以求取的，即使是做一個執鞭的人，我也願意去做。如果是不可以求取的，那麼就做我所喜好向往的。」

朋 友 圈 縱 橫 談

※ 張　岱 _____

生活在紛紛擾擾的紅塵之中，見到清泉白石，不免會有像掙脫的兔子一樣逃回林間的想法。黃粱未熟夢未醒，依然想在世間得到一些東西。直到行走到黃河渡口無路可走，懊喪地死去，這一切的欲望念想才算是結束了。

原文：

擾擾紅塵，見清泉白石，未免有脫兔投林之想。黃粱未熟，偷心不盡。行到黃河渡口，才嗒然死了去也。

子慎章

子之所慎：齊、戰、疾。

❋ **譯文：**

孔子謹慎對待三件事：齋戒、戰爭、疾病。

朋友圈縱橫談

※ 張　岱

> 孔子説「我參戰就能克敵制勝，祭祀就能得到福佑」，就是在説「慎」字。這個「慎」字就是「齊、戰、疾」這三者的正道，不是還有什麼別的方法能夠讓這三者變好。
>
> 原文：
>
> 孔子曰「我戰則克，祭則受福」，蓋言「慎」也。即此「慎」字，是三者之善道，非更有何道以善此三者也。

※ 丘毛伯

孔子謹慎對待祭祀，不是為了求得福佑，而是不輕慢神靈；他謹慎對待戰爭，不是害怕敵人，而是不輕視敵人；他謹慎對待疾病，不是貪生怕死，而是不輕賤生命。

原文：

　　丘毛伯曰：其慎齋也，非倖福，是不慢神；其慎戰也，非怯敵，是不輕敵；其慎疾也，非貪生，是不輕生。

※ 張　岱

　　「慎」，就是在祭祀之前、參戰之前、生病之前，都切實做過一些努力，而不是到口渴的時候才開始挖井。所以說：「聖人不在已經生病後再醫治，而是在生病之前進行預防。」

原文：

　　「慎」者，於齋之前，戰之前，疾之前，着實有一番功夫，不是臨渴治井。故曰：「聖人不治已病，治未病。」

聞韶章

　　子在齊聞《韶》，三月不知肉味，曰：「不圖為樂之至於斯也。」

＊ 譯文：

　　孔子在齊國聽到《韶》樂，三個月間不知道肉的味道。他說：「我沒想到音樂美好到這種程度。」

※ 蘇　軾

　　孔子向子襄學琴。學習了樂曲的內容，知道了彈奏的技巧，了解了樂曲的意境志趣，懂得了作曲之人。他通過音樂了解到文王默然沉思、高瞻遠矚而志向遠大，了解到他皮膚深黑，體形頎長，眼神明亮而視野高遠，心就像一個要統治四方諸侯的王者。他也能夠通過音樂來了解舜，所以「三月不知肉味」。

原文：

　　東坡云：孔子學琴於子襄。習其音，知其數，得其志，知其人。其於文王也，見其穆然深思，高視遠志，見其黝然而黑，幾然而長，眼如望羊，心如欲王四國。其於舜可知，是以「三月不知肉味」。

※ 張　岱

　　我們大明朝的楊椒山，潛心思考音樂之道，夢到舜親自教他黃鐘的音律。更何況孔夫子與神人聖人心靈相通，他的感召力更是超過常人百倍。

原文：

　　我明楊椒山，潛思樂理，夢見大舜親授以黃鐘之律。何況吾夫子以神聖相遇，其感召更百倍常人也。

衛君章

冉有曰：「夫子為衞君乎？」子貢曰：「諾。吾將問之。」入，曰：「伯夷、叔齊何人也？」曰：「古之賢人也。」曰：「怨乎？」曰：「求仁而得仁，又何怨？」出，曰：「夫子不為也。」

＊ 譯文：

冉有說：「孔子是否願意為衞君謀政事呢？」子貢說：「好，我將去問問夫子。」進入孔子房間，問道：「伯夷、叔齊是什麼人呢？」孔子說：「是古代的賢人啊！」子貢說：「他們心中有怨恨嗎？」孔子說：「他們志在求仁，便能得到仁，又有什麼怨恨呢？」子貢出來說：「老師是不會去為衞君謀事的。」

朋友圈縱橫談

※ 張　岱

伯夷說「有父親的命令」。叔齊說「不是治理國家所應當的」。兩人所看重的，不是兄弟之間的關係，而是父子關係，所以聽到單面的供詞就可以斷案。仁，即是人心的本質；心以之為安的東西，就是仁。

《春秋》中記載蒯聵一定能當衞國世子，衞國還不至於滅亡。一定要記載的是，公子輒的惡行是不能掩蓋的。孔夫子不去幫助公子輒是明智的。

《春秋公羊傳》則把公子輒抗拒命令當作是正當的，慕容興這樣的人也就認為抗拒父親的命令是可以的，事件發生之後大家還都是如此。所以當時冉有、子貢他們有疑惑，沒什麼可奇怪的。

當時的衞國只有確立世子的法度才能夠解除紛爭，所以為他們詳細說伯夷叔齊的事跡。

伯夷、叔齊遵從父命、重視倫理，將國家讓給自己的弟弟。而叩周武王之馬對他進行勸諫，是為了和周武王爭奪天下將其還給殷商，又盡了為臣之道，都是為了求得心安。夫子稱讚他們仁德，連忠孝都不足以形容他們；因為忠孝是就人的行為而言的。聖人評論一個人，必定考慮他的內心。

原文：

伯夷曰「有父命」。叔齊曰「非治命」。兩人所急者，原不在兄弟，而仍在父子，故片言可以折衞獄。仁，人心也；心之所安，便是仁。

《春秋》書蒯聵必稱衞世子，明未絕於衞也。圉戚必書，明輒惡之不可掩也。夫子之不為輒也明矣。

《公羊》以輒之拒命為正，慕容興輩遂以之拒父為可，事後猶紛紛如此。當日求、賜之疑，不足深怪。

當時衞國只有立中子之法可以解紛，故為之詳言夷齊。

伯夷、叔齊尊父命，重天倫，讓其國於弟。而叩馬之諫，直與周爭天下以還之殷，又盡臣道，總是求其心之安。夫子與其為仁，忠孝不足以名之；忠孝其事也。聖人論人，必論其心。

蔬水章

子曰：「飯蔬食飲水，曲肱而枕之，樂亦在其中矣。不義而富且貴，於我如浮雲。」

✳ 譯文：

孔子說：「吃着粗糧喝着水，頭枕在彎曲小臂上，其中也是可以有快樂的。不義之舉而獲得富貴，對我來說就是天邊的浮雲。」

朋友圈縱橫談

※ 張　岱 _____

富貴如同浮雲，並沒有說不要富貴，也沒有說要富貴，需要義在其中調和，不靠近也不遠離。李夢陽說：「不義而富且貴，於我如浮雲」這句話，自從漢代的儒者以來，都只是說富貴像浮雲，說得太過了，這就是中庸之道非常罕見的一個表現。周敦頤說：君子以合乎道義為重。而說將金玉視為塵土，將官位爵祿看得非常輕，那如果這些是合乎道義的，也要輕視它們嗎？

不義之富貴如浮雲，正是孔子在粗茶淡飯、曲肱而枕的時候想到的，這正可以讓人想象到他樂在其中的景象。孔子在泗水曲肱而枕和謝安在東山每天被俗世紛擾，這之間的境界真是天差地別。

原文：

　　富貴如浮雲，不曾說不要富貴，亦不曾說富貴，要義轉合在中，不即不離。李崆峒曰：「不義而富且貴，於我如浮雲。」漢以下儒者，只言富貴如浮雲，過矣，斯中庸之鮮也。周茂叔曰：君子以道充為貴。而曰塵視金玉，銖視軒冕。如義，亦塵銖之乎？

　　如浮雲，就蔬水曲肱時見，正可想象樂在其中光景。「用之則行，捨之則藏」，聖人毫不介心。曲肱泗水與捉鼻東山，其意境天壤懸絕。

學易章

子曰：「加我數年，五十以學《易》，可以無大過矣。」

＊ 譯文：

　　孔子說：「假如再給我多幾年壽命，去學習《周易》，就可以沒有大過錯了。」

朋友圈縱橫談

※ 張　岱

　　春秋時期，聖人只應當歸隱。孔子一生忙碌奔波，有多少失誤、過錯的地方呢？這種環境中非聖人不能冒險行事，也非聖

人不能行於艱難中而免於死亡。別人看到的聖人的驚天動地的事情，正是聖人自己心中隱隱後悔的地方。孔子五十歲學《周易》，應該是有隱退的想法了吧？

寫作《周易》的人，身處憂患嗎？從這裏仔細印證，覺得伏羲、周文王、周公、孔子都有過失了。日常生活喝水吃飯，沒有不存在過失的。顏回的不重複犯錯，蘧伯玉的清心寡欲，就是聖人的《周易》。孔子晚年喜歡《周易》，包括《序》《彖》《繫》《象》《說卦》《文言》。他讀《周易》，將穿竹簡的牛皮繩子都翻斷了三次，說：「再給我幾年時間，這樣的話，我就能夠將《周易》融會貫通了。」

朱熹用《周易》占卜，卜到了《遯》卦的三爻，然後就絕口不談論朝政之事了，可見聖賢一生所用的無非是《周易》罷了。

原文：

春秋時，聖人只合隱。棲棲遑遑，有多少措失，多少過錯處。此處非聖人不能冒險而行，亦非聖人不能履難而免。他人所視，聖人驚天動地者，正聖人隱隱自悔於中者也。五十學《易》，其有遯之思也夫！

作《易》者，其有憂患乎？從此細印，覺羲、文、周、孔同在過中。日用飲食，無非過端。顏之不貳，蘧之欲寡，便是聖人之《易》。孔子晚而喜《易》，《序》《彖》《繫》《象》《說卦》《文言》。讀《易》，韋編三絕，曰：「假我數年，若是，我於《易》則彬彬矣。」

朱晦翁卜《易》得《遯》之三爻，遂絕口不談朝政，可見聖賢一生所用無時非《易》。

雅言章

子所雅言，《詩》、《書》，執禮，皆雅言也。

✳ 譯文：

孔子平日使用雅言，如讀《詩經》《尚書》，執行禮事，都是用雅言的。

朋友圈縱橫談

※ 張 岱

「子罕言」「子不語」「子以四教」這些記述，都是羅列出包括的條目就罷了，而這裏獨獨多了「皆雅言也」這一句話，這是記錄者記錄完了《詩》《書》、「執禮」之後又加以尋味而書寫的。就是恍然明白，孔夫子平時所説的話，都是雅言，在此特別有感悟的意思。

聖賢行禮就像拿着珍貴的玉器，又像捧着裝滿水的杯子，所以説「執禮」。

古人寫書敍事，很多時候都在重複的那句話上傳達出神韻。

原文：

「子罕言」，「子不語」，「子以四教」，皆列其目而止，而此獨多着「皆雅言也」一句，此是記者述《詩》《書》、「執禮」而又尋味之詞。蓋恍然會意，夫子平日所言，莫非是也，於此煞有

領會。

　　聖賢行禮：如執玉，如捧盈，故曰「執禮」。

　　古人著書敍事，多於複一句處傳神。

葉公章

　　葉公問孔子於子路，子路不對。子曰：「女奚不曰，其為人也，發憤忘食，樂以忘憂，不知老之將至云爾」。

✳ 譯文：

　　葉公向子路詢問孔子，子路不回答。孔子說：「你為什麼不說：他這個人，發憤讀書，連吃飯都忘記了，心裏快樂得忘記了煩憂，連自己快老了都渾然不知。」

朋 友 圈 縱 橫 談

※ 張　岱

　　子路不回答，不是因為鄙視葉公，就像是一部十七史應該從哪裏說起呢。「憤」「樂」這幾句話，子路確實是說不出的。說不出而擱置在那裏不去回答，這正是子路的偉大之處。

　　萬物依靠「怒」而生發，看這一個「憤」字確實有龍騰雷震的景象。「憤」就是「樂」，沒有差別，這是孔子一生得益的地方。

原文：

　　子路不對，不是鄙葉公，所謂一部十七史從何處說起也。「憤」「樂」語數，子路實道不出。道不出而置之不對，正是子路高處。

　　萬物以怒而生，看一「憤」字真有龍雷震動之象。「憤」便是「樂」，原無二層，此是宣聖一生得力處。

敏求章

子曰：「我非生而知之者，好古，敏以求之者也。」

❋ 譯文：

　　孔子說：「我不是生來就知道一切的，我的知識是喜好古事、勤奮敏捷地求得的啊。」

朋友圈縱橫談

※ 張　岱 _____

　　聖人是從童謠之中知道萍實，從古代的記述中知道蟦羊，從《周書》中知道肅慎（古民族名）的楛矢，從《齊風》中知道商羊鳥的舞蹈。這一類的知識，人們都說是孔子天生就知道的，他們不知道這些都是孔子喜好前言往行而勤於求知得到的。這是孔

子自己的真實記錄，而不是謙虛之詞。

譬如說有人偶然想起一個故事，記不清楚，趕快拿出書來查考，就能夠清楚知道了。如果稍微放鬆懈怠，就會將書束之高閣不去翻閱，所以孔子特地用了一個「敏」字。

聖人有聽到或見到的事情，每件事都去考查研究，不會耽擱，所以說：「敏而求之」。

原文：

聖人知萍實而得之童謠，知羵羊而得之古記，知肅慎之矢而得之《周書》，知商羊之舞而得之《齊風》。凡此，人皆謂之生知，而不知皆其好古敏求之者也。此是聖人實記，不是謙詞。

如人偶憶一故事，不得其詳，亟取書本來查，便自了曉。如略一放懈，則高閣置之矣，故聖人特地下一「敏」字。

聖人有所聞見，事事考究，不待時刻，故曰：「敏以求之。」

不語章

子不語怪、力、亂、神。

✳ 譯文：

孔子平時不說的事：怪異、勇力、悖亂、鬼神。

※ 張　岱

程頤每次遇到怪異的事情，一定會說許多話語來解釋，力圖證明怪異是不存在的，他的本意是好的，然後做一些沒有證據的辯解，反而會讓別人起疑，所以可知還是「不語」為妙。

原文：

伊川每遇怪異之事，必多費辭說，力破其無，意豈不善，然無證之辯，翻起人疑，故知不如「不語」之為妙也。

※ 徐子卿

像大禹治水、商湯和周武王的征伐、周公的制禮作樂，都是人力所為，然而又都不是人力所為。這是他們的本性就是如此，機緣巧合，哪裏是人力所能達到的呢？這樣說，反而消除了世間很多人的閒雜想法。孔子不說神仙、鬼怪，是不想用天來消解人的努力；不說勇力、悖亂，是不想用人來壓倒天。像后羿、寒澆、烏獲（后羿、寒澆二人為遠古傳說中的勇士，烏獲為戰國時期秦國的大力士）這樣的人，哪裏值得說呢！

原文：

徐子卿曰：如禹之治水、湯武之征誅、周公之制作，皆人力也，而皆非人力，緣是性分本然，氣運恰合，豈繫人之能哉！如此說，卻消了世間許多閒思想。夫子之不語神怪者，不以天廢人也；不語力亂者，不以人勝天也。若羿、澆、烏獲之流，亦復何足掛齒！

三人章

子曰：「三人行，必有我師焉：擇其善者而從之，其不善者而改之。」

※ 譯文：

　　孔子說：「三個人同行，其中一定有我的老師。選擇好的而遵從，有不好的就自我改正。」

朋友圈縱橫談

※ 張　岱

　　老子說：「善人，可以作為不善之人的老師；不善之人，可以作為善人的借資。」改正，就是「資」，也就是「師」。所以說「必有我師」。

原文：

　　老子云：「善人，不善人之師；不善人，善人之資。」改之，即是資，即是師也。故曰「必有我師」。

※ 湯顯祖

　　向人學習是有限的，向善學習則是無窮的；向善學習是有限的，向不善資取則是無窮的。這一篇中未直接提及的東西，是最重要的地方。

原文：

　　湯義仍曰：師人有窮，師善無窮；師善有窮，師不善無窮。篇中垂側處，妙得題神。

※ 張　岱

　　讀《三國演義》，憎恨董卓、曹操。凡是與董卓、曹操所作所為類似的事情，我堅決地一件也不做，那麼董卓、曹操就是我的老師。

原文：

　　讀《三國演義》，恨得董卓、曹操。凡事類董卓、曹操者，我一件斷然不為，則董卓、曹操便是我師。

桓魋章

子曰：「天生德於予，桓魋其如予何！」

＊ 譯文：

　　孔子說：「我有天賦之德，桓魋他能把我怎麼樣！」

朋友圈縱橫談

※ 張　岱

　　孔子到了宋國，和弟子們一起在大樹下演習禮儀，桓魋讓

人砍這棵大樹，弟子說：「我們要趕快走了！」孔子就說了這句話，然後到了鄭國。李贄說：「孔子及其弟子又穿着便服經過了宋國，所以孔子才是聖人。」孔子對付奸詐邪惡之人，他的手段本領就深不可測，這就是根據不同的對象來選擇不同的應對方式。

原文：

　　夫子適宋，與弟子習禮於大樹下，桓魋伐其樹，弟子曰：「可以速行矣！」孔子有此言，遂之鄭。李卓吾曰：「卻又微服而過宋，所以為聖人。」孔子懲奸邪之人，其術數便不可測識，夫是之謂肖物付物。

無隱章

　　子曰：「二三子以我為隱乎？吾無隱乎爾。吾無行而不與二三子者，是丘也。」

＊ 譯文：

　　孔子說：「你們這群小子以為我對你們有所隱瞞嗎？我對於你們沒有什麼可以隱瞞的啊！我沒有一天不是和你們一起日常生活行動，那就是我啊！」

※ 張　岱

　　晦堂禪師問黃庭堅「無隱」的含義，黃庭堅解說了多次，晦堂禪師始終不贊同他的說法。當時暑熱已經退去，涼氣升起，滿院子都是秋天的香味，晦堂禪師就問：「聞到桂花的香味了嗎？」黃庭堅答：「聞到了。」晦堂禪師說：「吾無隱乎爾。」黃庭堅心悅誠服。

　　邯鄲學步，到底是不善於學習。孔子飛奔向前，他的弟子當中只有顏回一個人能夠跟得上。

原文：

　　晦堂問黃山谷「無隱」之義？山谷詮釋再三，晦堂終不然其說。時暑退涼生，秋香滿院，晦堂因問曰：「聞木樨香乎？」山谷曰：「聞。」晦堂曰：「吾無隱乎爾。」山谷乃服。

　　邯鄲之步，畢竟不是善學。孔子絕塵而奔，聖門止得顏回一人。

四教章

子以四教：文、行、忠、信。

※ 譯文：

　　孔子以四點教導人：文化、德行、忠誠和實信。

朋友圈縱橫談

※ 湯賓尹

　　本章的「四教」有由廣博逐漸轉向簡約的意味，不是將「文、行、忠、信」這四者分開教人，而是用這四者一起教人。

原文：

　　湯宣城曰：「四教」有由博漸約之意，非分作四處教，蓋以四教一起教人也。

見聖章

　　子曰：「聖人吾不得而見之矣，得見君子者，斯可矣。」子曰：「善人吾不得而見之矣，得見有恆者，斯可矣。亡而為有，虛而為盈，約而為泰，難乎有恆矣。」

＊ 譯文：

　　孔子說：「聖人，是我見不到的啊，能夠見到君子就可以了。」孔子又說：「善人，我是見不到了，能夠見到有恆心向善的人就可以了。從沒有到有，從虛弱到充盈，簡約到豐泰，最難的是能夠有恆心。」

朋友圈縱橫談

※ 張　岱

　　古代維持世道的只有兩類人，一類是聖人，能力之大能夠與神相通，是一定能夠將世道教化歸仁的君王，像大禹、商湯、文王、武王就是這類人。本身是君子同時又具有豪傑能力的人，也能夠劃歸此類。另外一類是善人，心中存有善的世界，能夠去除殺伐、殘害，周代的成王、康王和漢代的文帝、景帝是這一類人。有恆心也不失本初之心的人，也可以歸為這一類。這兩類人，力量有大有小，成效有慢有快，都可以拯救世道，所以說這道題有兩種解法。以前針對本章闡述的作者都沒有這種理解。

原文：

　　古人持世只有兩項人，一項是聖人，力大化神，必世後仁之王者，如禹、湯、文、武是也。君子亦具豪傑手段，與為一類。一項是善人，心存善世，去殺勝殘，成、康、文、景之流是也。有恆亦不失此本心，與為一類。兩項，力有大小，效有遲速，皆可救世，故本題亦兩更端。作者都無此解。

※ 張　岱

　　記錄者在這段的中間又用了一次「子曰」兩個字，這樣就把記錄者當時那種低頭思索、仰頭讚歎的樣子給描繪出來了，真是傳神的手筆。經書中有很多這樣的妙筆都被世俗的儒者給抹煞了。

原文：

　　記者於中間復下「子曰」二字，便把當日俯思仰歎光景畫出，真傳神手也。經書中如此妙處不少都被俗儒抹卻。

　　聖人，是品質、學問都兼備的妙人；善人，是有美好品質而沒有學問的人。世間就只有這兩種。君子，是繼承聖人的人；有恆之人，是繼承善人的人。

原文：

　　馬君常曰：聖人，是質學兼妙人；善人，是質美未學人。世間止此兩樣。君子，繼聖者也；有恆，繼善者也。

釣弋章

子釣而不綱，弋不射宿。

✳ **譯文：**

　　孔子釣魚而不用長繩繫多鈎而釣，射鳥也不射宿在巢中的鳥。

朋友圈縱橫談

※ **王世貞** _____

　　釣魚時不用長繩繫多鈎來釣，這樣的清廉就沒有過錯嗎？射鳥時不射棲息在巢中的鳥，這樣的平和就沒有過錯嗎？孔子哪裏只是得到了聖人的仁德啊，這也是在教化萬物！晉代的翟莊年輕

時喜歡釣魚打獵，等到年長之後就不再打獵了。有人問他釣魚打獵都是傷害生靈之事，但只戒掉了一樣，為什麼呢？翟莊回答：「打獵是我主動，而釣魚是魚主動，不能忽然同時將兩種都戒掉，所以先節制那個更嚴重的吧。」孔夫子也是因為人不能忽然同時去除傷害生靈的事情，所以才暫且如此說。「子」後面應該還有個「曰」字，這是孔子不得已而教誨他人的言語。

原文：

> 弇州云：釣不綱，廉無咎乎？弋不射宿，靜無咎乎？豈惟得聖人之仁焉，亦所以教物也！晉翟莊少以釣獵為事，及長不復獵。或問釣獵同是害生之事，而止去其一，何哉？莊曰：「獵自我，釣自物，未能頓去，故先節其甚者。」夫子亦因人不能頓去害生之事，而方便為此言。「子」字下當有「曰」字，此不得已而誨人之言。

※ 張　岱

> 沈蓮池也有王世貞這種說法，道理是相通的。
>
> 商湯解開三面網只留一面，同時又去討伐暴君解救百姓；文王武王的恩澤惠及死去的人，而他們又穿着戰衣。天下本來就有很多一起運行而不相互悖謬的事情，可以知道雷霆風霜，也都是天地的仁德。

原文：

> 沈蓮池有是說，義亦甚通。
>
> 湯解三面之網，而又伐暴救民；文武澤及枯骨，而又戎衣一着。天下事原有並行而不悖者，故知雷霆霜雪，總是造化之仁。

知次章

子曰：「蓋有不知而作之者，我無是也。多聞，擇其善者而從之；多見而識之，知之次也。」

＊ 譯文：

孔子説：「大概有不知道卻擅自妄作的人，我不是這樣的人。多聽，選擇善人而跟從他；多看而能夠了解認識，已經是次一級的知道了。」

朋友圈縱橫談

※ 張　岱

聽到見到的多了之後，要將獲得的知識進行選擇。孔子是擔心人們用禮節文飾掩蓋了品質，用廣博之知掩蓋了本初之心。《淮南子》説：「掩蓋內在的、天賦的穎慧，而通過見聞來求取知識，是把清楚明白的隱藏起來，而説一些昏暗不明的東西。」不落入此境地的人很少。

原文：

聞見既多，歸其擇識。懼人之文滅質，博滅心也。《淮南子》曰：「蔽其玄光，而求知於耳目，是什其昭昭，而道其冥冥也。」不陷此者幾希。

※ 張侗初

多聽聞而去擇取，依靠什麼來擇取呢？多見而能識，是依靠什麼來識的呢？進行選擇、認知的是我的良知，良知是光明的，不需要再向別的地方求取知識，所以說「知之次」。「次」就是《中庸》中「其次致曲」和《孟子》中「氣次焉」的「次」字，意思是一樣的，差別不大。

原文：

張侗初曰：多聞而擇，是怎麼擇？多見而識，是怎麼識？擇識是吾知體，此知光明，不必更有求知處，故曰「知之次」。「次」即《中庸》「其次致曲」與《孟子》「氣次焉」之「次」，成功則一，原不差遠。

※ 楊復所

多聽就能夠揀擇，多看就能夠認識。為什麼呢？答案是：耳聽不如目見。耳朵聽到的還是虛的，所以要揀擇；眼睛看到的是真實的，所以直接可以認識。

原文：

楊復所云：多聞便擇，多見便識。何也？曰：耳聞不如目見。耳聞尚虛，故要擇；目見已實，故直須識。

※ 陸景鄴

夫子曾說自己「無知」，但沒有說過「不知」。不知道而去行動，分明就是胡作妄為。許多人都解讀為知道後去做就是最好的，這是謬誤。

原文：

　　陸景鄴曰：夫子言「無知」，未嘗言「不知」。不知而作，明是妄作。諸說以知而作為上者，謬。

※ 張　岱

　　司馬遷寫《史記》，他的祖輩都做過太史，熟悉歷朝歷代的典籍掌故，這才能稱為「多聞」。走遍了大都會、大城市，名山大川，上會稽山，探尋禹穴，拜訪聖賢的家鄉、遺跡，這才能稱為「多見」。依靠這些來寫作史書、建立學說，自成一家之言，差不多可以避免「不知而作之者」這種錯誤了。

原文：

　　司馬遷作《史記》，世為太史，熟於歷朝之典故，方謂之「多聞」。歷盡通都大邑，名山大川，上會稽，探禹穴，訪問聖賢故里、遺跡，方謂之「多見」。以此而著書立言，自成一家，庶幾免乎「不知而作之者」矣。

互鄉章

　　互鄉難與言童子見，門人惑。子曰：「與其進也，不與其退也，唯何甚？人潔己以進，與其潔也，不保其往也。」

＊ 譯文：

　　互鄉有一個很難交流的童子求見了孔子，門人們表示疑

惑。孔子說：「肯定他向善前進，並不肯定他過去遠離善的一切，這有什麼過分的呢？有人選擇潔淨自身向善而進，肯定他的自潔，無法保證他的過往啊。」

※ 周汝登

　　此章本來沒有筆誤，也沒有缺少的文字。朱熹將這句話修改了，是不對的。「互鄉」這句應該是這八個字連起來為一句，是說互鄉這個地方有一個難以跟他談論善的孩子，並不是說這裏一個鄉的人都難以跟他們交談：這是漢代人的注疏，應該遵從。「唯何甚」，是說怪孔子見了這個孩子，憎惡邪惡有什麼過分的呢？應該遵從舊的說法。

原文：

　　周海門曰：此章原無錯簡，亦無闕文。朱注改之，未是。「互鄉」八字為句，言此鄉有一難與言之童子，非一鄉皆難於言也：此漢疏，宜從。「唯何甚」，言怪我見此童子，惡惡抑何甚乎？舊說宜從。

※ 張　岱

　　地獄不空，自己就誓不成佛，聖人什麼時候放棄過教化任何一個人呢？

原文：

　　地獄不空，誓不成佛，聖人何嘗有棄人？

仁至章

子曰：「仁遠乎哉？我欲仁，斯仁至矣。」

✳ 譯文：

孔子說：「仁離我們遠嗎？我想要仁，仁就來了。」

朋友圈縱橫談

※ 張　岱

《胡子衡齊》中說：醫書上將手腳萎縮麻痺稱為「不仁」，是沒有知覺的意思。真的有知覺了那麼就能知道痛癢了，這時候「仁」就在了。難道知覺之外，還在別的地方有痛癢、有仁嗎？

原文：

衡齊曰：醫書以手足痹瘓為不仁，言勿覺也。誠覺則痛癢流行，而仁在其中矣。豈覺之外，別有痛癢，別有仁哉？

※ 楊復所

「斯仁至矣」，非常精妙！可見「欲仁」就是「仁」。如果顛倒一個字說「仁斯至矣」，那麼「仁」就在外部了，「仁」就遠了，這是本章文字的奇妙之處。

原文：

　　楊復所曰：「斯仁至矣」，妙甚！見得「欲」即是「仁」。若倒一字說「仁斯至矣」，「仁」便在外了，「仁」便遠了，文字之妙如此。

知禮章

　　陳司敗問：「昭公知禮乎？」孔子曰：「知禮。」孔子退，揖巫馬期而進之，曰：「吾聞君子不黨，君子亦黨乎？君取於吳，為同姓，謂之吳孟子。君而知禮，孰不知禮？」巫馬期以告。子曰：「丘也幸，苟有過，人必知之。」

＊ 譯文：

　　陳司敗問孔子：「魯昭公知禮嗎？」孔子說：「知禮。」孔子退下，陳司敗作揖請巫馬期進來，對他說：「我聽說君子不與人結黨偏私包庇，君子也會結黨包庇嗎？魯國君主娶了吳國女子為夫人，是同姓，因此稱之為吳孟子。如果說魯國君主知禮，誰不知禮？」巫馬期將這些告訴孔子，孔子說：「我也是幸運的啊，一旦有了過錯，人家一定會知道。」

朋友圈縱橫談

※ 張　岱 _____

宋代吳真子在《四書集成》中說：陳司敗所指的「孟子」是

當才子遇上論語

何人呢？《春秋》哀公十二年記載「孟子卒」，而不記載「葬」的情況。懷疑這個「孟子」是魯國人避諱的稱呼方法，而稱呼吳孟子，是當時人諷刺的説法。到郊外迎接慰勞，臣民對他一向是讚譽的；娶吳國之女和依附宋國，是宮闈之中的隱祕之事。孔子一向與臣民一起擁戴魯君，也一向有好的名聲，這一段故事已經不去臆測了，這裏只是隨口回答，哪裏知道陳國的司寇所想的是再議論這件事呢？

哀公十二年，夏五月，《春秋》記載「孟子」去世。昭公娶了吳國之女，所以沒有記載她的姓。「孟子」死後沒有發訃告，所以不稱她為夫人。安葬後沒有到祖廟哭弔，所以不記載為安葬君王的夫人。

原文：

宋儒吳氏曰：謂者，何人謂之？《春秋》哀公十二年書「孟子卒」不書「葬」。疑謂之孟子者，魯人諱之，而謂之吳孟子者，當時譏諷之語也。郊勞贈賄，臣民之素譽也；娶吳附宋，宮闈之隱情也。聖人業與臣民共戴君父，業有令名，此一段已不復置臆，應聲而答，安知司敗所懷，來着一擬議乎？

哀公十二年，夏五月，書孟子卒。昭公娶於吳。故不書姓。死不赴故不稱夫人。不書薨，不反哭，故不言葬小君。

與歌章

子與人歌而善，必使反之，而後和之。

　　孔子與人一起唱歌，有善於歌唱的，必然讓他再唱一次，然後才與他相和。

朋 友 圈 縱 橫 談

※ 張　岱

　　《禮記・學記》説：「善於歌唱者讓別人學習他的歌聲，善於教人者讓別人學習他的志趣。」一定請別人再歌唱一次然後再和他同歌，這是善於教、善於歌，兩種都具備了。

　　孔子和別人交往，確實不敢有一點兒輕慢、忽視。試着仔細品味「必使」「而後」這四個字，宛然就包含着「溫、良、恭、儉、讓」這五種品德的妙用。

原文：

　　《學記》曰：「善歌者使人繼其聲，善教者使人繼其志。」必反後和，善教、善歌，二法俱備。

　　聖人與人，實不敢有些子輕忽。試就「必使」「而後」四字細尋、細嚼，便宛然包着「溫、良、恭、儉、讓」五德妙用。

躬 行 章

子曰：「文，莫吾猶人也。躬行君子，則吾未之有得。」

孔子說：「在文辭方面，我雖不能過人，但是能夠趕上別人。躬行君子的做法，那我還沒能完全做到。」

朋友圈縱橫談

※ 張　岱

古代儒者說：孔子顏回談論「仁」，孟子談論「義」，二程朱熹談論「禮」，王陽明談論「知」，後來的學者想要繼承古代聖賢的道統，最好是談論「信」。像這樣切實親自實踐，聖人還都覺得「未之有得」，所以這才是最難的，可以指望後來的學者嗎！

原文：

先儒曰：孔顏言「仁」，孟子言「義」，程朱言「禮」，陽明言「知」，後之學者欲繼先聖之統，無過言「信」。觀此篤摯躬行，聖人尚「未之有得」，以此最難題目，敢望後學耶！

聖仁章

子曰：「若聖與仁，則吾豈敢？抑為之不厭，誨人不倦，則可謂云爾已矣。」公西華曰：「正唯弟子不能學也。」

孔子説：「若説成聖和成仁，那我哪裏敢説能行？只是在這方面不厭煩地學習，不知疲倦地教導他人，才可算得上如此了。」公西華説：「正是在這點上，弟子不能夠學到啊。」

朋友圈縱橫談

※ 馮豹姿

貪圖一粒米，失去了半年的糧食，很多學者僅僅為了「仁」「聖」這兩個字用錯了多少功夫。不厭煩地學習，不倦怠地教育弟子，都是平平常常、踏踏實實的，仁也就在其中，聖也就在其中。觀音菩薩不登上佛的果位，正是因為他的道力是有限的，意願之力是無窮的，「不敢」「不能」正是最高的法門。

原文：

馮豹姿云：貪他一粒米，失卻半年糧，只為「仁」「聖」兩字眼前錯了多少功夫。為不厭，誨不倦，平平常常，老老實實，仁也在內，聖也在內。觀音不登佛位，正是道力有限，願力無窮，「不敢」「不能」正無上法門也。

※ 張　岱

如果問這裏為什麼和「默而識之」一章是不同的呢？那麼回答是：那裏説「學而不厭」，「而」字是自然而然的詞語。這裏説「為之不厭」，「為」字是努力之語。言辭自然，努力自任，孔夫子一向都是這樣的，兩處沒有什麼不同。

　　問如何與「默而識之」處不同？曰：彼說「學而不厭」，「而」字是自然之語。此也說「為之不厭」，「為」字是勉然之語。辭自然，任勉然，夫子從來如此，無不同。

請禱章

　　子疾病，子路請禱。子曰：「有諸？」子路對曰：「有之。誄曰：『禱爾于上下神祇。』」子曰：「丘之禱久矣。」

✳ 譯文：

　　孔子生病，子路請求代替禱告。孔子說：「有這樣的道理嗎？」子路回答說：「有的。《誄》說：『向天上地下的神祇禱告護佑你。』」孔子說：「我以自己的言行禱告很久了。」

朋友圈縱橫談

✳ 張　岱

　　孔子說王孫賈「從上天那裏獲得罪責，沒什麼好禱告的」，所以說自己：「丘之禱久矣。」

　　周公當年用自己的身體來代替周武王向上天禱告，並將冊文收進金絲纏束的櫃中密封。子路請代孔子禱告，也是出於師生之間的最真摯的感情，不能夠一味責怪子路。

原文：

　　夫子語王孫賈曰「獲罪於天，無所禱也」，故曰：「丘之禱久矣。」

　　周公請以身代，藏之金縢。請禱，亦師弟至情，不得蠻罵子路。

※ 徐子卿

　　白天的所作所為，夜裏一定會焚香告知上天，這當然是認真檢討自己，不過簡要來說尚且是靠着拐杖行事，畢竟只有到了夜裏所做的夢沒有不可告人的時候，隨意的和不隨意的才能夠都放下。

原文：

　　徐子卿曰：畫之所為，夜必焚香以告天，此自是簡點精細，要之尚靠着拄杖在，畢竟到夜之所夢，無一不可語人。苟與不苟，才好撒手撇下。

奢儉章

子曰：「奢則不孫，儉則固。與其不孫也，寧固。」

＊ 譯文：

　　孔子說：「奢侈就會不謙遜，節儉就會固陋。與其不謙遜，寧願固陋。」

朋友圈縱橫談

※ 張　岱

　　有一種說法是認為這一章不是在談論「禮」，非常正確。「禮與其奢也，寧儉」這句話是在說「禮」。這一章是在說「奢」的弊病之大。大概是因為當時的風俗由簡樸轉向奢侈，大家都崇尚奢侈而嘲笑簡樸，不知道奢侈能夠擊潰堤防、毀壞名分，弊病是多麼嚴重啊！哪裏像簡樸的弊端僅僅是固陋呢！又有一種說法：「混亂來源於僭越，來源於奢侈。」八佾舞於庭、在家廟演唱《雍》樂都是喜好奢侈的緣故。

　　管仲的困難在於他向上僭越，晏嬰的困難在於他向下靠攏，與其做管仲這樣的人，不如做晏嬰這樣的。

原文：

　　一說此章不是說「禮」，甚得之。「禮與其奢也，寧儉」，是說「禮」。此是說「奢」之弊大。蓋風俗由儉而奢，皆崇奢而笑儉，不知奢則潰堤防，壞名分，其弊何極？豈如儉之止是固陋而已耶！又云：「亂生於僭，生於奢。」舞佾、歌雍只是好「奢」之故。

　　管子難乎其為上，晏子難乎其為下，與其為管子也，寧晏子。

坦蕩章

　　子曰：「君子坦蕩蕩，小人長戚戚。」

孔子說：「君子胸懷平坦寬大，小人心胸狹小常哀戚。」

朋友圈縱橫談

※ 張　岱

> 佛家有一種說法是心地平坦，那麼世界上一切萬物皆平。世界上只有平坦的地方，才是最寬廣的。人心如果崎嶇不平，那就像山川溪流丘壑，哪裏能有四通八達的大路呢？

原文：

> 釋家言心地平，則盡世界一切皆平。天下惟平易處，最是寬廣。人心險峭，便如山川，如溪壑，豈得有通衢大道？

溫厲章

子溫而厲，威而不猛，恭而安。

* 譯文：

孔子溫和而嚴厲，威嚴而不過猛，恭敬而安舒。

朋友圈縱橫談

※ 張　岱

　　這些都是聖人自然流露出的有德之人的容色，不是説這些品格相互補充協調。君子內在道德的自然流露，而使他面色潤澤，背部充盈，絲毫不是假裝出來的。所以説宋代有儒者學習「恭而安」學了十五年也沒學成，也是一件特別可笑的事情。

　　應該有幾分「溫」幾分「厲」，應該是出於自身的衡量，如果覺得聖人為了溫厲平衡而不敢笑不敢哭，那豈不是要拘束死了？

原文：

　　此皆聖人自然之德容，非相濟之謂也。晬面盎背，着一毫妝點不得。故宋儒有學「恭而安」十五年不成者，亦大可笑事。

　　幾分「溫」幾分「厲」，自作秤量，覺聖人於此笑啼俱不敢矣，豈不板殺？

泰伯第八

三讓章

子曰：「泰伯，其可謂至德也已矣。三以天下讓，民無得而稱焉。」

✳ 譯文：

孔子說：「泰伯，他可以說得上是有德到極致了。多次將天下謙讓給他人，人民卻不知如何來稱道他。」

朋友圈縱橫談

※ 張　岱 _____

父子之間的事情，古人是不願意告訴別人的。聖人知道古人的想法，也就沒有明說發生了什麼事。譬如泰伯、伯夷、叔齊，都是只有讚頌而沒有記載具體事件，是擔心傷害了古人的心。唐寅說：自古以來取得天下者，能夠從天人之際預測得到，而讓出天下者的孤獨決絕之心，卻無從了解。

只有能取得天下的人，才能讓出天下。泰伯無意奪取商朝天下，而去荊楚蠻荒之地採藥生活，所以有了吳國。虯髯客將天下讓給了唐朝，而自己退居東北地區的一個扶餘國，也是這樣的智慧。泰伯的才華能力，哪裏就不如季歷、文王、武王了呢！讓出天下的人，是能夠取得而不去取，所以值得稱頌讚歎。

原文：

父子之間，古人不欲告人。聖人知古人之心，亦未嘗明言所

以。如泰伯、虞仲，夷、齊，皆有讚無紀，恐傷古人之心耳。唐伯虎云：自古取天下者，卜之天人，讓天下者，獨決之心，故無從見。

天下惟能取者，然後能讓。泰伯無意剪商而採藥荊蠻，遂有吳國。亦虯髯客之以天下讓唐，而自退處扶餘之智也。出其才力，何遂不如王季、文、武也哉！以天下讓者，謂其能取而不取，故足多也。

無禮章

子曰：「恭而無禮則勞，慎而無禮則葸，勇而無禮則亂，直而無禮則絞。君子篤於親，則民興於仁；故舊不遺，則民不偷。」

※ 譯文：

孔子說：「恭敬卻無禮就會勞擾不安，謹慎卻無禮就會畏懼多怯，勇敢卻無禮就會犯上作亂，直率卻無禮就會急切逼人。在上位者能夠篤實親厚家人，人民便會興起仁了，在上位的人能不遺棄過去的舊人，人民就不會厚此薄彼了。」

朋友圈縱橫談

※ 張　岱

前面的話是說沒有禮是不行的，而禮一定有它開始的地方。

戰兢章

　　曾子有疾，召門弟子曰：「啟予足！啟予手！《詩》云：
『戰戰兢兢，如臨深淵，如履薄冰。』而今而後，吾知免夫！
小子！」

＊ **譯文：**

　　曾子生了重病，召集他的門下弟子說：「掀開被子看看我的
腳，看看我的手。《詩經》說：『恐懼謹慎的樣子，像面臨着深
淵，像踩着薄冰一樣。』從今以後，我能夠免於身體受到損傷
了，小子們啊！」

朋友圈縱橫談

※ **張　岱** _____

引用《詩經》之句可以看到，身體得以完整地離世，都是

從謹慎警惕的念頭中得來的。曾子日後又認為參加戰爭而不勇猛、侍奉君主而不忠誠是不孝的，可見應該成就仁德的時候，即便是毀滅身體也不能被視為虧待身體。這裏讓弟子們看他的手腳，只是偶然事件引發而來的。世界上能夠身體完整地離世的人非常多，難道都能被稱為「免於毀傷」？曾子露出手足認為自己懂得了免於毀傷，而他去世其實是在日後，如果沒有換掉大夫去世應該躺的席子，就還是於禮不合。保全自身地離世就如此之難。

原文：

引《詩》見體順歸全，從一念兢惕中來。曾子他日又以戰陣無勇，事君不忠為非孝，可見當成仁時，便殺身亦不為虧體。此啟手足，只是偶引起來說耳。世間完全而死者甚多，豈可皆謂之免於毀傷？曾子啟手足以為知免矣，而易簀猶在其後，使其終於大夫之簀，猶為未正也。全歸之難如此。

※ 李見羅

曾子在學習之初就將修身作為自己的根本目標，所以臨終的時候能夠剛正宏大地自足自樂，這和孔子拖着手杖逍遙地行走，儼然是同樣的聖人氣象。古人說「生死之際的狀態，不是臨時的功夫可以造就的」。

原文：

李見羅曰：曾子聞學之蚤合下便以修身為本，故到終來，浩然自慊，與孔子曳杖逍遙，彷彿一般氣象。古云「生死岸頭，不是臨時處置」。

籩豆章

曾子有疾，孟敬子問之。曾子言曰：「鳥之將死，其鳴也哀；人之將死，其言也善。君子所貴乎道者三：動容貌，斯遠暴慢矣；正顏色，斯近信矣；出辭氣，斯遠鄙倍矣。籩豆之事，則有司存。」

* 譯文：

曾子有疾病，孟敬子慰問他。曾子說：「鳥兒即將死去，牠的鳴叫聲很悲哀；人即將死去，他的言語也都是善言。君子認為道中最看重的三件事是：動用自己的身體和表情（行禮），就能夠遠離暴躁傲慢；端正容色（真實表達），就能夠接近信了；表達言語辭氣（中正不偏），就能遠離鄙陋悖理的言論了。祭祀所用的竹豆木豆之事，則有專門負責管理的人在那裏，不值得君子看重。」

朋友圈縱橫談

※ 張　岱 _____

曠野的氣象像宮闕，海邊的蜃氣像樓台，雲氣則像它們各自的山川，容貌臉色就是人的雲氣。雲氣濃厚地噴發出來，有牌坊有華表，有法壇有殿宇，所以非常可貴。如果有一點點的矯飾，就非常粗俗淺薄了。

「辭」「氣」兩個字同樣重要。同樣是説一句話，有人是平和地説，有人是乖張暴戾地説，所以説語言有氣象、面貌有容色，都需要重視。

原文：

　　廣野氣象宮闕，海旁蜃氣象樓台，雲氣各象其山川，容貌顏色，人之雲氣也。盎然而出，有坊有表，有壇有宇，所以可貴。半毫妝點，鄙陋甚矣。

　　「辭」「氣」二字並重。同是一句說話，或出以和平，或出以乖戾，故辭之有氣，顏之有色，都要重看。

※ 張　岱

　　由這三個「斯」字可以看出，君子只是在「道」上用力，這三者就會自然達到。運行、作用都沒有行跡，能純粹地為身心提供營養的被稱為「道」。使用功夫和能力，能明顯表現自己的被稱為「事」。如果問容色和辭氣為什麼值得君子看重？那麼回答是：不要將它們看得很容易，學習、修身、謹慎、恐懼之後，才能夠有這樣鮮明的威嚴儀態，所謂的舉止、儀容和進退揖讓都符合禮的要求，是道德達到極致的效果。氣質還是駁雜的，涵養功夫還沒有到家，忽然之間告訴他要有威嚴之儀態是非常困難的！和顏悅色地爭論以及從容不迫地交談，這些都是從修養功夫中得來的。

原文：

　　看三「斯」字，君子只於「道」着力，三者自不期然而然。運用無形，而純然有以自養者謂之「道」。功能稍著，而灼然有以自見者謂之「事」。問容色辭氣何足為君子所貴？曰：莫看得

容易，學修恂慄之後，乃有此赫喧之威儀，所謂動容周旋中禮者，盛德之至也。氣質倫駁，涵養未到，驟而語之以威儀難矣！誾誾侃侃，行行皆自熔鑄中來。

吾友章

曾子曰：「以能問於不能，以多問於寡；有若無，實若虛，犯而不校。昔者吾友嘗從事於斯矣。」

＊ 譯文：

曾子說：「自己才能高卻去請教低於他的人，自己知道得多卻去請教少於他的人；有學問卻像沒學問一樣，滿腹經綸卻像孤陋寡聞一樣，受到冒犯也不計較。過去我的友人曾經就在這上面下過功夫。」

朋友圈縱橫談

※ 湛若水

這個「犯」字用的絕妙，非常通達。是別人的不對才能被稱為「犯」，如果自己有一點兒不對，自己和對方就都是「犯」了。又說：如果知道外物和我沒有什麼區分，而萬物是一體的，就像一個人自身的手腳牙齒有了碰撞，就不會去計較。

原文：

　　湛甘泉曰：此「犯」字下得極妙，十分通。是人不是方謂之「犯」。若己亦有一毫不是，己與彼俱「犯」矣。又曰：苟知物我之無間，而萬物一體，如一人之身，手足牙爪之相犯，斯無有較之者矣。

※ 李卓吾

　　沒有說明「吾友」是誰，這句話更有味道了。

原文：

　　李卓吾曰：吾友不說出是誰更為有味。

※ 張　岱

　　問「有若無」是什麼意思？回答說：「就像水中的鹽，色彩裏的丹青。」問「實若虛」什麼意思？回答說：「就像水在盆中，而真實的月亮在天上。」

　　被風吹下來的瓦片砸到，被無人的小船撞到，即便心裏不高興，也不會憤怒地責罵，因為不是人為的。沒有人的成見，所以「犯而不較」。

原文：

　　問「有若無」？曰：「水中鹽味，色裏丹青。」問「實若虛」？曰：「水在盆中，月在天上。」

　　飄瓦相遭，虛舟相觸，雖有忮心，而不作怒詈者，以其無人也。無有人見，故「犯而不較」。

君子章

曾子曰：「可以託六尺之孤，可以寄百里之命，臨大節而不可奪也。君子人與？君子人也。」

＊ 譯文：

曾子說：「可以把未成年的六尺孤兒託付給他，可以將國君的政令寄託於他，面臨考驗氣節之時能夠不動搖。這種人是君子嗎？這種人是君子啊。」

朋友圈縱橫談

※ 張　岱

「節」就好像是樹木的節，是英雄和奸賊都不能迴避的，氣節動搖，就是王莽、曹操這樣的奸雄；能夠不變其節，就是伊尹、周公這樣的英雄。必須要面臨大事的時候才能看出，置身局外慷慨是不算數的。已經說了「人與」，又說「人也」，不只是為了為他的人品定性，這已經是在感慨當時之世沒有這樣的人，而恭敬地思念這樣的人了。這是曾子宏大堅毅的胸懷，儼然是與千古英雄相對而坐。周鍾說：用死來敷衍責任的人，都是氣節會被改變的人。死了而沒有任何助益，也就是一個只顧自己、不顧大眾的自了漢罷了。

事情沒有做成，用自己的腦袋來殉葬，跟一隻鼠首沒什麼兩樣，對國家社稷有什麼好處呢？「不可奪」的人，是能夠安邦定

國、具有屹立不倒能力的人。

原文：

　　「節」如樹木之有節，英雄、奸賊兩俱礙手走不過處，奸雄一奪取，便為莽、操；英雄能不奪，便是伊、周。須要臨時始見，局外慷慨算不得。既曰「人與」，又曰「人也」，非徒定其品，已有慨當世無其人，而穆然思之之意。是曾子弘毅胸腸，儼然與千古英雄相對處。周介生曰：以一死塞責者，皆可奪者也。死而無濟，一自了漢。

　　事之不成，以臣頭為殉，直一鼠首耳，何益於國家社稷？「不可奪」，有措天下於盤石之安，屹然不動手段。

※ 楊復所

　　氣節「不可奪」，才可以託付、可以信賴，本來就沒有才能和氣節相分離的意思。

原文：

　　楊復所曰：「不可奪」，方是可以托，可以寄，初無才節兩層。

弘毅章

　　曾子曰：「士不可以不弘毅，任重而道遠。仁以為己任，不亦重乎？死而後已，不亦遠乎？」

曾子說：「作為一個士，不可以不寬弘和強忍，承擔重任且能走得長遠。將仁作為自己的任務，不也很沉重而重要嗎？直至死亡才能夠停止，不也需要走得長遠嗎？」

朋友圈縱橫談

※ 張 岱

范仲淹做秀才的時候，就將天下作為自己的責任，這是他的才華能力之弘大堅毅的地方。以天下之人的憂患為自己的憂患，以天下之人的快樂為自己的快樂，他的負擔多麼重？「先天下之憂而憂，後天下之樂而樂」，他的負重多麼遠？假如世間的士人沒有了這種胸襟抱負，那麼讀書的種子就先毀滅了，到哪裏去找人來擔負起整個宇宙呢？

原文：

范文正公做秀才時，便以天下為己任，此政其才力弘毅處。以天下之憂為憂，以天下之樂為樂，其擔荷何重？「先天下之憂而憂，後天下之樂而樂」其擔荷何遠？使世間士子無此胸襟，則讀書種子先絕矣，更尋何人仔肩宇宙？

※ 湛若水

有人問「仁以為己任」是什麼意思？回答：現在的人只是因為身上負擔的東西太多了，所以不能擔任起仁的責任了。想要擔當得起，就應該先將其他的負擔全部卸下，然後才能擔當得起仁的重任。

原文：

　　問「仁以為己任」？湛甘泉曰：今人只為一切擔子累得此身重了，故不能任。范要勝任，先須減擔減得盡，則任可勝矣。

興詩章

子曰：「興於《詩》，立於禮，成於樂。」

＊ 譯文：

　　孔子說：「興起於《詩》，立身於禮，完備於音樂。」

朋友圈縱橫談

※ 張　岱

　　孔子說：「《關雎》是由鳥來起興的，而君子覺得牠美，是因為牠懂得雌雄有別。《鹿鳴》是由野獸來起興的，而君子稱許牠，是因為牠懂得得到食物而呼喚同伴。如果因為牠們是鳥獸而輕視牠們，是不可以的。」假如一個小孩冒犯了孟賁（戰國時期的著名勇士），孟賁生氣了，小孩又拿起刀跟孟賁相鬥，肯定無法取得勝利，因為他的力氣不夠。如果孟賁生氣後，小孩子依照禮儀恭敬地道歉，那麼孟賁也不忍心打他。

原文：

　　孔子曰：「關雎興於鳥，而君子美之，取其雌雄之有別。鹿

鳴興於獸，而君子大之，取其得食而相呼。若以鳥獸之名嫌之，固不可行也。」使童子忤孟賁之意，孟賁怒之，童子操刃與鬥，童子必不勝者，力不如也。孟賁怒，而童子修禮盡敬，孟賁不忍犯也。

※ 程　頤

「興於《詩》」，就應該能看到着力點。「立於禮」，就應該能看到得力的地方。「成於樂」，就應該能看到有不需要用力的地方。

原文：

程子曰：「興於《詩》」，便須見有着力處。「立於禮」，便須見有得力處。「成於樂」，便須見有無所用力處。

※ 張　岱

伯牙向成連子學琴，成連子將他帶到海邊，放眼望去空無一人，只看到海水洶湧，山林蒼冥，伯牙悲傷地感歎：「老師觸發了我的情感啊！」「成於樂者」，最終會通達於心，有別人不知道的妙境。

原文：

易牙學琴於成連子，攜之至海，延望無人，但見海水洞湧，山林蒼冥，愴然歎曰：「先生移我情矣！」「成於樂者」，卒爾會心，有人莫能知之妙。

使由章

子曰:「民可使由之,不可使知之。」

＊ 譯文:

孔子説:「民眾可以指揮派遣他們行動,卻不可以讓他們知道。」

朋友圈縱橫談

※ 張　岱

老子説「魚在深水中忘記彼此,治理國家的有效工具,不可以讓人看到,不可以讓人民知道政治」,表示作為統治者應該更進一步,不需要讓人民去衡量可以或者不可以。

原文:

老子曰「魚相忘於淵,國之利器,不可以示人,不可使知政」,示為上者當進一步意,不必向民身權衡可與不可。

※ 張　岱

孔融説:「父親對於兒子來説,有什麼可親的呢?探究他的本心,其實就是他的情欲發作!兒子對於母親,又是什麼樣的呢?就像寄放在瓶子裏的東西,出來之後就是分離了!」這雖然

是狂妄的語言，但也有一定道理。如果兒子知道了這個道理，那麼他很可能就完全不顧親情倫理了，所以説「不可使知」。大概這就是萬萬不能讓他知道的東西吧。

原文：

孔北海曰：「父之於子，當有何親？論其本心，實為情欲發耳！子之於母，亦復奚為？譬如寄物瓶中，出則離矣！」此雖狂言，亦足奪理。使人子知之，則於罔極大倫皆可漸減，故曰「不可使知」。蓋斷斷乎不可使其知之者也。

※ 張　岱

有人説：「秦始皇焚毀詩書來愚民，也是本章所説的這個意思。」我説：不是的，聖人治理天下，是讓人民忘記貪欲；忘記貪欲，即能夠率性為道、實施教化了。秦國的治理是讓百姓變得愚蠢，百姓是不可愚弄的，所以陰謀不斷而且盜竊事件更多。聖人是為人民謀劃的，秦國統治者是為自己謀劃的，這是他們之間有所不同的原因。

原文：

或曰：「秦焚詩書以愚黔首，亦是此意。」余曰：非也，聖人之治也，令民忘；民忘，則惟率而教益修。秦之治也，欲民愚，民不可愚，故謀不閉而盜愈作。聖人為民計也，秦人自為計也，此其所以別也。

※ 張　岱

王安石説：「日食月食，這是天體運行的正常現象，與國家

有什麼關係呢？順乎人情之教和逆於人情之教，都是為讓人修身自省。」這句話雖然說得很透徹，但是不能讓君主知道，知道了之後反而會更加放縱。孔子特地把日食寫在《春秋》上面，用意正是使人按照道去做而不讓他知道真實的情況。

原文：

> 王莉公曰：「日食月食，此是天變之常，何與國家？陽教陰教，乃加修省。」此言雖說得極透，但不可使人主知之，反多一番放縱，孔子以日食特書《春秋》，正是使由不可使知之意。

※ 張　岱

莊子的「齊物」之說最通達於天，但也對治理國家最有害。假使人們都知道彭祖、殤子、孔子、盜跖最後的歸屬是相同的，那麼誰還願意修養自己呢？或者又知道清濁、混沌、金石、銷鑠這些概念，那麼誰是彭祖？誰是殤子？誰是孔子？誰是盜跖？人們還願意自我修養嗎？所以說「害治」。所以孔子說：「民可使由之，不可使知之。」

原文：

> 莊周「齊物」之論最達天，亦最害治。使人皆知彭、殤、孔、跖同盡同歸，則孰肯自修？或又知清濁、混沌、金石、銷鑠，孰彭？孰殤？孰孔？孰跖？肯自修乎？故曰「害治」。孔子曰「民可使由之，不可使知之」。

好勇章

子曰：「好勇疾貧，亂也。人而不仁，疾之已甚，亂也。」

＊ 譯文：

孔子說：「喜好勇力卻厭惡貧窮，就容易發生暴亂。有不仁的人，厭惡他們太厲害，也容易產生暴亂。」

朋友圈縱橫談

※ 張　岱

　　有人議論北宋元祐、紹聖時期的政事說：公卿大夫應當懂得國之大體，蔡確這個人確實奸猾邪惡，死了也沒什麼可惜。然而既然他是宰相，就應該將他當宰相來對待。忠宣公范純仁是識得國之大體的人，所以想減輕蔡確的罪名。劉摯、梁燾、王岩叟、劉安山這些人，憎恨邪惡過頭了，造成日後的縉紳之禍，他們不能說沒有過錯。

　　不過，這恰恰是為縱容退讓的人指出來禍患的本原。像舜流放四凶，周公誅殺管蔡，哪裏有禍亂呢？張居正說：仁人的用處，正是在殺戮之地體現出的。

　　被刺傷的老虎沒有斃命，被砍斷的蛇沒有死，牠們就會傷害更多的人。君子遇到小人，不可以不謹慎。最近楊漣、左光斗與閹黨魏忠賢進行鬥爭，正是一個例子。

原文：

　　論元佑、紹聖之政曰：公卿大夫當知國體，以蔡確奸邪，死何足惜。然既為宰相，當以宰相待之。范忠宣，知國政者也，故欲薄確之罪。劉摯、梁燾、王岩叟、劉安山，疾惡已甚，以貽後日縉紳之禍，不能無過也。

　　此政為姑息不斷者指示禍原。若舜放四凶，周公誅管蔡，又何亂乎？江陵云：仁人作用，政當於劊子場中想出。

　　刺虎不斃，斷蛇不死，其傷人愈多。君子之遇小人，政不可不慎。近日楊左之御魏璫，是其鑒也。

周公章

　　子曰：「如有周公之才之美，使驕且吝，其餘不足觀也已。」

＊ 譯文：

　　孔子說：「如果有人擁有周公那樣的才能和美德，但只要他有驕縱和吝嗇的毛病，餘下的那些東西就不足以去看了。」

朋友圈縱橫談

＊ 張　岱 _____

　　才華充足美好，就已經是「其餘」了，如果有一點因為

才能而動的念頭，那便是連「其餘」都用不着了。所以說：將小聰明收起來回歸造化本身，哪怕沒有才能美德也是周公一樣的人。

原文：

才足觀美，便是「其餘」，一念為才所動，並「其餘」亦用不着。故曰：妝斂聰明還造化，雖無才美亦周公。

※ 張　岱

有人說：人一旦犯了驕傲或吝嗇的毛病，大體根本已經沒有了，就算別的方面做得再驚天動地，也不值得一看。韓愈說：「上天降生聖賢，不是讓他們本來就長處有餘，而是想要補充他們的不足。」如果驕傲吝嗇，那麼即便是自己有餘下的長處，又有什麼可貴的呢？

驕傲之人便是器量格局小，不能容納接受。所有驕傲的人一定是吝嗇的，這是一件事情，不是驕傲了之後又生吝嗇。

原文：

或曰：一犯驕吝其大本已亡，縱其餘做得驚天動地，亦不足觀。韓子曰：「天生聖賢，非使之自有餘而已，將欲以補其不足也。」若驕吝，則是自有餘也，雖餘，曷貴哉？

驕者是其器局小，容受不去。故驕者未有不吝，此是一套生事，非驕了又吝也。

至穀章

子曰：「三年學，不至於穀，不易得也。」

✳ 譯文：

　　孔子說：「學習三年之久，心能夠保持不為穀祿所動的人，是不容易找到的啊！」

朋友圈縱橫談

※ 黃貞父

　　不追求利祿，也不僅僅是不要利祿；三年來的學習，一定會積累一些經世致用的方略，這個時候最容易技癢，卻能稍不動心。這並不是內心枯槁、忘卻世間。

原文：

　　黃貞父曰：不志於穀，非獨利祿不入；三年積學，必有一段經濟可見，此處最易技癢，而略不動心，然卻不是枯槁忘世。

※ 張　岱

　　管寧、華歆一同學習，鋤地見到一塊金子，管寧看到了它就像見到瓦塊石頭一樣，華歆先撿起來然後又扔掉了。他們又經

常坐在同一張席子上，門口有人乘坐高大馬車經過，管寧繼續像之前一樣讀書，華歆將書放下來跑出去看。管寧將席子割裂分開說：「你不是我的良友。」像管寧這樣的人，才能被稱為「不志於穀」。

原文：

　　管寧、華歆同學，鋤地見金，寧視如瓦石，歆捉而擲之。又常同席，有乘軒過門者，寧讀書如故，歆廢書往視。寧割席分坐曰：「子非吾友也。」如管寧者，方謂之「不志於穀」。

篤信章

　　子曰：「篤信好學，守死善道。危邦不入，亂邦不居。天下有道則見，無道則隱。邦有道，貧且賤焉，恥也。邦無道，富且貴焉，恥也。」

＊ 譯文：

　　孔子說：「篤實堅信又好學，固執守住以至於死，來求取善道。看見危邦不進去，亂邦則不居留。天下有道就出現，無道就隱藏起來。倘若邦國有道的時候，仍舊貧窮低賤，就可恥了；邦國無道的時候，富裕且高貴，就可恥了。」

朋友圈縱橫談

※ 張　岱

　　堅定信仰的人，又需要好學，這樣才能圓融通透而不拘泥偏執；堅持固守的人，又要是明善之道，這樣才能行為中正而不偏狹枯燥。所以能夠不進入、不居住在危險的國家，天下有道則出現於世，天下無道則歸隱。這些都是從道的力量、學問的力量中來，不然就是可恥的。

　　對於有學養、堅守道的人來說，是「隱」和「現」；對於沒有學養、不堅守道的人來說，則是富貴、貧賤。貧賤不能算是「隱」，富貴不能算是「現」。上下兩句的意思都是相通的。

　　君子將天下放在心上，到了一個國家必定是想有所作為的。危險的國家可以使它變得安定、混亂的國家可以使他變得有秩序，不進入、不居住的地方，是大勢已去不可挽回了，所以要根據時機來作出判斷。

原文：

　　篤信的人，又要好學，圓融而不拘執也；守死的人，又要善道，中正而不偏枯也。所以能危不入，亂不居，有道見，無道隱。此都從道力、學力來，不然便為可恥。

　　在有學守者，為「隱」「見」；在無學守者，為富貴、貧賤。貧賤算不得「隱」，富貴算不得「見」。上下骨節都通。

　　君子以天下為心，至是邦即欲有為。危可使安，亂可使治，不入不居者，勢不可為，故見機而作也。

在位章

子曰：「不在其位，不謀其政。」

＊ 譯文：

孔子說：「不在此職位上，不謀劃此職位上的事情。」

朋友圈縱橫談

※ 張　岱

> 這句話是反向說明，本來是為了針砭佔着位置卻不做事情的現象，而不是詰問譴責越俎代庖的現象。
>
> 朋黨產生於替別人籌謀，想要解除他們的謀劃，就應當好好研究方法。
>
> 原文：
>
> 此反證語也，原針砭「尸位」，非詰責「越俎」。
>
> 黨與生於替謀，欲散其謀，當密考工法。

師摯章

子曰：「師摯之始，《關雎》之亂，洋洋乎盈耳哉！」

孔子說：「從魯國樂師摯的升歌開始，直到《關雎》中的合樂結束，洋洋灑灑的美妙音樂充盈在我的耳中。」

朋友圈縱橫談

※ 張夏占

摯剛開始在魯國做樂師的時候，每次演奏都以《關雎》為合樂作為終結。是因為知道各種教化都從女性開始，就用音樂來勸諫，所以孔子感歎讚美他。

原文：

張夏占曰：「師摯在官之初，每以《關雎》為亂。蓋知萬化起於閨門，以樂諫也，所以夫子歎美之。」

※ 張　岱

孔子說師摯懂得音樂，是感慨他的離開而思念他，並不是僅僅感慨音樂。之前沒有人領會到這層意思。

原文：

夫子語太師以知樂，至是慨其去而思之，非徒慨樂也。從無人會此。

狂直章

子曰：「狂而不直，侗而不願，悾悾而不信，吾不知之矣。」

＊ 譯文：

孔子説：「粗狂卻不正直，無知卻不謹慎厚實，無能卻不真實可信，這樣的人我真是不知道他的。」

朋友圈縱橫談

※ 張　岱

明明就是奸詐虛偽的人，卻又假借一種狂妄傲慢或者老實的樣子來掩飾，比那些本來就是矯飾造作的人更加危險，難道不可惡嗎！

天生的醜女，穿着布裙戴着荊釵，有什麼可惡的呢？但她又去塗脂抹粉、化妝打扮、東施效顰一樣去假扮嬌憨，這樣就很可惡了。

原文：

明是詐偽之人，又借一種假狂簡、假老實以掩飾之，則較之本色雕斫之人又更險矣，豈不可惡！

天生醜婦，裙布荊釵，有何可惡？搽脂抹粉，喬裝打扮，效顰嬌癡，然後可恨。

不及章

子曰：「學如不及，猶恐失之。」

※ 譯文：

孔子說：「學習就像來不及一樣迫切，也像擔心會失去它一樣。」

朋友圈縱橫談

※ 張　岱

「如不及」是趕到前面；「猶恐失」是害怕落後。語意是相通的。

別人歇息，我不敢歇息；別人停下，我不敢停下。寧戚努力學習三十年，最終成為帝王的老師。

原文：

「如不及」，是趕上前；「猶恐失」是怕落後。語意一氣。

他人息，吾則不敢息；他人休，吾則不敢休。寧戚力學三十年，而為王者師。

舜禹章

子曰：「巍巍乎，舜禹之有天下也，而不與焉！」

✳ 譯文：

　　孔子說：「浩大啊！像舜、禹這樣，擁有了天下，卻像和自己不相干一樣。」

朋友圈縱橫談

※ 張　岱

　　舜禹不以天下為己有，不是將天下視為破舊的鞋子。舜憂慮操勞，大禹事務繁忙到手足起繭，對上來說是為了君主父親，對下來說是為了黎民百姓，從未將天下視為自己的，而是將自己奉獻給了天下。如果只把輕視天下視為崇高，那為什麼巢父和許由（二位皆是堯時期的隱士）不如舜禹呢？

原文：

　　舜禹不與，非敝屣天下之謂也。舜憂勤，禹胼胝，上為君父，下為蒼生，未嘗視為己之天下，而以己與焉者也。若只以輕視天下為巍巍，則巢由何遂不如舜禹？

※ 張　岱

　　將百姓生活的痛苦當作是自己的痛苦，正是將自己奉獻給天

下，而不是將天下當成自己的。像商紂王這樣建鹿台、鉅橋兩座宮苑來存放天下的財寶、糧食，是剝奪天下來奉養自己，是將天下當作自己的私有財產的人。

原文：

> 飢溺由己，政是以己與天下，不是以天下與己。鹿台、鉅橋，克剝天下以奉己者，是以天下與己者也。

則天章

子曰：「大哉堯之為君也！巍巍乎！唯天為大，唯堯則之。蕩蕩乎！民無能名焉。巍巍乎其有成功也！煥乎其有文章！」

* 譯文：

> 孔子說：「堯作為君主是多麼偉大啊！浩大啊，只有天是那麼高大，只有堯可以與天處在同一準則上。廣闊啊，民眾難以將堯的德行用言語表達出來。偉大啊！堯執政時的成功。光明啊！堯執政時的禮樂法度！」

朋友圈縱橫談

※ 張　岱

> 孔夫子稱讚《易》說：「大哉，乾元！」與這裏的「大哉」

是相同的，所以說「惟堯則之」。「巍巍」是讚美堯，不是在讚美天。宋代大儒饒魯說：「則之」就像《易》和天地是一致的，互相平等的，不是誰效法誰。「成功」和「文章」不能並列，「文章」是從「成功」中看出來的。中間加一個「也」字，意思就很明確了。「煥乎」是從「巍巍」中又抽出來說的。

原文：

夫子贊《易》曰：「大哉，乾元！」與此「大哉」同，所以云「惟堯則之」。「魏魏」是贊堯，不是言天。饒氏曰：「則之」，如《易》與天地準，相與平等，非取法也。「成功」「文章」不可並對，「文章」自在「成功」內看出。中間加一「也」字，語意自明。「煥乎」從巍巍內又抽出言之耳。

才難章

舜有臣五人而天下治。武王曰：「予有亂臣十人。」孔子曰：「才難，不其然乎？唐、虞之際，於斯為盛。有婦人焉，九人而已。三分天下有其二，以服事殷。周之德，其可謂至德也已矣。」

＊ 譯文：

舜有五位臣子而使天下能夠大治。武王說：「我有十位治世之臣。」孔子說：「古語說德才難得，不是這樣的嗎？唐堯、虞舜之後，到周時算是鼎盛了；其中還有一位婦人，實際上是九

個人而已。天下三分，周朝佔有兩分，卻仍在服侍殷朝。周朝那時的德，真可稱得上是極致的德啊！」

朋友圈縱橫談

※ 張　岱

> 不說「事紂」而說「事殷」；不說「文武之德」，而說「周之德」。這裏面都是有原因的，聖人沒有一個字是妄言的。
>
> 十個治世之臣中的那個女人是邑姜，是武王的王后，姜太公的女兒。大部分人對此都不知道。
>
> 原文：
>
> 不曰「事紂」而曰「事殷」；不曰「文武之德」，而曰「周之德」。此中皆有關係，聖人一字不妄。
>
> 十亂內婦人是邑姜，武王后，太公女也。人多不曉。

※ 馮爾賡

> 大着膽子放上一個「亂」字，猛烈的氣勢縱貫千秋、橫貫一世。
>
> 原文：
>
> 馮爾賡曰：斗膽拈個「亂」字，凌屬千秋，橫絕一世。

※ 張　岱

> 後來的開國賢君，有誰願意以打擊亂臣來自居呢？周武王卻

獨獨將這件事情昭告天下及萬世，怎麼能說周武王不是聖人呢？

　　這是借用堯舜來形容周朝，不是在讚美堯舜。唐虞那兩句話，不是說堯舜時期的人才比周朝更為繁盛，而是說只有堯舜時期和周朝人才最為繁盛。一邊是君臣之間，一邊是父子之間，都是一樣的，語氣主要側重在周朝這邊。

原文：

　　後來開基賢主，誰肯摽亂臣自居？武王獨以之告天下萬世，安得謂武王非聖人？

　　此借唐虞以形周，非美唐虞也。唐虞二句，不是唐虞之際較於斯為盛，是言惟唐虞之際及於斯為並盛耳。一邊君臣相際，一邊父子相際，總是千古無兩，語氣順歸重周一邊。

※ 劉端甫

　　文王的身世向上逆推是由后稷來的，而周朝應該稱王是從堯舜之際着眼的，沒有人點破這一點。

原文：

　　劉端甫曰：文王身上推本后稷來，則周之宜王在唐虞之際着眼，無人拈破。

無間章

　　子曰：「禹，吾無間然矣。菲飲食而致孝乎鬼神，惡

衣服而致美乎黻冕，卑宮室而盡力乎溝洫。禹，吾無間
然矣。」

* 譯文：

孔子說：「禹，我對他是沒有什麼可以批評的了。在飲食上
淡薄，而盡心孝敬鬼神。常服簡陋，而在祭祀的禮服上卻極盡
美盛，居住的宮室卑陋，而盡力修治溝洫水道。我對他沒有什
麼可以批評的了。」

朋 友 圈 縱 橫 談

※ 張九成 _____

不夠明智的人大多只看到了一個「間」字，聖人的想法是很
全面的，大禹和孔夫子兩人之間是「無間然」的。「無間」是從
兩個「吾」字上發起的，如果只從孔子個人的角度來看這句話的
意味就減輕了，以前沒有人看破這一點。

原文：

張無垢云：擔板人多見一「間」，聖人心思甚周旋，方知大
禹同夫子彼此觀之「無間然」。「無間」就兩「吾」字上發之，
於夫子尚論意煞有味，從無人破。

※ 唐　寅 _____

如果把本章比作一支曲子，禹這個字中間有一拍掀板，後面
還有一拍底板，不能夠一直唱下去。

原文：

　　唐伯虎云：禹字中有一掀板，下有一底板，不得一直唱下。

※ 張　岱 _____

　　有虞氏以禘禮對待黃帝而以郊禮對待嚳，以顓頊為祖而以堯帝為宗。夏后氏則以禘禮對待黃帝而以郊禮對待鯀，以顓頊為祖而以禹帝為宗。一個不遵守命令、危害同族的罪人（指禹的父親鯀），卻儼然就像是與天地相配，對此禹自己也非常不安。所以禹就吃粗劣的食物、穿麻製的袍子、住茅草屋，去做開山疏導河道的事情，一生都在堅持。無非就是因為貶損自己，完成父親的未竟之業，用自己的孝心感動天下萬世之人，這樣才能有助於穩固父親在明堂的靈位，使他能夠享受到祭品。這是禹的痛心之處，也是他的大孝所在。

原文：

　　有虞氏禘黃帝而郊嚳，祖顓頊而宗堯。夏后氏則禘黃帝而郊鯀，祖顓頊而宗禹。放命圯族之一罪人，儼然與天地相配，此時禹亦有大不安處。故進粗糲，御枲綖，居茅茨，刊山浚川之事，與此身相為終始。無非身自貶損，以幹父之蠱，以孝思感動天下萬世，乃得濟我父於明堂之位，而享茲苾芬者。此禹之痛心，禹之大孝也。

子罕第九

罕言章

子罕言利，與命，與仁。

＊ 譯文：

　　孔子平時很少談及利和命、仁。

朋友圈縱橫談

※ 張　岱

> 　　是「罕言」，不是「不言」。是「利，與命，與仁」，不是利、命、仁。是說雖然很少談到「利」，但「命」和「仁」也是和「利」一樣是很少談論到的。記錄者不想把天理和欲望放在一起說，所以用了兩個「與」字。
>
> 原文：
>
> 　　是「罕言」，不是「不言」。是「利，與命，與仁」，不是利、命、仁。蓋謂利固罕言，命與仁，亦與利而罕言。記者不欲以理欲混說，故着二「與」字。

達巷章

達巷黨人曰：「大哉孔子！博學而無所成名。」子聞之，

謂門弟子曰：「吾何執？執御乎？執射乎？吾執御矣。」

✳ 譯文：

　　達巷黨人說：「偉大啊孔子！博學卻沒有能夠成就名聲的技藝。」孔子聽到了，對門下弟子說：「我要做什麼呢？從事駕御嗎？還是從事射擊呢？我情願從事駕御。」

朋 友 圈 縱 橫 談

※ 張　岱

　　孔子說「大哉堯之為君」，「民無能名焉」。達巷的鄉人卻說「大哉孔子！博學而無所成名」。這是極度地尊崇孔子。孔子也沒有說到「大」「博」「名」這些東西，而是把平常的技能，自己掂量了一番，發現都是學習而來的，都是可以成名的，這其中虛靜恬淡的意思，不是語言所能表達的，所以只能從「子聞之謂門弟子」這七個字上進行思考。

　　達巷黨人指的就是項橐，他七歲的時候就做了孔子的老師。「大哉孔子！博學而無所成名」，是孔子一生中第一的畫像贊詞，這和儀封人說「天將以夫子為木鐸」那句話，都是講了世人不敢講的話。孔夫子的知己，沒有超越這兩個人的了。

原文：

　　孔子謂「大哉堯之為君」，「民無能名焉」。達巷黨人卻說「大哉孔子！博學而無所成名」。尊之極矣。孔子也不說個「大」，也不說個「博」，也不說個「名」，只就平常技藝事，自己籌度一番，見無之非學，無之非名處，此際沖漠意思，非言能

傳，故只「子聞之謂門弟子」七個字上着想。

達巷黨人即項橐，七歲而為孔子師。「大哉孔子！博學而無所成名」，是孔子一生第一像贊，與儀封人「木鐸」一語，都是開世人不敢開之口。夫子知己，無過此兩人。

麻冕章

子曰：「麻冕，禮也；今也純，儉，吾從眾。拜下，禮也；今拜乎上，泰也。雖違眾，吾從下。」

✽ 譯文：

孔子說：「穿戴麻製緇布冠，是禮啊；現用絲來代替，很節儉啊，我遵從眾人。臣向君行禮，拜於堂下，是禮啊；現在卻在堂上行拜禮，很傲慢啊。即使違背眾人，我也要選擇拜於堂下。」

朋友圈縱橫談

※ 張　岱

想說「拜上」之禮，而先說「黑絲」，是在記錄變化的開始。孔子惋惜禮節漸失的意思是隱藏於此的。說到「下」，是說對定公、哀公有很多不滿。

原文：

　　說「拜上」，先說「純」，志始變也。聖人惜繁纓之意隱然。言「下」，所謂定、哀之間多微詞耳。

※ 張　岱 _____

　　「儉」這一個字，是孔子從變化的禮中勉強看到的一個好處。如果只是呆板地將它作為實際來講，就是錯誤地理解了「速貧」「速朽」這些話。

原文：

　　「儉」之一字，是聖人從變禮中勉強看出他一段好處。若呆講，實講，便誤認「速貧」「速朽」之語。

絕四章

　　子絕四：毋意，毋必，毋固，毋我。

❋ 譯文：

　　孔子避免四種行為：無私意、無期必、無執滯、無私己。

朋友圈縱橫談

※ 張　岱 _____

　　孔子自己說「無可無不可」，與這句話的大意是相同的。劉

三二三

子罕第九

貢父説孔子和佛教的説法，是內外相互配合、共為一體的。孔子
説「毋意、毋必、毋固、毋我」，而佛陀説「無我、無人、無眾
生、無壽者」，這兩句話像是一個人説的。

原文：

　　夫子自言「無可無不可」，與此同旨。劉元城曰孔子佛氏之
言，相為表裏。孔子言「毋意、毋必、毋固、毋我」，而佛言「無
我、無人、無眾生、無壽者」，其言若出一人。

※ 張子韶

　　本章將「毋」為「絕」等同起來，但二者還是不同的。我認
為記錄這句話的弟子見解不是很到位，如果聖人真的「絕」，那
麼不知道「毋」又該怎麼解釋呢？

原文：

　　子韶云：以毋為絕絕非毋，自謂門人見處疏，若使聖人真個
絕，不知毋理卻如何？

文在章

　　子畏於匡，曰：「文王既沒，文不在茲乎？天之將喪斯
文也，後死者不得與於斯文也；天之未喪斯文也，匡人其如
予何？」

※ 譯文：

孔子在匡地被當地人包圍，說：「文王已經逝去，禮樂制度文明不就在我這裏了嗎？天如果想要此禮樂制度喪失，後來人是聽聞不到這種制度文明了啊；天如果不想要這種制度文明喪失，匡地的人能將我怎麼樣呢？」

朋友圈縱橫談

※ 管東溟

玩味「天之未喪斯文」這句話，應該是指贊《易》這件事情。《易》由伏羲開創，是萬世文字的鼻祖，周文王將《易》演算為繫辭，所以當年文王就囚禁在羑里這個地方而沒有死亡。孔夫子研究《易》以至於韋編三絕，道就在他的身上，匡地的劫難怎麼能傷害得了他呢？

原文：

管東溟曰：玩「天之未喪斯文」，當指贊《易》一事說。《易》始於羲皇，為萬世文字之祖，文王演之為辭，故羑里不足以死文王。夫子韋編之披，文在茲矣，匡難如何害得？

※ 張　岱

陽貨曾經在匡這個地方實施暴行，孔子的弟子顏尅當年跟陽貨在一起。孔子去陳國路過匡，顏尅駕着車，匡人認識顏尅，而孔子相貌又像陽貨，所以匡人持着兵器將孔子一行人圍困了五天。孔子彈着琴歌唱，聲音和樂曲都很哀傷。這時，暴風襲來，匡人軍士都被吹倒了，於是匡人才知道孔子是聖人，便自行解圍離去。

原文：

　　陽貨曾暴於匡，夫子弟子顏尅時與虎俱。夫子適陳過匡，顏尅御，匡人識尅，夫子貌又似貨，匡人以兵圍之五日。孔子乃和琴而歌，音曲甚哀。有暴風擊軍士僵仆，於是匡人乃知孔子聖人，自解去。

※ 蘇　軾

　　如果處於患難之中而不悲傷，這樣的人與木頭石頭有什麼區別呢？

原文：

　　蘇子瞻曰：「居患難而不戚戚，此與木石何異？」

※ 張　岱

　　「文不在茲」跟「吾道非耶」那句話的意思是一樣的。一番憂慮疑惑，一番提點警醒，吉凶都與百姓一起承受。

原文：

　　「文不在茲」，即「吾道非耶」之語。一番憂疑，一番提醒，吉凶與民同患。

多能章

　　太宰問於子貢曰：「夫子聖者與？何其多能也？」子貢

曰：「固天縱之將聖，又多能也。」子聞之，曰：「太宰知我乎！吾少也賤，故多能鄙事。君子多乎哉？不多也。」牢曰：「子云：『吾不試，故藝。』」

※ 譯文：

　　太宰問子貢：「孔夫子是聖人嗎？為什麼他又這麼多能呢？」子貢說：「一定是天要使夫子成為聖人，同時又讓他多能啊。」孔子聽到了，說：「太宰了解我啊！我年少時，地位低賤，所以會做很多鄙陋之事。君子需要多能嗎？不需要啊。」琴牢說：「孔子說過：『我不為世所用，所以習得了一些技藝。』」

朋友圈縱橫談

※ 楊復所

　　這是孔子親口說的，而後世有人不相信，又勉強用各種方法加以曲解，是很可笑的。太宰本來就知道聖學不以多才多藝為貴，所以問子貢：「夫子聖者與？何其多能也？」是在質疑聖人不需要多種才能，而子貢的回答尚有許多瑕疵，他的見解並不徹底清楚。所以孔子說太宰了解我，正是為了點撥子貢，這句話應該與《多學而識章》互相參照着理解。「固天縱之將聖」與「川之方至」「日之將升」的意思是相同的，並不是謙虛的說法。

原文：

　　楊復所曰：此夫子親口語也，而後人不信，又必曲為之說，亦大可笑已。蓋太宰原知聖學不貴多能，故問子貢曰：「夫子聖者與？何其多能也？」疑聖不必多能也，而子貢之言尚多夾帶，

未見徹底澄清。故夫子謂太宰知我，正是點化子貢處，當與《多學而識章》參看。「固天縱之將聖」與「川之方至」「日之將升」同解，不作謙詞。

※ 張　岱

　　子貢有很多才能，所以聖人教育子貢，也從「多能」這個角度，就像是用繡球來馴服獅子的方法。所以以前説曾子用「陽秋」「江漢」來説孔子，只是曾子心目中的孔子；孟子用「小魯」「小天下」來説孔子，只是孟子心目中的孔子；子貢用「多能」「天縱」來説孔子，只是子貢心目中的孔子。就像盲人摸象一樣，摸到耳朵的人以為大象像簸箕，摸到鼻子的人以為大象像木棒，摸到象牙的人以為大象像長矛；摸到大象身體的一部分，都把牠們當作大象。其實大象的整體面貌，不是盲人所能揣摩得到的。

原文：

　　子貢多能，聖人調伏子貢，亦以多能，蓋以繡毬馴獅子法也。故昔人有言曾子以秋陽、江漢説夫子，只成得曾子之夫子，孟子以小魯、小天下言夫子，只成得孟子之夫子，子貢以多能、天縱言夫子，亦只成得子貢之夫子。如盲人摸象，得耳者以為如簸，得鼻者以為如杵，得牙者以為如槊；摸得一體，皆以為象。其實象之全體，非盲者所能揣摩得也。

鄙夫章

子曰：「吾有知乎哉？無知也。有鄙夫問於我，空空如

也。我叩其兩端而竭焉。」

✳ 譯文：

　　孔子説：「我有知識嗎？我沒有知識啊。有地位低下的人曾來問我，我心中空空如也。我只不過是將事物的兩端都反過來叩問他，一步步問到窮盡處，就明白了。」

朋友圈縱橫談

※ 張　岱

　　鏡子自己沒有影像而能照出影像，大江沒有影子而能照出月的影子，風吹入孔洞而發出聲音相和，鐘受到擊打而響聲傳遍四方，什麼都沒有，所以什麼都有。隨時問就隨時反過來叩問，叩問不是由我主動發出的，隨時叩問隨時窮盡，我也不保留什麼，「吾有知乎哉？無知也。」

原文：

　　鏡無相而相現，江無影而月來，風入竅而于喁，鐘受擊而響徹，全體無，故全體有也。隨問隨叩，叩不由我，隨叩隨竭，我亦不留，「吾有知乎哉？無知也。」

鳳鳥章

子曰：「鳳鳥不至，河不出圖，吾已矣夫！」

孔子説：「鳳鳥不來這裏鳴叫，黃河中沒有龍馬背負着圖浮出水面，我大概是完了吧！」

朋友圈縱橫談

※ 張　岱

鳳凰築巢在阿閣，麒麟遊苑，都是帝王的吉祥預兆。沒有聖明的君王，世人也不以我的思想為宗，等到魯國獵獲麒麟時孔子掩面而泣，涕淚沾濕衣袍，感慨至深。

原文：

鳳巢阿，麟遊苑，都是帝王祥瑞。明王不作，世莫宗予，及至獲麟掩泣，涕下沾袍，感慨極矣。

子見章

子見齊衰者、冕衣裳者與瞽者，見之，雖少，必作；過之，必趨。

＊ 譯文：

先生見到穿着喪服的人、戴着帽子穿着盛裝的人以及盲人，他們如果來見先生，先生必定會從座位上站起來，即使是年輕人也一樣。若是從他們身邊走過，必定會改步疾行。

※ 張　岱

聖人敬畏大人，所以見到戴禮帽的人一定會改步疾行。因為他可敬而對他恭敬，和我有什麼關係呢？這之間是自然自在的，沒有什麼不平順。孟子藐視大人，所以說「我何畏」，他的心中還有一個「我」存在，可以看出他作為賢人的剛健氣象。

原文：

聖人畏大人，故見冕者必趣。因其可敬而敬之，於我何與？此際渾然自在，風波不起。孟子藐大人，故曰「我何畏」？彼胸中有個我在，便見賢人岩岩氣象。

喟然章

　　顏淵喟然歎曰：「仰之彌高，鑽之彌堅。瞻之在前，忽焉在後。夫子循循然善誘人，博我以文，約我以禮，欲罷不能。既竭吾才，如有所立卓爾。雖欲從之，末由也已。」

※ 譯文：

　　顏淵歎着氣說道：「仰望它，愈望愈高，鑽研它，愈鑽愈堅。看它好像一會兒在前，一會兒在後。孔夫子善於有次序地引導人前進，用知識來豐富我，用禮儀來規約我，想要停止都不能夠。我已經窮盡了我的才智，卻看到它在前面卓爾矗立。即使我再想往前跟上，卻感到不知何路可走。」

※ 張 岱

「高」「堅」「前」「後」，就是「末由」的情景，整句話的前後是同一個要點，這樣才能體現「喟然」的神情語氣。如果把前面的部分當做是沒有到達境界的話語，那麼就變成了一種敍述，不是「分明動靜應無相，不覺龍宮吼一聲」的得道境界了。

作這道題的人，顏回沒有說一個「道」字，才算是高手。

這個時候顏回連肢體都不用，心中眼裏的東西全部忘記，就好像是探驪得珠，龍珠到手之後，回來再回想龍穴，已經不知道在哪裏了。道的精妙、心的關鍵都從「末由」這一句話中體現出來，凡是説顏回苦苦追尋孔子卓然而立，沒有達到同一境界的説法，都不亞於癡人説夢。

原文：

高堅前後，正「末由」光景，前後總是一個機關，才接得喟然神氣。若把前節做未到手說話，是敍體，不是因地一聲境界。

作此題者，顏子口中不露一「道」字，方是高手。

此時顏子肢體皆墮，心目盡忘，如探龍得珠，珠既在手，還想龍穴，已不知何處。道妙心機從「末由」句中一齊見出，凡謂顏苦孔卓，並未達一間者，何嘗說夢。

※ 楊貞復

用廣博來袪除分別心、愛憎心，用簡約來袪除依傍心、執著心，就可以明白「博」「約」的宗旨了。

原文：

　　楊貞復謂：以博去分別心，愛憎心，以約去依傍心，執著心，可省「博」「約」之旨。

※ 管登子

　　「末由」就是顏淵講自己的境界，過了這裏以後，未能達到的或者未能知道的，是通於天地的大道之學。孔子因此對他有「見其進，未見其止」的惋惜。

原文：

　　管登子曰：「末由」即夫子自道，過此以往，未之或知處，乃乾元統天之學也。夫子所以有「見其進，未見其止」之惜。

※ 張　岱

　　顏回卓然而立，是三十而立，他分明就是一個夭亡的聖人。

原文：

　　顏子卓立，蓋三十而立也，分明一個夭亡聖人。

※ 徐子卿

　　有人問顏回既然對聖人之道欲罷不能，怎麼又說沒有道路呢？我回答：就像雕塑佛像一樣，雖然能雕得栩栩如生，就像活的一樣，但是要真的讓它獲得靈力，誰能知道該怎麼辦呢？畫龍的人能夠在給龍畫上眼睛之後讓牠變成活的而飛走，不要說沒有這樣的事，畢竟是因為大家都不知道這樣的方法。

原文：

　　徐子卿曰：或問顏淵既欲罷不能，又何言莫由？余云：如塑佛像，雖能使生意流動，儼然如活，要得靈感，孰知其由？畫龍者之點睛飛去，莫道無此事，畢竟無此法。

※ 周季侯

　　凡是到了人的心力不足的時候，才開始感歎。「喟然」兩個字，正是「欲從」「莫由」的真實景象。記錄者通過這種描述來摹畫顏回的神情，大有想象空間。

原文：

　　周季侯曰：凡人到心力莫用處，始發之歎。「喟然」二字，正「欲從」「末由」之真景象也，記者以此擬其神情，絕有可想。

※ 丘毛伯

　　兩個「彌」字，一個「忽」字，就是卓然而立的情境，這是頓悟了之後再來談未悟之前的情景。這是感慨道的話語，不是求取道的話語；是已經得道所説的話，不是剛入門説的話。

原文：

　　丘毛伯曰：兩「彌」字，一「忽」字，正是立卓之境，此是悟後譚迷。乃歎道語，非求道語；乃既得語，非初入語。

※ 張　岱

　　這是顏回離開了保姆，放下了拐杖開始獨立時的情景。俗話説大象生下小象，等到小象長大，比母象還要大，怎麼可能讓

小象重新回到母象肚子裏呢？況且「末由也已」，哪裏是說沒有辦法呀，就像是一個行者到了自己家，自然就在自己家歇息了，忽然作為主人出現，即便想跟隨別人，也是不可能的。「所立卓爾」，已經是聖人修行圓滿的力量了。

原文：

　　此顏子離卻保母，放下拄杖時光景。俗言大象生下小象，比長成，大於象母，豈可使之入象母腹中耶？且「末由也已」，豈是沒法的話，蓋如行者到家，自然止息自家，主人陸地出見，雖欲從人，不可得已。「所立卓爾」，已是聖人成位乎中力量。

為臣章

　　子疾病，子路使門人為臣。病間，曰：「久矣哉，由之行詐也！無臣而為有臣。吾誰欺？欺天乎？且予與其死於臣之手也，無寧死於二三子之手乎？且予縱不得大葬，予死於道路乎？」

＊ 譯文：

　　孔子病得很嚴重，子路讓門人擔當孔子的家臣準備喪事。病稍好時，孔子說：「很久了啊，子路你的行為是欺騙啊！我本沒有家臣卻有了家臣，這是欺騙誰呢？欺騙上天嗎？況且與其死在家臣的手裏，不如寧願死在你們這些弟子的手裏！而且我縱使不能夠進行大葬，難道還能死在路上沒人安葬嗎？」

　　這跟孔子不肯厚葬顏回是一樣的想法，因為君道、師道，孔子知道它們各有自己的位分。何必去借用君道，以此為貴？「臣之手」「二三子之手」，語言很有意味，後世把文宣王的諡號封贈給孔子的，全都是不了解他的人。

　　後來孔子拖着手杖自在行走，歌詠泰山、梁木，臨終前的一段情景，多麼灑脫磊落，多麼超然曠達！子路用「為臣」來侮辱孔子，可見學問是多麼粗淺。

原文：

　　此與不肯厚葬顏子一個念頭，蓋君道師道，夫子知其有分耳。何必復借君道，以為重乎？「臣之手」「二三子之手」，語極有味，固知後之以文宣王諡孔子者俱不知孔子者也。

　　後來曳杖逍遙，歌泰山，歌梁木，臨終一段光景，何等灑落，何等超曠！乃以「為臣」辱吾孔子，子由學問如此粗淺。

美玉章

　　子貢曰：「有美玉於斯，韞匵而藏諸？求善賈而沽諸？」子曰：「沽之哉！沽之哉！我待賈者也。」

　　子貢說：「如果有一塊美玉在這裏，是裝在匣子裏藏起來呢？還是求得好的價錢把它賣掉呢？」孔子說：「當然是賣掉它，賣掉它！我只是在等人出價。」

朋友圈縱橫談

※ 張　岱

　　「沽之哉」，用「沽」字來破解他的「藏」字，「我待賈」，用「待」字來破解他的「求」字。依着他說的話來回答他，子貢是有意的，孔子是無心的。

原文：

　　「沽之哉」，「沽」字破他「藏」字，「我待賈」，「待」字破他「求」字。就其言而答之，子貢有意，夫子無心。

※ 張　岱

　　孔夫子稱許子貢為瑚璉，子貢比喻夫子為美玉，是他們相互欽佩看重對方。入世出世之際，只是一個「待」字，多麼平和中正，多麼圓融自然！

原文：

　　夫子許子貢以瑚璉，子貢諒夫子為美玉，是其兩下自相欽重處。出處之際，只一「待」字，何等平正，何等圓成！

居夷章

子欲居九夷。或曰：「陋，如之何？」子曰：「君子居之，何陋之有？」

✳ 譯文：

孔子想要去九夷之地居住。有人對他說：「那兒太簡陋閉塞了啊！你要怎麼住下啊？」孔子說：「有君子居住的地方，哪裏會簡陋閉塞呢？」

朋友圈縱橫談

※ 王陽明

不一定要說「所居則化」，這句話還有所滯礙，中原的君子可以居夷狄、可以處患難，沒有什麼情況下是不能自得的。九夷的閉塞，對君子有什麼影響呢？所以說：「何陋之有？」

原文：

王陽明曰：不必說「所居則化」，此言礙了，中國君子可夷狄、可患難，無入而不自得。九夷之陋，於君子何有焉？故曰「何陋之有？」

※ 徐子卿

不能說你是你，我是我，你閉塞任你閉塞，我居住隨我居

住，如果是這樣，那麼君子就不能被稱為君子了。

原文：

　　徐子卿曰：說不得爾為爾，我為我，陋自陋，居自居，若然，則君子且不得為君子矣。

※ 張　岱

　　只有明確說出君子能到所到之處就不閉塞落後的關鍵，才能繼續下去，不然孔夫子就好像在跟別人抬槓，像柳下惠那樣不夠莊重了。（「伯夷隘，柳下惠不恭」出於《孟子·公孫丑上》。）

　　泰伯居住在吳國，箕子居住在朝鮮，未嘗不是居住在蠻夷之地。聖人到了那裏，自然有精妙的作用，不要認為是毫無作用。如果只是為了避開一些地方避開一些人，何必要遠遠離開中原地區呢？

原文：

　　要明白說個君子能到處不陋的把柄，才有下落，不然，則夫子亦似與人掉口，涉柳下之不恭矣。

　　泰伯句吳，箕子朝鮮，未嘗不是居夷。聖人至此，自有妙用，不要太說得毫無作用。若只要避地避人，何必遠去中國？

樂 正 章

子曰：「吾自衛反魯，然後樂正，《雅》《頌》各得其所。」

孔子說：「我從衛國返回魯國，然後開始釐正禮樂，使得
《雅》和《頌》能夠各得其所。」

朋友圈縱橫談

※ 鄭夾漈

孔子編寫《詩經》，是為了在燕饗和祭祀的時候，用來當作
登堂時演奏的樂歌的，而不是用來說明義理的。古代的詩，相當
於現代的詞曲。可惜注解者都沒有提及到釐正音樂，只是像為詩
作序。

原文：

鄭夾漈曰：仲尼編《詩》，為燕享祭祀之時，用以升歌，而
非用以說義也。古之詩，今之詞曲也。惜作者每於正樂無着，只
似序詩耳。

※ 張　岱

這一章是釐正音樂，而不是釐正《詩經》，不是說《詩經》
有殘缺或次序混亂的情況。舞佾、歌雍，都不是它們原來該有的
樣子。

原文：

此章是正樂，不正是《詩》，非殘缺失次之謂也。舞佾、歌
雍，皆是不得其所。

《雅》《頌》都是周天子用的樂章，就是孟子所說的「王者之跡」。孔子念念不忘地復興周禮，不得已將復興周禮的願望寄託於魯國；離開衛國，是在陳國之後，感慨良多。先是釐正《樂記》，然後再寫《春秋》，唉！用心良苦啊！

原文：

湯霍林云：《雅》《頌》皆周天子樂章，即孟子所云「王者之跡」也。倦倦興周，不得已寄周於魯；去衛，在陳之後，無限感慨。一正《樂》，再作《春秋》，噫！苦矣！

古樂留存在魯國，亂世之音始現於衛國，所以孔子釐正音樂，正好是在從衛國返回魯國的時候，讀者應當看到這一點。

原文：

古樂存於魯，變風始於衛，故孔子正樂，適值自衛反魯，看官著眼。

何有章

子曰：「出則事公卿，入則事父兄，喪事不敢不勉，不為酒困，何有於我哉？」

孔子説：「出外則侍奉公卿，入內則侍奉父兄，有喪事不敢不盡力去做，不會飲酒過度而迷亂，這對於我而言有什麼問題呢？」

朋友圈縱橫談

※ 李 贄

平常人認為容易的東西，聖人認為是難的，這就是聖人之所以為聖人的原因。

原文：

李卓吾曰：「常人以為易者，聖人以為難，此其所以為聖人。」

※ 張 岱

人仔細反思，僅僅「入則孝，出則悌」、穿衣吃飯，就有多少不合心意的地方，不要被自己馬馬虎虎地掩飾過去。

孔子説「侍奉公卿」，孟子説「藐視大人」，這就是聖人和賢人的區別。

原文：

人細細體認，只一入孝出弟、穿衣吃飯，有多少不洽意處，莫被自家草草瞞過。

孔子説個「事公卿」，孟子説個「藐大人」，此是聖賢分量。

川上章

子在川上曰：「逝者如斯夫不舍晝夜。」

✻ **譯文：**

孔子站在河邊說：「逝去的一切就像這流水一般日夜不停歇。」

朋友圈縱橫談

※ 張　岱

這一段應該是完整的一句，「如斯」是「斯」就是指水，孔子分明就是在說道體就像水一樣不停息，千年以來沒有人看透。

原文：

本文只一句讀下，「如斯」，「斯」字即水也，聖人分明謂道體不息若斯水也，千年來未有人窺破。

※ 楊復所

「逝者如斯夫不舍晝夜」，是一句歎息光陰的話。很多解說者都認為孔子是在說大道或造化的機關，這反而是離孔子原意遠了，認真體會，自己就會明白。

原文：

　　楊復所云：「逝者如斯夫不舍晝夜」，是一句歎惜光陰之語。說者都說道機化機，反說遠了，細細體會，當自得之。

※ 張　岱

　　孔子離開魯國而彈奏《龜山操》，是在感歎道的停止而不運行。在水邊感歎流逝，是在感歎道的運行而不止息。

　　桓子野每次見到好看的山水，就大喊「奈何」，孔子這裏，也是包含着一腔深情。

　　「木猶如此，人何以堪！攀枝執條，眩然流涕。」曹操因壯士暮年而唱出老驥伏櫪之歌，劉備因長期閒居身體發胖而傷心哭泣，都是這個意思。

原文：

　　孔子去魯而操《龜山》，蓋歎道之止而不行也。在川而歎逝者，蓋歎道之行而不止也。

　　桓子野見山水佳處，輒呼奈何，夫子於此，亦有一往深情。

　　「木猶如此，人何以堪！攀枝執條，眩然流涕。」曹孟德伏櫪之歌，劉荊州撫髀之泣，皆同此意。

一簣章

　　子曰：「譬如為山，未成一簣，止，吾止也。譬如平地，雖覆一簣，進，吾往也。」

　　孔子說：「比如堆一座山，只少了一簣土沒有能夠完成，停止了，這是我自己停止的啊；比如在平地上，即便是僅堆一簣土，往前進了，也是我自己往前進的啊。」

朋友圈縱橫談

※ 張　岱

　　前進不是隨意亂闖，九仞那麼高的山形，已經成竹在胸，所以一切都不能阻撓，這是就剛開始堆土時的神情而言的。

　　譬如說堆一座山，如果先說前進，後說停止，就是像強弩之末一樣沒有逆轉的勢頭了。只有先說停止，隨後說前進，衰竭而又興起，滅絕而又新生，有無限鼓舞的意思在裏面。

原文：

　　進往不是浪前，九仞之形，胸中已算定成局，故一切不能阻撓，就方覆時神情言之。

　　譬如為山，若先說進，後說止，便是強弩之末無轉勢。惟先說止，隨後說進，衰而復起，絕而復生，有無限鼓舞人意思在。

※ 張　岱

　　英雄剛開始建立大業的時期，沒有半寸祖上留下的土地可以憑藉；奠定霸業興起王事，馬上就能辦到；被滅亡的國家的君臣，盡情享樂、怠惰傲慢，連召集一個旅的軍隊、派出一個使者都做

不到，一步沒有走好，大勢已去，這就是功虧一簣。

原文：

　　英雄草創，不階尺土；定霸興王，咄嗟立辦；勝國君臣，般樂怠傲，振一旅之師，發一介之使，尚且不能，一着不到，大事去矣，此是功虧一簣。

不惰章

子曰：「語之而不惰者，其回也與！」

＊ 譯文：

　　孔子説：「跟他説了之後，他就能力行不怠的，是顏回吧！」

朋友圈縱橫談

※ 張　岱

　　跟他説話的時候精神清醒勃發，思維流暢活躍，旺盛的樣子不能自己停止，這才是「不惰」。是描寫出了精通應對的樣子，不可以説是行動的時候不怠惰。

原文：

　　語時精神醒發，流暢活動，勃勃乎不能自已處，是不惰。蓋描寫出妙解形狀，不可説行時不惰。

　　駿馬走斜坡的時候，自己一步也不會停留，如果等着鞭子抽打，那還是一匹劣馬。

原文：

　　駿馬走阪，自不能停留一步，若待鞭影，尚是駑駘。

惜乎章

子謂顏淵曰：「惜乎！吾見其進也，未見其止也。」

＊ 譯文：

　　孔子談及顏淵，説：「可惜啊！我見到他的前進，卻沒有見到他停止的時候啊。」

朋友圈縱橫談

※ 張　岱

　　李肅敏公曾經問別人這一章的含義，對方回答：「是歎息顏回還在路途中，尚未到家的意思！」李肅敏公開心地説：「正和我的意見一致，現在人們都認為『止』是『止，吾止也』的『止』，只知道聖賢終身從事學習，而不知道這其中有大的停止休歇的地方，這是因為不明白『止』的緣故。」

朱熹説：「顏回沒有到達最終的境界。」顏回快速向前猛奔，還沒有到收韁勒馬的時候。

原文：

李肅敏公嘗問人以此章義？對曰：「惜他尚涉程途，未得到家耳！」公欣然曰：「正合鄙見，今人皆為『止，吾止也』之『止』，但知聖賢終身從事於學，而不知自有大休歇之地，則『止』字不明故也。」

朱子曰：「顏子未到那成就結果處。」顏子絕塵而奔，尚未到收韁勒馬。

※ 謝良佐

其他學習者才有一點兒收獲就停止了，顏回善於學習，所以孔子才發出只看到他前進、沒見過他停止的感歎。必須在取得很高成就之後，還能夠百尺竿頭更進一步才可以。

原文：

謝上蔡曰：學者些有所得便住，顏子善學，故孔子有見其進，未見其止之歎。須百尺竿頭，更進一步始得。

秀實章

子曰：「苗而不秀者有矣夫！秀而不實者有矣夫！」

　　孔子說：「長出苗卻沒有結成穗，是有的啊；結成穗卻沒有長出果實，也是有的啊。」

朋友圈縱橫談

※ 張　岱

　　兩個「有矣夫」，是說這種情況是出於常理之外的，感慨不應該是這樣，讓人去思索為什麼會出現這種情況的原因。這是一直說下去的，不能將這兩句話看作是並列的。

　　五穀不成熟，還不如莨、稗這兩種野草，可惜還糟蹋了穀種。

原文：

　　兩「有矣夫」，謂其出於常理之外，歎其不應有此，令人思其所以有此之故。一直說下，不可兩平。

　　五穀不熟，不如莨稗，可惜壞此穀種。

※ 丘毛伯

　　孔夫子希望人在根本的地方下功夫，人心就好像是穀種，必須培育種植灌溉之後才會漸漸生根發芽、漸漸長大結果。如果不在根本上下功夫，不開花不結果的狀況也是會有的。他說得非常令人警醒。

原文：

　　丘毛伯曰：夫子欲人在根本上用功，人心如穀種，必培植灌

溉而後漸生發、漸充滿。若不在根本上用功、甚至不秀不實者，亦有之矣。說得煞甚警醒。

可畏章

子曰：「後生可畏，焉知來者之不如今也？四十、五十而無聞焉，斯亦不足畏也已。」

＊ 譯文：

孔子說：「年輕人是值得敬畏的，怎麼知道以後的人就不如現在的呢？直到四十、五十歲卻仍舊默默無聞，這也就不足以令人敬畏了。」

朋友圈縱橫談

※ 張　岱

「焉知來者」這一句，是讚美年少者，又是激勵年少者；「無聞」這兩句，是說年少者現在的狀況。年紀老邁之後的傷悲，都是由於年少時候的不努力，不是一直到了四十、五十的年紀時才不努力。

原文：

「焉知來者」句，為後生賈壯，又為後生加鞭；「無聞」二句，即就後生當下說。蓋老大傷悲，全由少壯不努力，不是直到四十、五十時。

　　朱熹說：「人三十歲以前進步，三十歲以後進步不多。」我認為進步也是不一樣的。三十歲以前就像剛開始生長的草木，氣勢盛大，每一天都有改變，但是也有很多沒用的東西，必須刪除一些才可以。三十歲以後則像是開花結果，雖然變化不多，但是到這個時候才好醞釀真實的東西。

　　松柏的姿態，是越經歷風霜越茂盛；蒲草柳樹，則是快到秋天的時候就凋零了。人不用等到四十、五十的時候才能看清楚。

原文：

　　朱子云：「人三十以前長進，三十以後進不多。」余謂長進亦自不同。三十以前如草木初生，氣勢勃然，一日改變一日，卻也有許多不中用的，須芟削始得。以後則開花結果，雖不多，到此才好商量實際。

　　松柏之姿，經霜彌茂；蒲柳之質，望秋先零。不必到四十、五十方見分曉。

法語章

　　子曰：「法語之言，能無從乎？改之為貴。巽與之言，能無說乎？繹之為貴。說而不繹，從而不改，吾末如之何也已矣。」

＊ 譯文：

　　孔子說：「別人告訴正直的言論，能夠不聽從嗎？能夠更改

才是最可貴的啊。別人用委婉的話語來引導，能夠不高興嗎？能夠聽出言外之意才是最可貴的啊。如果只是高興卻不尋找言外之意，只是聽從卻不更改，我就不知道該拿他怎麼辦了。」

朋友圈縱橫談

※ 張 岱

> 沒有「從」「悅」，引發不出「改」「繹」來，只是為了讓他做到底。「末如之何」是激發他的語言，不是絕望的語言。

原文：

> 無從悅，引不出改繹來，只要他做到底。「末如之何」是激發語，不是絕望語。

※ 楊復所

現在的人糊塗，把這句話當作「巽語之言」讀過去，殊不知「與」字非常精妙。是說將告誡的話語，委婉地跟他說！一個字有變化而文章的條理變成了這樣。

原文：

> 楊復所曰：今人混賬，都作「巽語之言」讀過，殊不知「與」字極妙。謂即以法語之言，巽與之言耳！一字變化而文章條理如此。

※ 張 岱

> 誇大的語言和恭順的語言沒有什麼不同，有的是委婉地說，

有的是詼諧地說，這正是應該三思的地方。如果是勸誡的語言，直截了當，只有遵從或不遵從而已。

原文：

> 危言與言遜不是兩樣，或委蛇其說，或滑稽其詞，此處政當思繹。若法語之言，直捷痛快，止有從不從而已。

※ 徐子卿

「繹」字不用講太深了，就是「繹如也」的「繹」字。恭順的語言，原本就不會觸犯別人，既然開心了，應該常常會有這種想法，連綿不絕，自然就妥當了。總的來說，遵從而去改正，是斬得斷舊惡；開心而尋繹，是持續的時間長。

原文：

> 徐子卿曰：「繹」字不須講深了，即繹如也之「繹」。巽言，元不曾觸犯人，既歡喜了，須是常常作此想頭，絡繹不絕，自然停當。總之，從而改，是斬得斷；悅而繹，是緝得長。

志帥章

子曰：「三軍可奪帥也，匹夫不可奪志也。」

※ 譯文：

孔子說：「三軍之眾，可以強取他們的元帥。而匹夫一旦立下志向，卻不可改變。」

※ 張 岱

> 不說「聖賢」而說「匹夫」。借用在小的事情上執著守信
> 的人，來言說「志」。從三軍之眾中強取主帥，也不是容易的事
> 情，如果說一件太容易的事情，反而顯不出下一句的氣勢了。
>
> 宋代的石工安民不肯在奸臣蔡京所頒的「元祐黨人碑」上刻
> 上自己的名字，就是匹夫不可奪志的例子。
>
> 原文：
>
> 不曰「聖賢」而曰「匹夫」。借小信之夫，以尊言志也。三
> 軍奪帥，亦非易事，若還太說容易，反顯下句不出。
>
> 安民不肯鐫名黨碑，便是匹夫不可奪志。

縕袍章

子曰：「衣敝縕袍，與衣狐貉者立，而不恥者，其由也
與？『不忮不求，何用不臧？』」子路終身誦之。子曰：「是
道也，何足以臧？」

※ 譯文：

孔子說：「穿着破舊麻製的袍子，和穿着狐裘貉絨的人站在
一起，而不會感到恥辱的，只有由了吧！『不害人，不貪心，做
什麼不是好的呢？』」子路便常常朗誦此詩句。孔子說：「這樣
的道，又怎麼能算是好呢？」

※ 張　岱

　　這就是佛教中破除執著的說法。一執著，不但沒有達到的境界不能進步，就算是已經得到的也變成了不能消化的東西。老子說:「人們知道善的東西是善的，就是不善了！」也是這個意思。無窮的學問，還在語言之外。

原文:

　　此即佛家破執之說。蓋一執，則非獨未得者不能進，即已得者亦塊磊不化之物矣。老子曰:「人知善之為善，斯不善矣！」亦即此意。學問無窮，尚在言外。

※ 李　贄

　　「何足以臧」，是讓他去思考，是道，為什麼就是「足以臧」？不是又要說他「不臧」，而是要指出他如此就自滿的想法。天龍禪師問祖師「道」在什麼地方？祖師回答:「在你的手指上。」天龍禪師整天直愣愣地坐着，看着自己的一根手指。祖師從他後面拿着一把鋒利的刀將他的手指截掉，天龍禪師頓悟。

原文:

　　李卓吾曰:「何足以臧」，叫他去想，是道也，緣何便「足以臧」？不是又說他「不臧」，是要挑他如斯而已乎念頭處。天龍問祖，道在何處？祖師曰:「道在女指上。」天龍終日兀坐，看其一指。祖師從背地持利刃截去一指，天龍大悟。

歲寒章

子曰：「歲寒，然後知松柏之後彫也。」

✳ 譯文：

　　孔子說：「要到歲寒，然後才知道松柏是最後凋零的啊。」

朋友圈縱橫談

※ 楊椒山

　　松柏雖然在天冷的時候也不凋謝，然而顏色和春夏的時候還是稍有不同的。到了春夏，欣欣向榮蒼翠欲滴，好像在與桃李爭芬芳，看起來與天冷的時候又不一樣了。不知道天冷的時候的顏色是它的本色還是春夏時候的顏色為它的本色？松柏，固然是隨着時間的不同而有所不同。然而我們的節操，應該比松柏還要高尚，然後才是可以的。

原文：

　　楊椒山曰：松柏雖歲寒不凋，然色視春夏則少異矣。及至春夏，欣然蒼翠，若與桃李爭芬者，視歲寒時又異焉。不知歲寒之色為本色耶？春夏之色為本色耶？則松柏者，固隨時異矣。然則吾人之操，當出乎松柏之上，然後可。

　　射干（植物名）通過依託外物而繁茂，樗櫟（植物名）因為不成材而得以終老，學識淵博的人通曉事物之理，曾沒有給予它們名字。然而留夷、揭車（香草名），自然不會與蕡、葹（惡草名）相並列。薑和桂的屬性，都是越老越辣的。提舉洞霄宮（官職名），什麼時候軟弱過呢？

　　歲寒後凋，是孔子在感慨俗人鑒識事物是多麼滯後。如果是慧眼，一看到松柏，就知道它是後凋的。鐵骨剛腸的人，看一眼就能識別出來，哪裏需要等到歲寒之後才了解呢？

原文：

　　射干以依托見榮，樗櫟以不材終老，通人達識，曾無定名。然留夷、揭車，自不與蕡葹相匹。所謂薑桂之性，老而愈辣。提舉洞霄宮，曾何繞指耶？

　　歲寒後凋，是聖人慨歎俗眼識鑒何遲。若是法眼，見松柏，就曉得是後凋。鐵骨剛腸，一見即決，何待歲寒始有知己也？

知者章

子曰：「知者不惑，仁者不憂，勇者不懼。」

※ **譯文：**

　　孔子說：「智者洞明事理所以不困惑，仁者心無偏私所以不憂慮，勇者立身正直所以不畏懼。」

※ 張　岱

「惑」「憂」「懼」三字都是與心相關的，人們知道愛慕智、仁、勇的名稱，而不知道它們都是出自心的，所以孔夫子特地指出來，其實「不惑」「不憂」「不懼」，總之都是一個不動心。名字雖然有三個，但都是統合於一心的。

有三種人能夠擔當大事，大事當前時像山一樣堅定、不可動搖：如果是智者，明白事情的道理，所以不困惑；如果是仁者，仰不愧於天，俯不怍於人，所以不憂慮；如果是勇者，膽識過人，所以不恐懼。孔子師徒在陳國、蔡國之間遭遇困厄，子貢不困惑，顏回不憂慮，子路不恐懼，孔子自己則是完全心無芥蒂，困窘、顯達、得到、失去，都將它們看作是四季、風雨的輪迴一樣自然。

原文：

「惑」「憂」「懼」三字皆從心，人知慕智、仁、勇之名，而不知本於心，故夫子特為拈出，其實「不惑」「不憂」「不懼」，總之一不動心也。名雖三分，心則合一。

三樣人皆能擔當大事，大事臨前，屹然不動：若是智者，明晰事理，故不惑；若是仁者，毫無愧怍，故不憂；若是勇者，膽氣過人，故不懼。孔子陳蔡之厄，子貢不惑，顏子不憂，子路不懼，若孔子則毫不芥心，窮通得喪，視若寒暑風雨之序矣。

共學章

子曰：「可與共學，未可與適道；可與適道，未可與立；可與立，未可與權。」

＊ 譯文：

孔子說：「可以一起學習，卻不一定可以一起向道前進；可以一起向道前進，卻不一定可以一起篤志立定；可以一起篤志立定，卻不一定可以一起權衡輕重。」

朋友圈縱橫談

※ 張　岱

「共學」「適道」「立」，都說「可與」，唯獨「權」是「未可與」而已。為什麼呢？回答：真正明白事物的道理，在於個人的領會，衡量轉移，能夠心手互換，可以互相視為莫逆之交而不是我給予他的。

自從有了權衡的說法，但凡說到權衡的，一半都是出於智謀、權術。他們不知道聖人所說的「權」，一定要在「適道」和「立」之後。這桿秤是一桿精準的秤，才可以用來衡量一切事物。

原文：

「共學」「適道」「立」，皆曰「可與」，獨於「權」，只一「未

可與」而已。何也？曰：神而明之，存乎其人，稱量推移，心手互換，可相視莫逆而卒非我與之也。

自有從權之說，而凡言權者，半出於智謀術數。不知聖人言權，必在於「適道」與「立」之後。則此秤是一條準秤，然後可以權衡萬物。

唐棣章

「唐棣之華，偏其反而。豈不爾思？室是遠而。」子曰：「未之思也，夫何遠之有？」

＊ 譯文：

《詩經》中說：「唐棣開出的花，翩翩然翻開搖動。我哪裏是不想念你呀？只是所住之地隔得太遠了啊。」孔子說：「這不是真的思念啊，（若是真思念）哪裏會遠呢？」

朋友圈縱橫談

※ 倪元璐

孔子曾經說：「吾常終日不食，終夜不寢，以思，無益。」如果他那個時候想要引用佐證，一定會引用這句詩的。可以知道「遠」與「不遠」這兩種意思都沒什麼不對。《埤雅》說：「唐棣的另外一個名字叫作移。植物的花朵，都是先合然後開。唐棣的

花，是先開然後合起來的。」所以《小雅》這首詩是用來起興兄弟之情的。

原文：

　　倪鴻寶曰：吾常終日不食，終夜不寢，以思，無益。使聖人爾時欲求證佐，必引此詩。可知「遠」與「不遠」二義俱無不是。《埤雅》云：「唐棣一名移。凡物之華，先合而後開。唐棣之華，先開而後合。」故《小雅》之詩以之興兄弟。

※ 查伊璜

　　所有的詩作，都是來源於思的。說是懷念人，是理解偏差了。思念它就能得到它，是「無邪」的全部含義。以前對此章都是當作男女之情來解釋的，這裏偏偏要當作道德來解，這是矗立於盧山之頂的高明見解。

原文：

　　查伊璜曰：凡詩之作，本於思。說懷人，一偏耳。思則得之，無邪之全義也。從來推此章作風流解，此獨要歸道德，踞躡盧山之顛。

鄉黨第十

鄉黨章

孔子於鄉黨，恂恂如也，似不能言者。其在宗廟朝廷，便便言，唯謹爾。

* 譯文：

孔子在宗族鄉里，其貌信實的樣子，好似不能言語；他在宗廟朝廷時，卻十分善於言辭，只不過很是謹慎。

朋友圈縱橫談

※ 張　岱

「唯謹」，由「便便」體現出來，語意是一貫而下的，沒有轉折，都能見得孔子敬慎處事。在朝廷和宗廟，是閒雅地說話。如果用慷慨激昂陳述觀點等語言，就不是聖人的語言了。

原文：

「唯謹」，就「便便」中形容，一直下，不作轉語，總見聖人敬事。朝廟所在，便便言之。若下慷慨論列等語，便不是聖人之言矣。

朝與章

朝，與下大夫言，侃侃如也；與上大夫言，誾誾如也。

君在，踧踖如也，與與如也。」

＊ 譯文：

　　　　孔子在朝時，與下大夫交談，其貌和悅，從容不迫；與上大夫交談，其貌中正，謙和爭辯。君主在時，其貌恭敬，威儀合度。

朋友圈縱橫談

※ 張　岱

　　　　對下大夫不過分親近不倨傲，對上大夫不爭鬥不急躁，都是孔子用自己的行動來維持朝廷綱常的表現。

原文：

　　　　對下大夫不狎不傲，對上大夫不兢不絿，總是聖人以一身維持朝常處。

使擯章

　　君召使擯，色勃如也，足躩如也。揖所與立，左右手，衣前後，襜如也。趨進，翼如也。賓退，必復命曰：「賓不顧矣。」

　　君主召來孔子擔當迎接賓客的使臣，孔子神色變得莊重恭敬，行路腳下如有戒懼一般迴旋進退。對與他站立一側同為儐相的人拱手作揖，向左邊的人作揖，便用左手，向右邊的人作揖，便用右手。衣服前後擺動，卻仍舊整齊不亂。快步前進，像鳥兒展開雙翼一般。賓客退去，必定回覆君主的使命，説：「賓客不再回來了。」

朋友圈縱橫談

※ 張　岱

　　儐禮的流程是這樣的：司儀拿着儐禮的詔書，使用儀容、辭令、揖讓的禮節，站立在東南方向，作揖，等待命令。門口只有一個小相，只有上相可以入內，進行贊禮。主人送賓客，賓客自己告辭，就是揖、趨這兩種禮節，是儐禮的固定模式。回覆命令這個環節，是孔子自創的禮節。而且按照禮節來講，召使儐相是由司寇來下命令的，記錄者獨獨改用一個「君」字，是領會到了孔子尊敬君主之心。

原文：

　　按儐禮：司儀掌儐詔，以儀容詞令揖讓之節，立東南，揖，以將命。門止一相，入唯上相，贊。主送賓，賓自告辭。則是揖趨二節，是儐之定禮。復命一節，是夫子之創禮。且按禮召儐，原命自司寇。記者獨易一「君」字，會聖人尊君之心也。

公門章

入公門，鞠躬如也，如不容。立不中門，行不履閾。過位，色勃如也，足躩如也，其言似不足者。攝齊升堂，鞠躬如也，屏氣似不息者。出，降一等，逞顏色，怡怡如也。沒階趨，翼如也。復其位，踧踖如也。

✱ 譯文：

　　孔子進入公門時，會彎曲自己的身子，好像公門容納不下一般（以示尊敬）。不會站在門中間（君主所站之地），走路不會將腳踏在門檻上。經過君主所常立之位時，神色莊重恭敬，走路迴旋進退，說話時好像不夠充足一般。牽衣升堂時，彎曲身子，屏住氣息好像不能呼吸一般。出來時，退下自堂，降下堂階一級，舒展顏色，臉上展現和悅之容。走到堂階盡頭，便快步向前，向鳥兒展開翅膀一樣。再經過君位時，依舊恭敬。

朋友圈縱橫談

※ 張　岱

　　不說「君門」，而說「公門」，是因為當時大夫的勢力高度膨脹，人們見到有盡禮數侍奉君主的人，反而覺得是諂媚。這裏用一個「公」字和「私室」相區分，表明孔夫子的恭敬，不是一個人出於私心的恭敬。

　　不曰「君門」，而曰「公門」，當時私室高張，人見有事君盡禮者，方以為諂。此時揭一「公」字以別之，明夫子之敬，非第一人之私敬耳。

執圭章

**　　執圭，鞠躬如也，如不勝。上如揖，下如授。勃如戰色，足蹜蹜如有循。享禮，有容色。私覿，愉愉如也。**

＊ **譯文：**

　　孔子為聘使時，執掌君主的圭，彎曲身子，好像不能自勝一般。執圭在上，像和人作揖的樣子，執圭在下，像授物與人的樣子。面色變得戰戰兢兢，雙腳像邁不開步，彷彿沿着一條直線往前走。在舉行贈送禮物的儀式時，顯得和顏悅色。私下相見時，便呈現出輕鬆愉悅的神色了。

朋友圈縱橫談

※ **張　岱**

　　現在的科舉時文都注重執君之圭時的敬重，敬沒有什麼不對的，不然有什麼必要說呢？但是請問，執君之圭所涉及的是什麼事情呢？這一章的旨意都在謀求和諧上。第二節和第三節要着重

思考，這裏面所表達的一種為友好做準備的情感，正是為了代替君主謀求和諧，第一節不過是敍述一個緣由罷了。

按照禮節，如果捧的是天子的器物就要雙手高於胸口，如果捧的是國君的器物就要和胸口齊平，如果捧的是大夫的器物就要低於胸口，如果是士人的器物，單手提及腰帶處就行了。孔夫子代替魯國國君捧圭，應該是和胸口齊平。《贊大行》説：公卿之圭長九寸，圭的上端不超過作揖的位置，下端不低於授物的位置。近來有人將這解釋為手的位置的高低，是不對的。

孔子在魯國當官，沒有聽説過有專門的聘任。定公十年冬天，叔孫州仇到齊國去，孔子可能持五戒一起去了，捧着作為信物的圭也許是在那個時候？

原文：

時作都重執圭之敬，敬乃無適，不然，亦何必説？但請問執圭所幹何事？章旨全在修和上。二三節要重看，其一種綢繆燕好之情，正是代君修和所在，首節不過敍個由頭耳。

按禮，執天子之器上衡，國君平衡，大夫綏之，士提之。夫子代魯公執圭，則當平衡。贊大行曰：圭公九寸，圭上端不過揖，圭下端不過授，近作手有上下者，非。

孔子仕魯，末聞專聘。定公十年冬，叔孫州仇如齊，子或以五戒往，執信圭其在此時？

衣服章

君子不以紺緅飾，紅紫不以為褻服。當暑，袗絺綌，必

表而出之。緇衣，羔裘；素衣，麑裘；黃衣，狐裘。褻裘長，短右袂。必有寢衣，長一身有半。狐貉之厚以居。去喪，無所不佩。非帷裳，必殺之。羔裘玄冠不以弔。吉月，必朝服而朝。

✽ 譯文：

君子不用（近黑色的）深青透紅或黑中透紅的布給衣服鑲邊，不用紅紫間色的布做平常在家穿的衣服。夏天穿粗的或細的葛布單衣，但外出時一定會加上衣。黑色的羊羔皮袍，配黑色的罩衣。白色的鹿皮袍，配白色的罩衣。黃色的狐皮袍，配黃色的罩衣。平常在家穿的皮袍做得長一些，右邊的袖子短一些。睡覺一定要有睡衣，要有一身半長。用狐貉的厚毛皮做坐墊。喪服期滿，脫下喪服後，便佩帶上各種各樣的裝飾品。如果不是禮服，一定要加以剪裁。不穿着黑色的羔羊皮袍和戴着黑色的帽子去弔喪。正月初一，一定要穿着禮服去朝拜君主。

朋友圈縱橫談

※ 董其昌

前面記載孔夫子的容貌，每一處都用「如」字、「似」字，可以看出有無法用語言形容的妙處。後面記載孔夫子的衣服飲食，每一處都用「必」字、「不」字，可以看出從容地行於中道的妙處。《詩經》說「蒙彼縐絺，是紲袢也。」那是穿在外面的，這是忠於內心的，都是有羈絆的意思。我們對自身言行的把握和女子修飾一樣莊重，才可以說是君子。絺綌都是用葛織成的，精細的是絺，粗糙的是綌。

原文：

　　董思白曰：以前記夫子容貌，每着一「如」字、「似」字，
見有莫可形容之妙。以後記夫子衣服飲食，每着一「必」字、
「不」字，見有從容中道之妙。《詩》云：「蒙彼縐絺，是縐絆也。」
彼是蒙之於外，此是衷之於內，總縐絆意。我輩持身直與女子一
般矜飾，方可言君子。絺綌皆葛為之，精曰絺，粗曰綌。

※ **王逸季**

　　品行高潔的人佩戴香草；道德高尚的人佩戴玉石；能解開怨
結的佩戴觿，能斷絕缺點的人佩戴玉玦。所以孔子任何東西都可
以佩戴。

原文：

　　王逸季曰：行清潔者佩芳；德光明者佩玉；能解結佩觿，能
決短佩玦。故孔子無所不佩。

※ **張　岱**

　　「緇衣」「羔裘」，是各屬於一個類別的。如果從朝聘、祭祀
來說，有詩說「緇衣之宜兮」，這是在家私居和聆聽政事時穿的
衣服。「庶見素衣兮」，是指喪服，狐裘黃衣是統指平常穿的衣
服，絕不是指定什麼地方應該穿哪種顏色的衣服。

　　漢代的訓詁說：《士冠禮》記載：「皮弁禮服，應該是素色
的積，緇色的帶子，素色的韠。」注解：「這是君主臨朝聽政時
穿的衣服，魯國國君自從魯文公開始就不再進行視朔的禮儀了，
孔子擔心禮儀被廢棄，所以在每個月的初一，都一定會穿着行
視朔之禮時穿的禮服來上朝，這就是所謂的『爾愛其羊，我愛其
禮』。」

「緇衣」「羔裘」，是各從其類耳。若必從朝聘祭而言，則詩云「緇衣之宜兮」，又是私居聽政之服；「庶見素衣兮」，又是喪服，狐裘黃衣概指常服，絕不指定何處衣何色也。

漢詁云：《士冠禮》曰：「皮弁，服素積，緇帶，素韠。」注曰：「此與君視朝之服，魯自文公不行視朔之禮，孔子恐其禮廢，故每於月朔，必衣此視朔之服而朝於君，所謂我愛其禮也。」

明衣章

齊，必有明衣，布。齊，必變食，居必遷坐。

✳ **譯文：**

齋戒沐浴的時候，一定要有浴衣，是用布做的。齋戒的時候一定要改變平常的飲食，居住也一定要搬移地方。

朋友圈縱橫談

※ **楊見宇** _____

明衣，是白天穿的衣服，白天穿着就好像是在面對天神。寢衣，是夜晚穿的衣服，睡夢中可以與鬼神相溝通。

原文：

　　楊見宇曰：明衣，日之所服者，白晝如對玄冥也。寢衣，夜之所服者，夢寐可通鬼神也。

飲食章

　　食不厭精，膾不厭細。食饐而餲，魚餒而肉敗，不食。色惡，不食。臭惡，不食。失飪，不食。不時，不食。割不正，不食。不得其醬，不食。肉雖多，不使勝食氣。惟酒無量，不及亂。沽酒市脯，不食。不撤薑食，不多食。祭於公，不宿肉。祭肉，不出三日。出三日，不食之矣。食不語，寢不言。雖蔬食菜羹，瓜祭，必齊如也。

✽ 譯文：

　　食物不以做得精緻為滿足，肉類也不以切得細巧為滿足。食物放久變了味道，魚與肉腐爛了都不吃。顏色難看的不吃。味道難聞的不吃。烹調不當的不吃。季節不當的菜不吃。切割不合禮制的肉不吃。沒有相配的調味料做的菜不吃。即使吃的肉較多，也不超過所吃的飯量。只有喝酒不規定分量，但是從不喝醉。買來的酒與肉乾不吃。每餐必須有薑，但也不多吃。參加國君祭典時分到的肉，不留到第二天。祭祀用的肉不超過三天，如果超過就不吃了。吃飯時不說話，睡覺時也不說話。即使是粗米飯蔬菜湯，吃之前也要拿一部分祭祖，而且要像齋戒一樣莊敬嚴肅。

※ 張　岱

　　這段記述確實和《素問》《神仙》《服食》這些道家典籍互相補充成為一體。誰說儒家的典籍，不夠尊崇養生呢！

　　鄭介庵問陸文量：「魚餒肉敗，為什麼不直接說魚爛肉腐？」陸文量回答：「魚腐爛是從內部開始的，就好像是肚子餓了一樣；肉的腐爛則是從外部開始的，就好像是軍隊的潰敗。」

原文：

　　此書實與《素問》《神仙》《服食》諸籍相為表裏。孰謂聖人之書，不足以尊生也哉！

　　鄭介庵問陸文量：「魚餒肉敗，何以不直曰魚爛肉腐？」文量曰：「魚之爛自內出，如腹之餒；肉之腐自外入，如軍之敗。」

※ 張　岱

　　割就是宰割的割，大夫沒有緣故是不殺牛的，士人沒有緣故是不殺狗、豬的，不應該宰殺而宰殺，就是不正。如果認為是切肉切的形狀不方正，就粗陋了。《禮記》說：「瓜的上部用於祭祀，中部自己吃，下部手拿的地方扔掉。」吃瓜也有祭祀，將「瓜」字解釋為「必」字是不對的。

　　說「祭肉，不出三日」，就是不吃過夜的肉。一般祭祀都是提前一天宰殺祭品，祭祀又是一天，如果再隔一夜，就是超過三天了，所以再次申明「祭肉，不出三日，出三日，不食之矣」。

以前的注解是不對的。

原文：

　　割乃宰割之割，大夫無故不殺牛，士無故不殺犬豕，非所割而割之，即不正也。如以為切肉不方正，陋矣。《禮》云：「瓜祭上環，食中，棄所操。」食瓜亦有祭，訓「必」字者非。

　　論祭肉不出三日，即不宿肉也。蓋凡祭，先一日宰殺，祭又是一日矣，若再宿肉，是出三日矣。故復申之曰「祭肉，不出三日，出三日，不食之矣。」注解非是。

※ 蘇　轍

　　一頓飯之間的仁德，我在祭祀之食中見到了。

原文：

　　蘇子由曰：終食之仁，吾於祭食見之矣。

正席章

席不正，不坐。

＊ 譯文：

　　席子擺的規制不恰當，孔子不坐。

※ 葉少蘊

　　天子的坐席是五層，諸侯的席子是三層，大夫的席子是兩層，這是以數量為禮制標準。如果席子是朝南或朝北，則以西方為尊；朝東或朝西，則以南方為尊，這是以方向為禮制標準。有疾病的人側着席子坐，家中有喪事的人用單席坐，這是以事情為禮制標準。

原文：

　　葉少蘊曰：天子之席五重，諸侯三重，大夫再重，此以數為正者也。席南鄉北鄉，以西方為上，東鄉西鄉，以南方為上，此以方為正者也。有憂則側席而坐，有喪者專席而坐，此以事為正者也。

鄉人章

鄉人飲酒，杖者出，斯出矣。鄉人儺，朝服而立於阼階。

＊ 譯文：

　　孔子與同鄉一起聚餐飲酒的時候，要等到年長的人都離席了，他才走出去。鄉裏的人舉行驅逐役鬼的儀式時，他穿着正式朝服，站在家廟東邊的台階上。

朋友圈縱橫談

※ 張　岱

孔子說：「我在鄉中觀察而知道王道的簡易。」居住在鄉裏，正是孔子非常謹慎的地方。尊重年事高的人，注重王道制度，無非都是描述他的小心：恭敬而謹慎。

此章只是說鄉人在一起喝酒，可是最近的科舉文章，都把這當做是鄉飲酒禮，把孔子居住鄉裏時的恭順謹慎全部給抹煞了。

原文：

孔子曰：「吾觀於鄉而知王道之易易也。」居鄉，正聖人極致謹處。尊高年，重王制，無非狀其恂恂：虔恪也。

此章只是鄉人飲酒，近日時文，俱講做鄉飲酒禮矣，將聖人一段居鄉恭謹之意，盡行抹煞。

問人章

問人於他邦，再拜而送之。康子饋藥，拜而受之，曰：「丘未達，不敢嘗。」

※ 譯文：

孔子託人向在其他諸侯國的朋友問候送禮，便向受託者拜兩次送行。季康子派人送藥來，孔子作揖接受，並告訴使者：「我不清楚這種藥的藥性，暫時不嘗了。」

※ 張　岱

> 一個醫生，如果他家從醫不超過三代，不服用他的藥品。孔子謹慎對待疾病，見到就說出來了，是出於無心，不是提出疑問，也不是故意做作以獲得耿直的名聲。

原文：

> 醫不三世，不服其藥。聖人慎疾，見到就說，總出無心，不是致疑，亦非沽直。

廄焚章

廄焚。子退朝，曰：「傷人乎？」不問馬。

※ 譯文：

家裏馬棚失火燒了。孔子退朝回來，問：「有人受傷嗎？」沒有問馬。

 朋友圈縱橫談

※ 張　岱

> 要在倉猝間來不及衡量的時候看出人心，如果說是出於人金

貴而牲畜低賤的考慮，和癡人說夢沒什麼區別。

《金罍子》說馬廄起火，是孔子自己家的馬廄。《雜記》說：「馬廄起火，孔子拜見鄉人，拜見為了救火而來的人，士人拜一下，大夫拜兩下，也是相互慰問的方法。」應該知道這個情況。如果當時起火的是魯國的馬廄，就是為君主駕車的馬、國家飼養的馬，當然也需要過問。

原文：

> 要在倉卒不及計較之時看，若斟酌於貴人賤畜，何異說夢。
>
> 《金罍子》言廄焚，乃孔子之家廄也。《雜記》云：「廄焚，孔子拜鄉人，為火來者拜之，士一，大夫再，亦相吊之道也。」以斯知之。蓋使當時若焚魯廄，則路馬國馬，亦自須問。

君賜章

君賜食，必正席先嘗之。君賜腥，必熟而薦之。君賜生，必畜之。侍食於君，君祭，先飯。疾，君視之，東首，加朝服，拖紳。君命召，不俟駕行矣。

＊ 譯文：

國君賜給熟食，孔子一定擺正坐席先嘗一嘗。國君賜給生肉，一定煮熟了，先給祖宗上供。國君賜給活物，一定要飼養起來。同國君一道吃飯，在國君舉行飯前祭祀的時候，自己先吃飯（嘗一嘗，以盡禮儀式）。孔子生病的時候，君主來探視，

頭朝着東邊躺着，身上加披朝服，拖着一條寬大的衣帶。君主傳命召見，不等僕人駕車，自己先步行出發。

※ 張　岱

> 　　按照禮，臣子接君主，應該站在東階。生病了不能出去迎接而頭朝東邊躺着，也是站在東階的意思。如果像朱熹注解的那樣說頭朝東是為了「接受生者的精氣」，那為什麼非要君主來探視的時候才這麼做呢？
>
> 原文：
>
> 　　禮，臣接君，必於阼階。病不能而東首，亦阼階之意。若曰「受生氣」，豈獨君視之為然？

朋友章

　　朋友死，無所歸，曰：「於我殯。」朋友之饋，雖車馬，非祭肉，不拜。

* 譯文：

　　遇到朋友過世，而沒人料理後事，孔子就說：「我來負責喪葬。」朋友饋贈物品，除了祭肉，即便是車馬這樣的貴重物品，孔子也都受贈而不拜謝。

※ 張　岱

　　自己給予朋友，沒有什麼是不捨得的，朋友給予我，不開口感謝，這才是合於道的交往。然而不是說「朋友死，於我殯」，中間還有「無所歸」三個字，不說「朋友之饋，雖車馬不拜」，中間還有「非祭肉」三個字。這正是孔子做事非常有分寸的地方，不僅僅是俠烈義氣式的交往。乘坐四匹馬拉的高蓋車，多麼顯赫，還不值得換來一個拜謝。《絕交論》讓人覺得太客套，《乘車戴笠歌》則太婆婆媽媽了。

原文：

　　己施於友，而無所吝，友施於我，而不鳴感，方是道交。然不曰「朋友死，於我殯」，中間着「無所歸」三字，不曰「朋友之饋，雖車馬不拜」，中間着「非祭肉」三字。此正聖人大有分寸處，不徒為俠烈之交而已。高軒駟馬，何等赫奕，只消不得一拜。《絕交論》，覺客氣；《乘車戴笠歌》，覺婆子氣。

※ 張　岱

　　「到了生死之際或者貴賤身份變化的時候，才能看出兩個人的交情。」處理後事是不分生死，收到車馬而不拜謝是不分貴賤。現在這樣的人已經沒有了啊！

原文：

　　「一死一生，乃見交情；一貴一賤，交情乃見。」於我殯，無死生也。車馬不拜，無貴賤也。今亡已夫！

寢居章

寢不尸，居不容。見齊衰者，雖狎，必變。見冕者與瞽者，雖褻，必以貌。凶服者式之，式負版者。有盛饌，必變色而作。迅雷風烈，必變。

✳ 譯文：

睡覺的姿勢不要拘謹僵臥，平居不像做客那樣跪坐着。孔子看見身穿孝服的人，即便是平日熟識的，也一定改變容色表示哀悼。看見戴禮帽的人和盲人，即便是私下碰面，也一定改變容貌表示不安。坐在車上時，看見穿喪服的，即使是販夫走卒，他也身向前傾，手扶橫木以示心意。做客時，有特別豐盛的菜肴，一定端正神色，站起來向主人致意。遇到急雷狂風，一定會改變容色。

朋友圈縱橫談

※ 張　岱

> 舜，在烈風雷雨中也不會迷失，因為自己就是激流中間的船舵；孔子，在雷雨烈風中一定會改變容色，因為他牢牢地掌着舵。所以舜就是小心謹慎的，而孔子是樂在其中的。自古以來聖人謹慎就是自在，自在就是謹慎。領會了這個意思，就可以君臨天下而不將天下當作自己的私有財產，被打磨浸染而不被改變。

原文：

大舜，烈風雷雨弗迷，中流一柂；仲尼，迅雷風烈必變，把得柂牢。故大舜兢兢業業，仲尼樂在其中。古來聖人戰兢即自在，自在即戰兢。會得此意，便可有天下而不與，入磨涅而不化。

升車章

升車，必正立，執綏。車中，不內顧，不疾言，不親指。

＊ 譯文：

上車時，一定先直立站好，兩手拉着扶手帶上去。在車上，不回頭看，不高聲說話，不舉起手指指點點。

朋友圈縱橫談

※ 張　岱

《禮記·曲禮》說「在車上不大聲咳嗽，不隨意亂指，站着看五個車輪的周長那麼遠，憑軾而坐則看着馬尾，回頭看不超過車轂。」記載這兩種情況，可以看出孔夫子無論在何時何地都遵從禮。

原文：

《曲禮》曰「車上不廣欬，不妄指，立視五雟，式視馬尾，顧不過轂」。記此二者，見夫子無地不以禮自持處。

※ 張　岱

古人只有在安車（古代可以坐乘的小車。古車立乘，此為坐乘，故稱安車）上才能坐着，婦女不能站立着乘車，除此以外都站着乘車，所以如果路上需要致敬，就低頭彎腰，用手扶着車前面的橫木致敬，這被稱為「式」。像後世的坐乘，把手放在車廂前面用作扶手的橫木上，就跟靠着几案差不多，這被稱為傲慢懶惰，而不是恭敬。古代和今日有所不同，這即是其中一例。

原文：

古人惟安車乃坐，婦人不立乘，餘皆立乘，故遇有敬事，則俯首傴躬，以手憑於車前之衡木，以致敬，謂之式。若後世之坐乘，則手加於軾，即如隱几相似，謂之傲惰，而非所以為敬矣。古今異宜，此亦其一也。

雌雉章

色斯舉矣，翔而後集。曰：「山梁雌雉，時哉時哉！」子路共之，三嗅而作。

孔子的神色舉動稍有變化，山雞就飛起來，在空中盤旋之後再聚集在一起。孔子說：「山梁上的這些母山雞呀，懂得時宜！懂得時宜！」子路向牠們拱拱手，牠們振幾下翅膀又飛走了。

朋友圈縱橫談

※ 張　岱

造化是一個整體，聖人和萬物同藏其中，所以聖人看到龍可以作《河圖》，看到龜可以作《洛書》，即便是看到兔也可以作《易》。領悟了這個道理，山梁上的山雞就和洛河邊的龍馬是一樣的。

孔子寫的《春秋》最後一句話是「西狩獲麟」，感歎山雞和感慨麒麟意思是一樣的。

原文：

造化全體，聖人與萬物同藏，故見龍可作《圖》，見龜可作《書》，即見兔亦可作《易》。悟得此意，山梁雌雉便與河濱龍馬一般。

春秋終於獲麟，歎雉與感麟同意。

※ 張　岱

孔子將要從衞國進入晉國，走到黃河邊，聽說趙簡子殺了竇犨鳴犢和舜華，就對着黃河感慨說：「壯美的黃河水啊，多麼盛

大！我不渡過黃河，是命啊！」子貢快步上前說：「請問什麼意思呢？」孔子回答：「竇犨鳴犢和舜華，都是晉國賢能的大夫。趙簡子沒有得志的時候，依靠這兩個人才得以從政。等到他得志之後，就把他們兩個殺了。我聽說：殺胎兒或嬰孩，那麼麒麟就不去他的城郊；抽乾水塘捉魚，那麼蛟龍就不住在他水潭裏；弄翻鳥巢打破鳥卵，那麼鳳凰就不在他的城邑飛翔。鳥獸看到不義之人，尚且知道避開，何況人呢！」孔子於是就掉頭回去，在鄒國停留，作了《槃操》這首琴曲來表示哀悼。這是孔子翔而後集——在空中盤旋飛翔之後才落下的實際記載。

原文：

　　孔子自衛將入晉，至河，聞趙簡子殺竇犨鳴犢及舜華，乃臨河而歎曰：「美哉水，洋洋乎！丘之不濟此，命也夫！」子貢趨而進曰：「敢問，何謂也？」子曰：「竇犨鳴犢、舜華，晉之賢大夫也。趙簡子未得志之時，須此二人而後從政。及其已得志也，而殺之。丘聞之：刳胎殺夭，則麒麟不至其郊；竭澤而漁，則蛟龍不處其淵；覆巢破卵，則鳳凰不翔其邑。鳥獸之於不義，尚知避之，況於人乎！」遂還，息於鄒，作槃琴以哀之。此是夫子翔而後集實錄。

先進第十一

先進章

子曰：「先進於禮樂，野人也；後進於禮樂，君子也。如用之，則吾從先進。」

＊ 譯文：

孔子說：「先輩之於禮樂，文質得宜，現在的人卻認為先輩太過於質樸，像野人一樣；後輩之於禮樂，文過其質，現在的人反而認為這樣才是君子。如果要用禮樂的話，我遵從先輩之禮樂。」

朋友圈縱橫談

※ 張　岱 _____

後輩對於禮樂，只求看起來美觀，因此增加了很多繁文縟節。所以看到先輩禮樂的樸素渾厚，反而鄙視他們像野人。就像近來的冠禮、婚禮、喪禮、祭祀，稍微沿用古代的禮儀，人們都會嘲笑。如果不是聖人像中流砥柱一樣堅持，怎麼會願意用古禮呢？

現在看孔廟祭祀所用的禮樂：蕢桴、土鼓、籩豆，都很精美。與那個時候的制度有天壤之別，就可以看出後輩、先輩風氣的不同。

原文：

後進之於禮樂，只求觀美，繁文縟節不知增入幾許。故見

先輩之樸素渾厚，反鄙為野人。如近時之冠婚喪祭，稍用古儀，人皆姍笑。非聖人砥柱中流，如何肯用？

今觀孔子廟祭所用禮樂：簣桴土鼓籩豆鈿美。與近時制度相去天壤，便見後先風氣。

陳蔡章

子曰：「從我於陳、蔡者，皆不及門也。」德行：顏淵、閔子騫、冉伯牛、仲弓。言語：宰我、子貢。政事：冉有、季路。文學：子游、子夏。

* **譯文：**

孔子說：「曾跟隨我去過陳國、蔡國這些地方的學生，現在都不在我身邊受教了。」以德行見稱的有：顏淵、閔子騫、冉伯牛、仲弓。善於辭令的有：宰我、子貢。擅長政事的有：冉有、季路。通曉文獻知識的有：子游、子夏。

朋友圈縱橫談

* 徐玄扈

堯舜時期有君臣，成周時期有父子。孔夫子在陳、蔡兩國之間遭遇禍患的時候有師生朋友，都是千古傳奇的相會。

原文：

徐玄扈曰：唐虞之際有君臣，成周之間有父子。夫子陳蔡之厄，有師友，皆千古奇會。

※ 張　岱

楚昭王想將有戶籍的民社方圓七百里地封給孔子。楚國令尹子西勸阻他説：「大王出使諸侯的使者有像子貢這樣的嗎？」昭王説：「沒有。」令尹子西説：「大王的宰輔國相有像顏回這樣的嗎？」昭王説，「沒有。」令尹子西説：「大王的將帥有像子路這樣的嗎？」昭王説：「沒有。」令尹子西説：「大王的各部長官有像宰予這樣的嗎？」昭王説：「沒有。」令尹子西説：「況且楚國的祖先在周受封時，名號為子男，封地方圓五十里。如今孔丘祖述三皇五帝的法度，彰明周公、召公的事業，大王倘若任用他，那楚國還怎麼能世世代代擁有堂堂正正方圓幾千里之地呢！周文王在豐京，周武王在鎬京，從只有百里之地的君主最終統一天下。如今孔丘得以佔據封地，有賢能的子弟作為輔佐，這不是楚國之福啊。」楚昭王於是作罷。孔子門下人才眾多，盛極一時，並不比周朝時少，先後使疏遠者親附，世人怎麼會不以驚恐的眼光看待他呢？

原文：

楚昭王將以書社地七百里封孔子。子西沮之曰：「王之使使諸侯，有如子貢者乎？」曰：「無有。」「王之輔相，有如顏回者乎？」曰：「無有。」「王之將率，有如子路者乎？」曰：「無有。」「王之官尹，有如宰予者乎？」曰：「無有。」「且楚之祖封於周，號為子男五十里。今孔丘述三王之法，明周、召之業，王若用之，則楚安得世世堂堂方數千里乎？夫文王在豐，武王在

鎬，百里之君，卒王天下。今孔丘得據土壤，賢弟子為佐，非楚之福也！」昭王乃止。聖門一時人材濟濟，原不減周時，先後疏附，世人那得不駭目視之？

助我章

子曰：「回也非助我者也，於吾言無所不說。」

✽ 譯文：

　　孔子説：「顏回不是對我講學有幫助的人，他對我説的話沒有不心悦誠服的。」

朋友圈縱橫談

※ 張侗初 _____

　　鏡子和鏡子相合，兩個影子相互包含；火和火相合，一種光芒一起照耀。棄絕相對的東西，就沒有什麼需要討論的了。顏回，喜歡的不是語言，孔子也是通過無言來言説。留下言語而沒有言語，是傳承，又有什麼助益呢？

原文：

　　張侗初曰：鏡合鏡，兩影相涵；火合火，一光齊照。絕對待，則無議擬矣。回也，悦不在言，夫子亦言於無言。遺言而無言者，傳也，又何助哉？

聖人期望弟子們能夠「有所助益」，也是實話。因為道本來是無窮無盡的，質疑詰問越多，道的精神越能顯發。聖人的語言，本來就是全面的，但是如果有質疑詰問的人，聖人被他一詰難，發揮得更加明確，難道不是「助」？顏回沒有什麼是不喜歡的，既然沒有質疑詰問，那麼即便是聖人也會靜止不動，沒有什麼可發揮的了。所以說顏回「非助我者也」。

原文：

王陽明曰：聖人以「助」望門人，亦是實話。蓋道本無窮盡，問難愈多，則精神愈顯。聖人的言語，本自周遍，但有問難的人，被他一難，發揮愈加精神，豈不是「助」？顏子無所不悅，既無問難，即聖人亦寂然不動，無所發揮了。故曰「非助我者也」。

孝哉章

子曰：「孝哉閔子騫！人不間於其父母昆弟之言。」

※ 譯文：

孔子說：「真是孝順呀，閔子騫！人們對他的稱讚與他父母兄弟對他的稱讚，沒有什麼差異。」

※ 李衷一

　　按照《韓詩外傳》記載閔子騫被後母虐待,冬天用蘆花做的棉衣給他穿。父親知道之後,想要休掉他的後母。閔子騫說:「後母在,我一個人受凍;後母離開,三個孩子都要穿單衣。」父親於是就作罷了。閔子騫不受後母和弟弟的喜歡,外人都知道閔子騫的孝順。等到後來他的後母和弟弟被他感化,也稱讚閔子騫的孝順,外人所說的話和他後母、弟弟所說的話,沒有差別。閔子騫的難得之處,在於讓他的後母和弟弟都稱讚他的孝順。

原文:

　　李衷一曰:按《韓詩外傳》閔子為後母所苦,冬月以蘆花衣之。父知,欲出後母。閔子曰:「母在,一子寒;母去,三子單。」遂止。閔子不得於其母與弟也,外人皆知其孝。迨後其母與弟為其所化,亦皆稱閔子之孝,外人之言與父母昆弟之言,無間矣。蓋閔子之難,難於母昆弟稱之為孝耳。

※ 袁了凡

　　孔門弟子沒有稱呼字的,這裏卻獨獨說「孝哉閔子騫!」是因為內外向來都有這個稱呼。如果說:「孝哉閔子騫!人不間於其父母昆弟之言。」下一句的「言」字正好相互呼應。

原文:

　　袁了凡曰:孔門弟子無稱字者,此獨曰「孝哉閔子騫!」乃內外素有是稱也。若曰:「孝哉閔子騫!人不間於其父母昆弟之言。」下句「言」字正相應。

　　我常常説作為帝王的舜，雖然是千古以來的大孝子，但卻多了「父頑母嚚」幾個字的記載。閔子騫的孝順，正是讓人們並不知道我是怎麼做的，這才使得人們都沒有什麼非議。

原文：

　　余常論帝舜，雖千古大孝，卻多了「父頑母嚚」二字。閔子之孝，政使人並不知我何如孝，方是人無間言。

白圭章

南容三復白圭，孔子以其兄之子妻之。

＊ 譯文：

　　南容反覆誦讀白圭之詩，孔子把侄女嫁給了他。

朋友圈縱橫談

※ 張　岱

　　南容最初因為富有而得罪了魯定公。孔子説：「與其死，還不如趕快變窮好。」南容因此將自己的財富施散出去了。南容和孔子一起去周國都城，聽老子説：「聰明、洞察深刻而離死不遠

的人，喜歡諷刺、議論別人；見識廣博高遠而招致危險的人，喜歡揭發別人惡行」。於是就反覆誦讀白圭之詩。

孔子進入太廟，見到金屬人像身上刻的銘文而悟出了謹慎說話的道理，和這裏的意思是相同的。

原文：

南容初以富得罪於定公。夫子曰：「喪，不如速貧之愈也。」容因之而散施。及從夫子至周，聞老子曰：「聰明深察而近於死者，好譏議人者也；博辨宏遠而危其身者，好發人之惡者也。」遂三復白圭。

孔子入太廟，見金人銘而悟慎言，與之同意。

好學章

季康子問：「弟子孰為好學？」孔子對曰：「有顏回者好學，不幸短命死矣。今也則亡。」

✳ 譯文：

季康子問：「你的學生之中誰是好學的人？」孔子回答說：「有一個叫顏回的學生非常好學，不幸短命去世了。現在再也沒有那麼好學的了。」

※ 張　岱
_____

　　隱藏自己的光輝，簞瓢屢空地住在簡陋的巷子。順應時機出來，以禮樂來治理國家。顏回沒有當過一次官，沒人責備他沒有事業；沒有寫一部書，也沒人責備他沒有文章。說到身心性命所安頓的地方，不在外部的種種事情上。所以說：顏回很好學，現在就沒有好學的人了。顏回去世，聖人的學問斷絕了。

原文：

　　葆光而藏，簞瓢陋巷。應機而出，禮樂為邦。顏子不試一官，不病其缺於事業；不著一書，不病其缺於文章。若譚性命安頓處，不在外邊種種之事。故曰：回也好學，今也則亡。顏子死，而聖人之學絕。

請槨章

　　顏淵死，顏路請子之車以為之槨。子曰：「才不才，亦各言其子也。鯉也死，有棺而無槨，吾不徒行以為之槨。以吾從大夫之後，不可徒行也。」

＊ 譯文：

　　顏淵死了，他的父親顏路請求孔子賣掉車子給顏淵買個棺材的外槨。孔子說：「有才或無才，但都是各自的兒子。孔鯉死

的時候，也是有棺而無槨，我沒有賣掉自己的車子徒步行走而給他買槨。因為我畢竟還做過大夫，是不可以步行出門的。」

朋友圈縱橫談

※ 張　岱 _____

　　旅館中的人辦喪事的時候，孔子解下駕車的驂馬作喪禮；顏回去世了，卻不肯為他買槨，孔子難道是如此冷漠無情嗎？曾子曾經病倒在皮革做的席子上，弟子說：「華麗而美好，是大夫專用的席子嗎？」曾子馬上起身將席子換掉，並且說：「君子愛人以德，你們卻通過姑息縱容來愛人。」這正好可以和此章相互參照。

原文：

　　館人之喪，不難脫驂；顏子之死，不肯買槨，夫子豈如此愁然？曾子疾革，門人曰：「華而睆，大夫之簀與」？曾子遽起易之，且曰：「君子之愛人也以德；二三子之愛人也以姑息。」正於此章可參。

※ 張　岱 _____

　　「以吾從大夫之後，不可徒行」。孔鯉和顏回的身份都不是大夫，本來就應該只有棺而沒有槨，這正是其中道理相契合的地方。

原文：

　　「以吾從大夫之後，不可徒行」。鯉與顏回身不為大夫，自應有棺而無槨，政是其機鋒相對處。

喪予章

顏淵死。子曰:「噫!天喪予!天喪予!」

✳ 譯文:

　　顏淵死了,孔子說:「唉!天要亡我啊!天要亡我啊!」

朋友圈縱橫談

※ 李塨峒

　　不只是哀悼自己的學問傳承,也是預見到了王道將廢。凡是有王者興起的時候,上天一定會給予他一個輔佐者。孟子所說的「這期間一定會有聞名於世的人」。所以伯益、后稷輔佐禹,伊尹、朱肱輔佐商湯,姜尚輔佐周文王、周武王。上天要想厚生他,即便是在烏水、牛巷、空桑、寂濱也必定會成全他,並且會降生賢能之人充實他的左右。孔門的王佐之才只有顏回一個人,現在早早夭亡,不是天要喪滅我是誰要亡我呢?

原文:

　　李塨峒曰:非止悼傳,亦以占廢也。凡王之興,天必與之佐。孟子所謂「其間必有名世者」。故益稷佐禹、伊朱佐湯、呂佐文武。天豫生之,雖烏水、牛巷、空桑、寂濱必成全之、而實之王側。夫聖門王佐,止顏子一人,今也早死,不天喪予而誰喪哉?

子慟章

顏淵死，子哭之慟。從者曰：「子慟矣！」曰：「有慟乎？非夫人之為慟而誰為？」

* 譯文：

顏淵死後，孔子哭得極其悲痛。跟隨孔子的人說：「您悲痛過度了！」孔子說：「我悲傷過度了嗎？我不為這個人悲傷過度，又為誰呢？」

朋友圈縱橫談

※ 王宇泰

應該極度悲哀而極度悲哀，是哀傷的情感合乎中庸之道的表達；然而自己並不知道自己極度悲痛了，則完全是感情尚未發出的中和狀態。所以說，居喪哀毀，但不應因此喪失性命。

原文：

王宇泰曰：宜慟而慟，是哀之發而中節也，然而不自知其慟，則渾然未發之中也。故曰毀不滅性。

厚葬章

顏淵死，門人欲厚葬之。子曰：「不可。」門人厚葬之。子曰：「回也視予猶父也，予不得視猶子也。非我也，夫二三子也。」

✽ 譯文：

顏淵死後，孔子的弟子們想要厚葬他。孔子說：「不可以這樣做。」弟子們仍然厚葬了他。孔子說：「顏回把我當父親一樣看待，我卻不能把他當親生兒子一樣看待。不是我要這麼做啊，是那些弟子們幹的呀。」

朋友圈縱橫談

※ 張　岱

有人問：顏回去世，孔夫子為什麼要阻止弟子們厚葬他？答案是：哪裏僅僅是阻止啊，是感到非常悲傷。曾子臨死之時，命令人扶起自己而更換了應該躺的席子，說：「我有什麼要求呢？我能夠死得合於正理，就夠了！」大聖大賢，處於死生之際就應該是這樣的。

原文：

問：顏子死，夫子何以止門人之厚葬？曰：豈惟止之哉，蓋傷之甚焉。曾子臨終，命扶而易簀，曰：「吾何求哉？吾得正而斃焉，斯已矣！」夫大聖大賢，其處死生之際乃如此。

鬼神章

季路問事鬼神。子曰：「未能事人，焉能事鬼？」曰：「敢問死。」曰：「未知生，焉知死？」

✳ 譯文：

季路問如何去侍奉鬼神。孔子説：「還沒能侍奉好人，怎麼能侍奉鬼呢？」季路説：「請問死是怎麼回事？」孔子回答：「還不知道活着的道理，哪能知道死呢？」

朋友圈縱橫談

※ 張　岱

蕭惠向王陽明先生請教死生大道。王陽明説：「知道晝夜就知道死生了。」蕭惠又問晝夜的大道。王陽明説：「知道晝就知道夜了。」蕭惠説：「難道白天也有什麼不知道的嗎？」王陽明説：「你在白天的時候，如果懵懵懂懂地起牀，亂七八糟地吃飯，整天昏昏沉沉，只是像夢裏一樣的白天；只有每時每秒都有所存養，天理一直存於心間，時刻都是清醒的，這才算是知道白天。」

原文：

蕭惠問死生之道。陽明曰：「知晝夜則知死生。」問晝夜之道。曰：「知晝則知夜。」曰：「晝亦有所不知乎？」曰：「汝於旦晝間，懵懵而興，蠢蠢而食，終日昏昏，只是夢晝；唯息有養，瞬有存，天理常存，惺惺無間，才是知晝。」

侍側章

閔子侍側，誾誾如也；子路，行行如也；冉有、子貢，侃侃如也。子樂。「若由也，不得其死然。」

✳ 譯文：

閔子騫侍立在孔子身旁，一派中和氣象；子路是一派剛強之氣；冉有、子貢是一派和樂之氣。孔子很開心。但孔子又說：「像仲由這樣，我只怕他會不保天年啊！」

朋友圈縱橫談

※ 張　岱

眾多賢人都是能擔大道的人才，所以高明、寬宏、堅毅，超出尋常、與眾不同，孔夫子的喜悅，正是為大道感到幸運。弟子將這些記錄下來，就是一篇杏壇雅集的圖記，將聖賢的樂於化育的氣象，一筆一筆地描繪出來。我家先輩張栻說：孔悝被劫持，子路為此而死，為什麼說不是死得其所呢？因為他開始選擇得就不對，像比干這樣的可以說是死得其所了。然而如果有人為了求生而傷害了仁道，說他活得不得其正也是可以的。

原文：

群賢皆任道之器，故高明弘毅，卓牢不群，夫子之樂，政為吾道幸耳。門人記之，是一篇杏壇雅集圖記，將聖賢樂育氣

象，筆筆描出。家南軒曰：孔悝被劫，子路死之，何謂不得其死？始擇之不善，若比干可謂得其死矣！然則求生害仁者，謂之不得其生可也。

※ 張　岱

「子樂」，只是就目前弟子們相聚一堂時的情況而說的。中正的人、和樂的人、剛強的人，就有可以喜悅的，剛開始並不特意想着他們之間的差別。萬物自得而天心歡喜，子孫賢德而祖父心寧，群才匯聚而聖人喜悅。

原文：

「子樂」，只就目前相聚一堂。誾誾者、侃侃者、行行者，便有可樂，初不着意念其間也。萬寶成而天心豫，子孫賢而祖父寧，群才匯而聖人喜。

長府章

　　魯人為長府。閔子騫曰：「仍舊貫，如之何？何必改作？」子曰：「夫人不言，言必有中。」

※ 譯文：

　　魯人要翻修國庫。閔子騫道：「照老樣子怎麼樣？何必改建呢？」孔子說：「這個人不開口則已，一開口就說到要害上。」

※ 張 岱

> 長府，就是國庫。為什麼要這麼做呢？這是將要增加賦稅，所以要增加國庫的容量。他所說的魯人是指誰呢？那個時候政權不在國君手中，而是在魯國卿大夫孟孫氏、叔孫氏和季孫氏這三家手中，所以賤稱他們為「魯人」。
>
> 原文：
>
> 長府者，帑藏也。曷為為之？將益其賦，故廣其藏也。其曰魯人者何？是時政不在君，而出於三家，故賤而人之也。

※ 沈無回

凡是腐敗的政治要出現的時候，都是有微小的苗頭的，而如果還沒有明顯的形跡，君子說得太早了，攻擊得太尖銳了，不僅不足以制止他們，反而會刺激他們去實行。閔子騫不斥責整改國庫是不對的，而是退一步說之前的樣子不必改。孔夫子也沒有從深處去說明閔子騫的意圖，而是退一步說他說話一定是中肯的。老練成熟地為國謀劃、計深慮遠原本就是這個樣子的。

原文：

沈無回曰：凡敝政之興，有其幾，而未有其形者，君子言之太早，攻之太銳，不足以止之，反激之使行。閔子不斥改長府之非，而第言舊貫之不必改。夫子亦不必深言閔子之意，而第言夫人之有言必中。老成謀國，憂深慮危固如此。

由瑟章

子曰：「由之瑟，奚為於丘之門？」門人不敬子路。子曰：「由也升堂矣，未入於室也。」

✳ 譯文：

孔子說：「這是仲由鼓瑟的聲音。他為什麼會出自我的門下呀？」孔子的弟子們因此都不尊敬子路。孔子又說：「仲由啊，他在學習上已經達到升堂的程度了，只是還沒有入室罷了。」

朋友圈縱橫談

※ 張　岱

孔夫子說出升堂入室這樣的話來，那麼這一類的弟子，分明還是尚在門外沒有入門之人。孔子前面說「丘之門」，就是卓然獨立在崖岸上。

原文：

夫子說出升堂入室來，則這輩門人，分明是門外之人矣。前言丘之門，便自立崖岸。

※ 舒碣石

孔夫子將瑟分辨為仲由的瑟，將門稱為孔丘的門，只用了

「由」「丘」兩個字相對照，不必增添進去「北鄙」「中和」等話語（指朱熹《四書集注》）。「奚為」兩個字，是詰問他的聲音從哪裏來，讓仲由自己去領悟。本來就是警醒的語句，而不是鄙薄的意思。

原文：

舒碣石曰：夫子別其瑟為由之瑟，峻其門為丘之門，只以「由」字、「丘」字相照，不必增入「北鄙」「中和」等語。「奚為」二字，乃詰其聲音之所自來，使由知所自悟。原是警省語，不是鄙薄語。

※ 張　岱

《孔子家語》記載：子路鼓瑟有北方之樂的聲音。孔子聽到了，對冉有說：「古代賢明的君王製作音樂，彈奏中和之音加以節制，聲音從南方流入而不流向北方。南方，是生育萬物的地方；北方，是征戰廝殺的區域。從前舜製作了《南風》之詩的樂曲，他的興起是蓬勃的。商紂王製作了北方的樂曲，他的滅亡是迅速的。仲由啊，對古代賢王的音樂不在意，而學習亡國之音樂，怎麼能保全他自己的身體呢！」冉求將這些話告訴了子路。子路心生悔意，七天不吃飯而將自己餓得形銷骨立。孔子說：「仲由知道改正過錯啊。」

原文：

《家語》曰：子路鼓瑟，有北鄙之聲。孔子聞之，謂冉求曰：「先王之制音也，奏中聲以為之節流，入於南必歸於北。南者，生育之鄉；北者，殺伐之域。昔舜造南風之聲，其興也勃焉。紂為北鄙之聲，其亡也忽焉。由也，無意先王之制，而習夫亡國之聲，豈能保其七尺之軀哉！」冉有以告子路。子路自悔，不食七日而骨立焉。孔子曰：「由知改過矣。」

孰賢章

　　子貢問：「師與商也孰賢？」子曰：「師也過，商也不及。」曰：「然則師愈與？」子曰：「過猶不及。」

＊ 譯文：

　　子貢問孔子：「子張和子夏誰更賢良一些呢？」孔子回答說：「子張過度，子夏不足。」子貢說：「那麼是子張更好一些嗎？」孔子說：「過度和不足是一樣的。」

朋友圈縱橫談

※ 張　岱

　　言語之中暗藏着一個「中」字，然而沒有說破。

　　原文：

　　語下暗暗有一「中」字，然「中」字卻未說破。

※ 錢岳陽

　　文章沒有過頭的毛病，只有不及的毛病，過火的地方，其實正是他不及的地方。

　　原文：

　　錢岳陽曰：「文章無過火病，只有不及病，其過火處，政是他不及處也。」

吾徒章

　　季氏富於周公，而求也為之聚斂而附益之。子曰：「非吾徒也。小子鳴鼓而攻之可也。」

＊ 譯文：

　　季氏比周公還要富有，而冉求還幫他聚斂以增加他的錢財。孔子說：「他不是我的學生了，你們都可以擊鼓去討伐他了！」

朋友圈縱橫談

※ 張　岱

　　周公從來沒有以富有聞名，說「富於周公」，是記錄者的不滿之詞。季氏搜刮魯公財產供自己使用，漸漸有覆滅魯國的勢頭，所以說「富於周公」。

原文：

　　周公未嘗以富名，而曰「富於周公」者，記者之微詞也。季氏掊克公家以自封殖，漸有傾魯之勢，故曰「富於周公」。

※ 孫淮海

　　冉有聚斂財物，不是用後世那樣苛斂民財的方式。只是因為

他的學術不夠精純，剛去做季氏的家臣，就開始施展處理政事的才能，以為自己所處的職位就應該做這些事情。他不知道季氏並不是可以依附、襄助之人。不僅因為季氏比周公富有，即便他不富有，也是不可以依附襄助的。所以孔夫子嚴厲地責備他。

原文：

孫淮海曰：冉有聚斂，非如後世箕斂之法。只緣他學術未純，才仕季氏，便以政事之才施之，即為處置調度，以為職分當如此。不知季氏非可附益之人。不但富於周公，不可附益；雖不富，亦不可附益也。故夫子深責之。

※ 張　岱

提出「吾徒」兩個字，令人覺得桐江之上嚴子陵的一絲清正之風，真的可以維繫漢朝之天下。

原文：

揭出「吾徒」二字，覺桐江一絲，真可繫漢九鼎。

柴也章

柴也愚，參也魯，師也辟，由也喭。

※ 譯文：

高柴愚直，曾參魯鈍，顓孫師偏激，仲由跋扈。

※張　岱

> 　　四個「也」字，孔子呼喚着他們的名字，包含着多少對他們的重視和愛惜啊！
>
> 　　曾子確實是「魯」。後來的人見他的地位高，就只顧着維護他，說「參之魯」就相當於「回之愚」。他們不知道孔子當時是將「柴也愚」「師也辟」相提並論的，分明就是指「魯」。明確說曾子「魯」又有什麼損傷呢？這才足以說明他的學力深厚，能夠通過學習成為聖人。天下的學者，差不多都能由他而知道砥礪精進吧。
>
> 原文：
>
> 　　四「也」字，聖人呼名，多少珍重，多少愛惜！
>
> 　　曾子真實是「魯」。後人見他後來地位高，只管為之回護，謂「參之魯」，猶「回之愚」。不知聖人當時以「柴也愚」「師也辟」並論，分明是「魯」矣。分明說是「魯」，亦何傷？適足以顯其學力之勇，能由學以至聖，而天下之學者，庶乎知所勵也。

屢空章

　　子曰：「回也其庶乎？屢空。賜不受命，而貨殖焉，億則屢中。」

孔子説：「顏回的學問接近於道了吧？可是他常常貧困。端木賜沒有受公家之命而去經營買賣，猜測行情，往往猜中了。」

朋友圈縱橫談

※ 張　岱

道就像是一個倒着放的盂，裏面本來是空無一物的，給人來猜裏面有什麼，他也許用物來舉例，也許就説沒有，説沒有，不是不對，然而卻多了一回猜度，不如明白本來就是空的人沉默不語。但是既然已經料到裏面是沒有東西的，一打開就是了，所以孔子門下接近顏回的人，是子貢。

顏回從「庶乎」説到「屢空」，是從內部來説的。子貢從「貨殖」説到「屢中」是從外向裏説的。這是顏回和子貢的優劣。

原文：

道如覆盂，本空無有，以示射者，或舉諸物，或言無有，即言無有，未嘗不中，然多卻一射，不若明了本空者，默然無言。但既料得無有，一發覆便是，故聖門近回者，賜也。

回，自「庶乎」説到「屢空」，自內説出。賜，自「貨殖」説到「屢中」自外説入。此是回、賜優劣。

善人章

子張問善人之道。子曰：「不踐跡，亦不入於室。」

　　　　子張問做善人的規則。孔子説：「善人不踏着前人的腳印走，但他的學問和修養也因此不到家。」

朋友圈縱橫談

※ 張　岱

　　　　用印版印出來的、由模子脱出來的，從來都不是神明的妙用。善人率性地發揮，不依照典籍，不依靠現成途徑，難道不是天資一流的人嗎？玄妙的事理，本來是通過不斷深入精微境界來獲得的，這個時候的火候，是很難説的，所以關鍵在於天資和人為的努力二者兼備。

原文：

　　　　從來印板刷來，模子脱出，不是神明妙用。善人憑性地發揮，不依典要，不傍程途，豈非天資第一流人乎？神而明之，本由深造，此際火候，蓋難言之，所以天分人工，要在兼到。

論篤章

子曰：「論篤是與，君子者乎？色莊者乎？」

＊ 譯文：

　　　　孔子説：「聽到人議論篤實誠懇就表示讚許，哪裏知道他是

真君子呢，還是僅僅是外貌偽裝得莊重的人呢？」

朋友圈縱橫談

※ 張　岱

「論篤」的人中未嘗沒有君子。「者乎」兩個字，正是隱約拷問內心的語氣。不完全否認君子，那麼存疑的事情反而是確定的事情。

奸詐虛偽的人，說話一定是聽上去懇切柔和、篤實真摯的，這樣別人才會覺得動聽。

原文：

「論篤」中未始無君子。「者乎」二字，政是隱隱問心的語氣。不抹殺君子，則疑案反是定案。

詐偽之人，其發言必懇款篤摯，人方動聽。

兼人章

子路問：「聞斯行諸？」子曰：「有父兄在，如之何其聞斯行之？」冉有問：「聞斯行諸？」子曰：「聞斯行之。」公西華曰：「由也問『聞斯行諸』，子曰：『有父兄在』，求也問『聞斯行諸』，子曰：『聞斯行之』。赤也惑，敢問。」子曰：「求也退，故進之；由也兼人，故退之。」

　　子路問：「聽到了就付諸行動嗎？」孔子說：「還有父兄在上，怎麼能聽到就行動呢？」冉有問：「聽到了就付諸行動嗎？」孔子說：「聽到了就行動起來。」公西華說：「仲由問『聽到了就付諸行動嗎？』您回答『有父兄在上』，冉求問『聽到了就付諸行動嗎？』您回答『聽到了就行動起來』。我很困惑，敢再問個明白。」孔子說：「冉求總是退縮，所以我鼓勵他；仲由好勇過人，所以我勸阻他。」

朋 友 圈 縱 橫 談

※ 張　岱 _____

　　對待駿馬注意收韁，對待駑馬注重鞭策，都可以看到聖人的駕馭之道。

　　敘述陳述，語意生動，可以看出記錄者的高妙筆法。

原文：

駿馬收韁，駑馬加策，總見聖人駕馭之法。

一敍一述，語意宛然，見記者手筆之妙。

※ 張　岱 _____

　　學問只有進步的方法，沒有後退的方法。我觀察到射箭將弓拉滿將要發射的時候，向下一拉，能將箭射得更遠。向後退恰是為了前進，人們不可不知。

畏匡章

　　**子畏於匡，顏淵後。子曰：「吾以女為死矣。」曰：「子
在，回何敢死？」**

✳ **譯文：**

　　孔子在匡地被圍困，顏淵最後才逃出來。孔子說：「我以為
你死了呢。」顏淵說：「您還活着，我怎麼敢死呢？」

朋友圈縱橫談

※ 姚承庵

　　「匡人能將我怎麼樣呢？」孔夫子知道天意，自己不會死在
匡人的手上。「您還活着，我怎麼敢死呢？」顏回知道孔夫子不
會死在匡人手上，可以看到聖賢自信和彼此相信的地方。

原文：

　　姚承庵曰：「匡人其如予何？」夫子知天意，不必死於匡人
之手。「子在，回何敢死？」顏子知夫子必不死於匡人，可見聖
賢自信相信處。

具臣章

　　季子然問：「仲由、冉求可謂大臣與？」子曰：「吾以子為異之問，曾由與求之問。所謂大臣者，以道事君，不可則止。今由與求也，可謂具臣矣。」曰：「然則從之者與？」子曰：「弒父與君，亦不從也。」

＊ 譯文：

　　季子然問：「仲由和冉求可以算是大臣嗎？」孔子說：「我以為你會問別的事情，原來是問由和求呀。所謂大臣是能夠用周公之道的要求來侍奉君主，如果這樣不行，他寧肯辭職不幹。現在由和求這兩個人，只能算是處理事務的臣子罷了。」季子然說：「那麼他們會一切都跟着季氏幹嗎？」孔子說：「殺父親、殺君主的事，他們也不會跟着幹的。」

朋友圈縱橫談

※ 張　岱 _____

　　季氏任用子路和冉有，原本是以大臣來看待他們二人的，子路、冉有做季氏家臣，也是以大臣的身份來要求自己的，所以他們為季氏增強軍力聚斂財物，大展才能，孔夫子說：「可謂具臣矣。」是教他們做具臣，才是做季氏家臣的正道。出仕季氏的正道獲得了，那麼作為大臣侍奉君王的正道也就得到了。

孔夫子年少的時候也曾經在季氏那裏做官，當他做管理倉庫的小官的時候，就說：「做好會計的事情就夠了。」曾經做管理牛羊的官，就說：「使牛羊茁壯成長就夠了。」從來沒有在職責所在之外有一點兒的越俎代庖，所以說是「具臣」。如果直接將「具臣」貶損為沒有用處的家臣，恐怕子路、冉求兩個人也不肯接受。

原文：

　　季氏用由、求，原以大臣待二子，由、求仕季氏，亦以大臣自待，故為之強兵聚斂，大展才使，夫子曰：「可謂具臣矣。」蓋教之以具臣，而仕季之道得矣。仕季之道得，而大臣事君之道亦得矣。夫子少年亦曾仕季，當其為委吏，則曰：「會計當而已矣。」嘗為乘田矣，則曰：「牛羊茁壯長而已矣。」未嘗於職分之外，少為越俎，故曰「具臣」。若直貶「具臣」為無用之臣，恐二子亦不肯受。

※ 張　岱 _____

　　應該做「大臣」的時候就做「大臣」，應該做「具臣」的時候就做「具臣」，就是以正道來侍奉君主。應該做「大臣」的時候絕不做「具臣」，應該做「具臣」的時候絕不做「大臣」，就是「不可則止」。

原文：

　　當為「大臣」則為「大臣」，當為「具臣」則為「具臣」，便是以道事君。當為「大臣」決不為「具臣」，當為「具臣」決不為「大臣」，便是「不可則止」。

季子然問「然則從之」不知道是想做什麼？孔夫子用使人震動的話來折服他，可以令弄權欺世的人膽寒。

原文：

姚承庵曰：「然則從之」不知意欲何為？夫子危言以折之，可以落奸雄之膽。

※ **徐儆弦** _____

子路、冉有做季氏家臣，對季氏違背禮制收斂田賦是順從的，討伐顓臾是順從的，旅祭泰山是順從的，不順從的事情只有殺害父君這一件，所以說他們是「具臣」。

原文：

徐儆弦曰：由、求之仕季氏，作田賦則從，伐顓臾則從，旅泰山則從，所不從者，特弒父與君耳，故曰「具臣」。

惡佞章

子路使子羔為費宰。子曰：「賊夫人之子。」子路曰：「有民人焉，有社稷焉，何必讀書，然後為學？」子曰：「是故惡夫佞者。」

子路讓子羔去作費地的城宰。孔子說：「這簡直是害人子弟。」子路說：「那個地方有老百姓，有社稷，治理百姓和祭祀神靈都可以學習，為什麼一定要讀書才算是學呀？」孔子說：「所以我討厭你這種花言巧語狡辯的人。」

朋友圈縱橫談

＊ 張　岱

季氏沒有馬上背叛魯國，是因為費邑的人屢次背叛季氏，子路讓閔子騫和子羔做邑宰是為了鎮壓安撫費邑。子羔在成邑做邑宰，而使成邑的人不敢違背禮制，他去費邑做邑宰，一定也能夠稱職。孔夫子責怪子路，也許是有隱憂吧，說「賊」說「佞」，言語之外都是有深意的。

原文：

季氏不即叛魯，以費人屢叛季耳，使騫使羔求以鎮撫之也。子羔宰成，而成人不敢悖禮，其宰費，必稱所使。夫子責由，其有隱憂乎，曰「賊」曰「佞」，言外皆有深意。

言志章

子路、曾晳、冉有、公西華侍坐。子曰：「以吾一日長乎爾，毋吾以也。居則曰：『不吾知也！』如或知爾，則

何以哉？」子路率爾而對曰：「千乘之國，攝乎大國之間，加之以師旅，因之以饑饉；由也為之，比及三年，可使有勇，且知方也。」夫子哂之。「求！爾何如？」對曰：「方六七十，如五六十，求也為之，比及三年，可使足民。如其禮樂，以俟君子。」「赤！爾何如？」對曰：「非曰能之，願學焉。宗廟之事，如會同，端章甫，願為小相焉。」「點！爾何如？」鼓瑟希，鏗爾，舍瑟而作，對曰：「異乎三子者之撰。」子曰：「何傷乎？亦各言其志也。」曰：「莫春者，春服既成，冠者五六人，童子六七人，浴乎沂，風乎舞雩，詠而歸。」夫子喟然歎曰：「吾與點也！」三子者出，曾晳後。曾晳曰：「夫三子者之言何如？」子曰：「亦各言其志也已矣。」曰：「夫子何哂由也？」曰：「為國以禮，其言不讓，是故哂之。」「唯求則非邦也與？」「安見方六七十如五六十而非邦也者？」「唯赤則非邦也與？」「宗廟會同，非諸侯而何？赤也為之小，孰能為之大？」

＊ 譯文：

　　子路、曾晳、冉有、公西華四個人陪孔子坐着。孔子說：「雖然我年齡比你們大一些，但不要為此在意而不敢隨意說話。你們平時總說：『沒有人了解我呀！』如果有人了解你們，那你們想怎樣去做呢？」子路連忙回答：「倘若一個擁有一千輛兵車的國家，夾在大國中間，常常受到侵略，加上國內又鬧饑荒，讓我去治理，等到三年，就可以使民眾有勇，並且懂得道義。」孔子向他微笑。孔子又問：「冉求，你怎麼樣呢？」冉求答道：

當才子遇上論語

「面積有六七十里見方或五六十里見方的地方，讓我去治理，只要三年，就可以使百姓豐衣足食。至於這裏的禮樂教化，就要等君子來施行了。」孔子又問：「公西赤，你怎麼樣？」公西赤答道：「我不敢說我能做到，只是願意學習。在宗廟祭祀的活動中，或者諸侯的盟會中，我願意穿着玄端衣，戴着章甫帽，做一個小小的相禮者。」孔子又問：「曾點，你怎麼樣呢？」這時曾點鼓瑟的聲音逐漸放慢，接着「鏗」的一聲，他離開瑟站起來，回答說：「我和他們三位說的不一樣。」孔子說：「那有什麼關係呢？也就是各人說說自己的志向罷了。」曾晳說：「暮春三月，已經穿上了春天的衣服，我和五六位成年人、六七個童子，結隊去沂河裏洗洗澡，在舞雩台上吹吹風，歌詠一番，然後取道回家。」孔子長歎一聲說：「我贊成曾點！」子路、冉有、公西華三個人都出去了，曾晳留在後，問孔子說：「他們三人的話怎麼樣？」孔子說：「也就是各自談談自己的志向罷了。」曾晳說：「夫子為什麼要笑仲由呢？」孔子說：「治理國家要講禮讓，可是他說話一點也不謙讓，所以我笑他。」曾晳又問：「那麼冉求不算有志於治理國家嗎？」孔子說：「哪裏見得六七十里或五六十里見方的地方就不是國家呢？」曾晳又問：「公西赤講的不是治理國家嗎？」孔子說：「宗廟祭祀和諸侯會盟，這不是諸侯的事又是什麼？像赤這樣的人如果只能做一個小相，那誰又能做大相呢？」

朋友圈縱橫談

※ 張　岱

> 千古聖賢的才能抱負，今天不用假借明天，此事不用轉移

到彼事。本來就沒有成見可以預先參透，也沒有死局可以提前定論。曾點這個時候，真真切切能有這種見地嗎？

原文：

千古聖賢經綸手段，今日不消借之明日，此事不消移之彼事。元無成見，可以預參；亦無死局，可以先定。曾點此時，實實見得到此否？

※ 張　岱 _____

曾點這四個人述說志向，應該是根據四個人本來的樣子隨口說出的。孔子門中沒有偽裝矯飾的伎倆，曾點的氣象用在當時以及平時自然是好的。然而他卻自己信不過，後來再一問孔子，就覺得他心中有些做作了。如果是顏回和曾參，自然是直接承受擔當，絕不會再去問其他三個人，來比個高低上下。孔夫子後來回應他，也只是說他們三個人是為了國家城邦，絕不再把曾點和他們三個作比較，這個意思是很微妙的。曾點心心念念要和另外三個人比較，所以不能安心接受孔子的喟然之歎。凡是學問，要在當時自己心裏信得過；他們三人如果心裏相信的只是「有勇」「知方」「足民」「為相」，那也都是春風沂水的境界，孔夫子什麼時候不讚許他們了呢？如果自己心裏信不過，即便是春風沂水，也不過是口頭上說說，而不是心中的真正境界。所以曾點只能被稱為「狂」，沒有用上。

原文：

曾點四子言志，當自四子只各就本色信口說出。聖門別無妝點伎倆，只曾點氣象在當下日用平常自好。然他卻信不過，後來再一問，便覺他胸中做作。若是顏子曾子，自然直下承當，決

不再問三子，討個高下矣。夫子到後應他，亦只說三子為國為邦，絕不把曾點再與較量，此意極微。曾點念念要與三子比量，所以不能信受喟然之意。大凡學問，要當下自己信得；三子若信得只「有勇」「知方」「足民」「為相」，卻都是春風沂水，夫子何曾不許他？若信不過，恐怕春風沂水，也是口頭三昧，不是性地風光。所以曾點只叫做一個「狂」，不曾用得着。

※ 楊升庵

　　曾點，是狂者，本來有經世致用的大志向，後來知道世道不會重用他，所以説了這句話，消除雄心壯志而虛耗餘年。這種風格的人下降一個層次就是莊子、列子這樣的，再下降則是嵇康、阮籍。

原文：

　　楊升庵曰：點，狂者也，本有用世大志，知世之不我以也，故為此言。銷壯心而耗餘年。此風一降則為莊、列，再降則為嵇、阮。

※ 張　岱

　　曾點因為種瓜而傷了曾參的額頭，把他打倒在地上；這樣暴戾的一個人，怎麼會是春風沂水的胸襟情懷呢，所以曾點到底自己內心是不自信的。

原文：

　　曾點因種瓜而傷曾子之額，撲之仆地；如此暴戾，豈是春風沂水襟懷，所以畢竟自信不過。

※ 張　岱 _____

　　七叔張爾薀先生曾以這一章為題作八股文，確立的兩柱 —— 兩個中心思想為「裁勇」「裁狂」。現成的就有這兩句話，所以絕妙。（八股文的總體結構，先要立柱 —— 確立中心思想，然後順着中心思想分股展開。）

原文：

　　季叔爾薀先生作全章題，立二柱曰：「裁勇」「裁狂」。現成有是二語，所以為妙。

顏淵第十二

克己章

顏淵問仁。子曰：「克己復禮為仁。一日克己復禮，天下歸仁焉。為仁由己，而由人乎哉？」顏淵曰：「請問其目。」子曰：「非禮勿視，非禮勿聽，非禮勿言，非禮勿動。」顏淵曰：「回雖不敏，請事斯語矣。」

✳ 譯文：

　　顏淵問為仁之道。孔子說：「克制自己，按照禮的要求去做，這就是仁。只要一天這樣做了，天下的一切就都歸於我心之仁了。實行仁德，完全在於自己，哪裏在於別人呀？」顏淵說：「請問實行仁詳細的綱目。」孔子說：「不合於禮的不看，不合於禮的不聽，不合於禮的不說，不合於禮的不做。」顏淵說：「我雖然愚鈍，也要照您的這些話去努力。」

朋友圈縱橫談

※ 張　岱 _____

　　「一日」兩個字最值得品味，拋開了這「一日」不去着手，那麼永遠都沒有着手的時候了。很多事情都開始於「一日」，更何況是踐行仁呢？

原文：

　　「一日」字最可味，舍此「一日」不下手，永無下手之期矣。百事都始於「一日」，況為仁乎？

※ 袁七澤

　　所謂「己」是指什麼呢？就是下文所説的「視」「聽」「言」「動」。「己」和「禮」既不是同一也不是二分，心迷就是「己」，心悟就是「禮」。「己」就像是水結成了冰，「禮」就像是冰化成了水。所以融化的冰就是水，不是還要到別處去找水；「克己」就是「禮」，不是還要到別處去找。下文所提到的「非禮」四句話，正是「克己」的功夫，「回雖不敏」兩句，正是「由己」的功夫。

原文：

　　袁七澤曰：所謂「己」者何？即下文「視」「聽」「言」「動」是也。「己」「禮」非一非二，迷之則「己」，悟之則「禮」。「己」如結水成冰，「禮」如釋冰成水。故釋冰即是水，不別求水；「克己」即是「禮」，不別求「禮」。下文「非禮」四句，政是「克己」功夫，「回雖不敏」二句，政是「由己」功夫。

※ 楊復所

　　有人起疑，覺得説「仁」不一定要説到「天下」，這是夢話。正是因為「己」與「天下」分為兩家了，所以聖賢特地指出一個「仁」字，踐行仁，就是想要把「己」和「天下」還復為一家，將它們還復為一家才能見到天地之心。

原文：

　　楊復所曰：或疑仁，不必説到天下，此夢語也。正為「己」與「天下」二家，所以聖賢拈個「仁」字，「為仁」，便欲「己」與「天下」還為一家，所為復乃見天地之心也。

※ 張　岱

　　「天下歸仁」，已經描畫出一個整體的人了，只是還沒有畫眼睛。「請問其目」，正是畫眼睛的方法。「視」「聽」「言」「動」，每一件都是「己」去實踐的，人如果離開「視」「聽」「言」「動」，那該怎麼踐行仁呢？不能離開「己」，所以要「由己」；不能執着於「己」，所以要「克己」。「己」為形體容色之「己」。被形體容色所主宰，那麼「視」「聽」「言」「動」都是「己」；能夠主宰形體容色，那麼「視」「聽」「言」「動」都是「仁」。直接簡要，一轉眼就會有所不同，所以修養功夫只在「一日」。

原文：

　　「天下歸仁」，已畫出一個渾渾成成全體的人來，只是不曾點睛。「請問其目」，政是點睛法也。「視」「聽」「言」「動」，件件皆「己」用事，人若離「視」「聽」「言」「動」，如何「為仁」？「己」離不得，所以說「由己」；「己」着不得，所以說「克己」。蓋「己」為形色之「己」。形色為主，則「視」「聽」「言」「動」都是「己」；能主宰得形色，則「視」「聽」「言」「動」都是「仁」。直捷簡要，轉盼不同，故其功夫只在「一日」。

※ 王　畿

　　世人傳聞金丹是用逆向功夫的，他們不知道我們儒家的學問，也全在逆向。孔子告訴顏回的四句話就是用逆的方法。收斂視聽向內觀照，謹言慎行，《易經》中所說的「不遠之復」——沒走多遠就回頭審視，就是審視這裏。

原文：

　　王龍溪曰：世傳金丹用逆，不知吾儒之學，亦全在逆。顏子

四句，便是用逆之數。收視反聽，謹言慎動，所謂不遠之復，復
於此矣。

※ 顧憲成 ─────────────

　　有人問兩個「己」字有什麼相同與不同？顧憲成說：下文已
經解釋得很明白了。說「非禮勿視」這四句，就知道「克己」的
「己」字了；說「回雖不敏，請事斯語矣」，就知道「由己」的「己」
字了。何必再寫注腳解釋。說「請事斯語」，那麼它就不僅僅是
空談了。

原文：

　　或問二「己」字同異？下文已自解得明白：曰「非禮勿視」
四句，便知「克己」「己」字；曰「回雖不敏，請事斯語矣」，
便知「由己」「己」字。何必再下注腳。曰「請事斯語」，則語
不為空言矣。

仲弓章

　　**仲弓問仁。子曰：「出門如見大賓，使民如承大祭。己
所不欲，勿施於人。在邦無怨，在家無怨。」仲弓曰：「雍
雖不敏，請事斯語矣。」**

※ 譯文：

　　仲弓問為仁之道。孔子說：「平時出門如同接見貴賓，役使

百姓如同去進行重大祭祀。自己不想要的，不要強加給別人。無論在邦國還是家庭中，都不要招致什麼怨恨。」仲弓說：「我雖然愚鈍，也要照您的話去努力。」

朋友圈縱橫談

※ 徐自溟

　　一定要此心能夠對人，才可以說是「見賓」；一定要此心能夠對天，才可以說是「承祭」；邦國、家族對自己沒有怨恨，是自己的心與邦國家庭相通。世界有缺陷，就是這顆心不圓滿。上一章說「復禮」，這裏說「大賓」「大祭」；上一章說「克己」，這裏說「不欲」「勿施」；上一章說「天下歸仁」，這裏說「邦家無怨」。這裏說的和對顏回說的，哪裏有什麼區別呢？

原文：

　　徐自溟曰：此心期可以對人曰見賓；此心期可以對天曰承祭；邦家無怨於己，乃己心通於邦家也。世界缺陷，即是此心不曾圓滿。上言「復禮」，此言「大賓」「大祭」；上言「克己」，此言「不欲」「勿施」，上言「天下歸仁」，此言「邦家無怨」。與顏子所言，有何分別？

※ 方文伯

　　「不欲」「勿施」之心，就是「見賓」「承祭」之心，沒有所存之心和已發之心的區分；「邦家無怨」之心，就是「不欲」「勿施」之心，沒有別人和自己的區分。

原文：

　　方文伯曰：「不欲」「勿施」，即是「見賓」「承祭」之心，

當才子遇上論語

不分存發;「邦家無怨」,即是「不欲」「勿施」之心,不分人己。

※ 程 頤

進入宗廟才想到恭敬,是因為沒有進廟之前是存在不恭敬的,必須從這裏得到解答。

原文:

程子曰:入廟思敬,是未入廟時先有不敬也,須從此得解。

訒言章

司馬牛問仁。子曰:「仁者,其言也訒。」曰:「其言也訒,斯謂之仁已乎?」子曰:「為之難,言之得無訒乎?」

＊ 譯文:

司馬牛問為仁之道。孔子說:「仁人,說話通常是遲鈍的。」司馬牛說:「說話遲鈍,這就叫做仁了嗎?」孔子說:「因為知道做起來很困難,說起來能不遲鈍嗎?」

朋友圈縱橫談

※ 張 岱

不說「訒言」而說「言訒」,這是就已經形成的東西說的。

孔夫子不是讓他在説話上下功夫，而是教他在慎言處用功。

孔子是説仁者的語言，司馬牛是説語言的遲鈍，簡直是天壤之別！

原文：

不曰「訒言」而曰「言訒」，此是指現成者説。夫子非教他言上做功夫，政教他於所以忍言處着力。

聖人是説仁者之言，司馬牛是説言者之訒，何嘗天壤！

憂懼章

司馬牛問君子。子曰：「君子不憂不懼。」曰：「不憂不懼，斯謂之君子已乎？」子曰：「內省不疚，夫何憂何懼？」

＊ **譯文：**

司馬牛問君子之道。孔子説：「君子不憂慮不恐懼。」司馬牛説：「不憂慮不恐懼，這樣就是君子了嗎？」孔子説：「省察自己內心時沒有愧疚，那還有什麼憂慮和恐懼呢？」

朋友圈縱橫談

※ **薛敬軒**

君子面對着青天很敬畏，聽到雷聲反而不震驚；走在平地上

很謹慎，經歷風波反而不恐懼。

原文：

　　薛敬軒曰：君子對青天而懼，聞震雷而不驚；履平地而恐，涉風波而不懼。

※ 張　岱

　　晉代的郗超說：「意念所安之處，遇到什麼都會覺得平坦；情感所關切之處，去往哪裏都不會滯礙。」因此說，通達還是滯礙的原因，取決於我而不是外物。

原文：

　　晉郗超曰：意之所安，則觸遇而夷；情之所關，則無往不滯。因此而言，通滯之所由，在我而不在物也。

兄弟章

　　司馬牛憂曰：「人皆有兄弟，我獨亡。」子夏曰：「商聞之矣：死生有命，富貴在天。君子敬而無失，與人恭而有禮，四海之內皆兄弟也。君子何患乎無兄弟也？」

※ 譯文：

　　司馬牛憂愁地說：「別人都有兄弟，唯獨我沒有。」子夏說：「我聽說過：死生在於命，富貴在於天。君子只要以敬畏之心做

事而不出差錯，對人恭敬有禮而無過失，那麼四海之內到處有兄弟。君子哪裏需要擔憂沒有兄弟呢？」

朋友圈縱橫談

※ 李衷一

大概司馬牛在與兄弟相處之中，一定有不完全符合道義的地方。子夏說的話分明就是想讓司馬牛自己極盡恭敬，以感化他的兄弟，不是讓司馬牛丟開自己的兄弟而去結交他人。意思是說，君子能夠盡恭敬之道，即便是四海之內，也都是兄弟。疏遠的人尚且可以親近，更何況親人呢？「何患無兄弟」，應該主要講的是自己的兄弟，而不是四海之內的。

原文：

李衷一曰：大抵司馬牛處兄弟之間，決有未盡道處。子夏此言分明欲牛自盡恭敬，以感其兄弟，不是教牛捨卻自己兄弟，結交他人也。意謂，君子能盡個恭敬，雖四海之內，都是兄弟。疏者尚可親，況親者乎？「何患無兄弟」，當從自己兄弟看，不當從四海看。

問明章

子張問明。子曰：「浸潤之譖，膚受之愬，不行焉，可謂明也已矣。浸潤之譖，膚受之愬，不行焉，可謂遠也已矣。」

　　子張問怎樣算是明智。孔子說：「像水浸潤那樣詆毀他人的壞話，像感同身受那樣的控訴，在你那裏都行不通，就可以算是明智的了。像水浸潤那樣詆毀他人的壞話，像感同身受那樣的控訴，在你那裏一直行不通，那你可以算是有遠見的了。」

朋友圈縱橫談

※ 張侗初

　　心與物相觸而不妄動，就是虛空妙明，光照萬里；「浸潤」「膚受」，就是眼前鬼怪百出，令人惑亂。所謂山鬼的伎倆是有限的，道行深的僧人不聽不看的功力是無窮的。這難道不是明智？難道不是遠見？所以說「心體寂靜得像天空一樣，起作用的時候像太陽一樣洞照一切」。

原文：

　　張侗初曰：人心觸之不動，便是虛空妙明，光照萬里；「浸潤」，「膚受」，乃眼前鬼怪百出。所謂山鬼之伎倆有限，老僧之不聽不睹無窮。豈不是明？豈不是遠？故曰「體寂若太虛，用照同白日」。

※ 張　岱

　　重複思考「浸潤」這三句話，最有意味。誣陷和控訴在他面前一時行不通，只能說是明智；最終也行不通，才能夠說是有遠見。

重複「浸潤」三句，最有意味。蓋一時不行，止可謂「明」；到底不行，方可謂「遠」。

兵食章

子貢問政。子曰：「足食，足兵，民信之矣。」子貢曰：「必不得已而去，於斯三者何先？」曰：「去兵。」子貢曰：「必不得已而去，於斯二者何先？」曰：「去食。自古皆有死，民無信不立。」

* 譯文：

子貢問為政之道。孔子說，「糧食充足，武備修整，讓老百姓信任統治者。」子貢說：「如果不得不去掉一項，那麼在這三項中先去掉哪一項呢？」孔子說：「去掉武備。」子貢說：「如果不得不再去掉一項，那麼這兩項中先去掉哪一項呢？」孔子說：「去掉糧食。自古以來人都會死的，沒有老百姓的信任國家就不能存在了。」

朋友圈縱橫談

※ 張　岱

這一章只是在說常道與變化，不是說固守與權衡。武備可以

去除，糧食可以去除，而信任不可去除，説的就是建立萬世不變的常道，怎麼能説是權變呢？

原文：

此章止說常變，說不得經權。兵可去，食可去，而信不可去，正是立萬世之經，如何可說權？

※ 湛若水

為什麼去除武備呢？因為將武備隱藏在糧食中，就是信任。為什麼去除糧食呢？去除武備、糧食而留存信任，統治者可以與人民一起不顧生命地賣力。「去」字沒有力度，其實是説缺少哪一種。

原文：

湛甘泉曰：何以去兵也？藏兵於食，信也。何以去食也？兵、食去而信存，可與民效死也。「去」字無力，猶云少得那一件。

※ 張侗初

聖人不避諱武備、糧食，只求有人民、信任。後世之人不求有人民、信任，就想要富強。「自古皆有死，民無信不立」，千古以來的生死，有千千萬萬種。信得過，就乾脆利落了。唐代安史之亂時期張巡、許遠鎮守睢陽缺兵少糧卻能以少勝多的歷史事件，跟這裏的説法可以相互參看。

原文：

張侗初曰：聖人不諱兵、食，只要民、信。後世不求民、

信，便屬富強。「自古皆有死，民無信不立」。千古生死，立案如山。信得過，一刀兩斷。張巡、許遠之守睢陽，與此三說，政可並參。

※ 張　岱

匆匆忙忙地修整武備、備足糧食，而人民卻懷疑他，王安石就是這樣的。大張旗鼓地備足糧食、修整武備，而人民卻懷疑他，商鞅就是這樣的。將武備、糧食和信任分為三件事來看才是正確的。

原文：

急急然足兵、足食，而民疑之者，荊公是也。赫赫然食足、兵足，而民疑之者，商君是也。分作三件看為是。

文質章

棘子成曰：「君子質而已矣，何以文為？」子貢曰：「惜乎，夫子之說君子也！駟不及舌。文猶質也，質猶文也。虎豹之鞟猶犬羊之鞟。」

※ 譯文：

棘子成問：「君子只要有美好的本質就行了，要那麼多文飾幹什麼呢？」子貢說：「真可惜，先生您這樣談論君子。駟馬也難以追回您這句失言了。本質就如同文，文就如同本質。虎豹之皮去掉了花紋就和犬羊之皮一樣了。」

※ 張　岱

　　這一整章是圍繞着救世來說的，都是注重本質的意思。棘子成想要去除文飾來保存本質，子貢想要保留文飾來明辨本質。總之其目的都是為了本質，不必過於貶低駁斥。

　　「惜乎」二句，是一直說下來的，就如同說「惜乎夫子之說」。君子一句話說出，駟馬也難以追回！這與上文中「君子」兩個字是相呼應的。

原文：

　　通章以救世立論，俱是重質意。子成欲去文以存質，子貢欲留文以辨質。總之皆為質地耳，不必過為貶駁。

　　「惜乎」二句，一直說下，如云「惜乎夫子之說」。君子一言既出，駟馬難追矣！與上文「君子」二字呼吸相應。

盍徹章

　　哀公問於有若曰：「年饑，用不足，如之何？」有若對曰：「盍徹乎？」曰：「二，吾猶不足，如之何其徹也？」對曰：「百姓足，君孰與不足？百姓不足，君孰與足？」

※ 譯文：

　　魯哀公問有若：「饑荒的年歲，國家用度不足，怎麼辦？」

有若回答：「為什麼不實行徹法（稅田十取一為『徹』）？」哀公說：「現在抽十分之二，我還不夠用，怎麼能實行徹法呢？」有若說：「如果百姓豐足，您怎麼會不豐足呢？如果百姓不豐足，您又怎麼會豐足呢？」

朋友圈縱橫談

※ 唐宣之

孔夫子曾經說魯國的國家之勢為「不患寡而患不均，不患貧而患不安」。魯哀公的不富足不是真的不富足，而是國家財產沒有進入國庫，而是進入了孟孫氏、叔孫氏、季孫氏三家。施行田徹之法，那麼分田地徵賦稅都各有固定的制度了，三家也處於應上繳十分之一田稅的行列，他們就不能搜刮老百姓了。這是有若的潛台詞。

原文：

唐宣之曰：夫子嘗謂魯國之勢「不患寡而患不均，不患貧而患不安」。哀公之不足非不足也，蓋由祿之去公堂而入三家也。徹法行，則分田制祿各有定制，三家亦且制於什一之中，而不得聚斂百姓矣。此有若之微意也。

※ 張　岱

問為何要使百姓富足，答曰：治理國家，就像種樹一樣。想讓上面枝葉繁茂，一定要灌溉它的根部，根部如果枯萎了，那麼樹上面也就焦枯了！君處於上面，百姓處於下面，但他們其實是同一棵樹。

原文：

> 問百姓足，曰：治國，猶種樹也。欲榮其上，必溉其下，下枯而上則焦矣！君上而民下，只一樹也。

崇德章

> 子張問崇德辨惑。子曰：「主忠信，徙義，崇德也。愛之欲其生，惡之欲其死。既欲其生，又欲其死，是惑也。『誠不以富，亦祇以異』。」

✳ 譯文：

> 子張問如何提升道德和辨明疑惑。孔子說：「以忠信為主，見義而為，這就是提升道德。喜愛一個人就希望他活下去，厭惡他了就想讓他死。既想要他活，又想要他死，這就是困惑。『這實在不是因為富不富，而是因為品行不同。』」

朋友圈縱橫談

※ 張　岱

> 子張問「崇德」，只是想着如何從外部獲取一些東西來使自己的道德更加高尚，孔夫子只是從用心上去說。子張問「辨惑」，只是想着如何用自己的聰明去解除別人的困惑，孔夫子卻只從他自己身上說。這就是根據人的特點來施行教化，從而補救他的缺失。

齊景章

　　齊景公問政於孔子。孔子對曰：「君君，臣臣，父父，子子。」公曰：「善哉！信如君不君，臣不臣，父不父，子不子，雖有粟，吾得而食諸？」

＊ **譯文：**

　　齊景公問孔子治國之道。孔子說：「君盡君道，臣盡臣道，父盡父道，子盡子道。」齊景公說：「好呀！如果真的君不像君，臣不像臣，父不像父，子不像子，即便有糧食，我能吃得上嗎？」

朋友圈縱橫談

※ **姚承庵**

　　從古至今，從來沒有綱紀不正而能夠治理國家的人。孔子君臣父子這樣的回答，就是他在衛國時說的「正名」的意思。這四

者是一起來說，但君為臣綱、父為子綱這兩項，是很有責令齊景公應該做到的意思在的。

原文：

　　姚承庵曰：自古及今，未有大綱不正而可為國者。君臣父子之對，即正名於衛之意。四者並言，而君為臣綱，父為子綱，煞有責成景公意在。

※ 張　岱

　　齊景公這個時候就如同岌岌可危的葉子，很容易被風吹落；又如同受到驚嚇的小鳥，很容易掉落下來。他一聽到孔夫子所說的話，感慨歎息，簡直就像他當年在牛山哭泣一樣悲痛哽咽。

原文：

　　景公此時所謂危葉易風，驚禽易落，一聞夫子之言，感慨咨嗟，幾與牛山之泣，同其酸梗。

折獄章

子曰：「片言可以折獄者，其由也與？」子路無宿諾。

＊ 譯文：

　　孔子說：「極少的幾句話就可以判決案件，而且讓雙方心服口服，恐怕只有仲由能做到吧？」子路從來沒有答應別人的事情拖著不做的時候。

※ 張　岱

　　小邾國的大夫射（人名）帶着句繹（城邑名）來投奔魯國，說：「派子路來和我口頭約定，我不需要立盟誓。」不相信千乘大國的盟誓，而相信子路的一句話，他的話就是這樣能夠使人信任。所以說「可以折獄」。

原文：

　　小邾射以句繹奔魯，曰：「使季路要我，吾無盟矣。」千乘之國，不信其盟，而信子路之一言，其言之取信若此。故曰「可以折獄」。

聽訟章

子曰：「聽訟，吾猶人也。必也使無訟乎！」

※ 譯文：

　　孔子說：「如果說聽理訴訟案件，我和別人是一樣的。一定要使得沒有訴訟案件發生才好！」

※ 張　岱 _____

「折獄」，是讓當事人在宣判之後心中折服；「無訟」，是在他提起訴訟之前就感化其心。通過潛移默化的方式，讓一切紛爭都冰消瓦解。

《易》中說「做事情要在剛開始的時候就有所謀劃」，這跟「無訟」比起來還是落後了一個層次。

賢人「折獄」，聖人「無訟」，這就是聖人和賢人的區別。總的來說作為管理者沒有什麼別的詐術與巧計，只是讓大事化為小事，小事化為無事，僅這一種方法就可以用之不盡了。

原文：

「折獄」，是服其心於事後；「無訟」，是化其意於辭先。潛移默奪，瓦解冰消。

《易》曰「作事謀始」，猶是落一層話。

賢人「折獄」，聖人「無訟」，此是聖賢階級。總之為民上者無他謬巧，只是大事化為小事，小事化為無事，便吃着不盡。

子張章

子張問政。子曰：「居之無倦，行之以忠。」

　　子張問為政之道。孔子説：「居於官位而不懈怠，推行政事出於忠心。」

朋友圈縱橫談

※ 張侗初

　　力氣強大幹練，未必是出於自己的本性；老實忠厚，恐怕不能盡善盡美地把事情處理好。只有居於職位上而「無倦」，行事「以忠」，才是退居隱藏的時候。天道流行不止，發揮作用的時候，都是真實性情的運用。這就是周文王之大道。

原文：

　　張侗初曰：氣力強幹，未必根性地而出；篤實敦厚，恐不能盡事而施。惟居曰「無倦」，行曰「以忠」，是退藏處，天行不息，而作用處，皆真性流行也。此為純王之道。

※ 黃葵陽

　　天地悠久的化育，堯舜謹慎戒懼的道理，正好都可以在這兩句話中體現出來。子張是注重外在的人，所以孔子勉勵他外在的行為要以內心為依歸。

原文：

　　黃葵陽曰：天地悠久之化，堯舜兢業之神，正可於二句中理會。子張是務外的人，故勉他以內外如。

成美章

子曰：「君子成人之美，不成人之惡。小人反是。」

＊ 譯文：

孔子說：「君子成全別人的好事，不助長別人的壞事。小人則正與此相反。」

朋 友 圈 縱 橫 談

※ 張　岱 _____

說是君子成就別人，小人嫉妒別人，尚且是第二念的分別計度。君子、小人各自表現出他們的本性，自然是這樣不同的。伯夷看到飴糖，想到的是奉養老人；盜跖見到飴糖，想到的是潤滑門軸以方便偷東西。這都是根據不同性情而發出的，旁人無法影響。

原文：

謂君子成就人，小人妒忌人，尚是第二念。君子、小人，各自見其本性，自然如此不同。伯夷見飴，用以養老；盜跖見飴，用飲戶樞。此是發於性情，別人攙掇不得。

帥正章

季康子問政於孔子。孔子對曰：「政者，正也。子帥以正，孰敢不正？」

＊ 譯文：

季康子問孔子為政之道。孔子回答：「政，就是正的意思。您自己倡導引領正道，那還有誰敢不走正道呢？」

朋友圈縱橫談

※ 張　岱

「政者，正也」，是孔夫子對「政」字的含義的解釋，有樹立榜樣的意思，已經將人完全包括在其中。「帥」字有倡導、率領的意思，必須從重振綱紀、肅清名分的角度去說，才切合季康子本人的實際。

原文：

「政者，正也」，是夫子解說「政」字的意義，有做個樣子的意思在，人已盡攝其中。「帥」有倡率之義，須從振紀綱、肅名分說，方切康子身上。

患盜章

　　季康子患盜，問於孔子。孔子對曰：「苟子之不欲，雖賞之不竊。」

* 譯文：

　　季康子憂慮盜竊猖獗，問孔子怎麼辦。孔子回答：「假如你自己沒有貪欲，即使獎勵人民偷竊也沒有人去做。」

朋友圈縱橫談

※ 丘瓊山

　　豐盛之世沒有盜賊，是因為富足；和平之世沒有盜賊，是因為法紀嚴明；教化之世沒有盜賊，是因為順從。

原文：

　　丘瓊山曰：豐世無盜者，足也；治世無盜者，肅也；化世無盜者，順也。

※ 真西山

　　統治階層之中如果有身居高位而盜竊國家財產的人，百姓之中就會有拿着武器搶劫的盜賊。

原文：

　　真西山曰：上有衣冠之盜，然後下有干戈之盜。

德風章

季康子問政於孔子曰：「如殺無道，以就有道，何如？」孔子對曰：「子為政，焉用殺？子欲善而民善矣。君子之德風，小人之德草。草上之風必偃。」

* 譯文：

季康子問孔子為政之道，說：「如果殺掉無道之人來成全有道之人，怎麼樣？」孔子回答：「您管理政事，哪裏用得着殺戮呢？您只要想行善，老百姓就會跟着行善。統治者的品德就像風，民眾的品德就像草，風吹過去，草就必定跟着風倒。」

朋友圈縱橫談

※ 張 岱

季康子剛說殺戮，孔子便說行善；季康子想要殺掉惡人以成全善人，孔子想要教化惡人成為善人。這正是用道德來代替刑罰的宗旨。季康子就像是怒目金剛，想要震懾降服群魔；孔子就像是低眉菩薩，想要給予六道慈悲。

季康子動殺念，就像將要燃燒起來的火，孔夫子明確提出一個「善」字，就像冰一樣把熱給降下去了，是想要把不善之人教化為善人。說「風」和「草」，是指出人民是容易教化的，用不着殺戮。

原文：

　　康子才説殺，孔子便説善；康子欲殺惡人以成善人，孔子便欲化惡人而成善人。此正是以德易刑之旨。康子如金剛怒目，欲以攝伏群魔；孔子如菩薩低眉，欲以慈悲六道。

　　康子動一殺念，如火之欲焚，夫子宛宛提出「善」字，如冰之解熱，蓋欲其化不善而為善也。曰「風」曰「草」，挽見民之易化，不消殺得。

聞達章

　　子張問：「士何如斯可謂之達矣？」子曰：「何哉，爾所謂達者？」子張對曰：「在邦必聞，在家必聞。」子曰：「是聞也，非達也。夫達也者，質直而好義，察言而觀色，慮以下人。在邦必達，在家必達。夫聞也者，色取仁而行違，居之不疑。在邦必聞，在家必聞。」

＊ 譯文：

　　子張問：「士怎樣才可以叫做達呢？」孔子説：「你説的『達』是什麼意思？」子張回答：「在邦國一定有名望，在卿大夫家也一定有名聲。」孔子説：「你説的只是『聞』，不是『達』。所謂達，是品質正直，愛好禮義，揣摩別人的話語，觀察別人的臉色，想着以謙恭的態度待人。這樣的人，在邦國一定是達的，在卿大夫家也一定是達的。至於只求『聞』的人，只是外

表上裝出的仁的樣子而行動上卻是違背仁的，自己以仁人自居還心安理得。但他也是在邦國、在卿大夫家裏都一定有名聲的。」

朋友圈縱橫談

※ 張　岱

「聞」和「達」之辨別，子張一開始就說錯了，孔子說的是「達」，子張說的是「聞」。所以「夫達也者」「夫聞也者」這兩句話頭應該注意。「聞」是從別人那裏獲得的，是從外部而來；「達」是從自己這兒成就的，是從自己的內心來的。

原文：

「聞」「達」之辨，開口便錯，夫子自言「達」，子張自言「聞」。故「夫達也者」「夫聞也者」兩句喝起處須着眼。聞者自彼聞，聞從外而至；達者自我達，達由中而出。

※ 李九我

謙恭待人不在於外在的聲音笑容上，而是深入內心的，所以說「慮以下人」。這是馴服內心血氣的功夫。

原文：

李九我曰：下人不在外面聲音笑貌，乃深入思慮上，故曰「慮以下人」。此是馴擾血氣的功夫。

「色取」與「質直」相反；「行違」與「好義」相反；「居之不疑」與「觀察下人」相反。兩邊相對照，真假自然就可以辨別了。

前面說一個「質」字，後面說一個「色」字。從最初醞釀的時候，就可以辨別了。

原文：

「色取」正與「質直」反；「行違」正與「好義」反；「居之不疑」正與「觀察下人」反。兩邊對勘，真偽自別。

上說一「質」，下說一「色」。胞胎之中，便判男女。

舞雩章

樊遲從遊於舞雩之下，曰：「敢問崇德、修慝、辨惑。」子曰：「善哉問！先事後得，非崇德與？攻其惡，無攻人之惡，非修慝與？一朝之忿，忘其身以及其親，非惑與？」

＊　譯文：

樊遲在舞雩台下從學於孔子，說：「請問怎樣提升道德、修正邪念、辨明困惑？」孔子說：「問得好！先做事，將完成之心放在後面，不就是提升道德了嗎？攻治自己的惡念，不攻擊別人的缺點，不就是修正邪念了嗎？由於一時的氣憤，就忘記了自身的安危，乃至忘記了自己的親人，這不就是不明智嗎？」

※ 張　岱
_____

> 「德」字、「愬」字、「惑」字都是從於心的。一心先做事，那麼「德」就會一天天修起；專心去消除惡念，那麼「愬」就會一天天消減；耐心去克制憤怒，那麼「惑」就會一天天解開。大概聖賢教人，都是只在內心做功夫，而不是向外部求取。有人說：攻擊惡，那麼「德」就會一天天趨於潔淨，克制憤怒，那麼「德」就會一天天趨於光明。
>
> 原文：
>
> 「德」字、「愬」字、「惑」字皆從心。一心去先事，則「德」日起；專心去除惡，則「愬」日消；耐心去懲忿，則「惑」日解。大抵聖賢教人，只在心上做功夫，不在外邊討求。或曰：攻惡則「德」日進於潔淨，懲忿則「德」日底於光明。

仁知章

樊遲問仁。子曰：「愛人。」問知。子曰：「知人。」樊遲未達。子曰：「舉直錯諸枉，能使枉者直。」樊遲退，見子夏曰：「鄉也吾見於夫子而問知，子曰『舉直錯諸枉，能使枉者直』，何謂也？」子夏曰：「富哉言乎！舜有天下，選於眾，舉皋陶，不仁者遠矣。湯有天下，選於眾，舉伊尹，不仁者遠矣。」

樊遲問什麼是仁。孔子說：「愛人。」問什麼是智，孔子說：「了解人。」樊遲沒有明白。孔子說：「選拔正直的人，放在邪曲的人之上，這樣就能使邪曲之人變正直了。」樊遲退下，見到子夏說：「剛才我見到老師，問他什麼是智，他說『舉直錯諸枉，能使枉者直』。這是什麼意思？」子夏說：「這話的內涵很豐富啊！舜得到了天下，就在民眾中選拔人才，舉用皋陶，不仁的人就遠去了。湯得到了天下，就在民眾中選拔人才，舉用伊尹，不仁的人就遠去了。」

朋友圈縱橫談

※ 張侗初

天下的大仁德，本來就是以大智慧做的，仁人的大玄機大用處，將動向變化掌握在手，都是由智而來的。由智進行辨別，才能鼓舞天下之人。賞罰不明確，取捨不恰當，賢人和沒有才德的人在朝堂上混雜在一起，這樣永遠也不能治理好天下。可見「仁」「智」本來就是一體的，不能說是相互成就的。

原文：

張侗初曰：天下大仁，原是大智做的，仁人大機大用，動變在手，都從智出。智分別處，方能鼓舞天下也。賞罰不明，取捨不當，賢不肖混立於朝，千古不能治天下。可見「仁」「知」原是一件，說不得相成。

問友章

子貢問友。子曰：「忠告而善道之，不可則止，無自辱焉。」

❋ 譯文：

子貢問交友之道。孔子說：「忠正地勸告他，但也要善於表述，如果他不聽也就罷了，不要自取其辱。」

朋友圈縱橫談

※ 李衷一 _____

「不可則止」，不是放棄他，機緣不相投，暫且等待，以後可以再找機會。如果數落他，讓他覺得羞辱，不僅僅是會使對方過失增加，而且恐怕他還會因此自我棄絕，沒什麼可指望的了。始終還是想要成就他，不是放棄他。

原文：

李衷一曰：「不可則止」，非棄之也。機未投，且俟之，尚可後圖。若數而至辱，不惟重友之過，且恐因此自絕，無可望矣，始終是欲成就之。

輔仁章

曾子曰：「君子以文會友，以友輔仁。」

＊ **譯文：**

曾子說：「君子以禮樂文章來結交朋友，通過朋友一起切磋琢磨來互相幫助培養仁德。」

朋友圈縱橫談

※ 張　岱

凡是日常所用可以見到的東西都是「文」。和朋友交往相處，言語行動應酬，無論何時何地，都有一個燦爛明亮的東西在；而且在這種燦爛明亮之中有非常真切、不能自己停止的東西，就像血脈流動在四肢中，就像春光隱藏在萬紫千紅中，是活生生而不斷絕的，這個東西就是「仁」。所以《詩經》說「矧伊人兮，不求友生（難道一個人，能不尋求志同道合的朋友嗎）」，應該知道與我相生的就是朋友。

原文：

凡日用可見處都是「文」。與朋友應接，言動周旋，刻刻處處，有個粲然者在；而就其粲然中有真切不容自已處，如血脈在四肢，如春光在紅紫，生生不斷，這個是「仁」，故曰「矧伊人兮，不求友生」。須知生我者友也。

子路第十三

先勞章

子路問政。子曰：「先之勞之。」請益。曰：「無倦。」

✳ 譯文：

　　子路問為政之道。孔子說：「做事要先於老百姓，也使老百姓勞作。」子路請求多指導一些。孔子說：「按照前面說的去做且不倦怠。」

朋友圈縱橫談

※ 張侗初

　　孔子說「先」和「勞」，是把百姓應該做的事情用所有精神一力承擔，其他還有什麼事情呢？如果說「請益」，就是自己已經倦怠了，所以孔子後面只說了一句啟發性的轉語。

原文：

　　張侗初曰：曰「先」曰「勞」，把百姓分內事，全副精神，獨力承當，更有何事？若說「請益」，已自倦矣，故只下一轉語。

※ 張　岱

　　孔夫子沒有說如何去「先」如何去「勞」，而是說「先之」「勞之」，是要把責任事務都承擔在自己身上，可以想見他是如何肅

整自己的精神的。

　　「無倦」正是他能夠「先」「勞」的原因。將「先」「勞」看得太容易，就是以後倦怠的根源。

原文：

　　夫子不說如何「先」，如何「勞」，而第曰「先之」「勞之」，要件件責成在自己身上，可想見其精神之整頓處。

　　「無倦」正所以成其為「先」「勞」。易視「先」「勞」，便是倦根。

※ 王荊石

　　如果真的有先勞之心，那就沒有完結的時候，沒有一絲一毫可以增加的東西了。這句話非常妙。說「先之勞之」，兩個「之」字本來就不可停歇。

原文：

　　王荊石曰：真有先勞之心，便無時可了，便一毫加益不得。此語極妙。曰「先之勞之」，二「之」字原歇不得手。

有司章

　　仲弓為季氏宰，問政。子曰：「先有司，赦小過，舉賢才。」曰：「焉知賢才而舉之？」曰：「舉爾所知。爾所不知，人其捨諸？」

仲弓做了季氏的家臣，問為政之道。孔子説：「諸事先責成手下負責具體事務的官吏，赦免他們的小過失，選拔賢才來擔任職事。」仲弓又問：「怎樣知道誰是賢才而選拔出來呢？」孔子説：「選拔你所知道的；至於你不知道的賢才，別人難道會捨棄他們嗎？」

朋友圈縱橫談

※ 姚承庵

論政事的人，貴在識大規矩。「先有司」這三句話，是政事的大規矩。選拔所知道的賢才，而不知道的人就交給別人去選拔，也是推舉賢才的大規矩，這是因為仲弓最擅長的，都在於一個「簡」字，所以孔夫子也跟他説「簡」。

原文：

姚承庵曰：論政者，貴識體。「先有司」三句，是政之大體。「舉爾所知」，而所不知者，付之他人，亦舉賢才之大體，蓋仲弓得力，全在一「簡」，故夫子亦與之言「簡」。

※ 張　岱

這一段主要是在説用人。不説赦免罪惡，而是説赦免過失，那麼所謂有過失的人，不是指普通老百姓，分明是指官吏。

原文：

主用人說，蓋不曰赦罪，而曰赦過，則所謂過者，非下民也，亦明屬有司類矣。

正名章

子路曰：「衛君待子而為政，子將奚先？」子曰：「必也正名乎？」子路曰：「有是哉，子之迂也！奚其正？」子曰：「野哉，由也！君子於其所不知，蓋闕如也。名不正，則言不順；言不順，則事不成；事不成，則禮樂不興；禮樂不興，則刑罰不中；刑罰不中，則民無所措手足。故君子名之必可言也，言之必可行也。君子於其言，無所苟而已矣。」

※ 譯文：

　　子路對孔子說：「衛國國君等着您去治理國家，您打算先從什麼事情做呢？」孔子說：「首先必須是正名分吧？」子路說：「有這樣做的嗎？您太不合時宜了。名怎麼正呢？」孔子說：「真粗野啊，仲由！君子對於自己所不知道的事情，應當避而不談。名分不正，說話就不順當合理，說話不順當合理，事情就辦不成。事情辦不成，禮樂也就不能興盛。禮樂不能興盛，刑罰就不能中肯得當。刑罰不中肯得當，百姓就會手足無措。所以，君子所定的名分一定是能夠言說的，說出來一定是可以行得通的。君子對於自己所說的話，是從不馬馬虎虎對待的。」

朋友圈縱橫談

※ 張　岱 _____

　　聖人用「正名」的方法來救衛國的騷亂，就如同孟子認為

「不嗜殺人」能夠統一天下一樣，都是找到病根來醫治它。藥到病除，聖賢說的原來都不是謊話。自古以來倫理混亂綱紀泯滅的朝廷，必定會大肆殺戮，以達到鉗服人心的目的，所以孔子單獨列舉「刑罰不中」來說。譬如說我們明朝的燕王朱棣以靖難之名攻打建文帝，只是因為名不正言不順，就大肆將忠義之族株連抄家，不知道殺害了多少生命！

原文：

　　聖人以「正名」救衛亂，如孟子以「不嗜殺人」一天下，都是窮其病之所始而藥之。藥到病除，聖賢初非誑語。古來亂倫滅紀之朝，必大肆殺戮，以箝服人心，故單舉「刑罰不中」來說。如我明靖難朝，只為不正不順，蔓抄赤族，不知殺害多少生靈！

※ 徐自溟

　　衛國君主只是因為存有一個苟且坐着國君位置的念頭，所以對於祖孫父子的名分，都不考顧念體恤了。孔夫子直接將這一點說破，正是想要去除他的苟且之心，以闡發自己之所以要「正名」的意圖。

原文：

　　徐自溟曰：衛君只緣其有一念苟且得國之心，故於祖孫父子之名，俱不顧恤。夫子直頭道破，正欲去其苟心，以發己所以「正名」之意。

農圃章

　　樊遲請學稼。子曰：「吾不如老農。」請學為圃。曰：「吾不如老圃。」樊遲出，子曰：「小人哉，樊須也！上好禮，則民莫敢不敬；上好義，則民莫敢不服；上好信，則民莫敢不用情。夫如是，則四方之民繈負其子而至矣，焉用稼？」

＊ 譯文：

　　樊遲向孔子請教如何種莊稼。孔子說：「我不如老農。」樊遲又請教如何管理園圃。孔子說：「我不如老園丁。」樊遲離開以後，孔子說：「真是一個在野小人，樊須啊！在上位者重視禮，老百姓就不敢不敬畏；在上位者重視義，老百姓就不敢不服從；在上位者重視信，老百姓就不敢不真心實意。要是做到這樣，四面八方的老百姓就會背着自己繈褓中的小孩來歸附，哪裏用得着自己去學種莊稼呢？」

朋友圈縱橫談

※ 張　岱

　　老農老圃，畢竟不是君子寄託性命的事業。樊遲心中其實是有這個癖好，所以孔子又特地指出了「小人」兩個字，用來點破他的學問的根源。下文都是要把君子經世致用的大學問解說透徹，如果只是說統治者和人民相互感應的話，就是因小失大了。

老農老圃，畢竟非君子之所托業。樊遲胸中實有是癖，故又特為點出「小人」兩字，以破其學問種子。下節全要把大人經世大學意說得透徹，若只講上下感應話頭，便顧奴失主。

誦詩章

子曰：「誦詩三百，授之以政，不達；使於四方，不能專對；雖多，亦奚以為？」

＊ 譯文：

孔子說：「一個人誦背《詩》三百首，讓他處理政務卻不能通達，讓他出使四方卻不能獨立地應對，即便誦背得很多，又有什麼用呢？」

朋友圈縱橫談

※ 張　岱

古人讀書，哪怕是一句話一個字就能終身受用，更何況是誦讀《詩經》三百篇呢？授予他政事，不能通達，派他出使四方國家，不能獨立應對，這跟長著兩隻腳的書櫃有什麼區別呢？所以程子說：「一個人如果在沒有讀過《論語》時是這個樣子，讀過之後依然是這個樣子，那他就等於沒有讀過《論語》。」

原文：

　　古人讀書，只一句一字且終身用之不盡，何況誦《詩》三百乎？乃授政不達，不能專對，與兩腳書櫥亦復何異？故程子曰：「凡人未讀《論語》時是這樣人，讀過《論語》時仍舊是這樣人，此人只當不曾讀得《論語》。」

※ 張　岱 ─────────────────────────

　　《詩經》記載了十五個國家的風俗，東周西周的常道與變化，凡是民間風俗、官吏的管理和治績、山川、各方土地所適宜生長的物品，無所不包，所以應該能夠「達政」，應該能夠「專對」，又不是「不學《詩》，無以言」的說法了。有一句諺語叫作「登高作賦，可以為大夫」，就是這個意思。

原文：

　　《詩》載十五國之風，東西周之正變，凡民風、吏治、山川、土宜、無所不備，故應「達政」，應「專對」，又非學《詩》可言之說。語云「登高作賦，可以為大夫」即是此意。

身正章

子曰：「其身正，不令而行；其身不正，雖令不從。」

※ 譯文：

　　孔子說：「自身行為正當了，即便不發佈政令，諸事都能暢行；自身行為不正，即便發佈政令，下面的人也不會服從。」

　　唐代宗讓楊綰主持政事，郭子儀聽說了以後，正用豐盛的筵席宴請賓客，馬上撤掉了準備用來表演的十分之四的歌姬舞女。這就是「不令而行」的一個例證。

原文：

　　唐使楊綰為政，郭汾陽聞之，方盛筵宴客，遂撤座間聲伎十分之四。「不令而行」，此是一證。

魯衛章

子曰：「魯衛之政，兄弟也。」

＊ 譯文：

　　孔子說：「魯國和衛國的政事，就像兄弟一樣。」

　　世人在解釋「兄弟」這個詞的時候，都是把魯國和衛國的不好事情拿來比較的，他們不知道孔夫子說這句的本意，正是為了

周公和康叔的遺風仍在，而沒有被振興起來的緣故。感歎它們的衰落，有惋惜的意思，也有希望的意思。

後面的三章都是在衞國時說的話。孔夫子看到衞國的人民生活富庶，有在衞國大展才能的意圖，所有才有了這句話，不得將它純粹理解為一種感慨。

原文：

世解「兄弟」，都把魯衞不好事來較量，不知夫子本意，正為周公康叔之遺風猶在，而無振起之故。歎其衰，有惜之意，有望之意。

以下三章皆適衞之語。夫子見其居民富庶，有用衞之思，故有是言，不得純用慨歎。

居室章

子謂衞公子荊：「善居室。始有，曰：『苟合矣。』少有，曰：『苟完矣。』富有，曰：『苟美矣。』」

＊ 譯文：

孔子談到衞國的公子荊時說：「他善於處理家業，財貨器具剛開始有一點，他說：『差不多也就夠了。』稍多一點時，他說：『差不多就算完備了。』更多的時候，他說：『差不多算是完美了』。」

※ 姚承庵

三個「曰」字只是用來說明他心中的想法。他的善全部體現在三個「苟」字和三個「矣」字上。「苟」就是俗語中所說的「將就些」的意思。「矣」就是到此為止而不再有過分的願望了的意思。

原文：

姚承庵曰：三「曰」字只形容他心裏的口氣。善處全在三「苟」字，三「矣」字。「苟」者猶俗云將就歇的話。「矣」是止於是而不復過望之詞。

※ 李衷一

衞國的公子荊的富有，是他所處的位分所應當有的，假如想要厭倦而逃離，那麼就像是陳仲子那樣違背節令而甘於貧窮，又不好了。

原文：

李衷一曰：公子荊之富，自是其本分應有的。假如欲厭而逃之，如陳仲子矯節甘貧，卻又未善。

※ 張　岱

「始有」是沒有達到「合」，所以說是「苟合」；「少有」是沒有達到「完」，所以說「苟完」；「富有」是沒有達到「美」，

所以説「苟美」。所以説他「不以欲速盡美累其心（不因想要快速實現美而勞累心）」。現在有人把「始有」當作「合」來看，已經「合」了而説是「苟」，是貪心，而不是知道停止。這種理解是可笑的。

原文：

　「始有」未至於「合」而曰「苟合」；「少有」未至於「完」而曰「苟完」；「富有」未至於「美」而曰「苟美」。故曰「不以欲速盡美累其心」。今人先把始有作合看，既合而曰「苟」，是貪也，非知止也。可笑。

適衛章

　子適衛，冉有僕。子曰：「庶矣哉！」冉有曰：「既庶矣，又何加焉？」曰：「富之。」曰：「既富矣，又何加焉？」曰：「教之。」

＊　譯文：

　孔子到衛國去，冉有為他駕車。孔子説：「衛國人口真多呀！」冉有説：「人口已經夠多了，還要再做什麼呢？」孔子説：「使他們富起來。」冉有説：「富了以後，還要再做什麼呢？」孔子説：「進行教化。」

※ 沈無回

　　「庶矣哉」三個字，孔夫子即便不説「富」和「教」，而無窮的事務都已經具備在其中了。想當年孔夫子將這句話説出口的時候，其治國的抱負與才幹簡直是充滿宇宙。

原文：

　　沈無回曰：「庶矣哉」三字，夫子即不言「富」「教」，而無窮情事已盡備其中矣。想夫子出口時，直是經綸滿宇宙。

※ 張侗初

　　人口眾多而使他們富足，富足了之後再進行教化，萬古以來治理國家的方法，就只是這輛車上的問答內容。

原文：

　　張侗初曰：庶而富，富而教，萬古經綸，只在車上問答。

※ 張　岱

　　兩次問「何加」，可以看出聖賢為人民思慮深切的心意。「富」「教」兩個字只是為了保其「庶」，這是根據衞國的情況而説的，不必一定連帶着衞國的人民。

　　「庶矣」這一感歎，有徘徊留戀的意思，單單將其看作悲傷感歎，就是相距甚遠了。

原文：

　　兩言「何加」見聖賢惓惓為民之意。「富」「教」二字只是保

其「庶」，因衛而發，不必粘着衛民。

　　「庶矣」一歎，有低回留連之意，單作悲感語，便是一紙萬重。

用我章

子曰：「苟有用我者，期月而已可也，三年有成。」

❋ 譯文：

　　孔子說：「如果有人重用我，一個月就可以初成氣候，三年就一定會有成效。」

朋友圈縱橫談

※ 周季侯

　　孔夫子切實看到當時的局勢都是可以挽回的，所以考慮在一年和三年之間，定個期限，不只是想用它來解除當年晏子說他「累世不能殫其學」的嘲笑。孔子的意思注重在「三年有成」上。

原文：

　　周季侯曰：夫子實見得當世時局盡可挽回，故斟酌於期月、三年之間，定個程期，非只以此解當年累世之嘲也。夫子意重三年句。

　　魯國重用孔子，到了三個月的時候魯國安定繁榮，這便是「期月而已可也」的效果驗證。孔子生平什麼時候説過大話呢？

原文：

　　魯用孔子，至三月而魯國大治，此便是「期月而已可也」之效驗。孔子生平何嘗肯打誑語！

善人章

　　子曰：「『善人為邦百年，亦可以勝殘去殺矣。』誠哉是言也！」

✳ 譯文：

　　孔子説：「『善人治理國家，經過一百年，也就可以去除殘暴，消滅殺伐。』這話真對呀！」

朋友圈縱橫談

※ 周季侯

　　春秋時期，只崇尚殘忍暴虐，是一片殺戮世界。孔夫子悲傷痛心，所以感慨着想起了古人之言，説不用聖王來治理世界，即便是善人來治理也能夠消除殘暴殺伐，真是一字一淚啊。「誠哉」

這句話，要完整地體會孔夫子的誠懇真切，如果只是認為是讚歎的語氣，恐怕還沒有完全理解。

原文：

　　周季侯曰：時至春秋，專尚殘酷，一片俱是殺業世界。夫子慘然有痛於心，故慨然遐想古人之言，謂不必聖王制世，便得善人亦可以勝殘去殺，此一字一滴淚也。「誠哉」一句，全要體貼此意，說得懇切，若只着讚歎口氣，恐猶未盡。

王者章

　　子曰：「如有王者，必世而後仁。」

＊ **譯文：**

　　孔子說：「如果有王者興起，也必須用三十年時間，才能使仁道行於天下呀。」

朋友圈縱橫談

※ 張　　岱

　　王者，是指能夠振興大道安定國家的王者，而不是接受天命的王者。這裏的「仁」字和別處也不一樣，是普遍教導化育、沒有一個人不去貫徹的意思。漢代的漢高祖、漢惠帝努力貫徹，到了漢文帝、漢景帝時候達到天下大治；周代的周文王、周武王努

力貫徹，到了周成王、周康王的時候達到天下大治，都是「如有王者，必世而後仁」的表現。

原文：

> 王者，謂興道致治之王者，非受命之王者也。此「仁」字與它處不同，是教化浹洽，無一人不貫徹底意思。漢之高、惠，至於文、景，周之文、武，至於成、康，皆是其候。

正身章

子曰：「苟正其身矣，於從政乎何有？不能正其身，如正人何？」

✻ 譯文：

孔子說：「如果自身端正了，從政還有什麼困難呢？如果不能端正自身，怎能使別人端正呢？」

朋友圈縱橫談

※ 張　岱

> 本章是專門對大夫說的，為「政者正也（治理國家的人應身正）」加了一個注腳，也為「子帥以正，孰敢不正（你以身正為表率，別人怎敢不身正）」說了一句啟發性的轉語。

原文：

　　專為大夫而發，為「政者正也」下一注腳，又為「子帥以正，孰敢不正」下一轉語。

退朝章

　　冉子退朝。子曰：「何晏也？」對曰：「有政。」子曰：「其事也。如有政，雖不吾以，吾其與聞之。」

※ 譯文：

　　冉求退朝回來。孔子説：「你怎麼回來這麼晚呀？」冉求説：「有政事。」孔子説：「只是季氏家事吧？如果有國政，雖然國君不用我了，我也會聽説的。」

朋友圈縱橫談

※ 張　岱 _____

　　季氏在家裏私自議論朝政，就像是賈似道在半閒堂和賓客姬妾評議軍國大事一樣。孔夫子假裝不知道，跟冉有一起辨明政與事的區別。他通過這些話來使季氏警醒、冉有開悟，也是想將大義存於天地之間，這就是孔子日後寫作《春秋》的伏筆。

一言章

　　定公問：「一言而可以興邦，有諸？」孔子對曰：「言不可以若是其幾也。人之言曰：『為君難，為臣不易。』如知為君之難也，不幾乎一言而興邦乎？」曰：「一言而喪邦，有諸？」孔子對曰：「言不可以若是其幾也。人之言曰：『予無樂乎為君，唯其言而莫予違也。』如其善而莫之違也，不亦善乎？如不善而莫之違也，不幾乎一言而喪邦乎？」

＊ 譯文：

　　魯定公問：「一句話就可以使國家興盛，有嗎？」孔子回答：「沒有這樣的話語，但有近似的。有人說：『做君難，做臣不易。』如果知道了做君主的難處，這不近乎於一句話就可以使國家興盛嗎？」魯定公又問：「一句話就可以亡國，有嗎？」孔子回答：「沒有這樣的話語，但有近似的。有人說：『我做君主並沒有什麼可高興的，唯一高興的是我所說的話沒有人敢於違抗。』如果說得對而沒有人違抗，不也很好嗎？如果說得不對而沒有人違抗，那不就近乎於一句話可以亡國嗎？」

 **朋友圈縱橫談**

※ 真西山

　　大禹談論君臣之義，用「后克艱厥后，臣克艱厥臣（君能克服君之艱難，臣能克服臣之艱難）」（語出《尚書・大禹謨》）這一句話來概括。孔子告訴魯定公的話，跟大禹所說如出一轍。子思告訴衛侯：「你的國家大勢，即將一天不如一天了。你說的話自己認為是正確的，而卿大夫都不敢議論其中的錯誤；卿大夫說的話自己認為是正確的，而士人庶人都不敢議論其中的錯誤。」這就是所謂的「唯予言而莫予違也」。如果真的是這樣，沒有不滅亡的；能不戒懼嗎！

原文：

　　真西山曰：大禹言君臣之義，蔽之以克艱之一言。孔子告定公之言，與禹若出一揆。子思之告衛侯曰：「君之國事，將日非矣。君出言自以為是，而卿大夫莫敢議其非；卿大夫出言自以為是，而士庶人莫敢議其非。」此所謂「唯予言而莫予違也」。苟如是，未有不亡；可不戒哉！

※ 張　岱

　　夏桀和商紂王統治期間也有龍逄、比干這樣正直之臣，自古以來哪有完全不敢違逆的呢？但是就君主樂於沒人反對的情況來推斷，一定會有誅殺忠臣重用佞臣的事情。只是這一個念頭，就足以使國家滅亡，哪裏還用討論善或不善呢。「如其」「不亦」，就等於說：如果真的是這樣，只是還沒有滅亡罷了，早晚會滅亡的。

桀紂之世亦生龍逢、比干，千古來安有莫逆？但就其意所樂推之，必有誅忠崇佞之事。只此一念，盡足喪邦，何論善之不善矣。「如其」「不亦」，猶云：倘其如是，尚未喪亡耳。

葉公章

葉公問政。子曰：「近者說，遠者來。」

✻ 譯文：

葉公問孔子為政之道。孔子說：「使近處的人高興，使遠處的人來歸附。」

朋友圈縱橫談

※ 張 岱

《孔子家語》記載：子貢向孔子問政說：「以前齊國國君向您詢問如何治理國家，您說『治理國家的關鍵在於節省財力』。魯國國君向您詢問如何治理國家，您說『治理國家的關鍵在於了解大臣』。葉公向您詢問如何治理國家，您說『治理國家的關鍵在於讓近處的人高興，讓遠處的人來依附』。三個人的問題是一樣的，而您的回答卻不同，為什麼呢？」孔子回答：「根據各國不同的情況來治理。齊國國君治理國家，建造很多樓台水榭，修築

很多園林宮殿，聲色享樂，無時無刻，有的時候一天就能賞賜三個家族各一千輛戰車，所以説治理國家的關鍵在於節財。魯國國君有三個大臣，在朝廷內相互勾結，愚弄國君，在朝廷外排斥諸侯國的賓客以遮蓋他們明察的目光。所以説治理國家的關鍵在於了解大臣。楚國國土廣闊而都城狹小，民眾想離開那裏，不安心在那兒居住，所以説治理國家的關鍵在於讓近處的人高興讓遠方的人來依附。這三個國家的情況不同，所以施政方針也不同。」

原文：

　　《家語》曰：子貢問政於孔子，曰：「昔者齊公問政，夫子曰『政在節財』。魯君問政，夫子曰『政在諭臣』。葉公問政，夫子曰『政在悅近而來遠』。問政同，而答異，何也？」子曰：「各因其事也。齊君為國，奢乎台榭，淫乎苑囿，五官妓樂，不懈於時，一旦而賜人以千乘之家者三，故曰『政在節財』。魯君有臣三人，內比周以愚其君，外距諸侯之賓以蔽其明，故曰『政在諭臣』。夫荊之地廣而都狹，民有離心，莫安其居，故曰『政在悅近而來遠』。此三者，所以為政殊矣。」

莒父章

　　子夏為莒父宰。問政。子曰：「無欲速，無見小利。欲速，則不達；見小利，則大事不成。」

＊ 譯文：

　　子夏做莒父的城宰，問為政之道。孔子説：「不要求速成，

不要貪圖小利。求速成，反而達不到目的；貪圖小利，就做不成大事。」

※ 張　岱

做事情的第一要義就是要有耐心，一切的挫折、困頓、歡喜、愛慕的情況都要忍耐過去，才是治理國家的能者。如果能夠被刺激得動，牽引得動，那麼他的成就終究是有限的。

原文：

做事第一要耐煩心腸，一切跌磕、蹭蹬、歡喜、愛慕景象都忍耐過去，才是經綸好手。若激得動，引得上，到底結果有限。

直躬章

葉公語孔子曰：「吾黨有直躬者，其父攘羊，而子證之。」孔子曰：「吾黨之直者異於是：父為子隱，子為父隱。——直在其中矣。」

＊ 譯文：

葉公對孔子說：「我的家鄉有個正直的人，他的父親偷了別人的羊，他出來作證了。」孔子說：「我家鄉的正直的人和你講

的這個人不一樣：父親為兒子隱瞞，兒子為父親隱瞞。正直之道就在其中了。」

朋友圈縱橫談

※ 周季侯

直，就是根據人的第一念而表現出來的東西。才到分別計度的第二念出現的時候，就早已經有轉折在其中了。父子互為隱瞞，即使是在短暫的睡夢之中，也本來就會如此，不需要考慮商量之後才隱瞞。所以說「直在其中」。朱熹注解「不求為直」四個字，說得非常直接清楚。

原文：

周季侯曰：直者，率其最初第一念而出之者也。才落第二念，早已有轉折矣。在父子相隱，卒然夢寐之中，亦自如此，不必着擬議而後隱也。故曰「直在其中」。注「不求為直」四字，說得直截醒快。

※ 張　岱

春秋時期的亂臣賊子，小則違抗君父的命令，大則弒君謀反，總是要與君父扯上關係。孔子點出父子之間的深情，正是誅滅其謀逆之心的辦法。

原文：

春秋時亂臣賊子，小則抗君父，大則弒逆，總是要與君父講道理耳。聖人說出父子至情，政是誅心之法。

樊遲章

樊遲問仁。子曰：「居處恭，執事敬，與人忠。雖之夷狄，不可棄也。」

✳ 譯文：

樊遲問為仁之道。孔子說：「獨居時能規規矩矩，做事認真莊重，對待他人忠心誠意。即使到了夷狄之邦，也不可背棄這些原則。」

朋友圈縱橫談

※ 湯霍林

應該將整段話當作一個整體來看，最後一句是順着前面三句而來的遞推，跟「造次顛沛必於是（流離失所生活困頓也一定這樣）」的意思是一樣的。一定是要到夷狄之地都不拋棄，才是沒有不謹慎的，沒有不敬畏的，沒有不忠誠的。而合在一起來說，就是沒有不仁德的。

原文：

湯霍林曰：通節須打成一片看，末句乃是從上三句而緊煞之詞，猶「造次顛沛必於是」意。必到夷狄不棄，方是無不恭，無不敬，無不忠。而合之，即是無不仁。

行己章

子貢問曰：「何如斯可謂之士矣？」子曰：「行己有恥，使於四方，不辱君命，可謂士矣。」曰：「敢問其次。」曰：「宗族稱孝焉，鄉黨稱弟焉。」曰：「敢問其次。」曰：「言必信，行必果，硜硜然小人哉！抑亦可以為次矣。」曰：「今之從政者何如？」子曰：「噫！斗筲之人，何足算也？」

＊ 譯文：

　　子貢問道：「怎樣做才能叫做士？」孔子說：「自己行事時有知恥之心，出使各方，能夠不辱沒君主交付的使命，可以叫做士。」子貢說：「請問次一等是怎樣的呢？」孔子說：「宗族之人稱讚他孝順父母，鄉里之人稱讚他尊敬兄長。」子貢又問：「請問再次一等是怎樣的呢？」孔子說：「說到一定做到，做事一定堅持到底，堅定固執得像石頭一樣，那是小人啊！但也可以說是再次一等的士了。」子貢說：「現在的從政者怎麼樣呢？」孔子說：「唉！那些都是器量狹小的人，哪裏能算數呢？」

朋 友 圈 縱 橫 談

＊ 張　岱

　　士人行事，以自己沒有成為聖賢為恥，不是空懷歉疚。這一點有很大的用處。當他作為使者的時候，就以辱沒君命為恥；當

他居住在鄉間的時候，就以不孝悌為恥。言行一致，說到做到，也是這樣不願做出無恥之事。現在從政的人，大多都是沒有羞恥心的人，所以是不算數的。

說到自身的踐行，就不能拋棄家國四方，只去空談性命之學，所以孔子觀察判斷士人，一定會選取對天下國家有實際用處的人。

原文：

士人行己，恥己之不為聖賢，不是空空抱歉。此中有許大作用在。當其為使，則恥辱君命；當其居鄉，則恥不孝弟；必信必果，亦只是為不肯無恥。今之從政，大都皆無恥之流矣，故不足算。

說個行己，便不得捨卻四方，空談性命，故知尼山相士，定取其實實有益於天下國家。

中行章

子曰：「不得中行而與之，必也狂狷乎！狂者進取，狷者有所不為也。」

✳ 譯文：

孔子說：「我找不到奉行中道之人一起做事，只有與狂者、狷者一起了！狂者上進有為，狷者有所不為。」

※ 張　岱

　　「與之」，是與他怎樣做事呢？只是看到狂者的進取，我就可以跟他在一起；狷者有些事情是不會去做的，我就可以跟他在一起做事。這兩種人光明磊落，不必一定要達到中道，就已經足夠完成自己的使命了。

原文：

　　「與之」，是與他怎麼？只看狂者進取，吾便可與；狷者有所不為，我便可與。有為二人落落，不必更得中行，已足全肩擔子矣。

※ 湯賓尹

　　不要用中道的標準去說狂者和狷者不好，孔子是確實見到了狂者和狷者的優點，所以才特別思念他們。

原文：

　　湯宣城曰：不要把中行形容狂狷不好，聖人實見得狂狷好處，故特地思他。

無恆章

　　子曰：「南人有言曰：『人而無恆，不可以作巫醫。』善夫。」「不恆其德，或承之羞。」子曰：「不占而已矣。」

孔子說：「南方人有句話說：『人如果沒有恆心，就不能當巫醫。』這句話說得好啊！」「人不能長久地保持德行，可能會遭受恥辱。」孔子說：「這些用不着去占卜就可以知道。」

朋友圈縱橫談

※ 張　岱 _____

把「恆」字當作恆心來理解為好，不可以把不能做巫醫這件事當作「羞」。這個「羞」是發自內心的羞愧，不是別人給予他的。沒有恆心的人，他的心中已經沒有安然不變的主宰了，所以「羞」用「或」來說。

原文：

「恆」以恆心說好，不可把不可為巫醫作「羞」字。此「羞」為內出之愧，非人奉而進之也。無恆之人，他心中已無定主，故「羞」謂之曰「或」。

和同章

子曰：「君子和而不同，小人同而不和。」

＊ 譯文：

孔子說：「君子講求和合而不強求相同，小人只求相同而不講求和合。」

※ 張　岱

君子心中不立城府，不設町畦，而像牌坊、華表一樣具有導向作用的東西自然存在。小人可以忘記舉動神色，可以共享車馬衣裘，但興趣志向是完全不同的。這裏面的分寸，自然可以用來判斷公心私心。

原文：

君子城府不立，町畦不設，而坊表自存。小人形跡可忘，衣裘可共，而臭味自別。其間分寸，自判公私。

鄉人章

子貢問曰：「鄉人皆好之，何如？」子曰：「未可也。」「鄉人皆惡之，何如？」子曰：「未可也。不如鄉人之善者好之，其不善者惡之。」

※ 譯文：

子貢問孔子：「一鄉人都喜歡他，怎麼樣呢？」孔子說：「不一定就是好。」子貢又問孔子：「一鄉人都厭惡他，怎麼樣？」孔子說：「不一定就是不好的。不如一鄉的好人都喜歡他，一鄉的壞人都厭惡他。」

※ 沈無回

　　子貢提出「鄉人皆好」這個問題，已經悄悄陷入了鄉願的窠臼中了。「皆好」，不可求取；「皆惡」，並非出於本意。孔夫子用鄉人中善和不善兩類人的不同反應回答他，就使外表忠厚討人喜歡的鄉願沒有立足之處了。

原文：

　　沈無回曰：子貢「鄉人皆好」之問，已隱然入鄉願窠臼中矣。「皆好」，不可求之；「皆惡」，非本意也。夫子以鄉人之善不善者答之，鄉願遂無站腳之處。

※ 韓求仲

　　鄉人有喜歡的和厭惡的，也有善人和惡人，所以判斷一個人，不應該用別人的好惡來斷定他的善惡，而應該用善人和惡人的不同好惡來判斷好惡。本身已經很明確了，還有什麼別的糾葛呢？

原文：

　　韓求仲云：鄉人有好惡，亦有善惡，故取人者，不當以好惡之善惡為善惡，而當以善惡之好惡為好惡。已自明了，有何葛藤？

易事章

子曰：「君子易事而難說也。說之不以道，不說也；及其使人也，器之。小人難事而易說也。說之雖不以道，說也；及其使人也，求備焉。」

＊ 譯文：

孔子說：「侍奉君子很容易，但很難取得他的喜歡。不按正道去討他的喜歡，他是不會喜歡的。但是當他任用人的時候，總是量才而用；侍奉小人很難，但要取得他的喜歡是很容易的。不按正道去討他的喜歡，也會得到他的喜歡。但等到他任用人的時候，卻總是求全責備。」

朋友圈縱橫談

※ 張　岱

君子心很熱臉很冷，即使千方百計地投其所好，也不能投中他所想要的，但他很愛惜人才，對待人很寬容。小人外表嚴厲而內心很軟弱，如果委曲己意而去迎合他，一定能得到他的歡心，但是小人求全責備，對待別人只有苛刻。世上有正氣的人物，自然都是面目嚴肅冷淡，但卻有着寬胸懷熱心腸，人們很容易服侍他，更加覺得他的胸懷如汪洋千傾。

原文：

　　君子氣甚熱而面甚冷，百計投之，不能中其所欲，而意在憐才，待人未嘗不恕；小人色甚屬而心甚荏，曲意逢之，無不得其歡心，而意在求全，待人惟有一刻。世間正氣人物，自然面目嚴冷，只是大肚皮熱心腸，人人好服侍他，更覺汪洋千頃耳。

泰驕章

子曰：「君子泰而不驕，小人驕而不泰。」

＊ **譯文：**

　　孔子説：「君子舒泰而不驕矜，小人驕矜而不舒泰。」

朋友圈縱橫談

※ **張　岱**

　　「泰」是由道德來的，「驕」是從意氣生的，應該知道得意昂揚的驕氣和純然自生的寬厚溫和的德容，必然是不能夠相提並論的。

原文：

　　「泰」從道德生來，「驕」從意氣使出，要知吐氣揚眉與睟面盎背，自不可同年而語。

近仁章

子曰：「剛、毅、木、訥近仁。」

✻ 譯文：

孔子說：「剛強、堅毅、質樸、訥言，這四者接近於仁。」

朋友圈縱橫談

※ 程　頤

因為輕浮機巧的，都和仁相差甚遠，所以剛毅木訥為「近仁」。這正好和「巧言令色」是相反的。

原文：

程子曰：只為輕浮巧利的，去仁甚遠，故以此為「近仁」。此正與「巧言令色」相反。

切偲章

子路問曰：「何如斯可謂之士矣？」子曰：「切切偲偲，怡怡如也，可謂士矣。朋友切切偲偲，兄弟怡怡。」

　　子路問孔子，説：「怎樣才可以稱為士呢？」孔子説：「互助督促勉勵，相處和和氣氣，可以算是士了。朋友之間互相督促勉勵，兄弟之間相處和和氣氣。」

朋友圈縱橫談

※ 張侗初

　　「士」本來是有大涵養的人，切磋而和悦，不過是渾然天成的畫面，朋友兄弟，也都是自然而然，同類相招罷了。有差別的地方容易看到，沒有差別的地方難以知道。

原文：

　　張侗初曰：「士」元是大涵養的人，切偲怡怡，不過渾成圖畫，朋友兄弟，亦是自然流出，肖物而付耳。有分別處易見，無分別處難知。

即戎章

子曰：「善人教民七年，亦可以即戎矣。」

＊ 譯文：

　　孔子説：「善人在位，用七年的時間教化百姓，也就可以叫他們去當兵打仗了。」

※ 張　岱

　　七年要有着落，世間現成的有四種人：聖人、君子、善人、恆人。聖人用七十天的時間，能使有苗前來歸附；君子用三年的時間，能使人民有勇氣且知道義；恆人用十年的時間，能使得軍民同心同德，積聚力量，發憤圖強，以洗刷恥辱。而善人的功績顯現的時間，正好需要七年。他本來所教的東西，原本不是為了讓他們上戰場，而是禮義已經昌明，參加戰爭自然勇猛，即便是讓他們去參加戰爭，也不是不可以的。針對本章寫文章的人，一定要重點提出「亦可」這兩個字加以闡述。

原文：

　　七年要有着落，聖人、君子、善人、有恆，世間現成有此四項人。聖人七旬，而能格有苗；君子三年，而能有勇知方；恆人十年，而能生聚教訓。則善人功候，剛在七年。蓋其所教，原不為即戎，而禮義既明，戰陣自勇即以從戎，亦無不可。作者全要剔出「亦可」二字。

教戰章

子曰：「以不教民戰，是謂棄之。」

※ 譯文：

　　孔子說：「讓沒有經過訓練的老百姓去打仗，這就等於拋棄他們。」

※ 張　岱

齊桓公和晉文公之後，統治者大都在較量爭鬥，將人民驅趕到刀光劍影的戰場上，不知道一個「教」字，所以孔夫子上一章說「善人教民」，這裏說「以不教民戰」。「教」則可以使百姓參加戰爭，「不教」就是說放棄了他們。然而人民死在刀槍之下，不是因為刀槍，而是統治者自己，話說得非常誠懇真切。

原文：

桓文後，大都角力爭鬥，驅民於鋒鏑，不識「教」之一字，故夫子上說「善人教民」，此說「以不教民戰」。「教」則可以即戎，「不教」是謂棄之。然則民之死於兵，非兵也，我也，言甚愷切。

憲問第十四

憲問章

憲問恥。子曰：「邦有道，穀；邦無道，穀，恥也。」

✳ 譯文：

　　原憲問什麼是可恥的。孔子説：「國家治理有序時尸位素餐，國家治理混亂時仍然尸位素餐，是可恥的。」

朋友圈縱橫談

※ 葛屺瞻 ＿＿＿＿＿＿＿＿＿＿＿＿＿＿＿＿＿＿

　　國家有道則應當建功立業，國家無道則應當盡力拯救。即便是沒有出仕，也應當有所預備。什麼時候沒有事情可做呢？只説拿報酬的人什麼事也不做，就是跟俗語所説的吃飯混日子一樣。不僅是指拿國家俸祿，即便是拿卿大夫家的俸祿也是如此。「穀」字，不能當作「祿」字來解釋。

原文：

　　葛屺瞻曰：有道則當建白，無道則當拯救。即未仕，而其具亦當預辦。那一時沒有事做？單言穀者，絕不做事，即俗云吃飯過日子相似。不但食君祿，即家食亦是。「穀」字，不可解作「祿」字。

克伐章

「克、伐、怨、欲不行焉，可以為仁矣？」子曰：「可以為難矣，仁則吾不知也。」

* 譯文：

（原憲又問：）「好勝、自誇、怨恨、欲念都沒有的人，可以算是仁吧？」孔子說：「可以說是很難做到的了，但若說能否算是仁，我就不知道了。」

朋友圈縱橫談

※ 卓去病

孔夫子通過治理千乘之國和束帶立朝來解說事功，不能當作本體；通過清白和忠誠來說名節，不能當作本體；在此處說功夫，也不能當作本體。並不是說去除好勝、自誇、怨恨、貪欲還不夠，而是說很難做到。

原文：

卓去病曰：夫子於千乘立朝說事功，當不得本體；於清忠說名節，當不得本體；於此處說功夫，當不得本體。非以克、伐、怨、欲為不足，為難也。

懷居章

子曰:「士而懷居,不足以為士矣。」

✴ **譯文:**

　　孔子說:「一個士,如果貪戀家鄉的安逸生活,就算不上士了。」

朋友圈縱橫談

※ 管登之 _____

　　懷戀居室即是懷戀家鄉,是說將自己當作一家之私,而沒有肩負起天下國家的志向。

原文:

　　管登之曰:懷居即懷土。謂私其身於一家,而無天下國家之志也。

※ 耿楚侗 _____

　　世俗情感濃的地方能夠淡得下,世俗情感苦惱的地方能夠耐得住,世俗情感煩擾的地方能夠閒得下,世俗情感牽絆的地方能夠斬得斷,這就是學問真正有用之處。

原文：

　　耿楚侗曰：俗情濃艷處淡得下，俗情苦惱處耐得下，俗情勞擾處閒得下，俗情牽絆處斬得下，斯為學問真得力處。

危言章

子曰：「邦有道，危言危行；邦無道，危行言孫。」

✳　譯文：

　　孔子說：「國家有道，便正言正行；國家無道，便要行為正直而說話謙和謹慎。」

朋友圈縱橫談

※　宋羽皇

　　整章的重點在於「行」。君子處在國家有道的時期，言行固然都是正義的。即便是國家無道，行為依然是正直的，變得遜順的，只是改變之前說話沒有約束的情況。品質清正而外在圓融，志氣削弱而骨氣增強，這正可以看出君子經世致用的妙處。

原文：

　　宋羽皇曰：通章重「行」一邊。君子處有道，固「言」與「行」而俱危。即無道之世，「行」亦危而不變，所「孫」者，特言語

之間少檢點以出之耳。清其質而濁其文，弱其志而強其骨。此正
見君子經綸之妙。

※ 李卓吾

「邦有道」之時，「危言」在「危行」之前；「邦無道」之時，
「言遜」在「危行」之後。「危言危行」，「危」字是在「言」字
之前的；「危行言遜」，「遜」字是在「言」字之後的。其間多少
反覆的考量，多少變化，不可不知！

原文：

李卓吾曰：「邦有道」，「危言」在「危行」之前；「邦無道」，
「言孫」在「危行」之後。「危言危行」，「危」字在「言」字之上；
「危行言孫」，「孫」字在「言」字之下。多少斟酌，多少變化，
不可不知！

有德章

子曰：「有德者必有言，有言者不必有德。仁者必有勇，
勇者不必有仁。」

※ 譯文：

孔子說：「有品德之人，一定有合乎道德的言論，但有合乎
道德的言論之人並不一定有德。仁人一定是有勇氣的，但有勇
氣的人不一定有仁德。」

※ 張　岱

　　這句話是專門針對那些用語言來修飾品德、用匹夫之勇來冒充仁德的人說的。在這其中辨別真假，不注重「言」和「勇」，而全是讓人擴充修養內在品德。

原文：

　　此專為人之以言飾德、以勇冒仁者發。就中別出誠偽，不重「言」與「勇」，全是要人充養在內。

※ 張侗初

　　「必有言」「必有勇」這句話，要重視「必有」兩個字。無言也是有言，無勇也是勇敢，如果有了言語有了勇敢，就不一定有德也不一定有仁了。

原文：

　　張侗初曰：「必有言」「必有勇」，要看個「必有」二字。無言亦言，無勇亦勇也，若有言有勇，既有矣，便不必有德，不必有仁。

南宮章

南宮适問於孔子曰：「羿善射，奡盪舟，俱不得其死然。

禹、稷躬稼而有天下。」夫子不答。南宮适出，子曰：「君子哉若人！尚德哉若人！」

＊ 譯文：

南宮适問孔子，說：「羿善於射箭，奡善於水戰，能盪覆敵人的戰船，但最後都不得好死。禹和稷都親自種植莊稼，但最後得到了天下。」孔子沒有回答。南宮适出去之後，孔子說：「這個人真是個君子呀！這個人真崇尚道德！」

朋友圈縱橫談

※ 張　岱

孔子寫《春秋》只寫事件而不作判斷，根據事情的真相公正地書寫，將其中的是非交給千秋萬代的人去評判。孔夫子不回答南宮适，也是這個意思。

南宮适所說的話是指善惡有報，積善之人必有餘慶，積惡之人必有餘殃，實實在在的事情和道理，既阻斷了世人僥幸的念頭，也掃除了我們這樣的人感慨不平之氣。

原文：

孔子作《春秋》有案而無斷，據事直書，其是非付之千秋萬世已矣。夫子之不答南宮适，亦是此意。

南宮适之言是惠吉逆凶，積善餘慶，積惡餘殃，實事實理，既斬世人僥幸念頭，且掃我輩感慨意氣。

想要超越世俗的人，不能沒有這樣一種志向；想要經世的
人，不可以沒有這樣一種觀點。

原文：

何復子曰：欲超世者，不可無此一段志趣；欲維世者，不可
無此一段議論。

※ 張　岱

「羿善射，奡盪舟，俱不得其死」這句話，不應該和「由也
不得其死然」這句話當作同一種例證。因為對子路的判斷是在事
情沒有發生之前，而羿、奡二人的事件是已經發生過的。

原文：

「羿善射，奡盪舟，俱不得其死」為句，不當如「由也不得
其死然」例。蓋由也未然，而羿、奡則已然也。

君子章

子曰：「君子而不仁者有矣夫，未有小人而仁者也。」

✳ 譯文：

孔子說：「君子之中或許也會有不仁之人，但沒有一個小人
是有仁德的人。」

※ 張　岱

「有矣夫」是想象猜測的詞語，不能當作一定是真的。這是孔夫子提醒人心的話，正是「人心惟危，道心惟微」的意思。

原文：

「有矣夫」是想象億度之詞，不得泥實。此是夫子提醒人心語，正所為危微之辨。

※ 張　岱

君子就好像是日食月食一樣，他的不仁之處是可以清楚地看到的，所以他的仁也是自然存在的。小人經常假借名分道義，自稱為仁，然而這樣做正是增加了他的不仁。「未有」兩個字是表示確定語氣的助詞，是決不讓小人依傍於仁之名對其醜惡進行掩飾。

原文：

君子如日月之食，明見其不仁，故其仁自在；小人未嘗不假借名理，自附於仁，然正所以濟其不仁也。「未有」二字是決詞，是決不開小人以依傍之門，使小人有所遮飾也。

勞誨章

子曰：「愛之，能勿勞乎？忠焉，能勿誨乎？」

孔子說：「愛他，能不教他勤勉嗎？忠於他，能不用正道來規勸他嗎？」

朋友圈縱橫談

※ 張　岱

這是教人如何忠和愛，不是在抒發情感。因為「勞」和「誨」是作為父親和作為臣子所缺乏的，所以孔夫子警醒他們。

原文：

此是教人忠愛，不是闡發至情。蓋「勞」「誨」是為父為臣者所不足，故夫子醒之。

※ 李卓吾

愛子女，所以說「愛之」；自己忠，所以說「忠焉」。一個字不同，就有無限的涵義在。

原文：

李卓吾曰：愛子，故曰「愛之」；自忠，故曰「忠焉」。一字之異，便有無限義味。

為命章

子曰:「為命,裨諶草創之,世叔討論之,行人子羽修飾之,東里子產潤色之。」

✳ 譯文:

孔子說:「鄭國發表的應對他國使者的辭令,都是由裨諶起草,再經世叔討論內容,然後由外交官子羽加以修飾,最後由東里子產作最終的潤色。」

朋友圈縱橫談

※ 王元美

鄭國是子產在掌管國家政事。按照《左傳》的記載,裨諶等三個人都是由子產推薦的。叔向說:「子產善於外交辭令,諸侯都因此得利。」可見是子產能夠用其他三個人的長處,不能夠將他們四個人等量齊觀。

原文:

王元美曰:鄭國是子產執政。按《左傳》,裨諶三人皆子產所薦。叔向云:「子產有辭,諸侯賴之。」可見子產能用三子之長,不得概作四平。

子產章

　　或問子產。子曰：「惠人也。」問子西。曰：「彼哉！彼哉！」問管仲。曰：「人也。奪伯氏駢邑三百，飯蔬食，沒齒無怨言。」

＊ 譯文：

　　有人問子產是個怎樣的人。孔子說：「是個對人民有恩惠的人。」又問子西。孔子說：「他呀！他呀！」又問管仲。孔子說：「他這個人，剝奪了伯氏的駢邑三百家，使伯氏終生吃粗茶淡飯，但伯氏直到老死也沒有怨言。」

朋友圈縱橫談

※ 蘇　軾

　　管仲對於人民的功勳是非常多的，而這里單單說這件事，剝奪了別人的城邑而別人對他沒有怨言，這是德的最高境界了。我認為向北討伐山戎、向南使強悍的楚國臣服是容易的，而讓伯氏心服是難的，管仲剝奪伯氏城邑而不招致怨恨，諸葛亮貶李平廢廖立而不招致怨恨，古今也只有他們二人能做到。

原文：

　　蘇東坡曰：管仲勳烈之在人者多矣，而獨言此者，奪邑而人

不怨，德之至者也。吾嘗以為北伐山戎、南服強楚易，而服伯氏之心難，管仲之於伯氏，諸葛孔明之於李平、廖立，蓋古今二人而已。

無怨章

子曰：「貧而無怨難，富而無驕易。」

✳ 譯文：

　　孔子說：「貧窮而沒有怨恨是很難做到的，富裕而不驕傲是很容易做到的。」

朋友圈縱橫談

※ 丘毛伯

　　春秋時期，富貴者都非常驕縱，驕縱則會逼迫在上者欺凌在下者，有什麼不敢做的呢。孔夫子感到憂心，於是說「貧而無怨」，是困難的！如果說「富而無驕」，稍微知道節制就可以了，也沒什麼難的，奈何當時的富貴者都是非常驕縱的呢？意思是在言語之外的。

原文：

　　丘毛伯曰：春秋時，富貴者皆驕，驕則逼上凌下，何所不至。夫子傷之，乃曰「貧而無怨」，乃為難耳！若夫「富而無

驕」，即稍知節制者能之，此亦無甚難者，而奈何世之富者盡驕
耶？意在言外。

公綽章

子曰：「孟公綽為趙、魏老則優，不可以為滕、薛大
夫。」

＊ 譯文：

孔子說：「孟公綽做晉國趙家、魏家的家臣，是遊刃有餘
的，但不能去做滕國、薛國的大夫。」

朋友圈縱橫談

＊ 張　岱

下一章說「公綽之不欲」，可以知道孟公綽一定是一個性格
恬靜、淡泊、謙讓的人，所以做家臣之長，即便是去晉國的趙、
魏兩家做都是遊刃有餘的；但做大夫，即便是滕、薛這樣的小國
也是才力不夠的。

原文：

下章言「公綽之不欲」，則其人必恬澹廉退之人，故為老，
雖趙魏亦優；大夫，雖滕薛不足。

成人章

子路問成人。子曰：「若臧武仲之知，公綽之不欲，卞莊子之勇，冉求之藝，文之以禮樂，亦可以為成人矣。」曰：「今之成人者何必然？見利思義，見危授命，久要不忘平生之言，亦可以為成人矣。」

✳ 譯文：

子路問怎樣才能成為一個完人。孔子説：「像臧武仲那樣智慧，孟公綽那樣無欲，卞莊子那樣勇敢，冉求那樣多才多藝，再用禮樂加以修飾，也就可以成為一個完人了。」子路説：「現在的完人何必一定要這樣呢？見到利能想到義，遇到危險能不惜生命，對舊交不忘平生的諾言，也可以成為一位完人。」

朋友圈縱橫談

※ 張侗初

智、廉、勇、藝，修養恰到好處就是天性的展現，就是「文之以禮樂」，就像用眾多的花來釀蜜，釀成的蜜裏沒有花；用眾多味道來調羹，調成的羹裏不凸顯任何一味。所以張九成説：必須知道禮樂不是修飾的工具，而是其中玄奧的名稱。

原文：

張侗初曰：智、廉、勇、藝，恰好處便是天性，便是「文之

以禮樂」，如眾花釀蜜，成蜜則無花；眾味調羹，成羹則無味。故張子韶云：須知禮樂非文具，乃是其中造化名。

※ 沈無回

不說「禮樂以文之」，而說「文之以禮樂」，是將那四個人都放入禮樂之中，而不再見到那四個人在，所以說「可以成人」。

原文：

沈無回曰：不曰禮樂以文之，而曰「文之以禮樂」是渾將四子推入禮樂中去，不復見有四子在，故曰「可以成人」。

※ 張　岱

宋代學者馮時行將「今之成人」這段話當作是子路說的，不僅僅是因為他的語氣和本節是一致的，「曰」這個字也更有歸屬了。我們應該採用這種說法。

原文：

宋儒馮氏以「今之成人」節作子路語，不獨其語氣，相消於本節，「曰」字更有着落，此說當從。

公叔章

子問公叔文子於公明賈曰：「信乎，夫子不言、不笑、不取乎？」公明賈對曰：「以告者過也，夫子時然後言，人

不厭其言；樂然後笑，人不厭其笑；義然後取，人不厭其
取。」子曰：「其然？豈其然乎？」

* 譯文：

　　孔子向公明賈問到公叔文子：「真的嗎？文子先生他平常不
說、不笑、不取錢財？」公明賈回答：「告訴你這些話的人說得
過分了。先生他該說的時候才說，所以別人不厭惡他說話；快
樂時才笑，所以別人不厭惡他笑；合於道義的錢財他才會取，
所以別人不厭惡他取財。」孔子讚歎說：「是這樣嗎？竟然真是
這樣嗎？」

朋友圈縱橫談

※ 徐玄扈

　　當時巧言令色成為風氣，貪心假冒也毫不忌諱，孔夫子感到
憂心。孔子猜測文子應該確有其實，是完全可以引領世風的，公
明賈認為文子是合乎時宜而無過無不及，對他的評價更高一等。
孔夫子也沒有料到當今之世竟然有這樣的人，所以說「其然？豈
其然？」就像是在說：文子的賢德，竟然達到了這樣的地步！也
是驚訝讚賞的意思。如果反著猜測文子是不能達到這樣境界的，
就不是孔子引導教化的意思了。

原文：

　　徐玄扈曰：時方巧令成風，貪冒不忌，夫子傷之。意文子審
有其實，盡可風世，乃賈目以時中，便加人一等矣。夫子亦不意
當世有此等人，故曰「其然？豈其然」？若曰：文子之賢，一至
此乎！夫亦驚愕歎賞焉耳。若逆料其不能，殊非聖人接引之意。

武仲章

子曰:「臧武仲以防求為後於魯,雖曰不要君,吾不信也。」

＊ 譯文:

孔子說:「臧武仲憑藉防城去請求魯君在魯國立臧氏後代,雖然他說不是要挾君主,但我不能相信。」

朋友圈縱橫談

※ 張　岱 _____

第一句是事件,後面兩句是推斷,「以防」兩個字是書寫的技法。因為武仲請魯君立自己的後人,不是在獲罪逃往邾國的時候,而是在從邾國逃到防城之後。意思是如果請魯君立自己的後代而魯君准許了,那麼防城就依舊是武仲的防城;如果魯君沒有准許,那麼就要在防城叛變了。防城,並不是魯國的土地。拿著防城來請求立其後代的舉動,其實是要挾魯君一定要遵從,所以說「要君」。

這是孔夫子推斷出他最隱祕的目的。如果批評武仲太激烈,那麼就人人都知道他要挾國君了。「雖曰」那兩句話,不僅是為了揭露武仲的不臣之心,也是在感慨當時的罰而失當。

原文:

首句是案,下二句是斷,「以防」二字是書法。蓋武仲請

後，不得在罪奔邾之時，而在自邾如防之日。意以請而得立，則防猶武仲之防；請而不得立，則將據防以叛。防，非魯之有也。請防之舉，實是要之以必從，故曰「要君」。

此是夫子推見至隱。若說得武仲太狠，則人人知其要矣。「雖曰」二語，不止為武仲誅心，正慨當時之佚罰也。

晉文章

子曰：「晉文公譎而不正，齊桓公正而不譎。」

❋ 譯文：

孔子說：「晉文公詭譎而不正義，齊桓公正義而不詭譎。」

朋友圈縱橫談

※ 張　岱

《楊子卮言》說：春秋五霸最大的當屬齊桓公和晉文公，齊桓公晉文公做的最大的事情就是會盟，會盟事件，最大型就是葵丘會盟和踐土會盟。然而齊桓公主持葵丘會盟，是為了確定天子以安定王室，屬於大義之舉，所以說「齊桓公正而不譎」。而踐土會盟，是晉文公為了挾制天子以號令諸侯，是為了私心，所以說「晉文公譎而不正。」

原文：

九合章

子路曰：「桓公殺公子糾，召忽死之，管仲不死。」曰：「未仁乎？」子曰：「桓公九合諸侯，不以兵車，管仲之力也。如其仁，如其仁。」

＊ 譯文：

子路說：「齊桓公殺了公子糾，召忽為公子糾自殺了，但管仲卻沒有自殺。」又說：「管仲這是不仁嗎？」孔子說：「齊桓公多次召集各諸侯國會盟，並不是憑藉武力，這都是管仲的功勞啊。這就是他的仁了，這就是他的仁了。」

朋友圈縱橫談

＊ 張　岱

公子糾雖然死在了魯國，其實是齊桓公導致的，所以說「桓

公殺公子糾」。「未仁乎」，是就管仲的心術而言的；「如其仁」，是就管仲的功績而言的。

原文：

　　子糾雖死於魯，實出桓公之所使，故曰「桓公殺公子糾」。「未仁乎」，以心術言，「如其仁」，以事功言。

一匡章

　　子貢曰：「管仲非仁者與？桓公殺公子糾，不能死，又相之。」子曰：「管仲相桓公，霸諸侯，一匡天下，民到於今受其賜。微管仲，吾其被髮左衽矣。豈若匹夫匹婦之為諒也，自經於溝瀆而莫之知也？」

＊ 譯文：

　　子貢問：「管仲不算是仁人吧？齊桓公殺了公子糾，他不能為公子糾而死，反而做了齊桓公的宰相。」孔子說：「管仲輔佐齊桓公，稱霸諸侯，匡正天下，老百姓至今還享受着他的恩賜。如果沒有管仲，恐怕我們也成了披散着頭髮、衣襟向左開的蠻夷了。哪能像匹夫匹婦那樣恪守小節，自殺在小水溝里而誰也不知道呀？」

※ 孫淮海

匹夫匹婦那樣的小信義，不是在說召忽的死，是說管仲可以不死。不是認為召忽的死是不正當的，是說管仲的不死也不是為了苟且偷生。

原文：

孫淮海曰：匹夫匹婦之諒，不是說召忽之死，是說管仲之可以無死也；非以召忽之死為未當，是說管仲之不死亦不為苟生也。

※ 徐自溟

管仲既然能幫助天下人民擺脫變成披髮左衽的蠻夷的命運，又怎麼肯在一個溝瀆里結束生命呢。

原文：

徐自溟曰：仲既能脫天下被髮左衽，又豈肯自置身於溝瀆。

文子章

公叔文子之臣大夫僎與文子同升諸公。子聞之曰：「可以為『文』矣。」

公叔文子的家臣僎和文子同進為公朝之臣。孔子聽說這件事以後說：「公叔文子可以用『文』字來做他的諡號了。」

朋 友 圈 縱 橫 談

※ 張侗初

為國家推薦人才是好事，更何況是引薦家臣和自己同朝為官，不是大公無私的人能做到這樣嗎？因為公叔文子有這件事情，所以孔子稱讚他說「可以為文」，其實不是從文字上來解釋的。

原文：

張侗初曰：薦賢為國是美事，況以家臣而引之同仕公室，非其大公無我者能乎？因公叔文子有此事，故讚之曰「可以為文」，其實不在文字上作解也。

※ 張　岱

公叔文子去世，他的兒子請衛君為他賜諡號，衛君說：「衛國曾經遭受饑荒，公叔文子施粥給那些飢餓的衛國人，這不是惠嗎？衛國有難，公叔文子以死來保護我，這不是貞嗎？主持衛國國政，建議尊卑的秩序並與四方鄰國交好，衛國的社稷沒有受到損害，這不是文嗎？」所以賜給他諡號為貞惠文子。看這些，可以知道文子的諡號為文，本來並不是因為他舉薦了僎。孔子說即便是這一件事，他也足以能夠被稱為文了，這是為《春秋》補充了一種給予諡號的方法。

公叔文子卒，其子請諡，君曰：「昔日衛國凶饉，夫子為粥與國之餓者，不亦惠乎？衛國有難，夫子以其死衛寡人，不亦貞乎？聽衛國之政，修其班制以與四鄰交，衛之社稷不辱，不亦文乎？」故諡為貞惠文子。觀此，則文子諡文，原不為薦僎起見。孔子謂即此一事，亦可為之文矣，蓋為《春秋》補一諡法。

衛靈章

子言衛靈公之無道也，康子曰：「夫如是，奚而不喪？」孔子曰：「仲叔圉治賓客，祝鮀治宗廟，王孫賈治軍旅。夫如是，奚其喪？」

＊ 譯文：

孔子述說衛靈公的無道，季康子說：「既然如此，為什麼他沒有喪失國君之位呢？」孔子說：「因為他有仲叔圉為他管理賓客，祝鮀為他掌管宗廟祭祀，王孫賈為他統率軍隊。像這樣，怎麼會喪失國君之位呢？」

朋友圈縱橫談

※ 張　岱

仲叔圉這三個人，雖然不是什麼正人君子，但都有一種可取

的長處。衛靈公恰當地任用了他們的才能，尚且可以求得生存，更何況人才不止三個，君主又不像衛靈公那樣昏庸的國家呢？諺語說「貧家勤掃地，醜婦淨梳頭」，雖不完美也能夠挽救一半，人才對於國家的作用也是這樣的。

原文：

> 仲叔圉三人，雖非正人，而皆有一長可取。衛靈公用當其才，尚可以圖存，而況才不止於三人，其君又不若靈公之無道乎？諺曰「貧家勤掃地，醜婦淨梳頭」，也救得一半，則人才之關係於國家也如此。

不怍章

子曰：「其言之不怍，則為之也難。」

＊ 譯文：

> 孔子說：「如果說話大言不慚，那麼去踐行就很困難了。」

朋友圈縱橫談

※ 張　岱

世間大言不慚的人，不用說日後他所說的沒有一種可以兌

現，就是他誇誇其談，絲毫不慚愧，那樣一種浮華不實、驕傲自大的樣子，有見識的人看到他，就覺得非常可惡，所以孔夫子說「為之也難」。即便是在開口的時候，就早已說破了。

原文：

世間大言不慚之人，不必論其向後一無成立。即其抵掌而談，毫無愧怍，一種虛驕之氣，明眼人見之，直憑可惡，故夫子說「為之也難」。即在啟口時，早已說破。

請討章

陳成子弒簡公。孔子沐浴而朝，告於哀公曰：「陳恆弒其君，請討之。」公曰：「告夫三子！」孔子曰：「以吾從大夫之後，不敢不告也。君曰『告夫三子』者！」之三子告，不可。孔子曰：「以吾從大夫之後，不敢不告也。」

✽ 譯文：

陳成子殺了他的國君齊簡公。孔子齋戒沐浴後去上朝，對魯哀公說：「陳恆殺了他的國君，請發兵去討伐他。」哀公說：「你去告訴那三位大夫吧。」孔子退朝後說：「因為我曾是大夫，所以不敢不來上報國君，國君卻說『你去告訴那三位大夫吧』！」孔子去向那三位大夫報告，但他們不願發兵討伐，孔子又說：「因為我曾是大夫，所以不敢不來報告呀！」

朋友圈縱橫談

※ 袁了凡

　　孔子並非不知道魯哀公的不能討伐，也不是不知道三桓的不願意討伐，而一定要告訴他們，是想要讓三桓明白大義。縱使對齊國沒有什麼幫助，而強調君臣之間重要的界限，也可以默默震懾強幹之臣的膽魄。

原文：

　　袁了凡曰：孔子非不知哀公之不能討，亦非不知三子之不欲討，而必以告者，欲明大義於三家也。縱無益於齊，而君臣之大防，猶可默奪強臣之魄。

※ 沈無回

　　春秋時期，被殺掉的君主有三十六個。討伐逆賊的大義，已經在人們心中消失很久了。孔夫子以告老之大夫的身份，將這種大義揭示給天下人，而後來萬世都知道陳恆是漏網的大逆不道之人，三桓就是沒有暴露出來的篡權者陳恆。

原文：

　　沈無回曰：春秋之世，殺君三十六。討賊之義，泯滅於人心久矣。夫子以告老之大夫，提揭於天下，而萬世之下知陳恆為漏網之大逆，三家為未露之陳恆。

※ 張　岱

　　孔子寫《春秋》寫到「獲麟」之後就擱筆了，而本章相當於又續寫了一段，孔夫子的功勞，難道不偉大嗎？

原文：

　　當麟經絕筆之後，而復續出一段《春秋》，夫子之功，豈不偉與？

事君章

子路問事君。子曰：「勿欺也，而犯之。」

✽ 譯文：

　　子路問侍奉君主之道。孔子說：「不要欺騙他，但可以犯顏直諫。」

朋友圈縱橫談

※ 張　岱

　　「不欺」是認真捫心自問的言語，可知以前像朱雲為了進諫攀折朝堂的欄杆、陳禾在奏對時扯破宋徽宗的衣服，這樣的事情還是屬於意氣用事。

原文：

　　「不欺」是細細問心之言，見從來折檻碎衣猶然落於意氣。

所不知道的事情都算是「欺」，不然的話，子路怎麼可能會有「欺」呢！

原文：

李卓吾曰：知之所不到都是「欺」，不然，子路安得有「欺」也！

上達章

子曰：「君子上達，小人下達。」

✳ 譯文：

孔子說：「君子長進向上，小人沉淪向下。」

朋友圈縱橫談

※ 沈無回 _____

從善就像是登山一樣，從惡就像山崩一樣，天理、人欲都有不能自己停止的勢頭，君子停不住從善的腳步，小人也無法停住腳步。

原文：

沈無回曰：從善若登，從惡若崩，理、欲皆有不能自己之勢，君子便住腳不得，小人亦留腳不住。

為己章

子曰：「古之學者為己，今之學者為人。」

＊ 譯文：

　　孔子說：「古代學者學習是為修養自己，而現在學者學習是為了給別人看。」

朋友圈縱橫談

※ 徐儆弦 ──────────

　　「為己」，則天地萬物都屬於自己；「為人」，則形體耳目都屬於別人。只有「為己」，所以能約束自己；只是「為人」，所以會更加失去人心。

原文：

　　徐儆弦曰：「為己」，則天地萬物皆屬之己；「為人」，則形骸耳目皆屬之人。惟「為己」，故能「克己」；惟「為人」，故益失人。

※ 張侗初 ──────────

　　善，不一定使別人感覺到，但凡有一個好的念頭，就是善；惡，不一定使人痛恨，但凡有一個留難的念頭，就是惡。只是這些，就是「為己」和「為人」的區別。

原文：

　　張侗初曰：善，不必使人感，但一念恰好者，善也；惡不必使人恨，但一念過不去者，惡也。只此，是「為己」「為人」之別。

客過章

　　蘧伯玉使人於孔子。孔子與之坐而問焉，曰：「夫子何為？」對曰：「夫子欲寡其過而未能也。」使者出，子曰：「使乎！使乎！」

＊ 譯文：

　　蘧伯玉派使者去拜訪孔子。孔子和使者一起坐下，然後問道：「你家先生近來在做些什麼？」使者回答：「先生想要減少自己的過錯，但總覺得還未能做到。」使者離開了，孔子說：「好一位使者啊，好一位使者啊！」

朋 友 圈 縱 橫 談

※ 張　岱 _____

　　蘧伯玉和孔子的真性情，千里之間的相互往來，彼此都是不言而喻的。這其中的使者之言，也都是他們真性情的借景。減少過失而自己覺得未能達到，一句話說到了點子上，就好像是知己

對面而談，感歎還覺得不夠，所以詠歎歌頌，所謂的「使乎！使乎！」就是這樣的。

原文：

蘧伯玉與聖人真氣味，千里往來，彼此都是不言而喻。其間使命，亦是借景。寡過、未能，一言道着，便如知己面承，嗟歎之不足，故詠歌之，所謂「使乎！使乎！」者是也。

出位章

曾子曰：「君子思不出其位。」

✳ **譯文：**

曾子說：「君子思考問題，不超出自己當前的地位。」

朋友圈縱橫談

※ **李衷一**

這個「位」字與上一章中「不在其位」的「位」字不同，應該用《艮》卦的「艮」字來理解。朱熹《四書集注》中注解的這句「止其所，而天下之理得」最為恰當。在這個位置而不去思考，和不在這個位置而越俎代庖地去思考，都是出位。思考不超出自己的位分，不僅僅是盡到當盡的職責，並且也能使自己的心安定，這正是君子懂得停止的學問。

原文：

　　李衷一曰：此「位」字與「不在其位」二字不同，當以《艮》卦「艮」字理會。注「止其所，而天下之理得」句最好。位在而廢思，與位不在而越思，都是出位。思不出位，不惟盡其分，且亦能定其心，正是君子得止之學。

恥言章

子曰：「君子恥其言而過其行。」

＊ 譯文：

　　孔子説：「君子以言語超過了行動為恥。」

朋友圈縱橫談

※ 張　岱

　　言語浮誇，超過自身實際行為的人，非常可恥。這與前面章節中提到的「其言之不怍，則為之也難」的這句話，是同一種感慨。

原文：

　　言而過其行者，深為可恥。與前章不怍為難之言，同一慨歎。

自道章

子曰：「君子道者三，我無能焉：仁者不憂，知者不惑，勇者不懼。」子貢曰：「夫子自道也。」

＊ 譯文：

孔子說：「君子所踐行的有三個方面，我沒有能做到：仁德的人不憂愁，智慧的人不迷惑，勇敢的人不畏懼。」子貢說：「這正是老師在表述自己呀！」

朋友圈縱橫談

※ 張　岱

「不憂」「不懼」「不惑」，原本就是孔夫子自己描述自己心得的話。說不能，說他自認不能，都是癡人說夢。

原文：

「不憂」「不懼」「不惑」，原是夫子自寫心得之言。說無能，說自道其無能，都是夢語。

※ 陳眉公

聖明到孔子的這種地步，他看待自己簡直和愚昧沒什麼兩樣，哪裏又能說他有能力呢？如果能看到自己能，那就不是聖人

之道了。如果看到了自己能，卻故意謙虛地說不能，也不是聖人的本心。

原文：

　　陳眉公曰：聖至夫子地位，其自視直與顓蒙無兩體，又何處道其有能？若見以為能，便非聖人之道。若見以為能，而故謙處於不能，尤非聖人之心。

※ 李衷一

　　不說君子之道有三種，而說「君子道者三」，是說君子所實踐的有三個方面。「仁者」「知者」「勇者」，這三「者」字，正好對應「君子之道者三」的「者」字。

原文：

　　李衷一曰：不曰君子之道三，而曰「君子道者三」，蓋言君子所道者也。「仁者」「知者」「勇者」，三「者」字，正領君子道者的「者」字。

方人章

子貢方人。子曰：「賜也，賢乎哉？夫我則不暇。」

※ 譯文：

　　子貢對別人評頭論足。孔子說：「賜啊，你真那麼賢能嗎？我就沒有這閒工夫。」

※ 鄒守益

　　學者喜歡比較異同，卻錯失了自己應做的功夫，就算是比較得非常清楚，對我又有什麼助益呢？就像是總共收入了百萬的稅糧，都在別人肚子裏，自己依舊是個窮人，沒有一勺可以供自己受用的。

原文：

　　鄒東廓曰：學者喜較異同，卻錯過了自家功夫，就使較勘甚明，與我何益？譬如總算手收入戶百萬稅糧，盡在伊腹中，依舊是條窮漢，無勺合受用。

患人章

子曰：「不患人之不己知，患其不能也。」

※ 譯文：

　　孔子說：「不擔憂別人不知道自己，只擔憂自己沒有才能。」

※ 鄒守益

　　學習而為了增加才能，是修養自己的實際功效。如果說增加

自己的才能以求得別人的賞識，那麼依然還是一個擔心別人不賞
識自己的心理。

原文：

　　鄒東廓曰：學而求能，乃為己之實功。若謂求能以為人知
也，則猶然是患人不己知之心也。

先覺章

子曰：「不逆詐，不億不信，抑亦先覺者，是賢乎！」

※ 譯文：

　　孔子説：「不預設別人欺詐，也不猜測別人不誠信，然而遇
到這種情況又能事先覺察到，這就很好了。」

朋友圈縱橫談

※ 張　岱

　　「先」這個字要體會認知，就像鏡子在這裏，沒有物體的時
候，也是具有照的功能的。是先有照的功能以等待物體來照，不
是物體到了之後才尋求照的功能。「賢」在這裏是個活用的字，
就如同説：這樣才好，不是指賢人。

原文：

　　「先」字亦要體認，如鏡在此，無物，亦未嘗不照。蓋先有

照以待物，非物至而索照也。「賢」字是活字，猶云：這個才好，不指人說。

為佞章

微生畝謂孔子曰：「丘何為是栖栖者與？無乃為佞乎？」孔子曰：「非敢為佞也，疾固也。」

✳ 譯文：

微生畝對孔子說：「孔丘，你為什麼這樣奔波忙碌呢？難道是要用自己的花言巧語來取信於人嗎？」孔子說：「我不敢花言巧語，只是厭惡做一個頑固不化的人。」

朋友圈縱橫談

※ 張　岱

鄭國有人嘲笑站在東門的孔子，頹喪得像一隻喪家犬，鮮明地刻畫出了孔子栖栖遑遑的樣子。孔子開心地笑着說：「外貌都是小事情，而說我像喪家之犬，是這樣啊！是這樣啊！」孔子也認為自己是栖栖遑遑的，但微生畝仗着長輩的身份而倨傲地問，所以孔子不得不將自己周遊列國的本意正式地告訴當時的人。

原文：

東門之譏，以孔子為累累若喪家之狗，分明畫出栖栖情

狀。孔子欣然笑曰：「形狀，末也；而似喪家之狗，然哉！然哉！」孔子未嘗不以栖栖自任，但微生畝之言，挾長而傲，故不得不以周流本意正告當時。

稱德章

子曰：「驥不稱其力，稱其德也。」

❋ 譯文：

孔子說：「一匹馬被稱為良馬，不是在稱讚牠的氣力，而是在稱讚牠的品德。」

朋友圈縱橫談

※ 錢緒山

士人應該先注重德行然後施展才華；馬應該先馴良順然後才能行千里。這是孔夫子注重本質的主張。

原文：

錢緒山曰：士先德器而後才能；馬先馴良而後千里。此夫子重本之論。

※ 何宗元

善於騎馬的人，在馬德中取用牠的力量；善於相馬的人，在

馬的力量之外還要嘉賞牠的德行。玩味本文中的兩個「稱」字，言語之外還有深刻的意味。

原文：

何宗元曰：善御馬者，取其力於德之中；善相馬者，嘉其德於力之外。玩本文兩「稱」字，言外煞有深意在。

報怨章

或曰：「以德報怨，何如？」子曰：「何以報德？以直報怨，以德報德。」

✽ 譯文：

有人說：「用恩德來回報怨恨如何？」孔子說：「那用什麼來回報恩德呢？應當客觀公正地回報怨恨，用恩德來回報恩德。」

朋友圈縱橫談

※ 丘兆麟 _____

心中沒有枉曲就是直，根據理來衡量，不委曲自己以博取仁厚的名聲，不過於苛刻以至於損傷天理。不能因為修養羞恥之心的緣故而吹毛求疵，不能因為避嫌的緣故反而不遵從法律，這就是直。

原文：

　　丘毛伯曰：心無所曲為直，據理為衡，不曲意以博厚名，不
過刻以傷天理。不以修各之故太索瑕，不以避嫌之故反屈法，是
之謂直。

※ 艾南英

　　「怨」和「仇」字是不同的。父母之仇，兄弟之仇，君主之
仇，都是不能不報的。《論語》當中「怨」字和「仇」字都是不
同的。只有當他止步於「怨」，那麼愛憎取捨，都是公正無私
的，用客觀公正的方式來回報！

原文：

　　艾千子曰：「怨」字與「仇」字不同。父母之仇，兄弟之仇，
君之仇，此不可不報者也。《論語》中「怨」字皆不得與「仇」
字較。惟其止於「怨」，則愛憎取捨，一以至公而無私，以直報
之耳！

莫 知 章

　　子曰：「莫我知也夫！」子貢曰：「何為其莫知子也？」
子曰：「不怨天，不尤人，下學而上達。知我者其天乎！」

※ 譯文：

　　孔子說：「沒有人能夠了解我啊！」子貢說：「為什麼說沒

有人了解您呢？」孔子説：「我不抱怨天，不責備人，於日用倫常處學習而上達於天道。了解我的也許只有天吧！」

朋友圈縱橫談

※ 袁七澤

　　孔夫子順應機緣，任運自如地穿衣吃飯，既不怨天，也不尤人，世人都認為這是很平常的學問。不知道這就是上達。所謂「神功並妙用，運水及搬柴」，越是平常的功夫越有深意。

原文：

　　袁七澤曰：夫子隨緣任運着衣吃飯，也不怨天，也不尤人，世謂此尋常下學耳。不知即是上達也。所謂「神功並妙用，運水及搬柴」，此義愈淡愈深。

※ 王陽明

　　凡是可以用功的，可以告訴別人的，都是「下學」；「上達」只存在「下學」裏。凡是聖人所説的即便是極其精微的學問，也都是「下學」。只要從「下學」上用功夫，自然能夠「上達」，不是在這之外還要另外尋找一個「上達」的功夫。

原文：

　　王陽明曰：凡可用功，可告語者，皆「下學」；「上達」只在「下學」裏。凡聖人所說雖極精微，俱是「下學」。只從「下學」裏用功，自然「上達」去，不必別尋個「上達」功夫。

伯寮章

公伯寮愬子路於季孫。子服景伯以告，曰：「夫子固有惑志於公伯寮，吾力猶能肆諸市朝。」子曰：「道之將行也與，命也。道之將廢也與，命也。公伯寮其如命何！」

✳ 譯文：

公伯寮向季孫進子路的讒言。子服景伯把這件事告訴孔子，並且說：「季孫已經被公伯寮的讒言迷惑了，我的力量還能夠使季孫相信我並把公伯寮殺了，將他陳屍於市。」孔子說：「道如果能夠施行，是天命；道如果不能施行，也是天命。公伯寮能拿天命怎麼樣呢？」

朋友圈縱橫談

※ 張　岱

齊氏說：在魯國而做國家蛀蟲的，莫過於季氏了。孔子在魯國掌管政事，大體上就是要袪除他們的僭越；而勇於承擔政令，取消卿大夫的私人武裝，拆除郈城和費城城牆的人，就是子路。公伯寮進子路的讒言，本就是想借此阻撓孔子的，所以孔子這裏不是考慮子路的禍福，而是說大道的興廢。

原文：

齊氏曰：魯為公室之蠹者，莫如季氏。孔子為政於魯，大率

欲裁其僭；而勇於承令，以出藏甲，墮郈、費者，子路也。公伯寮愬子路，固假手以阻孔子，故孔子不為子路禍福計，而有吾道興廢之說云。

避世章

子曰：「賢者辟世，其次辟地，其次辟色，其次辟言。」

* **譯文：**

孔子說：「賢人避開世俗社會而隱居，次一等的就避開一個地方到另外一個地方去，再次一等的就避開別人難看的臉色，再次一等的就避開別人難聽的話。」

朋友圈縱橫談

※ **張　岱**

在春秋時期，有聖人的力量，才能夠經世。如果只是賢人，只應該「辟（避）世」。三個「其次」，都是在不能「辟世」的情況下，又找出三個選項。「辟地」「辟色」「辟言」，真的有「鳥見人顏色不善或四圍情勢有異，即舉身飛去，盤旋審視之後再栖息於樹上」的意思。即便是聖人也不能沒有這種洞察入微的覺悟。

原文：

時至春秋，有聖人之力量，方可用世。若只是賢者，只合

「辟世」。三個「其次」，皆從不能「辟世」之中，又尋出此三項也。「辟地」，「辟色」，「辟言」，真有「色斯舉矣，翔而後集」之意。在聖人亦不可無此見幾。

作者章

子曰：「作者七人矣。」

✳ 譯文：

孔子說：「這樣做的已經有七個人了。」

朋友圈縱橫談

※ 張　岱

這句話似乎是接着上一章「辟世」「辟地」「辟色」「辟言」來說的，現在見到一些苗頭而行動的人，已經有七個了。在這個時候，確實有天地閉合、賢人隱居的感慨。

原文：

語意似頂上「辟世」「辟地」「辟色」「辟言」說來，今之見幾而作者，已有七人矣。於此時，實有天地閉、賢人隱之慨。

石門章

子路宿於石門。晨門曰：「奚自？」子路曰：「自孔氏。」曰：「是知其不可而為之者與？」

＊ 譯文：

　　子路在石門外住了一宿，看門的人問：「你從哪裏來？」子路說：「從孔子那裏來。」看門的人說：「是那個明知不能成功卻還要去做的人嗎？」

朋友圈縱橫談

※ 張　岱

　　不知道不能成功而去做，是愚蠢的人；知道不能成功而不去做，是賢人；知道不能成功而去做，是聖人。諸葛亮說：「即便是不討伐逆賊，漢室也一定會滅亡。與其坐着等待滅亡，不如出兵討伐。」這真是挽回命運的辦法。晨門說這樣一句話，也算是孔子的知己。

原文：

　　不知不可為而為之，愚人也；知其不可為而不為，賢人也；知其不可為而為之，聖人也。諸葛武侯曰：「即不伐賊，漢亦必亡。與其坐而待亡。不如伐之。」此處真有挽回造化手段。晨門一語，亦是聖人知己。

心已經出離世間，那麼拋棄世間而去做巢父、許由這樣的隱士就很容易了；心已經出離世間，而仍然留在世間做周公、孔子這樣的人很難。

原文：

李卓吾曰：心出世間矣，棄世間而為巢、許也易；心出世間矣，混世間而為周、孔也難。

擊磬章

子擊磬於衛，有荷蕢而過孔氏之門者，曰：「有心哉，擊磬乎！」既而曰：「鄙哉！硜硜乎！莫己知也，斯己而已矣，深則厲，淺則揭。」子曰：「果哉！末之難矣。」

✻ 譯文：

孔子在衛國，有一天正在擊磬，一個擔着草筐的人從他門前經過，說：「這個擊磬的人，有心啊！」過了一會兒又說：「可鄙呀！這磬硜硜的，堅定明確！沒有人了解你，就只為你自己好了。水深，就見險而止；水淺，就提起衣裳過去。」孔子說：「說的非常果決！沒有什麼話可以責難他了。」

※ 翁子先

厲，就是危險的意思。就是《周易》中所説的「過涉滅頂」。《詩經》中也提到這個意思，水深則有危險，應當見到危險就停止，並不是像淺水那樣提着衣服就可以走過去的。朱熹注解説「以衣涉水曰厲」，是非常解釋不通的。

原文：

翁子先曰：厲者，危殆也。《易》所謂「過涉滅頂」也。《詩》意若曰，深則有厲，當見險而止，非如淺可攝衣而涉也。注「以衣涉水曰厲」，殊不可解。

諒陰章

子張曰：「《書》云：『高宗諒陰，三年不言。』何謂也？」子曰：「何必高宗，古之人皆然。君薨，百官總己以聽於冢宰三年。」

✳ 譯文：

子張説：「《尚書》上説：『高宗（商王武丁）守喪，三年不談政事。』是什麼意思？」孔子説：「不僅是高宗一個人，古人都是這樣的。國君死了，朝廷百官都各自掌管自己的職事並聽命於冢宰，歷時三年。」

※ 丘瓊山

繼位的國君暫時將職權委託他人以彰顯為子之道，百官盡到自己的職責以承托起冢宰之職，這是天下忠孝之道相互成就的大關鍵。當年周公背對屏風而坐來接見諸侯導致流言四起，那麼這種制度就不得不改變了。所以康王葬了之後，新君就即位了，而後來漢文帝將天子服喪的時間由三十六個月（三年）改為三十六天，也是世道如江河東去不可返回的例子。但是服喪的制度根據世道的變化而變化，哀傷悲戚則是根源於人最真摯的情感，應該在二十七日之後，在外朝穿朝服，在內室穿喪服，這樣就兩全其美了。

原文：

丘瓊山曰：嗣君委君道以伸子道；百官盡臣職以承冢職。此天下忠孝相成之大關也。昔周公負扆以朝諸侯而流言起，則此制不得不變。故康王葬畢遂即位，而漢文以日易月之制，亦世道江河不返也。但服制奪於世變，哀戚本於至情，當於二十七日之後，以衰服居外朝，以衰服居內寢，斯兩全也。

※ 于　謙

百官都聽命於冢宰，只怕會遇到曹操、王莽這樣的奸臣，那該怎麼辦呢？答案是：「即將即位的新君剛正嚴明、老成持重，也可以管制住他的冢宰。」如果新君不是剛正嚴明、老成持重，又該怎麼辦呢？答案是：「這就需要整個朝廷的忠義之臣齊心協力，才能使朝綱穩固而抑制住位高權重的奸臣。」

原文：

　　于忠肅曰：百官聽冢宰，只恐遇操、莽何以處之？曰：「嗣主剛明老成，亦可以易制其相。」如嗣主非剛明老成，又何以處之？曰：「此須要舉朝忠義矢心，方能使事不搖動而權奸可抑。」

好禮章

子曰：「上好禮，則民易使也。」

※ 譯文：

　　孔子說：「在上位的人喜好禮制，那麼民眾就容易指使了。」

朋 友 圈 縱 橫 談

※ 張　岱

　　君主治理國家，用法律來約束人民，不如向人民展示禮制。所以給天子進貢要用包茅，祭祀要用祭器中的乾肉，注重蒸嘗田（由地主或富農捐給該族祠堂的田產）。所以漢代的叔孫通在郊外用綿蕝演示的禮儀，能夠尊崇天子，也能夠治理國家。

原文：

　　人君為國，約之以法，不若示之以禮。故貢用包茅，田用乾豆，重以蒸嘗，人皆帖服。是以叔孫綿蕝，能尊天子，能治國家。

修己章

子路問君子，子曰：「修己以敬。」曰：「如斯而已乎？」曰：「修己以安人。」曰：「如斯而已乎？」曰：「修己以安百姓。修己以安百姓，堯、舜其猶病諸！」

✳ 譯文：

子路問君子之道。孔子說：「修養自己以保持內心的恭敬莊重。」子路說：「這樣就夠了嗎？」孔子說：「修養自己以使他人安樂。」子路說：「這樣就夠了嗎？」孔子說：「修養自己以使所有百姓都安樂。修養自己而能使所有百姓都安樂，就連堯舜也怕力量不足啊！」

朋友圈縱橫談

※ 張　岱

「修己以敬」，不是通過敬來修養自己，一定要辨別。

安定人民，是修養自己的實際功夫，不是修養自己的效果和驗證。「以安人」「以安百姓」和「修己以敬」中的「以」，是指的同一種東西。聖賢認為安定人民安定百姓，是修養自己當中一件非常重要的事，不能將它們當作外部事物。

原文：

「修己以敬」，不是以敬修己，須辨。

安人安百姓，是修己實功，不是修己效驗。蓋「以安人」「以安百姓」與「修己以敬」，同是一「以」。聖賢看得安人安百姓，是修己中一件吃緊之事，不可推出外邊。

※ 徐自溟

認為博施濟眾這件事情做得還不夠，正是顯示了堯舜在「立人」「達人」方面沒有止境。認為安定百姓這件事做得不夠，正是顯示堯舜在修養自己這方面沒有停止之時。

原文：

徐自溟曰：病博濟，正堯舜之「立達」無有盡處；病安百姓，正堯舜之「修己」無有已時。

原壤章

原壤夷俟，子曰：「幼而不孫弟，長而無述焉，老而不死，是為賊！」以杖叩其脛。

※ 譯文：

原壤叉着腿坐着等待孔子，孔子說：「年幼時，你不遵守悌禮，老了之後又沒有什麼可以教導後輩，老而不死，就是人群中的賊！」一邊說一邊用手杖敲他的小腿。

※ 沈無回

　　原壤，是老子學派的一類人。他將父子、兄弟、少長、生死的關係，都看作浮萍相遇一樣，而完全不關涉情感，所以孔夫子用安身立命的道理來觸動他。

原文：

　　沈無回曰：原壤，蓋老氏之流。彼視父子、兄弟、少長、生死，皆若浮萍之相值，而不關情者，故夫子以立身之道儌動之。

※ 張　岱

　　「夷俟」並非原壤故意怠慢孔夫子，而只是放蕩在禮法之外。古人有云：「禮法哪裏是為我這種人設立的啊。」原壤表達的就是這個意思。

原文：

　　「夷俟」非故意慢夫子，只放於禮法之外耳。昔人云：「禮豈為我輩設。」壤即此意。

※ 葛屺瞻

　　原壤用放蕩不羈來輕浮地對待孔夫子，孔夫子也用輕浮行為來施行他的教育。夫子教育孺悲的時候取瑟而歌，用是引導的方法，像發汗之藥；夫子教育原壤的時候用杖敲他的小腿，是警醒的方法，像針砭之藥。

原文：

　　葛屺瞻曰：壤以放蕩狎夫子，夫子亦以狎行其教。取瑟是發汗之藥，叩脛是針砭之藥。

闕黨章

　　闕黨童子將命，或問之曰：「益者與？」子曰：「吾見其居於位也，見其與先生並行也。非求益者也，欲速成者也。」

✳ **譯文：**

　　闕里有一個童子，為賓主傳命。有人問孔子：「這孩子是個求上進的人嗎？」孔子說：「我看見他坐在成年人的席位上，又看見他和長輩並肩而行。他不是個求上進的人，只是急於成為一個大人。」

朋友圈縱橫談

※ 王觀濤

　　「成」字乃成人之「成」，是對於小孩來說的，不是指學問有成的「成」的。只是根據他事事以成人自居的行為，所以說他「欲速成」。

原文：

　　王觀濤曰：「成」字乃成人之「成」，對童子看，非學問有成也。只據他以成人之禮自居，故曰「欲速成」。

※ 張　岱

　　「童子將命」這一段，都是在説他應當去除虛浮驕縱之氣，教他謙虛恭敬。可見孔子教導人，即便是在打掃等家務、迎送客人的禮節等日常行為之中，都有好的方法。

原文：

　　「童子將命」，全是消其客氣，教其謙恭。可見聖人教人，只此灑掃進退應對之中，具有良藥。

衞靈公第十五

問陳章

衛靈公問陳於孔子，孔子對曰：「俎豆之事，則嘗聞之矣；軍旅之事，未之學也。」明日遂行。在陳絕糧，從者病莫能興。子路慍見曰：「君子亦有窮乎？」子曰：「君子固窮，小人窮斯濫矣。」

＊ 譯文：

衛靈公向孔子問兵陣之法。孔子回答說：「禮樂祭祀之事，我是聽說過；用兵打仗的事，我從沒學過。」第二天，孔子就離開了衛國。在陳國斷了糧食，隨從的人都病倒起不來了。子路不高興，來見孔子說：「君子也會這樣困厄嗎？」孔子說：「君子固然也有困厄的時候，但不像小人那樣一遇到困厄就無所不為。」

朋友圈縱橫談

※ 張　岱

衛靈公驅逐了世子蒯聵而改立自己的孫子輒為世子，使得輒不能按照禮節來侍奉父親，擾亂了宗法秩序，混淆了父子的名分，在別的時候，宗廟祭祀的事情，有很多可以議論的東西，所以孔夫子借着衛靈公問兵陣軍事的機會向他展示微言大義，就是

想要他更正名分的意思。沒想到衛靈公不再問下去了，衛國動亂的端由已經隱藏下了，孔子怎麼能不趕快離開呢？如果説孔子想不用武力而在酒宴談判中制敵取勝，尚且隔着一層意思。

原文：

> 衛靈公逐世子蒯聵而立孫輒，使輒不父父而禰祖，亂昭穆之序，淆父子之名，在異日，宗廟俎豆之間，大有可議，故夫子借問陳以示其微，即正名意也。不意靈公不復置問，衛之兵端伏矣，安得不速其去哉？若說寓折衝於樽俎，尚隔一層。

※ 蘇　轍

　　孔子用禮樂制度來游説諸侯，世人都知道他專心好學，而不知道其他的。犁彌對齊景公説：「孔丘知曉禮節卻沒有勇力。」衛靈公對待孔子，剛開始是非常好的，然而他對孔子的了解，跟犁彌是一樣的。時間久了產生厭倦，用孔子所不知道的東西來輕慢他，所以問他兵陣軍事。孔子知道衛靈公決不會重用自己，所以第二天就離開了。如果衛靈公真重用他，即便是軍旅之事也是能夠勝任的。

原文：

> 孔子以禮樂游於諸侯，世知其篤於學而已，不知其他也。犁彌謂齊景公曰：「孔丘知禮而無勇。」衛靈公之所以待孔子者，始亦至矣，然其所以知之者，猶犁彌也。久而厭之，將傲之以其所不知，故問陳焉。孔子知其決不用也，故明日遂行。使誠用之，雖及軍旅之事可也。

多學章

子曰：「賜也，女以予為多學而識之者與？」對曰：「然，非與？」曰：「非也，予一以貫之。」

＊ 譯文：

孔子說：「賜啊！你以為我是多學習並一一記在心裏嗎？」子貢回答：「是啊，難道不是嗎？」孔子說：「不是的，我是用一個根本的東西將多學貫通起來的。」

朋友圈縱橫談

※ 張侗初

孔子對曾子說「一以貫之」，是順便提及自己的學問宗旨。對子貢說，是逆向追溯根源。應當知道「然」和「非與」所反映的確信和疑惑，正是子貢的想法悄悄轉移改變的地方。孔子在他關鍵轉變的時候，準確抓住時機。其指點之處，全都在「女（汝）以予為」這四個字上，正是他自己現身說法的時候。

原文：

張侗初曰：對曾子說，是順提宗旨。對子貢說，是逆溯淵源。要知「然」「非與」，一信一疑，是子貢潛移默奪處。夫子泛其機關轉掇時，一把捉住。指點處，全在「女以予為」四字上，正所謂現身說法。

老子説「道生一」。當它是道的時候，哪裏有「一」呢？然而「一」雖然不是道的原因，但還是接近於本體的；學雖然不是脱離道的，然而已經涉及枝節了。這兩者是大有不同的。雖然是這樣，但這個是給沒有頓悟的人來做區分的，學者如果真領悟了多就是「一」，「一」就是道，那麼就幾乎是孔夫子所説的「一貫」了。

原文：

王陽明曰：老子曰「道生一」。當其為道，「一」尚何有也？然「一」雖非所以為道，而猶近於本；學雖非離於道，而已涉於末。二者則大有異矣。雖然，此為未悟者辨也，學者真悟多即「一」，「一」即道也，斯則庶幾為夫子之「一貫」矣。

知德章

子曰：「由，知德者鮮矣。」

※ 譯文：

孔子説：「由啊！知道道德的人太少了。」

朋友圈縱橫談

※ 張　岱 _____

子路尚勇，都是通過意氣來行事；他迎合時勢積極參與社會

和政治，沒有能夠認真用心去體察事理，所以孔夫子對症施藥，往往在「知」上教育他。對他說「誨女知之」，「君子於其所不知，蓋闕如也」，都是從「知」的層面上補救他的不足，即便是前面說他「不得其死」也只是因為他看不清事理，孔夫子已經推測到子路日後一定會遭遇結纓而死的事情。

原文：

　　子路好勇，全以意氣用事；其用世趨時，未能深心察理，故夫子因病發藥，往往在「知」上較量。曰「誨女知之」，曰「君子於其所不知，蓋闕如也」，都從「知」處救他，即前所云「不得其死」只緣見理不明，夫子已逆知子路異日必有結纓之事。

無為章

　　子曰：「無為而治者其舜也與？夫何為哉？恭己正南面而已矣。」

✳ 譯文：

　　孔子說：「能夠無為而治天下的人恐怕只有舜吧？他做了什麼呢？只是恭敬地坐在天子之位上罷了。」

朋友圈縱橫談

※ 張侗初 _____

　　「無為」的帝王之道，是自然而然。管子說：「心不去統治

九竅，九竅反而得到治理。君主不去統治五官，五官反而得到治理。行善的人，君主對他進行賞賜。作惡的人，君主對他進行懲罰。君主根據發生的事情而給出相應的措施，就不會勞擾。」這就是舜「無為」的含義。

原文：

張侗初曰：帝道「無為」者，自然也。管子曰：「心不為九竅，九竅治。君不為五官，五官治。為善者，君予之賞。為非者，君予之罰。君因其所以來因而予之，則不勞矣。」此舜「無為」之義也。

※ 沈無回

描述舜的用心就用「不與」這個詞，雖然他感歎警醒自己，穿着單衣鼓琴，但也不可去「為」。描述舜的統治就用「無為」這個詞，雖然他開山疏通河道、誅四凶、舉元愷，但這都是不可「為」之「為」。

原文：

沈無回曰：狀舜之心則曰「不與」，雖其嗟儆予，衸衣鼓琴，而不可為之與。狀舜之治則曰「無為」，雖封山浚川，誅凶舉愷，而不可為之為。

問行章

子張問行，子曰：「言忠信，行篤敬，雖蠻貊之邦行

矣；言不忠信，行不篤敬，雖州里行乎哉？立則見其參於前也；在輿則見其倚於衡也，夫然後行。」子張書諸紳。

　　子張問怎樣才能使自己到處都行得通。孔子說：「說話要忠信，做事要篤敬，即便是到了邊遠的部族國家，也能行得通。說話不忠信，做事不篤敬，即便是在本鄉本土，能行得通嗎？站著的時候，就像看到忠信篤敬就在面前一樣，坐車的時候，就像看到這幾個字倚靠在車前的橫木上一樣，這樣才能使自己到處行得通。」子張將孔子這句話寫在了衣帶上。

朋友圈縱橫談

※ 張　岱

　　《四書蒙引》說：子張問行，問的是怎麼樣才能處處都能夠行得通。

　　言語行為都是從忠信篤敬中自然流露的，忠信篤敬是不依賴於言語行為而存在的，所以才會「立則見其參於前也；在輿則見其倚於衡也」，時刻都是這樣、到處都是這樣，這是自然的本體功夫。一定要這樣，才能夠通行於天下，可以不言而喻，所以說「夫然後行」。

原文：

　　蒙引曰：子張問行，問如何便處處都行得。

　　言行從忠信篤敬流出，忠信篤敬不依言行而有，故參前倚

衡，刻刻皆然、處處皆見，此是自然本體功夫。必如此，才與天下，可不言而喻，故曰「夫然後行」。

史魚章

子曰：「直哉史魚！邦有道，如矢；邦無道，如矢。君子哉蘧伯玉！邦有道，則仕；邦無道，則可捲而懷之。」

※ 譯文：

孔子說：「史魚真是正直啊！國家有道，他就像一隻箭一樣挺直向前；國家無道，他也像一隻箭一樣挺直向前。蘧伯玉真是一位君子啊！國家有道，就出來做官；國家無道，就隱退藏身。

朋友圈縱橫談

※ 張　岱

史魚和蘧伯玉這兩個人，都是衛國振興亂邦的重臣；應當注重「邦無道」這一方面，看到這兩個人的相互推勉之處。史魚的直，全都體現在他舉薦賢人罷免不肖之人上。然而孔夫子為什麼說他「如矢」呢？《易》說「得了黃銅箭」為「貞」，又說「王公站在高高的城牆上射隼」，「獲之無不利」，合起來看，它的意思自然就清楚了。

原文：

　　二子，皆衛扶亂之臣；當重無道一邊，見兩人能以氣節相推勉處。史魚之直，全在進賢退不肖見之。然夫子何以謂「如矢」?《易》曰「得黃矢」，又曰「公用射隼於高墉之上」，合而觀之，其義自見。

與言章

　　子曰：「可與言而不與之言，失人；不可與言而與之言，失言。知者不失人，亦不失言。」

✳ 譯文：

　　孔子說：「可以和他說的話卻不和他說，這就是錯看了人；不可以和他說的話卻和他說了，這就是說錯了話。有智慧的人既不看錯人，又不說錯話。」

朋友圈縱橫談

※ 張　岱

　　這一章的重點不在於說話或緘默，而在於了解他人的智慧上。說話或緘默不適宜，都是因為不能了解他人，智者心中自有評判人之可否的標準，一看到人就自然知道，所以他說話都是依照不同的機緣來說，就像是對症用藥一樣。

原文：

　　此節不重語默，重在知人之明上。語默各失其宜，皆緣不知人中來，智者胸中自有藻人之可否，一見自知，故其用言皆乘機而投，如對症用藥。

成仁章

子曰：「志士仁人，無求生以害仁，有殺身以成仁。」

✻ 譯文：

　　孔子說：「志士仁人，沒有為了求生而損害仁的，只有犧牲性命來成全仁的。」

朋友圈縱橫談

※ 張　岱

　　方孝孺給自己的父族、母族、子族都帶來了禍患，而沒有求得一個「是」字。總而言之，從忠孝認識「仁」，方向是正確的。像聶政、荊軻這樣的人是殺身成義，而不是殺身成仁。

原文：

　　方正學貽禍三族，求一「是」字不得。總之，從忠孝起見，仁之徑路不差。若聶政、荊軻，是殺身以成義，不是殺身以成仁。

利器章

　　子貢問為仁，子曰：「工欲善其事，必先利其器。居是邦也，事其大夫之賢者，友其士之仁者。」

✳ **譯文：**

　　子貢問如何去踐行仁德。孔子說：「做工的人想把事情做好，就必須首先使自己的工具鋒利。居住在這個國家，就要侍奉賢能的大夫，與有仁德的士人交朋友。」

朋 友 圈 縱 横 談

※ **張侗初**

　　為什麼用使器具變得鋒利來比喻為仁呢？人擁有仁的種子，應該想着讓它一直生發，就像用鐵鑄成器具，它本身就包含着鋒利的可能性。器具憑藉着磨刀石打磨出鋒利的刀刃，仁憑藉着模型範式發生着變化。隨某件事情而生發，都是仁本身生機顯現的地方。

原文：

　　張侗初曰：如何以利器喻為仁？人含仁種，當念常生，如鎔鐵為器原有利體，器借鋒刃於磨礱，仁借變化於型范，即此事發處，都是仁生機流動處。

為邦章

顏淵問為邦。子曰：「行夏之時，乘殷之輅，服周之冕，樂則《韶》舞。放鄭聲，遠佞人。鄭聲淫，佞人殆。」

＊ 譯文：

顏淵問治國之道。孔子說：「推行夏代的曆法，乘殷代的車子，戴周代的禮帽，樂舞就用《韶》樂。禁絕鄭國的樂曲，疏遠花言巧語的人。因為鄭國的樂曲浮靡，花言巧語的人危險。」

朋友圈縱橫談

※ 王陽明 ─────────────────────

顏回完整地體會到了聖人的精神，對於治理國家的大根本、大原則，都已經完全具備。孔子擔心他可能會在細枝末節的東西上有疏漏、忽略，所以就針對他的不足之處補充說明，不要把孔子這裏補充說的幾件事情都當作最重要的事情看了。

原文：

王陽明曰：顏子具體聖人，其於為邦，大本大原，都已完備。孔子恐其末節或有疏略，故就他不足處幫補說，不要把數件事做天大事看了。

《韶》舞包括了音樂和動作，然而不能將《韶》當作音樂，將舞當作容色。《韶》是舞樂總的稱呼，所以說了舞，音樂就不用贅述了。玩味「則」字，分明是說《韶》舞是在國家安定和大功告成之後運用的。

原文：

《韶》舞兼聲容，然不可以《韶》屬聲，舞屬容。蓋《韶》為舞樂之總名，而言舞則聲不待言矣。玩「則」字，分明在治定功成之後。

※ 慧山人 _____

孔子說到樂則《韶》舞的時候，不知不覺神遊其間，所以他的語氣是這樣的。

原文：

慧山人曰：樂則《韶》舞，夫子說到此，不覺神游於其間，故口氣如此。

遠慮章

子曰：「人無遠慮，必有近憂」。

※ 譯文：

孔子說：「人沒有長遠的思慮，一定會有當前的憂患。」

※ 張　岱

> 人們思慮不夠深遠，以為目前可以苟且偷安。殊不知思慮不夠深遠，安排處置不夠十全十美的話，哪怕是目前就已經不安了，更別說長遠了。
>
> 原文：
>
> 凡人慮不及遠，以為可苟目前之安。殊不知所慮不遠，處置不十全，只目前便不安了，遑問久遠？

好德章

子曰：「已矣乎！吾未見好德如好色者也。」

* 譯文：

> 孔子說：「算了吧，我從來沒有見過喜好有德者就像喜好美色那樣的人。」

朋友圈縱橫談

※ 朱　熹

這裏的「德」字是指有德之人。

原文：

朱氏曰：「德」以有德之人言。

※ 李卓吾

加「已矣乎」三個字，顯得期望更加真切，不能當作絕望來看。

原文：

李卓吾曰：加「已矣乎」三字，望之愈切矣，不得作絕望看。

竊位章

子曰：「臧文仲其竊位者與？知柳下惠之賢而不與立也。」

✳ 譯文：

孔子說：「臧文仲算是一個竊居官位的人吧？他知道柳下惠賢良卻不舉薦他一起做官。」

朋友圈縱橫談

※ 張　岱

古人推舉、禮讓賢能的人，是將「位」看作是公家的；知道別人的賢能而不去推舉他，分明是存有嫉妒之心，唯恐賢人被重

用而威脅到自己。孔夫子說「竊位」，是為揭露他的私心。

原文：

> 古人推賢讓能，看得「位」是公家的；知其賢而不與立，分明有娼嫉之心，惟恐賢者見用而逼己。夫子曰「竊位」，誅其心也。

躬厚章

子曰：「躬自厚而薄責於人，則遠怨矣。」

✳ 譯文：

孔子說：「對自己嚴格要求而少責備別人，就可以避免別人的怨恨了。」

朋友圈縱橫談

※ 李卓吾

不是為了「遠怨」才「薄責於人」的，而是理應如此；況且「躬自厚」一定會少苛責別人，情勢也是這樣。

原文：

李卓吾曰：不為「遠怨」而「薄責於人」，理合如此；且「躬自厚」必薄責人，勢亦如此。

如何章

子曰：「不曰『如之何，如之何』者，吾未如之何也已矣。」

✳ **譯文：**

孔子說：「從來不說『怎麼辦，怎麼辦』的人，我也不知道對他怎麼辦才好。」

朋友圈縱橫談

※ 張　岱

「如之何，如之何」，是指心與口相商量時的話。恣意妄為的人，有兩個毛病：一是暴躁狂妄，不肯去想「如之何」。一是像木石一樣愚鈍，不知道該「如之何」。孔子就借用這三個字喚醒他們，非常有苦心。

原文：

「如之何，如之何」，乃心與口自相商量之詞。率意妄行的人，其病有二：一是躁妄，不肯「如之何」。一是木石，不知「如之何」。聖人即借此三字喚醒，煞是婆心。

※ 黃貞父

孔夫子可憐世上有不肯多思考的人，什麼事都難以做成，還

沒有說到面臨事情時的審慎。他的語言是含蓄而警醒的。

原文：

　　黃貞父曰：夫子哀世上不轉念的人，萬事難成，尚未說到臨事審處。其言含蓄而警醒。

<h1 style="text-align:center">小慧章</h1>

子曰：「群居終日，言不及義，好行小慧，難矣哉！」

＊ 譯文：

　　孔子說：「整日聚在一起，說的話都不涉及道義，喜好賣弄小聰明，這種人很難教導！」

朋友圈縱橫談

※ 張　岱

　　不說小藝，而說「小慧」，技藝下棋等都是小聰明可能會誤導人，所以說「人不小智，則不大愚」。

原文：

　　不曰小藝，而曰「小慧」，技藝博弈皆纖，小聰明有以誤之，故曰「人不小智，則不大愚」。

義質章

子曰：「君子義以為質，禮以行之，孫以出之，信以成之。君子哉！」

* 譯文：

　　孔子説：「君子以義作為本質，把禮來踐行，把謙遜來表達，把誠信來完成。這就是君子！」

朋友圈縱橫談

※ 楊貞復

　　這一章是從君子的養成説的。為學達到了君子的地步，就到達了水源處，深處的泉源時時出現，就像是有大量的泉水，隨地湧出；有的是激流，有的很湍急，有的很深，有的是溪流，隨着它的形態得到不同的名字，水自己哪有什麼想法呢！「義」「禮」「遜」「信」，是別人看出來的，有了這四種名稱，而君子自己是不知道的。最後一句是讚歎的話語。

原文：

　　楊貞復曰：此章君子就養成的說。學至於君子，則資深逢源，淵泉時出，如萬斛之泉，隨地而出；或瀨、或湍、或淵、或流，隨在得名，水何心哉！「義」「禮」「遜」「信」，自旁人觀之，有是四者之名耳，君子不知也。末句是讚詞。

　　「質」，是指樹幹，有了樹幹才有枝葉附在上面。「質」，又是本色，有了本色的「質」才能將色彩添加在上面，如果不明白這個道理，而致力於「禮」「遜」「信」，即便是做的很完美，也只是一個淺薄固執的小人，哪裏能稱得上君子呢？

原文：

　　袁七澤曰：「質」，幹也，有幹然後枝葉附焉。又「質」，素也，有「質」然後彩色加焉，若不明此個，而務為「禮」「遜」「信」，即做得周全，亦只是一個硜硜小人，豈曰君子？

※ 張侗初 _____

　　這是一張君子的全身畫像，就好比達摩大師說弟子們分別得到他的皮、他的骨、他的髓，總歸都是一個完整的身體。

原文：

　　張侗初曰：此君子全身圖畫也，猶云得我皮，得我骨，得我髓，只是一完全身也。

無能章

子曰：「君子病無能焉，不病人之不己知也。」

＊ 譯文：

　　孔子說：「君子只擔憂自己沒有才能，不擔憂別人不知道自己。」

※ 張　岱 _____

　　這一句話和「不患人之不己知，患其不能也」這句話，只是顛倒了一下順序；上面一句用了「君子」兩個字，就是說君子之心非常以「無能」為不足，而「不病人之不己知」這句話，和作為警示告誡的「不患人之不己知」這句話，是有區別的。

　　兩個「病」字與下面一章的「疾」字，都是指親身經受的病患，痛癢只有自己知道，和別人完全沒有關係。

原文：

　　此與「不患人之不己知，患其不能也」，只倒得一下；上冒以「君子」二字，便說君子之心深以「無能」為病，而「不病人之不己知」，與「不患」起語，作儆戒之辭者，有別。

　　二「病」字與下章「疾」字，切膚之羔，痛癢自知，全不干與人事。

沒世章

子曰：「君子疾沒世而名不稱焉。」

※ 譯文：

　　孔子說：「君子擔憂自己死後名聲和實際不相符。」

※ 饒雙軒

　　説「沒世」，是因為活着的時候也許可以沽名釣譽，但去世之後卻沒有辦法粉飾。

原文：

　　饒雙軒曰：言「沒世」者，生前或可干譽，沒後卻裝點不得。

※ 王陽明

　　「稱」這個字應該讀去聲（意為應讀作 chèn），實際和名聲不相符，活着的時候還可以彌補，等去世就來不及了。

原文：

　　王陽明曰：「稱」字去聲讀，實不稱名，生猶可補，沒則無及矣。

求己章

子曰：「君子求諸己，小人求諸人。」

※ 譯文：

　　孔子說：「君子一切求之於自己，小人一切求之於別人。」

※ 王陽明

　　君子之學，在於修養自己。遇到詆毀、讚譽、榮譽、侮辱，不僅不因為它們而動搖內心，而且將它們作為探討人生、磨礪自己的境地，所以君子沒有什麼情況是不開心的，正是因為他把任何情況都當作學。如果聽到讚譽就欣喜，聽到批評就悲戚，那就是因為外界事物而惶惶不安，每天都感到自己有沒做好的地方，怎麼能成為君子呢？

原文：

　　王陽明曰：君子之學，務求在己而已。毀譽榮辱之來，非獨不以動其心，且資之以為切磋砥礪之地，故君子無入而不自得，正以其無入而非學也。若夫聞譽而喜，聞毀而戚，則將皇皇於外，惟日之不足矣，其何以為君子？

矜群章

子曰：「君子矜而不爭，群而不黨。」

✳ 譯文：

　　孔子說：「君子莊重自守而與人無爭，合群而不結黨。」

　　世上的禍患，沒有比爭權奪利和結黨營私更大的了，然而他們一定會借用君子的名頭才能自我標榜，所以孔夫子提出了「君子」兩個字，作為黨同伐異之人的良藥。

原文：

　　世道之禍，莫大於爭與黨，然勢必借君子之名，方能高自標榜，故夫子揭出「君子」二字，為立異同者藥石。

言舉章

　　子曰：「君子不以言舉人，不以人廢言。」

※ 譯文：

　　孔子說：「君子不僅僅憑藉一個人說的話而舉薦他，也不因為一個人不好而完全不理會他的話。」

　　這兩句都能看出古人不看重言語的想法，揚雄的《法言》、

劉歆的《列女》，君子並沒有因為這兩本書文字典雅高深而將他們二人當作聖賢。劉安有《淮南鴻烈》，呂不韋有《呂覽》，君子也並沒有因為劉安謀反、呂不韋舉薦嫪毐（人名）穢亂後宮而將他們的著作當成文字遊戲。

原文：

　　二句總見出古人輕言之意，揚雄《法言》、劉歆《列女》，君子未嘗以其高文典冊而躋之聖賢之列。淮南《鴻烈》，不韋《呂覽》，君子亦未嘗以其叛人嫪毐而斥之文學之科。

一言章

　　子貢問曰：「有一言而可以終身行之者乎？」子曰：「其恕乎！己所不欲，勿施於人。」

＊ 譯文：

　　子貢問孔子：「有沒有一個字可以終身奉行呢？」孔子回答：「恐怕就是恕字了！自己不願意接受的，不要強加於他人。」

朋友圈縱橫談

※ **姚元素** _____

　　人的情感，對想要的東西尚且涉及私心，而對不想要的東西卻是真切的。不想要而能夠不強加給別人，這種想法也是最公正

的。《大學》裏面講「絜矩之道」的時候，只從個人所厭惡的方面去講，也是這個道理。

原文：

姚元素曰：人情於所欲，猶有涉於私者，至所不欲而其情最真，不欲能勿施，其念亦最公。《大學》絜矩只言所惡，亦此意。

毀譽章

子曰：「吾之於人也，誰毀？誰譽？如有所譽者，其有所試矣。斯民也，三代之所以直道而行也。」

❈ 譯文：

孔子說：「我對別人，批評誰又讚美誰呢？如果有讚美的人，那個人一定是經過考驗的。這樣的人，是夏、商、周三代之所以能夠正道而行的原因。」

朋友圈縱橫談

※ 楊復所

「誰毀？誰譽？」和無毀無譽是不同的。「誰毀？」就是毀謗誰的意思；「誰譽？」就是讚譽誰的意思，這正是下一句相照應的。人們沒有將兩個「誰」字看明白，連同「三代」那裏也一起含混過去了。

原文：

　　楊復所曰：「誰毀？誰譽？」與無毀無譽不同。「誰毀？」猶言毀得那一個也；「誰譽？」猶言譽得那一個也，政與下節相應。人惟看二「誰」字不透，並三代處亦鶻突過了。

※ 陸景鄴

　　世人現在對於這句話的理解，對於「所以」這兩個字完全沒有解釋清楚。它是說民心的公正是不可欺騙的，所以夏、商、周代時期肯定對的、否定錯的，而不敢有所欺瞞，哪裏容得我來毀謗或者讚譽呢？這裏剛好和「誰」字相對應。

原文：

　　陸景鄴曰：世說於「所以」二字，全無下落。蓋言民心之公不可欺，三代所以是其是、非其非，而不敢欺者也，而容吾毀譽乎哉？與「誰」字正相應。

闕文章

　　子曰：「吾猶及史之闕文也，有馬者借人乘之。今亡矣夫！」

＊ 譯文：

　　孔子說：「我現在還能夠看到史書上有缺文的地方，有馬的人把馬借給別人乘用。現在這些已經沒有了！」

※ 蘇　軾

　　史書沒有空缺的文字，馬匹不借給他人乘用，哪裏會對世人造成好的或不好的影響呢？然而應該明白，世上的君子、德高望重之人，越來越遠去了。後來的人不能再見到他們留下來的風尚和功業，所以便漸漸變得愛用小聰明、小花招、花言巧語，而沒有人去制止他們。

原文：

　　蘇東坡曰：史之不闕文，與馬之不借人，豈有損益於世者哉？然且識之，以為世之君子、長者，日以遠矣。後生不復見其流風遺烈，是以日趨於智巧便佞，而莫之止也。

※ 張　岱

　　史書中有空缺的文字，是因為不忍心完全記載。為尊貴之人、親人、賢人避諱，所以有空缺，符合忠誠仁厚之道。如果一定想要詳細描寫，雖然盡了史家的職責，卻遠離了仁恕之道。

原文：

　　按史闕文，不忍盡書也。為尊諱，為親諱，為賢諱，故有闕，忠厚之道也。必欲詳書，史職雖盡，而仁恕遠矣。

巧言章

子曰：「巧言亂德。小不忍則亂大謀。」

　　孔子說：「花言巧語會擾亂人的德行。小事情不忍耐就會擾亂大計劃。」

※ 張　岱

言語因為依附在名教道理之上而成為巧言，正是所謂的看似正確而其實並不是如此。「忍」有「堅忍」「含忍」兩層意思，應該決斷的時候而遷就縱容，就會因猶豫不決而失去時機；應當謹慎穩重的時候而昂揚激進，就會因輕舉妄動而使事情敗壞。問題全都在一個「小」字上。

原文：

　　言以依附名理而成巧，正所謂似是而非。「忍」有「堅忍」「含忍」二意，當決斷而處以姑息，則依徊而喪機；當持重而處以憤激，則輕發而敗事。病痛全在一「小」字上。

好惡章

　　子曰：「眾惡之，必察焉；眾好之，必察焉。」

＊ 譯文：

　　孔子說：「人人都厭惡他，我一定會去審察；人人都喜歡他，我也一定會去審察。」

※ 李卓吾

「惡」放在「好」前面來說，是大有深意的。「眾好」而不去明察，不過是沒有認出小人；「眾惡」而不去明察，簡直是錯失了君子。

原文：

李卓吾曰：惡在好前，大有義味。「眾好」不察，不過誤得小人；「眾惡」不察，直是誤失君子。

弘道章

子曰：「人能弘道，非道弘人。」

✽ 譯文：

孔子說：「人能夠使道光大，不是道使人光大。」

朋友圈縱橫談

※ 朱　熹

道存在於天地之間，人不去發揚光大它，道還能依附在哪裏呢？即便是作為皇帝、作為君王、作為賢人、作為聖人，道未嘗沒有去光大這些人，畢竟是人去光大道了，道才把人也提升了起來。仔細思考，還是「人能弘道」。

原文：

　　朱子曰：道在天地間，人不去弘它，道將焉附？即使為帝、為王、為賢、為聖，道未嘗不弘大其人，畢竟是人去弘道，連人才帶挈得起。仔細思之，還是「人能弘道」。

改過章

子曰：「過而不改，是謂過矣。」

＊ 譯文：

　　孔子說：「有過失而不改正，就是真正的過錯了。」

朋友圈縱橫談

※ 張　岱

　　第一次犯就是過失，第二次犯就是過錯，有過錯了能夠改正，那還有什麼更多的過錯呢？

原文：

　　一則成誤，二則成過，過而能改，更有何過？

※ 季　本

　　聖人迫切地教人改過，正是擔心人們不及時改正。

原文：

季彭山曰：聖人汲汲教人改過，政恐其不及改也。

終日章

子曰：「吾嘗終日不食，終夜不寢，以思，無益，不如學也。」

※ 譯文：

孔子說：「我曾經整天不吃飯，整夜不睡覺，去思考，並沒有什麼進益，不如去踏實學習。」

朋友圈縱橫談

※ 黃寓庸

偏重於思考則流於玄虛，偏重於學則流於具體；心本來應該貫通在虛實之間，順應天時，履行事務，安於地位，遵從常道，這才能被稱為學。

原文：

黃寓庸曰：偏用思則入虛，偏用學則滯實；心固貫於虛實之間，因其時，履其事，素其位，蹈其常，此之謂學。

這正是孔夫子思考和學習兼顧的境地，如果真的說思考不如學習，那就不對了。又說：將「吾嘗」兩個字貫徹始終，才是做學問的真諦。

原文：

韓求仲曰：此正夫子思學兼用處，若認真道思不如學，便同說夢。又曰：「吾嘗」二字貫到底，才是真諦。

謀道章

子曰：「君子謀道不謀食。耕也，餒在其中矣；學也，祿在其中矣。君子憂道不憂貧。」

＊ 譯文：

孔子說：「君子只謀求道而不謀求衣食。耕田，也有飢餓的時候；學習道，也可以得到俸祿。君子只擔憂道不能行，不擔憂貧窮。」

朋友圈縱橫談

※ 張　岱 _____

這一章是專門針對那些費心於利益俸祿上的人說的。「謀道

不謀食」，是君子的主要觀念。設法獲得財富的人，不一定能獲得財富，這就是「耕也，餒在其中矣」。不為財富而費盡心思的人，不一定就沒有財富，「學也，祿在其中矣」。君子看得非常透徹，所以只「憂道」，而不去「憂貧」。

原文：

　　此章專為分心利祿者說。「謀道不謀食」，是君子主意。謀食者，未必得食，「耕也，餒在其中矣」。不謀食者，未必不得食，「學也，祿在其中矣」。君子看得極透，故但知「憂道」，更不「憂貧」。

知及章

　　子曰：「知及之，仁不能守之，雖得之，必失之。知及之，仁能守之，不莊以蒞之，則民不敬。知及之，仁能守之，莊以蒞之，動之不以禮，未善也。」

✳ **譯文：**

　　孔子說：「一個統治者，他的聰明才智足以知道了仁，但他的心卻不能夠保持仁，即使是得到了，也一定會喪失。他的聰明才智足以知道了仁，他的心也能夠保持仁，但不能用莊重恭敬的態度來對待百姓，百姓就會不敬重他；聰明才智足以知道了人，他的心也能夠保持仁，能夠用莊重恭敬的態度來對待百姓，但役使百姓時不照禮的要求，也是不完善的。」

朋友圈縱橫談

※ 張 岱

> 有人問：「知曉大道與堅守，哪個更難？」張九成先生回答：「知曉大道難」。有人說：「現在的學者能夠知曉大道但卻不能堅守，是連同他所知曉的都一起喪失了嗎？」九成先生說：「不是這樣。不能堅守，只是因為沒有真正知曉大道的緣故。就像水能夠淹沒東西，火非常猛烈，看到就明白了，一定沒人跳進水裏或火裏。」
>
> 原文：
>
> 或問：「所見與所守，二者孰難？」先生曰：「所見難。」或曰：「今學者有所見而不能守，則並與其所見而喪之？」先生曰：「不然，只見得不到故爾。如水之溺，火之烈，見之審矣，決未有入水火者。」

※ 王永啟

要明白在智力能夠達到的地方見到就是「知」，在堅守的地方見到就是「仁」，在面對百姓謹慎恭敬的地方見到就是「莊」，在行為適宜的地方見到就是「禮」，不是先設定這些名稱，然後再去做功夫。

原文：

王永啟曰：要曉得即及處見是「知」，即守處見是「仁」，即蒞之敬處見是「莊」，即動之宜處見是「禮」，非是先設此等名目，然後去用功。

只是因為「知」有「不及」的地方，所以才容易間斷。如果像迷路的孩子追父親，蕭何追韓信，鄧禹追劉秀那樣，一旦追上，哪裏願意放他們走呢？「仁」就在「知」堅定恆常不間斷的地方。

原文：

只是「知」有「不及」，便容易間斷。如亡子追父，蕭何追韓信，鄧禹追光武，一追及，如何肯放？「仁」即是「知」之貞常不斷處。

大受章

子曰：「君子不可小知而可大受也，小人不可大受而可小知也。」

✳ 譯文：

孔子說：「不能從小事上去賞識君子，但可以讓他們承擔重任。不能讓小人去擔當大任，但可以讓他們做那些小事。」

朋友圈縱橫談

※ 李九我

這是說用人要根據人的能力、格局而用，不要用「不可小

知」苛責君子，不要用「不可大受」拋棄小人。一方面要看到君子、小人各有各的用處，選拔人才要廣泛多樣；另一方面要明白君子、小人不能夠用錯，選拔人才要精準。

原文：

李九我曰：此在用人者當隨其器局，勿以「小知」責君子，勿以「不可大受」棄小人。一以見君子、小人各適於用，取材貴廣；一以見君子、小人不可乖於用，掄選貴精。

水火章

子曰：「民之於仁也，甚於水火。水火，吾見蹈而死者矣，未見蹈仁而死者也。」

✳ 譯文：

孔子說：「百姓對於仁，比對於水火的需要更為迫切。但我只見過有人跳到水火中而死的，卻沒有見過為踐行仁而死的。」

朋友圈縱橫談

※ 羅近溪

這裏為什麼用一個「民」字呢？《詩經》云：「老百姓淳樸老實，日常生活就是吃喝。」仁，就是老百姓的樸實本質，日常生活所不能違背的。

原文：

　　羅近溪曰：此何以下一「民」字？《詩》曰：「民之質矣，日用飲食。」仁者，民之質也，日用飲食所不可違者。

※ 王觀濤

　　沒有見到有因為踐行仁而死的，是依照常理來說的；如果說殺身成仁，雖死猶生，那就另當別論了。

原文：

　　王觀濤曰：未見蹈仁死，據常理言；若殺身成仁，雖死猶生，又當別論。

當仁章

子曰：「當仁不讓於師。」

＊ 譯文：

　　孔子說：「面對行仁之事當率先行動，即便是面對老師也不用謙讓。」

朋友圈縱橫談

※ 周季侯

　　千古以來積累的膽怯只是因為都去謙讓前人，「不讓」兩個字，喚醒了世人原本退避推託的心。

原文：

　　周季侯曰：千古來積怯只是讓過前人去了，「不讓」兩字，喚醒世人退託之心。

※ 莊忠甫

　　舜遇到應當行仁之事不謙讓父親，周公遇到應當行仁之事不謙讓兄長，伯夷叔齊遇到應當行仁之事不謙讓國君，那麼面對老師又有何謙讓呢？

原文：

　　莊忠甫曰：大舜當仁而不讓於親，周公當仁而不讓於兄，夷齊當仁而不讓於君，然則師又奚讓焉？

貞諒章

子曰：「君子貞而不諒。」

※ 譯文：

　　孔子說：「君子只固守正道，而不墨守成規。」

朋友圈縱橫談

※ 馮厚齋

　　經歷千萬種變化而不喪失其中正，是「貞」，「諒」則是

墨守成規而不知改變。在小溝渠裏自縊而死，正是匹夫匹婦「諒」的體現。「貞」，是事物的主幹，幹，是處於中間且筆直挺立的，倚靠任何一邊都是不行的。如果略微有所傾斜，就是「諒」了。

原文：

　　馮厚齋曰：歷萬變而不失其正者，「貞」也，「諒」則固守而不知變也。自經於溝瀆之中，政是匹夫匹婦之「諒」。「貞」者，事之幹也，幹，居中植立，靠着一邊不得。若略着邊際，便為「諒」矣。

事君章

子曰：「事君，敬其事而後其食。」

＊ **譯文：**

　　孔子説：「侍奉君主，應當敬守職責而把領取俸祿的心放在後面。」

朋友圈縱橫談

※ **李卓吾**

　　「只有明白了『敬』字是什麼樣的精神，那麼不去想着將俸祿放在後位，也會自然將它放在後位。」「後」簡直就是斷絕了

這種想法而不將它放在心上，看朱熹《論語集注》裏說的「後獲之後」就明白了。

原文：

　　李卓吾曰：「但見『敬』字何等精神！不期食之後而自後矣」。後直是絕是念而不存於胸中，觀注「後獲之後」可見。

有教章

　　子曰：「有教無類。」

＊ 譯文：

　　孔子說：「不管什麼人我都可以進行教化，不分類別。」

朋友圈縱橫談

※ 張　岱 ────────────────

　　聖人禮樂之教，就如同天上的雨露，萬物無一不在其滋潤養護之中，所以沒有好的木材、壞的樹木，荊棘、芝蘭的差別。

原文：

　　聖人曲成之教，如天之雨露，無一不在其滋潤之中，故無有良材、惡木，荊棘、芝蘭之別。

為謀章

子曰：「道不同，不相為謀。」

＊ 譯文：

　　孔子說：「大道不同，不能夠一起謀事。」

朋友圈縱橫談

※ 張　岱

　　《伯夷傳》中說：「道不同，不能一起謀劃，也是各自成就各自所信奉的道罷了。」是說天下的道理，原本就是這樣的，不會完全等同。如果能夠得道，何必強求一定要相同呢？

原文：

　　《伯夷傳》曰：「道不同，不相為謀，亦各成其是也。」謂天下道理，原是如此，自然不相合一。苟得於道，何必強求其同？

辭達章

子曰：「辭達而已矣。」

孔子說：「辭令，只要能表達清楚意思就可以了。」

朋友圈縱橫談

※ 王元美

　　有些意思是深刻的語言不能表達而淺顯的語言能夠表達，有些是詳盡的語言不能表達而簡略的語言能夠表達，有些是文雅的語言不能表達而通俗的語言能夠表達，有些是正面的語言不能表達而側面的語言能夠表達。所以東周、西漢的文字最為古老，而它們表達的思想卻最為透徹。現在的人只是以淺顯粗陋為明達，而不知道無論是奇正還是混沌無知，都有一個「達」在。

原文：

　　王元美曰：夫意有深言之而不達，淺言之而乃達者；詳言之而不達，略言之而乃達者；正言之而不達，旁言之而乃達者；雅言之而不達，俚言之而乃達者。故東周、西漢之文最古，而其能道人意中事最透。今只以淺陋為達，而不知奇正渾噩都有個「達」在。

※ 張侗初

　　應當知道山下的泉水，向四海奔流去。到達者是有個本源在的；正因有本源，所以到達之後才能夠停止。

原文：

　　張侗初曰：須知山下之泉，放乎四海，達者有個本在；惟有本，故達而能止。

　　「達」就像是水在溝壑間流動，彎彎曲曲，中間歷盡了湍急和平緩的變化；又像是草木剛開始發芽，破種殼而萌嫩芽，完全融匯了天工造物的巧妙。這才能稱為得到了「達」的精髓。

原文：

　　「達」如流水之走壑，委蛇曲折，盡激湍平流之變。又如草木之始芽，甲坼勾萌，盡化工造物之巧。始為得之。

師冕章

　　師冕見，及階，子曰：「階也。」及席，子曰：「席也。」皆坐，子告之曰：「某在斯，某在斯。」師冕出，子張問曰：「與師言之道與？」子曰：「然。固相師之道也。」

✳ 譯文：

　　樂師冕來拜見孔子，他走到台階處，孔子說：「這是台階。」走到席位旁，孔子說：「這是坐席。」等大家都坐下來，孔子告訴他：「某人在這邊，某人在這邊。」師冕出去後，子張就問道：「這就是和樂師的談話之道嗎？」孔子說：「是的。這就是扶助盲者之道（古樂師多為盲者）。」

朋友圈縱橫談

※ 張　岱

朱震拜見謝良佐，已經是下午三點多了。謝良佐説：「今天無論如何也要跟你們講完一部《論語》。」朱震非常疑惑。一會兒，謝良佐拿着《師冕見章》説：「聖人之道沒有顯著或微小，沒有外部或內部，從做打掃等家務、知曉迎送客人的禮節而上達於天道，本和末是一以貫之的。一部《論語》只能這樣來看。」

原文：

朱震謁謝上蔡，日已晡矣。謝曰：「好歹與賢輩説一部《論語》去。」震殊疑惑。少頃，謝舉《師冕見章》曰：「聖人之道無顯微，無外內，由灑掃應對進退而上達天道，本末一以貫之，一部《論語》只恁地看。」

※ 王　畿

一部《論語》是對沒有悟道的人説法，就是所謂的與盲人相處之道，所以説「及階」「及席」「某在斯，某在斯」，是一一向他指明。如果是對眼睛明亮的人説，就變成了多餘的話。

原文：

王龍溪曰：一部《論語》為未悟者說法，所謂相師之道也，故曰「及階」「及席」「某在斯，某在斯」，一一指向他說。若為明眼人說，即成剩話。

季氏第十六

季氏章

　　季氏將伐顓臾。冉有、季路見於孔子曰：「季氏將有事於顓臾。」孔子曰：「求！無乃爾是過與？夫顓臾，昔者先王以為東蒙主，且在邦域之中矣，是社稷之臣也。何以伐為？」冉有曰：「夫子欲之，吾二臣者皆不欲也。」孔子曰：「求！周任有言曰：『陳力就列，不能者止。』危而不持，顛而不扶，則將焉用彼相矣？且爾言過矣。虎兕出於柙，龜玉毀於櫝中，是誰之過與？」冉有曰：「今夫顓臾，固而近於費。今不取，後世必為子孫憂。」孔子曰：「求！君子疾夫舍曰『欲之』而必為之辭。丘也聞有國有家者，不患寡而患不均，不患貧而患不安。蓋均無貧，和無寡，安無傾。夫如是，故遠人不服，則修文德以來之。既來之，則安之。今由與求也，相夫子，遠人不服而不能來也，邦分崩離析而不能守也，而謀動干戈於邦內。吾恐季孫之憂，不在顓臾，而在蕭牆之內也。」

＊ 譯文：

　　季氏將要興兵討伐顓臾。冉有、子路去見孔子，說：「季氏將要攻打顓臾了。」孔子說：「冉求，這不是你的過失嗎？顓臾，是從前周天子封它做東蒙山之主的，而且是在魯國的疆域之內，是魯國的臣屬啊，為什麼要討伐它呢？」冉有說：「是季孫大夫想去攻打的，我們兩個人都不主張。」孔子說：「冉求，

周任曾經說過：『盡自己的力量去承擔你的職責，如果不能勝任就辭職。』有危險不去扶助，顛簸跌倒不去攙扶，那還要輔助的人幹什麼呢？況且你說的話錯了。老虎、犀牛從籠子裏逃出來，龜甲、玉器在匣子裏毀壞了，是誰的過失呢？」冉有說：「現在的顓臾，城牆堅固而且距費邑很近。現在不把奪取它，將來一定會成為子孫的禍患。」孔子說：「冉求，君子痛恨那種不肯實說自己想要，但那樣去做卻又一定要為自己找藉口的做法。我聽說，對於一國一家，不擔憂貧乏，而擔憂財富不均；不擔憂人口少，而擔憂不能安定。財富均衡了，也就沒有所謂貧窮了；百姓和睦，就不會感到人口少了；大家相安了，也就沒有傾覆的危險了。正因為這樣，如果遠方的人不歸服，就用仁、義、禮、樂將他們招來；招來之後，就讓他們安頓下來。現在仲由和冉求你們兩個人，輔助季氏，遠方的人不歸服而不能把他們招來；國內民心離散你們不能保全，卻謀劃在國內使用武力。我只怕季孫的禍患不在顓臾，而在自己的門屏之內呀！」

朋友圈縱橫談

※ 張　岱

　　「將」是指已經謀劃完畢，還沒有實際行動。作為臣子不應該有這種行為，有則一定要責罰。「伐」，是指征討有罪之人，這裏用「伐」字，是說季氏認為他有罪而去討伐他。

　　孔夫子唯獨責問冉求，是為了逼他說出真話，冉求說「今不取，後世必為子孫憂」，證明了是他和季氏的祕密謀劃。這是他將自己供述出來了。

原文：

「將」者謀已成，而事未發也。人臣無將，「將」則必誅。「伐」者，征有罪之詞，此以「伐」書，猶曰季氏以彼為有罪而伐之耳。

夫子單責冉求，逼他說出真話，「今不取，後世必為子孫憂」，冉求與季氏所密謀者也。此是自具供狀。

※ 姚承庵

季氏討伐顓臾，只是因為一個「欲」字。「欲」就會「患寡」「患貧」，就會無視魯國的先王。冉求用子孫的憂慮，來掩蓋文飾季氏的「欲」。孔夫子闡明大義，是為了遏制他的「欲」。一直從「欲」字推斷到他內部的憂患，揭示了「欲」不可放縱的道理。

原文：

姚承庵曰：季氏伐顓臾，只是一個「欲」字。「欲」便「患寡」「患貧」，便無魯先王。冉求以子孫之憂，文季氏之「欲」。夫子明大義，以止其「欲」。直從「欲」字究到他蕭牆之憂，見「欲」之必不可肆也。

※ 張 岱

「有國有家」四個字，勾畫了一個平均、安定的畫面。孔子又大聲說「丘也聞」，與「昔者先王」暗暗相應，都是借用周天子、魯國先王來壓制他們。

有道章

孔子曰：「天下有道，則禮樂征伐自天子出；天下無道，
則禮樂征伐自諸侯出。自諸侯出，蓋十世希不失矣；自大夫
出，五世希不失矣；陪臣執國命，三世希不失矣。天下有
道，則政不在大夫。天下有道，則庶人不議。」

＊ 譯文：

孔子說：「天下有道之時，製作禮樂和出兵打仗都由天子決
定的；天下無道之時，製作禮樂和出兵打仗都由諸侯作主決定。
由諸侯決定，大概很少有經過十代而不垮台的；由大夫決定，
很少有經過五代不垮台的；由大夫的家臣把持政權，很少有經
過三代不垮台的。天下有道，政權不會落在大夫手中。天下有
道，老百姓不會議論國家政治。」

朋友圈縱橫談

※ 張　岱

這一章完全概括了春秋的始末。「禮樂征伐自天子出」，是

春秋以前的事情;「自諸侯出」,是魯隱公、魯桓公、魯莊公、魯閔公時期的春秋;「自大夫出」,魯僖公、魯文公、魯宣公、魯成公時期的春秋;「陪臣執國命」,是魯襄公、魯昭公、魯定公、魯哀公時期的春秋。

原文:

此章備春秋之始終。「禮樂征伐自天子出」,是春秋以前事;「自諸侯出」,隱、桓、莊、閔之春秋也;「自大夫出」,僖、文、宣、成之春秋也;「陪臣執國命」,襄、昭、定、哀之春秋也。

※ 張　岱

説「庶人不議」有暗暗感傷自己寫《春秋》的意思,這一章是專門針對大夫專政的情況所發的議論。

原文:

曰「庶人不議」隱然有自傷作《春秋》之意,此章專為大夫專政而發。

※ 顧憲成

依此為上,是明確地批評統治者;以此為下,是暗暗責備統治者。一部《春秋》,大半的意思都在這裏。

原文:

顧涇陽曰:以此上,顯誅在上之人也;此以下,陰咎在上之人也。一部《春秋》大半在此。

三桓章

孔子曰：「祿之去公室五世矣，政逮於大夫四世矣，故
夫三桓之子孫微矣。」

＊ 譯文：

孔子說：「魯公失去國家政權已經有五代了，政權落在大夫
手中已經有四代了，所以三桓的子孫現在也衰微了。」

朋友圈縱橫談

※ 張　岱

「子孫微」，不是對沒有發生的事情的推斷。魯定公五年，
陽貨已經囚禁了季孫斯，玩味本文中的「故夫」「矣」這些字就
知道了。我家先祖張栻說：當三家專享魯國公室的俸祿，而竊取
魯國政權的時候，他們本來的私心，就是想要為子孫謀利，哪裏
知道他們子孫的衰微其實是以此為先兆的。

原文：

「子孫微」，不是推測於未然。定公五年，陽貨已囚桓子，
玩本文「故夫」字，「矣」字可見。家南軒曰：方三家專公室之
祿，而竊魯國之政，本其私意，欲以利其子孫，而豈知其子孫之
微實兆於此。

三友章

孔子曰：「益者三友，損者三友。友直，友諒，友多聞，益矣；友便辟，友善柔，友便佞，損矣。」

✽ 譯文：

孔子說：「有益的朋友有三種，有害的朋友有三種。和正直的人交友，和守信的人交友，和見識廣博的人交友，是有益的；和慣於裝腔作勢的人交友，和善於阿諛奉承的人交友，和經常花言巧語的人交友，是有害的。」

朋友圈縱橫談

※ 許敬庵

和益友相處，就像春夏時期的白晝，漸漸變長而人沒有察覺；和損友相處，就像火上的脂油，也是漸漸消融而人沒有察覺。

原文：

許敬庵曰：與益友處，如春夏之日，以漸加長而不覺；與損友處，如火之於膏，亦以漸消減而不覺。

※ 張　岱

要注重「友」字，是我以別人為友，有損或有益都是從我來

説的；但益友多是讓人敬畏的，損友多是讓人喜愛的，全部都在於自己謹慎選擇。

原文：

　　重「友」字，乃我友之也，損益俱主我言；但益友多可畏，損友多可喜，全在自己慎其所擇。

三樂章

　　孔子曰：「益者三樂，損者三樂。樂節禮樂，樂道人之善，樂多賢友，益矣。樂驕樂，樂佚遊，樂宴樂，損矣。」

＊ 譯文：

　　孔子說：「有益的喜好有三種，有害的喜好有三種。喜歡將自己的行為用禮樂來約束，喜歡稱道別人的好處，喜歡結交眾多賢德之友，是有益的。喜歡驕縱的快樂，喜歡隨意遊蕩，喜歡過度安逸的快樂，是有害的。」

朋友圈縱橫談

※ 張　岱

　　這一章和前一章的句末都有「益矣」「損矣」這幾個字，有千叮嚀萬囑咐的告誡意味，這就是所謂的言有盡而意無窮。

原文：

　　二章末後皆有「益矣」「損矣」二字，有千萬叮嚀告戒之意，所謂言有盡而意無窮也。

三愆章

　　孔子曰：「侍於君子有三愆：言未及之而言，謂之躁；言及之而不言，謂之隱；未見顏色而言，謂之瞽。」

✳ 譯文：

　　孔子說：「侍奉君子，容易犯三種過失：還沒有到他說話的時候就發言，這是急躁；已經到他說話的時候他卻不說話，這叫隱避；不看對方臉色而貿然說話，這叫沒眼色。」

朋友圈縱橫談

※ 朱　熹

　　聖人只是勸誡人們說話要看時機，不可以隨便亂說。急躁的人是時機未到而說話，隱避的人是在時機已過才說話，沒眼色的人是不懂得看時機。

原文：

　　朱子曰：聖人只是戒人言語以時，不可妄發。躁者先時，隱者後時，瞽者不能相時。

三戒章

孔子曰：「君子有三戒：少之時，血氣未定，戒之在色；及其壯也，血氣方剛，戒之在鬥；及其老也，血氣既衰，戒之在得。」

＊ 譯文：

孔子說：「君子有三種應引以為戒的事情：年少時，血氣還不穩定，要戒除好色；等到壯年時，血氣旺盛，要戒除好鬥；等到老年時，血氣已經衰弱了，要戒除貪心。」

朋友圈縱橫談

※ 張　岱

三者都是依靠血氣來做事，君子是依靠性命之學來把持穩定自己，就不會被血氣影響了。

原文：

三者皆血氣用事，君子以性命之學主持得定，便不為血氣纏擾。

三畏章

孔子曰：「君子有三畏：畏天命，畏大人，畏聖人之言。
小人不知天命而不畏也，狎大人，侮聖人之言。」

✳ 譯文：

孔子説：「君子有三件敬畏之事：敬畏天命，敬畏地位尊崇
的人，敬畏聖人之言。小人不懂得天命因此而不敬畏，輕慢地
位尊崇的人，戲侮聖人之言。」

朋友圈縱橫談

※ 李衷一

「天命」，就是上天給以的命運，就是所謂的修明吉事遠離
厄運。「大人」，就是德高望重，為一個時期的表率的人。聖言，
就是典籍所記載的東西，典、謨、刑、誥都屬於聖言。

原文：

李衷一曰：「天命」，即上帝臨汝之命，所謂修吉悖凶是也。
「大人」，是德望隆重，為一時師表者。聖言，則方策所載，典、
謨、刑、誥皆是。

※ 張 岱

只有君子是知曉天命的，所以不敢不敬畏。《中庸》説「居

易俟命」，《孟子》說「行法俟命」。等待天命之心，正是敬畏天命之心。修養自身就是等待天命，那麼敬畏地行善，敬畏地去除惡念，天與人相互感應，沒有一點差錯，這是君子敬畏天命的原因。

原文：

> 惟君子知天命，故不敢不畏。《中庸》稱「居易俟命」，《孟子》稱「行法俟命」。夫俟之之心，正畏之之心也。修身為俟，則凜然為善，凜然去惡，天人感應，毫髮不爽，君子所以畏天命也。

生知章

孔子曰：「生而知之者，上也；學而知之者，次也；困而學之，又其次也；困而不學，民斯為下矣。」

※ 譯文：

孔子說：「生來就知道的人，是最上等的；經過學習以後才知道的人，是次一等的；遇到困惑再去學習的人，是又次一等的；遇到困惑還不學習，這就是下等的人了。」

朋友圈縱橫談

※ 張符九 ＿＿＿＿＿＿＿＿＿＿＿＿＿

知的是什麼？又是如何獲得知呢？知的人不同，而他們所知

的東西是相同的。兩個「次」字，就像是《孟子》中「志至，氣次之」的「次」字，次一等的人和生來就知道的人，差別還不是很大。

原文：

張符九曰：知的是恁麼？又是恁麼去知之？知之者異，而所知者同。兩「次」字，如《孟子》「志至，氣次之」，「次」與「生知」，不甚相遠。

※ 李　贄

說到「不學」才說出「民」字，只有「不學」才被稱為「民」。可見「士」全都在於「學」，現在名為「士」而「不學」的人，是「士」還是「民」呢？請自己去思考。

原文：

李卓吾曰：到「不學」方說出「民」字，惟「不學」始謂之「民」耳。可見「士」全在「學」，今之名為「士」而「不學」者，「士」乎「民」乎？請自思之。

九思章

孔子曰：「君子有九思：視思明，聽思聰，色思溫，貌思恭，言思忠，事思敬，疑思問，忿思難，見得思義。」

　　孔子說：「君子有九種思考：看的時候，要思考是否明；聽的時候，要思考是否清；臉色，要思考是否溫和；容貌，要思考是否謙恭；說話時，要思考是否忠誠；辦事時，要思考是否慎重；疑惑時，要思考是否應詢問；憤怒時，要思考是否有後患；得到什麼時，要思考是否合乎道義。」

朋友圈縱橫談

※ 楊復所

　　這是指人們用來求「知」的方法。讓他去零碎地思考，自然會有一個完整的「知」迸發出來。人的六根之中，如果有一個已經返回到原初清淨的狀態，那麼六根就一起解脫了。

原文：

　　楊復所曰：此指人以求「知」之路也。教他零碎思去，自有一個囫圇「知」迸出來。一根既返元，六根齊解脫。

※ 張　岱

　　這裏的「思」不是憑空玄想，因為行動就包括在其中。

　　看這「九思」都有個本位在，所以說「君子思不出其位」。

原文：

　　這「思」不是空思想，作為就在其中。

　　看「九思」俱有個位在，故曰「君子思不出其位」。

見善章

孔子曰：「見善如不及，見不善如探湯。吾見其人矣，吾聞其語矣。隱居以求其志，行義以達其道。吾聞其語矣，未見其人也。」

＊ 譯文：

孔子說：「見到善行，就像擔心失去它一樣去努力追求；看到不善的行為，就像把手伸到開水中一樣急忙避免。我見到過這樣的人，也聽到過這樣的話。隱居避世以追求自己的志向，踐行道義以弘揚自己的大道。我聽到過這樣的話，卻沒有見到過這樣的人。」

朋友圈縱橫談

※ 袁宏道

隱居並非只是隱居，隱居是為了求得自己的志向；踐行並非只是踐行，踐行是為了光大自己的道。這樣解釋，兩個「以」字才有着落。

原文：

袁中郎曰：隱非空隱，隱以求其志；行非徒行，行以達其道。如此說，兩「以」字方有着落。

春秋時期，不但沒有伊尹、姜子牙，即便是有伊尹、姜子牙，也沒有商湯、武王。孔子的一生，周遊列國而最後終老在洙泗之地。所以說：將求志和達道二者都做到的人，是沒有的，也是實話。

原文：

春秋之時，不惟無伊尹、太公，便是有伊尹、太公，亦自無湯、武也。孔子一生，轍環而老於洙、泗可見矣。故曰：求志達道，二者合一，未見其人，自是實語。

千駟章

齊景公有馬千駟，死之日，民無德而稱焉；伯夷、叔齊餓於首陽之下，民到於今稱之。其斯之謂與？

＊ 譯文：

齊景公有四千馬匹，到他死的時候，百姓們認為他沒有什麼德行可稱頌；伯夷、叔齊餓死在首陽山下，百姓們到現在還在稱頌他們。大概說的就是這個意思吧？

※ 張　岱

　　崔杼殺了齊莊公，立莊公的弟弟為齊景公，齊景公不能為他的兄長討伐逆賊，而是只知道對着牛山哭泣，貪戀榮華富貴，感歎人的生死，所以孔子用伯夷叔齊來跟他比較，只是指他們讓出國君之位這件事，都在貧富生死上進行評論，本文不包括伯夷叔齊「不食周粟」的事情。

原文：

　　崔杼弒莊公，立其弟景公，景公不能為兄討賊，而但涕泣牛山，貪戀富貴，感歎生死，故孔子以夷齊比倫，只指其讓國一事，全以貧富生死上立論，「不食周粟」，本文所無。

※ 馬君常

　　「民」字提出了千古真正的評判者，這就是前文所謂的「三代直道而行」。

原文：

　　馬君常曰：「民」字提出千古真月旦，所謂三代直道而行也。

異聞章

陳亢問於伯魚曰：「子亦有異聞乎？」對曰：「未也。嘗

獨立，鯉趨而過庭。曰：『學《詩》乎？』對曰：『未也。』『不學《詩》，無以言。』鯉退而學《詩》。他日，又獨立，鯉趨而過庭。曰：『學禮乎？』對曰：『未也。』『不學禮，無以立。』鯉退而學禮。聞斯二者。」陳亢退而喜曰：「問一得三：聞《詩》，聞禮，又聞君子之遠其子也。」

＊ 譯文：

　　陳亢問伯魚，說：「你在你父親那裏有聽到過什麼特別的教誨嗎？」伯魚回答：「沒有呀。有一天父親獨自站在堂上，我快步從中庭走過。他問我：『學《詩》了嗎？』我回答：『沒有。』他說：『不學詩，就不懂得怎麼說話。』我回去就開始學《詩》。又有一天，他又獨自站在堂上，我快步從中庭走過，他問我：『學禮了嗎？』我回答：『沒有。』他說：『不學禮，就不懂得怎樣立身。』我回去就開始學禮。我私下就聽到過這兩件事。」陳亢回去高興地說：「我提一個問題而有三個收穫，聽說了《詩》，聽說了禮，又知道了君子不偏厚自己的兒子。」

朋　友　圈　縱　橫　談

※ 鍾　惺

　　「無以言」「無以立」，看《論語‧陽貨‧伯魚篇》「孔子對伯魚說，不學《周南》《召南》就如同面牆而立」就自然會明白了。父子相見的最深情感，如果說到這種程度，覺得特別的教誨反而淺顯了。

原文：

　　鍾伯敬曰：「無以言」「無以立」，看「面牆」二字自明。父子對面至情，若語到此，覺「異」字反淺。

※ 沈無回

　　故意疏遠自己的兒子，就不能不故意特別教誨自己的兒子。「遠」和「異」，都一樣是私心。陳亢終究還是沒明白。

原文：

　　沈無回曰：有意於遠其子，則不能無意於異其子矣。「遠」與「異」，一私心也。陳亢到底不曾明白。

小童章

　　邦君之妻，君稱之曰「夫人」，夫人自稱曰「小童」；邦人稱之曰「君夫人」，稱諸異邦曰「寡小君」；異邦人稱之亦曰「君夫人」。

＊ 譯文：

　　國君的妻子，國君稱她為「夫人」，夫人自稱為「小童」；國人稱她為「君夫人」，對其他國家的人則稱她為「寡小君」；其他國家的人稱呼她，也稱「君夫人」。

※ 張　岱

　　第一句指明「邦君之妻」，後面説「君夫人」「寡小君」「君夫人」，每一段都離不開「君」字，所謂妻子因為丈夫而顯貴，和君並稱，又可以看出「妻者，齊也」的含義。我家先祖張栻説：這是釐正名分的意思。春秋時期把父親的妾稱為夫人的人很多，甚至把自己的妾稱為夫人，就像魯國、衞國、晉平公那樣的做法，名分和事實相違背竟然到了這種程度。釐正名分，是為了指出事實，使名實相符。

原文：

　　首句揭出「邦君之妻」，下説「君夫人」「寡小君」「君夫人」，段段不脱「君」字，所謂妻以夫貴也，與君齊稱，又見妻者齊也之義。家南軒曰：此正名之意。春秋時以妾母為夫人者多矣，甚則以妾為夫人，如魯衞、晉平之為者，名實之乖，一至於此。正其名，所以責其實也。

陽貨第十七

陽貨章

　　陽貨欲見孔子，孔子不見，歸孔子豚。孔子時其亡也，而往拜之。遇諸塗。謂孔子曰：「來！予與爾言。」曰：「懷其寶而迷其邦，可謂仁乎？」曰：「不可。」「好從事而亟失時，可謂知乎？」曰：「不可。」「日月逝矣，歲不我與。」孔子曰：「諾。吾將仕矣。」

＊ 譯文：

　　陽貨想見孔子，孔子不見他，他便送給孔子一隻小豬（按禮，大夫贈給士財物，士應當登門拜謝）。孔子打聽到陽貨不在家，就前往陽貨家拜謝。在半路上遇見了陽貨。陽貨對孔子說：「來，我有話要對你說。」陽貨說：「把寶藏（道）在自己身上而聽任整個國家迷惑混亂，這可以算是仁嗎？」孔子回答：「不可以。」陽貨說：「喜歡參與政事而又屢次錯過機會，這可以算是智嗎？」孔子回答：「不可以。」陽貨說：「光陰一天天過去，年歲是不等人的。」孔子說：「好吧。我快要出仕了。」

朋友圈縱橫談

※ 顧憲成

　　陽貨窺視孔子出門，是小人籠絡人才的手段；孔子等待陽貨出門再去拜訪，是聖人自然而然的隨機應變。玩味下文中「遇諸塗」這句話，可以知道孔子未嘗在意。張九成說：如果說當時

孔子曾經窺視陽貨，為什麼不預先在路上避開他呢？解釋得很巧妙。

原文：

顧涇陽曰：陽貨瞷亡，是小人羅致之術；孔子時亡，是聖人自然隨應之宜。玩下文「遇諸塗」語，可見聖人未嘗着意。子韶云：當時若說曾窺瞷，何不中途預避之？妙得其解。

※　張　岱 _____

山鬼的伎倆是有限的，而高僧不聽不看的法門是無窮的。這是孔子對待陽貨的方式。「時其亡」，意思本來是剛好在陽貨出門的時候，聖人哪裏有成心呢？像孟子説的「亦瞷其亡」，就是有意為之了，不如聖人之心自在。

原文：

山鬼之伎倆有盡，老僧之不聽不睹無窮。此是孔子待陽貨法。「時其亡」，原是適當其亡之時耳，聖人何心焉？若孟子説「亦瞷其亡」，便涉作用，不如聖人自在。

性近章

子曰：「性相近也，習相遠也。」

＊　譯文：

孔子説：「人的本性是相近的，由於習氣而變得不同了。」

朋友圈縱橫談

※ 王安石

　　說人的本性是相近的，因為反覆做的事情不同而變得有差別，所以對反覆做什麼一定要慎重，不是僅僅說天下人的本性都是相近的就算了。

原文：

　　王荊公曰：言相近之性，以習而相遠，則習不可不慎，非謂天下之性皆相近而已矣。

※ 張侗初

　　聖人說「性相近」，比孟子說「性善」更加完整圓融。聖人說的尚且是習得之前的性，而孟子說的是習得過程中的性。子思說「天命之謂性」，是說的習得之前的情況，「率性之謂道」，就是在習得中說了。人出生之後剛會動，他的知覺就已經是習得的了。知道愛、敬，都是從習得開始的。試想未被父母生出前是什麼樣的呢？所以說「相近」。像朱熹《四書集注》把它解釋為「氣質之性」，不止是增加了萬丈魔事啊。

原文：

　　張侗初曰：聖人說「性相近」，較孟子說「性善」覺渾融。蓋聖人尚說習前之性，孟子卻說習中之性。子思說「天命之謂性」，是在習前說，「率性之謂道」，則在習中矣。人生墮地才動，知覺便是習。知愛、知敬，都是習始也。試看父母未生前如何？所以曰「相近」。若注云「氣質」，則何嘗添萬丈魔。

不移章

子曰：「唯上知與下愚不移。」

＊ 譯文：

　　孔子説：「只有上等智慧的人與下等愚昧的人是改變不了的。」

朋友圈縱橫談

※ 張　岱

　　只有上等智慧的人是不會改變的，那麼所有未能達到上等智慧的人應該感到危殆了！只有下等愚昧的人是不會改變的，那麼所有不甘於下等愚昧的人應該自勉了！

原文：

　　唯上知不移，則凡未能上知者可危矣！唯下愚者不移，則凡不甘下愚者可勉矣！

※ 王　畿

　　聖人實施教化，都是為中等人而設的。

原文：

　　王龍溪曰：聖人立教，皆為中人而設。

　　説「不移」，也是他自己不肯改變，可見與天性如何也沒什麼關係。

原文：

　　曰「不移」，亦彼自不肯移耳，可見也不干性事。

武城章

　　子之武城，聞弦歌之聲。夫子莞爾而笑，曰：「割雞焉用牛刀？」子游對曰：「昔者偃也聞諸夫子曰：『君子學道則愛人，小人學道則易使也。』」子曰：「二三子！偃之言是也。前言戲之耳。」

✴ 譯文：

　　孔子到武城，聽到了彈琴唱歌的聲音。孔子微笑着說：「殺雞何必用宰牛的刀呢？」子游回答：「以前我曾聽您說過，『君子學習了道就能愛人，小人學習了道就容易指使。』」孔子說：「各位，言偃的話是對的啊。我前面說的話只是個玩笑而已。」

※ 張　岱

> 孔子夢寐之中的弦歌之聲，現在忽然親自聽到，戲謔它，是因為非常開心。子游忽然一本正經地說話，孔子擔心隨行的弟子們把戲謔的話當成真的，所以承認自己剛才說的是戲言，多麼地圓融靈活！

原文：

孔子夢寐弦歌，今得親見，謔之者，喜極也。子游忽然莊語，恐二三子認謔為真，故以戲言自認，何等圓活！

東周章

公山弗擾以費畔，召，子欲往。子路不說，曰：「末之也已，何必公山氏之之也。」子曰：「夫召我者而豈徒哉？如有用我者，吾其為東周乎！」

＊ 譯文：

公山弗擾在費邑叛亂自立，召孔子前往。孔子打算前去。子路不高興，說：「沒有地方去也就罷了，何必要去公山弗擾那裏呢。」孔子說：「難道這個人召我去無所事事嗎？只要有人肯任用我，我就要在東方復興周之道啊！」

※ 張　岱

公山，是姓氏，弗擾，是名字，還有一個名字為不狃，他是費邑的城宰。他和陽貨一起囚禁了季孫斯。陽貨失敗以後出逃，公山弗擾就在費邑叛變了。這是魯定公八年發生的事情，不是孔子當中都宰時候的事。到魯定公十二年拆除費邑城牆的時候，公山弗擾又叛變了，這時候孔子正在魯國受到重用，怎麼會想去應一個叛亂之臣的召喚呢？

原文：

公山，氏，弗擾，名，一云不狃，費邑宰也。與陽貨共執桓子。虎敗出奔，弗擾據費以叛。此是定公八年事，非孔子宰中都時事也。至十二年墮費時，弗擾又畔，則孔子方用於魯，豈有欲赴叛人之召哉？

※ 楊用修

孔夫子作《春秋》是從周平王開始寫的，《詩經·王風》是以《蜀黎》這首詩為第一篇的，將「西歸」記錄在《詩經·檜風》，採選「美人」在《詩經·邶風·簡兮》之中，是因為沒有一天忘記西周。所以說「吾其為東周乎？」是說如果真的有重用我的人，我哪裏就滿足於東周就這樣弱小、偏安一隅呢？意思就是不達到文王、武王、成王、康王時期那樣的鼎盛，就不會停止努力。

原文：

楊用修曰：夫子作《春秋》始於平王，定《王風》於《黍離》，

錄「西歸」於《鄶風》，採「美人」於《簡兮》，蓋未嘗一日忘西周也。故曰：「吾其為東周乎？」言如有用我者，肯為東周之微弱偏安而已乎？意不至於文、武、成、康之盛，不止也。

問仁章

子張問仁於孔子。孔子曰：「能行五者於天下，為仁矣。」「請問之。」曰：「恭、寬、信、敏、惠。恭則不侮，寬則得眾，信則人任焉，敏則有功，惠則足以使人。」

❋ 譯文：

子張向孔子問仁道。孔子說：「能夠將五種品德行於天下，就是仁了。」子張說：「請問是什麼。」孔子說：「恭敬、寬厚、誠信、勤敏、慈惠。恭敬就不會遭受侮辱，寬厚就能得到眾人之心，誠信就能得到別人的信任，勤敏就會有功績，慈惠就可以使喚人。」

朋友圈縱橫談

❋ 張　岱

高景逸向孔子弟子問「仁」。顏回是深沉不露的，為什麼孔子從視聽言動的角度告訴他呢？子張是致力於外在事務的人，孔子卻又跟他說「能行五者於天下」？回答：都是因為仁的本質是

以天下萬物為一體的。顏回的修養功夫渾然天成，孔子就從內在的天性上向他指出外在行為應該如何；子張的修養功夫高深廣大，孔子從外部作用影響上為他探究仁之本體。其實萬物一體，最初的源頭都是相同的。

原文：

　　高景逸問聖門求「仁」。顏子是沉潛的，如何聖人在視聽言動上告他？子張是務外人，卻又曰：「能行五者於天下」？答曰：總是仁體通天下為一身的。顏子功夫渾成，聖人從天性上點出形色；子張功夫高大，聖人從作用上究竟本體。其實萬物一體，源頭初無二也。

佛肸章

　　佛肸召，子欲往。子路曰：「昔者由也聞諸夫子曰：『親於其身為不善者，君子不入也。』佛肸以中牟畔，子之往也，如之何？」子曰：「然。有是言也。不曰堅乎，磨而不磷；不曰白乎，涅而不緇。吾豈匏瓜也哉？焉能繫而不食？」

＊　譯文：

　　佛肸召孔子，孔子想要前往。子路說：「從前我聽您說過：『親自去做不善之事的人，君子是不去他那裏的。』現在佛肸佔據中牟反叛，你卻要前往，怎麼解釋呢？」孔子說：「是，我說過這樣的話。不是說堅硬的東西，磨也不會變薄嗎？不是說潔

當才子遇上論語

白的東西，染也不會變黑嗎？我難道是個苦味葫蘆嗎？哪能只掛着而不讓人吃呢？」

朋友圈縱橫談

※ 徐自溟

通達的人卻被世俗所累，稱為「磷」「淄」；堅貞之士被世俗拘束，稱為「繫」。孔子有對世事的權衡而不為所累，有堅貞之士的操守而不為所拘。

原文：

徐自溟曰：通士之為世累者，曰「磷」、曰「淄」；貞士之為世拘者，曰「繫」。聖人有通世之權而無其累，有貞士之守而無其拘。

※ 楊用修

匏瓜，是一顆星的名字。繫，是日月星辰繫焉的「繫」。繫於天而不可食，就是《詩經》中「維南有箕，不可以簸揚；維北有斗，不可以挹酒漿」的意思。

原文：

楊用修曰：匏瓜，星名。繫者，日月星辰繫焉之繫也。繫而不食者，即南有箕不可以簸揚；北有斗不可以挹酒漿之意。

※ 張　岱

世上的堅和白，正是會被磨損和染黑，會變成不堅不白的地

方。如果逃避被磨損或染黑而自稱堅或白，只是做一個只成全自己的自了漢。而孔子是哪怕為世人所不容或者謾罵，理解我或者怪罪我，任憑當世人如何評説，都不願意離世隱居。

原文：

世有堅白，正為磨涅地也，更為不堅不白地也。如避磷淄而稱堅白，只作一自了漢。此削跡伐檀，知我罪我，聽之當世，終不肯為高蹈一着。

六蔽章

子曰：「由也！女聞六言六蔽矣乎？」對曰：「未也。」「居！吾語女。好仁不好學，其蔽也愚；好知不好學，其蔽也蕩；好信不好學，其蔽也賊；好直不好學，其蔽也絞；好勇不好學，其蔽也亂；好剛不好學，其蔽也狂。」

＊ 譯文：

孔子説：「由呀，你聽説過六種品德和六種弊病的説法嗎？」子路回答：「沒有。」孔子説：「你坐下，我來告訴你。愛好仁德而不好學，弊病是愚蠢；愛好智慧而不好學，弊病是放蕩；愛好誠信而不好學，弊病是反遭傷害；愛好直率而不好學，弊病是尖刻；愛好勇敢而不好學，弊病是搗亂；愛好剛強而不好學，弊病是狂妄自大。」

※ 張　岱

> 　　一個人「不好學」，則「六言」對他都是相互獨立的，自然會有「蔽」。「學」，則「六言」融會貫通為一體，怎麼還會有「蔽」呢？「蔽」有「六言」，「學」則只有一種。

原文：

> 　　「不好學」，則「六言」各自一路，自然有「蔽」。「學」，則「六言」通而為一，如何有「蔽」？蓋「蔽」有「六言」，「學」止一學也。

※ 楊復所

　　「言」字非常妙，因為在沒有學之前，它們不過是外在的六個名稱罷了，還沒有成為德，所以還可能被遮蔽阻礙而成為「六蔽」。

原文：

> 　　楊復所曰：「言」字極妙，蓋未學之前，不過外面六個名號耳，未為德也，所以猶可障礙而為「六蔽」也。

學詩章

子曰：「小子何莫學夫《詩》？《詩》，可以興，可以

觀，可以群，可以怨。邇之事父，遠之事君；多識於鳥獸草木之名。」

* 譯文：

孔子說：「弟子們為什麼不去學習《詩》呢？《詩》，可以激發志氣，可以博觀天地，可以使人懂得如何在人群中自處，可以使人懂得如何正當地去怨。近可以懂得如何侍奉父母，遠可以懂得如何侍奉君主；還可以多知道一些鳥獸草木的名字。」

朋友圈縱橫談

※ 張　岱 _____

王子繁喜好《詩經》中的《晨風》，影響他的父親對此心有感悟；裴安祖講解《詩經》中的《鹿鳴》，感動他的兄弟們每天一同用餐。在《詩經》中，《晨風》《鹿鳴》不是為父子兄弟而作的，感發作用卻是這樣大！即使說《詩經》三百篇都是忠孝篇目也是可以的。

原文：

王子繁好《晨風》，而慈父感悟；裴安祖講《鹿鳴》，而兄弟同食。《晨風》《鹿鳴》非為父子兄弟而詠也，而感發若是！雖謂三百篇皆忠孝之什可也。

伯魚章

子謂伯魚曰：「女為《周南》《召南》矣乎？人而不為《周南》《召南》，其猶正牆面而立也與？」

✽ 譯文：

孔子對兒子伯魚說：「你學習《周南》《召南》了嗎？一個人如果不學習《周南》《召南》，就像是面對牆壁站立吧？」

朋友圈縱橫談

※ 張　岱

孔子告訴伯魚要學《詩經》，特別要學習「二南」。因為「二南」這些詩，包括了家庭婦女的喜怒哀樂，側重於教化的開始。學「二南」，是用自身去踐行道；自身不踐行道，也不能對妻子兒女行道，所以說「面牆」。

原文：

《詩》則詔以「學」，而「二南」則詔以「為」。蓋「二南」之詩，家庭婦女，顰笑哀樂，主化之始也。「為」之者，以身行道也；身不行道，不能行於妻子，故曰「面牆」。

禮樂章

子曰：「禮云禮云，玉帛云乎哉？樂云樂云，鐘鼓云乎哉？」

＊ 譯文：

孔子說：「說禮呀禮呀，難道說的只是玉帛之類的禮器嗎？說樂呀樂呀，難道說的只是鐘鼓之類的樂器嗎？」

朋友圈縱橫談

※ 張　岱

禮有敗壞的時候，所以才能成為禮；樂有崩壞的時候，所以才能成為樂。從這裏來思考，禮不在玉帛上而樂不在鐘鼓上的道理，更加明確了。

原文：

禮有時而壞，乃所以為禮；樂有時而崩，乃所以為樂。由是以思，禮不在玉帛，而樂不在鐘鼓也，益明矣。

※ 馮　椅

「云」而又「云」，是人們所常說的。「乎哉」，是懷疑而反問的詞語。

原文：

馮厚齋曰：「云」而復「云」者，謂人所常言也。「乎哉」，疑而反之之詞。

色厲章

子曰：「色厲而內荏，譬諸小人，其猶穿窬之盜也與？」

＊ 譯文：

孔子說：「外表嚴厲而內心軟弱，用小人作比喻，就像是穿牆挖洞的小偷吧？」

朋友圈縱橫談

※ 張　岱

有人問：「色厲而內荏」為什麼比喻成「穿窬」呢？答案是：「因為他的意圖就是要向別人隱瞞，所以他的內心一直怕人知道，就像做賊一樣。」

原文：

問：「色厲而內荏」何以比之「穿窬」？曰：「為他意只要瞞人，故其心常怕人知，如做賊然。」

這是有針對性的說法，說「譬諸小人」，那麼色厲而內荏的就是當時的大人們。

原文：

王氏曰：此有為之言，曰「譬諸小人」，則指當時之大人也。

鄉願章

子曰：「鄉原，德之賊也。」

✳ 譯文：

孔子說：「沒有原則的老好人，就是破壞道德的人。」

朋友圈縱橫談

※ 方孟旋 _____

賊，是說他偷竊。偷用看似德的東西，來欺騙一個鄉的人，所以說「賊」。

原文：

方孟旋曰：賊者，言其竊也。竊德之似，以欺一鄉，故曰「賊」。

道聽章

子曰：「道聽而塗說，德之棄也。」

＊ 譯文：

孔子說：「在路上聽到點什麼就到處去說，就是自己放棄了道德。」

朋 友 圈 縱 橫 談

※ 張　岱

在路上聽到的，不是用心聽的，而是用耳聽。在路上所說的，不是親身體會的，而是用嘴巴說的。嘴巴耳朵不是自己的最終歸宿，所以說「道」「途」。棄德之人就如同敗家子，自己丟棄家中的財產。

諺語說「沿着山到處尋找野鳥，卻完全忽視了屋裏的老母雞」，從這句話可以想見「棄」字的含義。

原文：

道聽者，不聽以心，而以耳。塗說者，不體諸身，而以口。口耳不是家舍，故曰道途。棄者如敗子，自棄其家私也。

諺曰「沿山尋野鳥，屋裏不見哺雞娘」，可想「棄」字之義。

鄙夫章

子曰：「鄙夫可與事君也與哉？其未得之也，患得之；既得之，患失之。苟患失之，無所不至矣。」

✳ 譯文：

孔子說：「可以和鄙夫一起侍奉君主嗎？他在沒有得到時，總擔心得不到。已經得到了，又怕失去，如果他害怕失去，那他就會無所不為。」

朋友圈縱橫談

※ 張　岱

　　「鄙夫」的人品粗陋低劣，人們很容易忽視，以為讓他們去侍奉君主，沒有什麼大害，最終導致君主國家敗壞，無法挽救，這都是讓鄙夫侍奉君主的人所導致的。這一章不是在責備鄙夫，而是在責備讓鄙夫侍奉君主的人。後面兩節，確實是痛罵鄙夫，也是罵給那些讓鄙夫侍奉君主的人聽的。

原文：

　　「鄙夫」人品陋劣，人多忽之，以為與之事君，無甚大害，卒至君國敗壞，不可救藥，此皆與鄙夫者致之也。此章不是責鄙夫，是責與鄙夫者。即下二節，實就鄙夫痛罵，也是罵與與鄙夫者聽。

蘇軾對宋神宗說：「我剛開始以為鄙夫擔憂失去，不過就是佔據某個職位苟且偷安。等看到李斯因為擔心蒙恬奪取他的權力，就立秦二世為皇帝，最終導致秦國滅亡。盧杞因為擔憂李懷光歷數他的罪惡，就進讒言不許李入朝覲見，結果導致涇原兵變。他本來是擔憂失去權位，造成的禍患卻足以使國家滅亡。」這些可以作為本章的注腳。

原文：

蘇軾告神宗曰：「臣始以為鄙夫之患失，不過備位以苟容。及觀李斯憂蒙恬之奪其權，則立二世以亡秦。盧杞憂懷光之數其惡，則誤德宗以再亂。其心本於患失，其禍乃至於喪邦。」可為此章注疏。

三疾章

子曰：「古者民有三疾，今也或是之亡也。古之狂也肆，今之狂也蕩；古之矜也廉，今之矜也忿戾；古之愚也直，今之愚也詐而已矣。」

※ 譯文：

孔子說：「古人常見的有三種毛病，現在恐怕連這三種毛病也沒有了。古代的狂者肆志不拘，而現在的狂者卻是放蕩不羈；古代驕傲者難以接近，而現在的驕傲者卻是兇惡蠻橫；古代愚笨者是直率，而現在的愚笨者卻是狡詐啊！」

※ 王觀濤

不僅僅是美德不如前人，即便是病患也不如前人。因為「肆」「廉」「直」，尚且是病患的直接體現，「蕩」「忿戾」「詐」，就已經是病又併發出別的症候了。併發症是難以醫治的，該怎麼樣去用針砭呢？

原文：

王觀濤曰：不特美德不如古，即疾亦不如古，有無限感慨。蓋曰「肆」、曰「廉」、曰「直」，猶是本證，曰「蕩」、曰「忿戾」、曰「詐」，則已變而為別候矣。變證難醫，如何下得針砭？

利口章

子曰：「惡紫之奪朱也，惡鄭聲之亂雅樂也，惡利口之覆邦家者。」

✳ 譯文：

孔子說：「我厭惡紫色取代紅色，厭惡鄭國的音樂擾亂雅樂，厭惡伶牙利齒的人顛覆了國家。」

※ 張　岱

> 　　不是邦國家族傾覆之後，才發現強嘴利舌之人的可惡，而總是一有強嘴利舌之人，就足以能夠使邦國家族傾覆。正可以看出口舌之爭的傷害，比刀兵還要慘烈。所以說「惡利口之覆邦家者」。
>
> 　　用兩個「以」字，引導出一個「者」字，主次很明顯。

原文：

> 　　不是覆邦家之後，方見利口可惡；總之一有利口，即足以覆邦家。正見舌鋒之害，慘於戈矛也。故曰「惡利口之覆邦家者」。
>
> 　　以二「也」字，叫一「者」字，主客了然。

無言章

　　子曰：「予欲無言。」子貢曰：「子如不言，則小子何述焉？」子曰：「天何言哉？四時行焉，百物生焉，天何言哉？」

※ 譯文：

　　孔子說：「我想不再說話了。」子貢說：「您如果不說話，那麼我們這些弟子還怎麼傳述呢？」孔子說：「天什麼時候說過話呢？四季不斷運行，百物不斷生長，天說了什麼話呢？」

※ 張　岱

有人問「予欲無言」「性、天不可得而聞」是怎麼樣的？答案是：「孔子確實是『無言』，學習者確實是『無聞』。不要說聖人，即便是我們日常生活中，面對一些情境，精神有所觸動，一旦有些心得，一定是無法描述的，急忙用筆寫下來，就已經離本來所得相差十之六七了；因為它本來的意思，根本是無法用語言表達的。語言表達尚且不能，何況是聽說呢？」

原文：

或問「予欲無言」「性、天不可得而聞」如何？曰：「聖人實是『無言』，學人實是『無聞』。無論聖人，即如吾人日用，光景相對，神情相觸，一得於心，定是描畫不得，急起疾書，已離所得本意十之六七矣；蓋所得本意，原不可以言語傳也。言且不得，況聞之耶？」

※ 張　岱

有人問餘杭的政禪師：「你被稱為禪師但是又不談論禪理，為什麼呢？」答曰：「談論禪理只是白白浪費言語罷了。我懶惰，怎麼會用這種曲折的方式呢？只是日日夜夜都煩請世間萬象來演示禪理罷了。」言語是有隔閡的，而法是無盡的。所謂造化，確實是廣大無邊、無窮無盡的寶藏。

原文：

有問餘杭政禪師曰：「師以禪名而不談禪，何耶？」曰：「徒費言語。吾懶，寧假曲折？但日夜煩萬象為敷演耳。」言語有間，而此法無盡。所謂造化無盡藏也。

孺悲章

孺悲欲見孔子，孔子辭以疾。將命者出戶，取瑟而歌，使之聞之。

＊ 譯文：

孺悲想拜見孔子，孔子以生病為理由推辭不見。傳話的人剛出去，孔子就取來瑟一邊彈一邊唱，有意讓人們聽到。

朋友圈縱橫談

※ 張　岱 _____

「取瑟而歌」，是孔子用音樂歌聲來施行教化。既然已經通過耳朵向他講，又何必當面教導呢？風雨雷霆流動運行，眾物顯露而生長，無一不是天對人的教化。上天哪裏説什麼了呢？

原文：

「取瑟而歌」，是以聲教也。既已耳提，何必面命？風霆流行，庶物露生，無非教也。天何言哉？

短喪章

宰我問：「三年之喪，期已久矣。君子三年不為禮，禮

必壞;三年不為樂,樂必崩。舊穀既沒,新穀既升,鑽燧改火,期可已矣。」子曰:「食夫稻,衣夫錦,於女安乎?」曰:「安。」「女安,則為之。夫君子之居喪,食旨不甘,聞樂不樂,居處不安,故不為也。今女安,則為之!」宰我出。子曰:「予之不仁也!子生三年,然後免於父母之懷。夫三年之喪,天下之通喪也。予也有三年之愛於其父母乎?」

＊ 譯文:

宰我問:「為父母守喪三年,時間太長了。君子三年不行禮儀,禮儀一定敗壞;三年不作音樂,音樂就會荒廢。舊穀吃完,新穀已收,鑽燧取火的木頭也都改了,一年的時間守喪就可以了。」孔子說:「父母去世一年之後你就開始吃大米、穿錦衣,你能心安嗎?」宰我說:「能啊。」孔子說:「你如果真能心安,就那樣去做吧!君子守喪,吃東西不覺得香甜,聽音樂不覺得快樂,住在日常的居室裏不覺得舒服,所以不那樣做。現在你既覺得心安,你就那樣去做吧!」宰我出去後,孔子說:「宰予真是不仁啊!小孩生下來三年,才能離開父母的懷抱。服喪三年,是天下通行的喪禮。宰予,對他的父母有三年之愛嗎?」

朋友圈縱橫談

※ 張　岱

孔夫子遇到不忠不孝的人,只用最真摯的情感來觸動他,使他慚愧到渾身流汗。說到「三年,然後免於父母之懷」,真能使世上的孝子、逆子一起落淚。

原文：

　　夫子遇不忠不孝之人，只以至情上挑剔，使其通身汗下。言及「三年，然後免於父母之懷」，世間孝子、逆子一齊墮淚。

飽食章

　　子曰：「飽食終日，無所用心，難矣哉！不有博弈者乎？為之，猶賢乎已。」

✱ 譯文：

　　孔子說：「吃飽了飯，整天什麼心思都不用，這真難了！不是有玩六博和下棋的嗎？做這些也比什麼都不做好。」

朋友圈縱橫談

※ 張　岱 _____

　　心沒有所用之處，就是放逸的心；心有所用之處，就是靈敏的心。放逸的心是昏瞶懶散而放縱在外的；靈敏的心是活潑而收斂在內的。孔子說即便是下棋尚且是好的，其實也等於莊子所說的「挾冊亡羊」，是說用心於自己喜好的事情。

原文：

　　心無所用，便是放心；心有所用，便是靈心。放心昏散而外馳；靈心活潑而中斂。雖博弈之猶賢，亦猶挾冊者之亡羊也。

尚勇章

子路曰：「君子尚勇乎！」子曰：「君子義以為上。君子有勇而無義，為亂；小人有勇而無義，為盜。」

＊ 譯文：

　　子路說：「君子崇尚勇嗎？」孔子回答：「君子是最看重義的。君子有勇但無義，就會作亂，小人有勇而無義，就會偷盜。」

朋友圈縱橫談

※ 張　岱 _____

　　勇和義是不能分割的，因為勇只能在見義必為處才能顯現，如果拋開義來談論勇，就有至大至剛的正直氣概和一時衝動而產生的勇氣之不同。

原文：

　　勇與義分析不開，所為勇只在見義必為處見之，若捨義以言勇，便有正氣、客氣之分。

※ 張　岱 _____

　　「尚」和「上」是不同的。說「尚」，就有個人的意氣、意

願在其中；説「上」，就是宇宙間的事情沒有比「義」更重要的了。這就是學問精微深刻的地方。

原文：

「尚」與「上」不同。曰「尚」，便有以意氣加人意；曰「上」，則宇宙第一等事業，更無加於義之上者：此便是其學問精深處。

有惡章

子貢曰：「君子亦有惡乎！」子曰：「有惡：惡稱人之惡者，惡居下流而訕上者，惡勇而不禮者，惡果敢而窒者。」曰：「賜也亦有惡乎？」「惡徼以為知者，惡不孫以為勇者，惡訐以為直者。」

＊ 譯文：

子貢説：「君子也有厭惡的人嗎？」孔子説：「有的：厭惡經常宣揚別人壞處的人，厭惡身居下位而毀謗在上位者的人，厭惡勇敢而不懂禮節的人，厭惡堅決而又不通事理的人。」孔子又説：「賜，你也有厭惡的人嗎？」子貢説：「厭惡抄襲別人的成績而作為自己的知識的人，厭惡把不謙和當做勇敢的人，厭惡把揭發別人的隱私當作直率的人。」

※ 張　岱

君子褒揚善行涉及面寬，厭惡惡行涉及面窄，孔子所憎厭的是違反德的人，都是明顯的惡；子貢所厭惡的是擾亂德的人，都是隱藏的惡。聖人和賢人在此有微小的區別，所以他們所憎惡的，深淺也有所不同。

原文：

君子善善長而惡惡短，孔子所惡是悖德者，皆是陽惡，子貢所惡是亂德者，皆是陰惡。聖賢於此微分厚薄，故其所惡，深淺亦有不同。

※ 張　岱

不說「居下訕上」（地位低的人譏諷地位高的），而說「居下流而訕上」。是指品德卑劣、人格齷齪的人，不認為自己荒謬反而喜歡譏諷聖賢，所以可惡。

原文：

不曰「居下訕上」，而曰「居下流而訕上」。是卑污齷齪之人，不揣背謬而好譏訕聖賢，是以可惡。

難養章

子曰：「唯女子與小人為難養也，近之則不孫，遠之則怨。」

孔子說：「只有女子和小人是很難教養的，親近他們，他們就會不恭順，疏遠他們，他們就會怨恨。」

朋友圈縱橫談

※ 張 岱

女子和小人是單純憑陰柔之氣來做事，君子應該以光明正大的態度對待他們，不能夠稍有厚此薄彼，導致爭端開啟。

原文：

女子小人純是陰氣用事，君子當待以正大光明，不得微分厚薄，便啟釁端。

見惡章

子曰：「年四十而見惡焉，其終也已。」

※ 譯文：

孔子說：「人到了四十歲的時候還被人厭惡，恐怕就完了。」

※ 張　岱

　　普通人四十歲稱為「強仕」，因其心力正強而可出仕為官，聖人是四十歲而不迷惑，心不被外物所擾。年齡到了四十，心志的趨向大概已經確定了；「見惡」和「無聞」又是天差地別，所以說「其終也已」。

原文：

　　凡人四十曰強仕，聖人四十而不惑，聖人四十不動心。年至四十，心志趨向大約定矣；「見惡」與「無聞」又相懸絕，故曰「其終也已」。

微子第十八

三仁章

微子去之，箕子為之奴，比干諫而死。孔子曰：「殷有三仁焉。」

✳ 譯文：

微子離開了紂王，箕子做了奴隸，比干因為進諫而被殺。孔子說：「殷商有三位仁人啊！」

朋友圈縱橫談

※ 顧憲成

有人「去」，有人為「奴」，有人「死」，都是一種心地，而各自按不同的方法去做。他們都是想方設法去感悟殘暴無道、眾叛親離的統治者。

原文：

顧涇陽曰：或「去」，或「奴」，或「死」，總只一副心腸，各分頭去做。凡皆多方設法為感悟獨夫也。

※ 王世貞

「去」，容易；為「奴」，難；「死」，更加難。「死」，而不違背仁，容易；為「奴」而不違背仁，難；「去」而不違背仁，更加難。

原文：

　　弇州曰：「去」，易也；「奴」，則難；「死」，又難。「死」，不倍仁，易；「奴」，則難；「去」，又難。

※ 張　　岱

　　設身處地去想象當年情境，有無限的隱忍，無限的徘徊；不能夠一味憑血氣去做事，所以不說「忠」，不說「義」，而說「仁」，正是説出了這三個人內心深處的心事。

原文：

　　就當年設身處地，無限隱忍，無限徘徊；自一味任血氣不得，故不曰「忠」，不曰「義」，而曰「仁」，正道着三子心窩裏事。

三黜章

　　柳下惠為士師，三黜。人曰：「子未可以去乎？」曰：「直道而事人，焉往而不三黜？枉道而事人，何必去父母之邦？」

※ 譯文：

　　柳下惠當典獄官，三次被罷免。有人問：「你不能離開魯國嗎？」柳下惠説：「按正道侍奉君主，到哪裏不會被多次罷官呢？如果想不合正道地去侍奉君主，又何必要離開自己的國家呢？」

由「士師三黜」，可以知道柳下惠不肯殺人以取悅於人，寧願被廢棄罷官，也不想違背本心，所以說「三公不以易其介」。

原文：

「士師三黜」，知其不肯殺人媚人，寧甘廢棄，不欲昧心，故曰「三公不以易其介」。

季孟章

齊景公待孔子曰：「若季氏，則吾不能；以季、孟之間待之。」曰：「吾老矣，不能用也。」孔子行。

※ 譯文：

齊景公講到對孔子的待遇時說：「像魯君對待季氏那樣去對待孔子，我做不到；我用介於季氏和孟氏之間的待遇對待他。」又說：「我老了，不能用他了。」孔子就離開了齊國。

齊景公以魯國對待季孫氏、孟孫氏之間的待遇對待孔子，

正是指把尼溪之地封給孔子這件事情；是指田地俸祿，不是指禮遇的程度。説「吾老矣，不能用」，是因為晏子阻止齊景公用孔子。一個「老」字，有「河清難俟」的意思，就是指晏子説孔子之禮「莫不究殫勝舉」的讒言。

原文：

> 以季、孟之間待之，正指尼溪之封一事；指田祿，非指禮遇也。曰「吾老矣，不能用」，則晏子之阻入矣。即一「老」字，有「河清難俟」意，即莫究莫殫之讒也。

女樂章

齊人歸女樂，季桓子受之，三日不朝，孔子行。

✻ **譯文：**

　　齊國人贈送了一些歌舞伎給魯國，季桓子代魯公接受了。魯公縱情享樂，三天不上朝，孔子就離開了魯國。

朋友圈縱橫談

※ **張　岱**

　　孔子是由季桓子起用的，而孔子治理魯國，正是要削弱季桓子的勢力。季桓子忌憚孔子已經很久了。齊國人偷偷發現了季桓子的意圖，就送給魯國歌舞伎來阻止孔子治政。「三日不朝」，

不是因為魯國國君貪戀女色、縱情享樂，而是季桓子要借此斷絕孔子的進諫之路。不然的話，孔子能夠在會盟的壇台將小人趕下去，難道不能將一群歌舞伎趕出國門之外嗎？記錄者特地寫明是季桓子接收了這群歌舞伎，讓他和魯國君主一起承擔「三日不朝」的過錯責任。

原文：

孔子之用由桓子，而孔子所以治魯者，正欲弱桓子。桓子忌之久矣。齊人窺見此意，以女樂阻之。「三日不朝」，不是魯君荒淫，正是桓子絕孔子諫路。不然，孔子能麾侏儒於壇坫之上，不能麾群婢於國門之外乎？記者特書季桓子受之，使與魯君分過。

楚狂章

楚狂接輿歌而過孔子曰：「鳳兮鳳兮！何德之衰？往者不可諫，來者猶可追。已而！已而！今之從政者殆而！」孔子下，欲與之言。趨而辟之，不得與之言。

✳ 譯文：

楚國的狂人接輿唱着歌從孔子的車旁走過，他唱道：「鳳凰啊，鳳凰啊！你的德性怎麼衰微了呢？過去的已經無可挽回，未來的還來得及改正。算了吧，算了吧！現在從政的人都很危險！」孔子下車，想同他談談。他卻快步避開了，孔子沒能和他交談。

朋友圈縱橫談

※ 艾南英

　　這一類的題目都是《論語》中的大題目，士子認為科舉考試不會出這道題而輕視了它。以鳳來歌詠孔子，歎息孔夫子的過往，規勸孔夫子的將來，而慨歎當時的從政者，當時的諸侯、大夫和陪臣相互爭鬥、殺伐叛亂的禍患都在這一句話中說完了。

原文：

　　艾千子曰：此等題皆《論語》中大題，士子以科場不出小之耳。歌孔子以鳳，惜夫子以已往，規夫子以將來，而慨今之從政者，則當時諸侯、大夫、陪臣爭鬥殺亂之禍，皆在此一語盡之。

※ 張　岱

　　這個楚國狂人，是一個能看清天下之事而靜靜觀察天下之變的人，所以孔夫子和他說話，不僅僅是想挽留阻止他歸隱。做這道題，應該用特別正大莊嚴的體例，特別通達天下之勢的論述，才能配得上那個人，也才能配得上孔夫子急忙想要和他交談的用心。

原文：

　　此楚狂，蓋識世務而靜觀天下之變者，故夫子與之言，非特欲挽其隱也。作此題者，當以極正大尊嚴之體，極通達時勢之論，方稱其人，方稱夫子急欲與言之心耳。

耦耕章

長沮、桀溺耦而耕，孔子過之，使子路問津焉。長沮曰：「夫執輿者為誰？」子路曰：「為孔丘。」曰：「是魯孔丘與？」曰：「是也。」曰：「是知津矣。」問於桀溺。桀溺曰：「子為誰？」曰：「為仲由。」曰：「是魯孔丘之徒與？」對曰：「然。」曰：「滔滔者天下皆是也，而誰以易之？且而與其從辟人之士也，豈若從辟世之士哉？」耰而不輟。子路行以告。夫子憮然曰：「鳥獸不可與同群，吾非斯人之徒與而誰與？天下有道，丘不與易也。」

✳ 譯文：

　　長沮、桀溺在一起耕地，孔子路過，讓子路去詢問渡口在哪裏。長沮問子路：「那個拿着韁繩的是誰？」子路說：「是孔丘。」長沮說：「是魯國的孔丘嗎？」子路說：「是的。」長沮說：「那他應該自己知道渡口的位置了。」子路再去問桀溺。桀溺說：「你是誰？」子路說：「我是仲由。」桀溺說：「你是魯國孔丘的弟子嗎？」子路說：「是的。」桀溺說：「洪水滔滔，天下都是一樣的，你跟誰一起去改變它呢？況且你與其跟着避開志趣不合者的孔丘，為什麼不跟着我們這些躲避社會的人呢？」一邊說一邊不停地翻土平土。子路回來後把情況報告給孔子。孔子悵然地說：「人是不能與飛禽走獸合群共處的，我不同世上的人打交道還與誰打交道呢？如果天下有道，我就不會和你們一起來改革它了。」

※ 顧憲成

　　天下有一毫不能去做的，豪傑之士就不肯着手；（着手之後）天下有一毫可以做的，聖賢世人就不肯放手。

原文：

　　顧涇陽曰：天下有一毫不可為，豪傑不肯犯手；天下有一毫可為，聖賢不肯放手。

※ 徐儆弦

　　「吾非斯人之徒與而誰與？」這句話，可以看出聖人包容、承擔天下的氣量。「天下有道，丘不與易」這句話，可以看出聖人扭轉天下局勢的權衡。

原文：

　　徐儆弦曰：「吾非斯人之徒與而誰與？」見聖人容受天下之量。「天下有道，丘不與易」，見聖人幹旋天下之權。

丈人章

　　子路從而後，遇丈人，以杖荷蓧。子路問曰：「子見夫子乎？」丈人曰：「四體不勤，五穀不分，孰為夫子？」植其杖而芸。子路拱而立。止子路宿，殺雞為黍而食之，見其

二子焉。明日，子路行以告。子曰：「隱者也。」使子路反見之。至，則行矣。子路曰：「不仕無義。長幼之節，不可廢也；君臣之義，如之何其廢之？欲潔其身，而亂大倫。君子之仕也，行其義也。道之不行，已知之矣。」

✳ 譯文：

　　子路跟隨孔子出行，落在後面，遇到一個老者，用手杖挑着一個竹器。子路問道：「您看到我的老師了嗎？」老者説：「四肢不勤勞，五穀還未能分辨，誰是老師呀？」説完就把手杖插到地上，開始除草。子路拱着手恭敬地站在一旁。老者留子路到他家住宿，殺了雞，做了小米飯給子路吃，又叫兩個兒子出來與他見面。第二天，子路趕上孔子，把這件事告訴了他。孔子説：「這是個隱士啊。」讓子路回去再看看他。子路到了那裏，老者已經走了。子路説：「不出仕，是不對的。長幼間的秩序是不能夠廢棄的；君臣間的道義又怎麼能廢棄呢？想要自身清白，卻破壞了根本的倫理關係。君子出仕，只是為了踐行道義。至於道的行不通，君子早就知道了。」

朋友圈縱橫談

※ 張　岱

　　春秋時期的人都把為官看作功名利祿的聚集，所以一時間品德高尚之人就對官場死心而選擇隱居避世；聖人賢人提出大綱常理，來喚醒荷蓧丈人這樣的人。如果為官之人都選擇隱居，那便宜了多少氣量狹小的人啊！一定要君子去做官，才算是行義事，

這是聖人為天下的正人君子從高處指明道路。

原文：

> 春秋時人皆看仕為功名之會，故一時高士死心避世；聖賢提出大綱常來，喚醒丈人輩。若仕皆行義，便宜多少斗筲之人！必君子之仕，乃為行義，此是聖人為天下正人君子高立地步也。

逸民章

　　逸民：伯夷、叔齊、虞仲、夷逸、朱張、柳下惠、少連。子曰：「不降其志，不辱其身，伯夷、叔齊與！」謂：「柳下惠、少連，降志辱身矣，言中倫，行中慮，其斯而已矣。」謂「虞仲、夷逸，隱居放言，身中清，廢中權。我則異於是，無可無不可。」

✳ 譯文：

　　逸民有伯夷、叔齊、虞仲、夷逸、朱張、柳下惠、少連。孔子説：「堅守自己志向不屈服，保護自己不受玷污，這是伯夷叔齊吧。」説「柳下惠、少連是被迫降低自己的志向，玷污自己，但説話合乎倫理，行為合乎人心。」説：「虞仲、夷逸，過着隱居的生活，説着很隨便的話。能潔身自愛，合乎權變地棄官。我同這些人不同，我是沒有什麼是一定可以或不可以的。」

※ 張侗初

　　隱逸之人是不同的，他們都是要離開世俗，離世而世依然在，世又怎麼能離得了呢？聖人入世而離世，所以說「無可無不可」。

原文：

　　張侗初曰：逸民不同，總是離世，離世世在，世何可離？聖人即世而離世，故曰「無可無不可」。

※ 張　岱

　　夷，是姓，逸，是名，是晉獻公的後裔。有人勸他當官，他說：「我將自己比喻成牛，我寧願脖子上套着曲木在田野耕地，也不願意披着華麗的裝飾在宗廟裏做祭品。」

原文：

　　夷，姓，逸，名，詭諸之裔也。或勸之仕，逸曰：「吾譬則牛也，寧服軛以耕於野，不願被繡入廟而為犧。」

※ 張　岱

　　《荀子》説：「那些大儒，即便是隱居在僻陋狹小的住處，那些王孫公子也無法和他們齊名。他的言行合乎禮義，做事果斷，處理危機，應付突發事件能夠恰到好處；他能隨着時代的變化而變化，不管外界怎樣變化，他的道術是始終如一的，這就是大儒的典範。他窮困失意時，庸俗的儒生都恥笑他；當他

顯達的時候，英雄豪傑都被他感化。在他顯達時，就官運亨通，就能夠統一天下；在他處於困境時，就能獨樹高聲，即使夏桀、盜跖的時代也不能玷污他。孔子、子弓就是這樣的人。」朱張，字子弓。

原文：

《荀子》曰：「彼大儒者，雖隱於窮閭陋屋，而王公不能與之爭名，其言有類，其行有禮，其舉事無悔，其恃險、應變曲當；與時遷徙，其道一也。其窮也，俗儒笑之；其通也，英傑化之。通則一天下，窮則獨立功名，桀跖之世不能污，仲尼、子弓是也。」朱張字子弓。

※ 張　岱

《禮記‧雜記》載：孔子說「少連大連，在居喪上做得非常好，三天不怠倦，三月不鬆懈，一年期間哀傷，三年期間憂傷，是東夷人的兒子」，是說他們出生在蠻夷之地卻懂得禮儀。

虞仲位列伯夷叔齊之後，可以知道他不是仲雍；況且仲雍其實是吳國的君主，哪裏是什麼隱逸之人呢？

原文：

《雜記》曰：孔子曰「少連大連，善居喪，三日不怠，三月不解，期年哀，三年憂，東夷之子也」，言其生於夷狄而知禮也。

虞仲次夷齊之後，知其非仲雍也；且仲雍實君吳，何逸民之有？

師摯章

　　大師摯適齊，亞飯干適楚，三飯繚適蔡，四飯缺適秦，鼓方叔入於河，播鼗武入於漢，少師陽、擊磬襄入於海。

＊ **譯文：**

　　魯國的樂師四處流散，太師摯到齊國去了，亞飯干到楚國去了，三飯繚到蔡國去了，四飯缺到秦國去了，打鼓的方叔到了黃河邊，搖小鼓的武到了漢水邊，少師陽和擊磬的襄到了海濱。

朋友圈縱橫談

※ 張　岱

　　不是他們官職的罪過，所以記述他們的職位；不是他們本人的罪過，所以記述他們的名字；不是他們心中沒有魯國，所以記述他們所去的地方。

原文：

　　非其官之罪也，故書其職；非其人之罪也，故書其名；非其心之亡魯也，故書其地。

周公章

周公謂魯公曰：「君子不施其親，不使大臣怨乎不以。故舊無大故，則不棄也。無求備於一人！」

＊ 譯文：

周公對魯公說：「君子不遺棄他的親屬，不使大臣們抱怨不被任用。舊友老臣沒有大的過錯，就不要拋棄他們。不要對任何一個人求全責備。」

朋友圈縱橫談

※ 張　岱

以培養人來立論，厚待有血緣關係的臣子，重用大臣，保護歷代有功勳的舊臣，器重使用所有的臣子，是周公治理魯國的傳家之法。等到魯國國勢逐漸衰微，「不施」「不棄」這些話在哪裏呢？所以記錄者這樣追述這些話。如果這些話確實是從周公口中說出的，和《魯論語》有什麼關係呢？

原文：

以樹人立論，厚親臣，用大臣，保世臣，器使群臣，周公治魯之家法也。至魯事日非，所謂「不施」「不棄」等語安在哉？故記者追述之如此。若實就周公口中說，與《魯論》何與？

八士章

周有八士：伯達、伯适、仲突、仲忽、叔夜、叔夏、季隨、季騧。

✳ **譯文：**

周代有八位才德之士：伯達、伯适、仲突、仲忽、叔夜、叔夏、季隨、季騧。

朋友圈縱橫談

※ 饒　魯

這八位才德之士，是四對孿生兄弟，固然奇異；而這家八個兒子都是賢能之士，更加奇異。所以孔子對此讚歎，可見周朝氣數之旺盛。

原文：

雙峰饒氏曰：四乳皆雙生，固為異事；八子皆賢，尤異事也。故孔子稱之，可見周氏氣數之盛。

※ 張　岱

> 三個仁者離開，而殷商滅亡化為廢墟，八名賢士出現，而周朝興盛，這特別能看出商朝滅亡周朝興起的原因。

八名賢士姓南宮：周武王命令分發巨橋（商紂王的糧倉）裏的粟米，就是南宮伯适去做的。南宮伯達，就是受命去鑄造洛邑之鼎的人。

原文：

　　三仁去而殷墟，八士生而周熾，此特見商周興廢之故。

　　八士姓南宮氏：武王命發巨橋之粟，所謂南宮伯适者是也。伯達則命鑄洛邑之鼎者是。

子張第十九

致命章

子張曰：「士見危致命，見得思義，祭思敬，喪思哀，其可已矣。」

＊ 譯文：

　　子張說：「士人如果遇見危難時能獻出生命，看見有利可得時能考慮到義，祭祀時能考慮到恭敬，居喪的時候能考慮到哀傷，那也算可以了。」

朋友圈縱橫談

※ 真西山 _____

　　「義」「敬」「哀」，都說考慮到，只有「致命」沒有說考慮到，這是因為在生死關頭只有義可依從，不用等着思考之後才決定。

原文：

　　真西山曰：「義」「敬」「哀」，皆言思，「致命」獨不言思者，死生之際，惟義是徇，有不待思而決也。

執德章

子張曰：「執德不弘，信道不篤，焉能為有？焉能為亡？」

　　　　子張說：「持守德，格局卻不廣大；信仰道，卻不篤實堅定。這樣的人怎麼能說他有德，又怎麼說他沒有德？」

朋友圈縱橫談

※ 張　岱

　　　　人們不知道「執德」也就罷了，既然已經「執德」卻又格局不大；不知道「信道」也就罷了，既然已經「信道」卻又不堅定篤實。是因為他的心一味地虛偽掩飾，行事左右搖擺，怎麼能說他是世上信奉道德或不信奉道德之人呢。

原文：

　　　　人不知「執德」則可，既「執德」矣而又「不弘」；不知「信道」則可，既「信道」矣而又「不篤」。蓋其心一味虛矯，游移用事，焉能為世界有無之人。

問交章

　　子夏之門人問交於子張。子張曰：「子夏云何？」對曰：「子夏曰：『可者與之，其不可者拒之。』」子張曰：「異乎吾所聞：君子尊賢而容眾，嘉善而矜不能。我之大賢與，於人何所不容？我之不賢與，人將拒我，如之何其拒人也？」

　　子夏的學生請教子張交友之道。子張說：「子夏是怎麼說的？」答曰：「子夏說：『可以相交的就和他交朋友，不可以相交的就拒絕他。』」子張說：「我所聽到的和他說的不一樣：君子既尊重賢人，又能容納眾人；能夠讚美善人，又能同情能力不夠的人。如果我是個很賢良的人，那我對別人有什麼不能容納的呢？如果我不賢良，別人就會拒絕我，我又怎麼能拒絕別人呢？」

朋友圈縱橫談

※ 王陽明

　　子夏所說的是初為學之時的交友之道，子張所說的是學有所成後的交友之道，如果善加運用，他們二人所說的都沒有毛病。

原文：

　　王陽明曰：子夏所言是初學之交，子張所言是成人之交，若善用之，亦皆無弊。

小道章

　　子夏曰：「雖小道，必有可觀者焉；致遠恐泥，是以君子不為也。」

　　子夏說：「即便是小道，也一定有可取之處，但要通過它來到達遠處，恐怕就行不通了，所以君子不走那些小道。」

朋友圈縱橫談

※ 張　岱

　　道本來就是沒有兩種，通達於它就是大道，拘泥於它就是小道。通達於技藝的人，即便彈琴、下棋、射箭、駕車也是精微之道；拘泥於技藝之人，即便是為農、為圃、為巫、為醫也是末流技藝。子夏擔心人們拘泥於技能，最終變成淺陋之學，所以特意告訴人們「不為」，這都是子夏忠實地遵守為學之道的見解。

原文：

　　道無二道，通之則為大道，泥之則為小道，通之者，即琴、棋、射、御皆徹精微；泥之者，即農、圃、巫、醫總成末藝。子夏恐人拘泥技能，終成曲學，故特詔人以「不為」，總是子夏篤守之見。

好學章

　　子夏曰：「日知其所亡，月無忘其能，可謂好學也已矣。」

子夏說：「每天能學到一些過去所不知道的，每月都不忘記已經學到的，就可以稱之為好學了。」

朋友圈縱橫談

※ 蘇　軾

古時候的學者，他自己不懂的東西和自己懂得的東西，都能夠列出來並且每日每月都能夠清楚了解。現在的學者，他們所不懂的東西是什麼，他們所懂的又是什麼呢？

原文：

蘇子瞻曰：古之學者，其所亡與其所能，皆可以一二數而日月見也。如今世之學，其所亡者果何物，而所能者果何事與？

博學章

子夏曰：「博學而篤志，切問而近思，仁在其中矣。」

＊ 譯文：

子夏說：「廣泛學習而能夠篤守志向，切近自身地提出疑問並思考與自身實際密切相關的事情，仁就在這裏面了。」

※ 王宇泰

　　游酢問「陰陽不測之謂神」是什麼意思。程頤說:「你是選擇難懂的東西問呢?還是起了疑惑之後才問的呢?」這個意思可以想見:從疑情上問,就是切近自身地問;從疑情上思考,就是切近自身地思考。

原文:

　　王宇泰曰:游定夫問陰陽不測之謂神。程子曰:「公是揀難的問?是疑後問?」此意可想:從疑情上問,即是切問;從疑情上思,即是近思。

※ 楊復所

　　「仁在其中」,就像鏡子中有花;暫且說所學的、所志的、所問的、所思的,是仁;接觸到學的、接觸到志的、接觸到問的、接觸到思的,也是仁;脫離學的、脫離志的、脫離問的、脫離思的,同樣也是仁。好好參悟它們,自然會有豁然開朗的時候。

原文:

　　楊復所曰:「仁在其中」,如鏡中有花;且道所學、所志、所問、所思,是仁;即學、即志、即問、即思,是仁;離學、離志、離問、離思,是仁。參之參之,自有覿面相逢日子。

※ 張　岱

　　仁不是在外部尋找到的一個東西,就在我的內心,就像是修

習養生術的人所説的龍虎內丹，都是我自身內部的東西，不在外部，所以説「仁在其中矣」。

原文：

仁不是外面別尋一物，即在吾心，譬如修養家所謂龍虎鉛汞，皆是我身內之物，非在外也，故曰「仁在其中矣」。

居肆章

子夏曰：「百工居肆以成其事，君子學以致其道。」

＊ 譯文：

子夏説：「各行各業的工匠在作坊裏來完成自己的事業，君子通過學習來獲得道。」

朋友圈縱橫談

※ **張洪陽**

君子修養學問就如同工匠在作坊中一樣，必須整日修行學習，一心都放在學問之上，一定要求得上達於道，不肯半途而廢而白白浪費了時間，才是真正學道的君子。

原文：

張洪陽曰：君子為學就如居肆一般，必終日修習，一心在學

問上，務求致乎道而後已，不肯半途而廢，虛費了光陰，方是真實學道的君子。

※ 蘇　軾

道是可以「致」而無法求得的。什麼「致」呢？孫武說：「善於戰鬥的人把握主動權調動敵人，而不能被敵人調動。」有次第地求取它，而聽任它自己到來，這是否就是所謂的「致」呢？

原文：

蘇子瞻曰：道可致而不可求。何謂「致」？孫武曰：「善戰者致人，而不致於人。」循循求之，而聽其自至，斯所謂「致」與？

必文章

子夏曰：「小人之過也必文。」

※ 譯文：

子夏說：「小人犯了過錯一定會去掩飾。」

朋友圈縱橫談

※ 陸九淵

學者沒有進步，只是喜歡自己勝過別人。古人只是知道錯誤

就改正，見到正確的就向它靠攏；現在的人都堅持自己的意見，被別人說破就非常吃驚，想方設法地文過飾非，最終還是要說自己是正確的。因此學問之道日益卑下。

原文：

　　陸象山曰：學者不長進，只是好己勝。古人惟知過則改，見善則遷；今各執己見，被人點破便愕然，百計文飾，到底要說個是。以此日流於污下。

三變章

　　子夏曰：「君子有三變：望之儼然，即之也溫，聽其言也厲。」

＊ 譯文：

　　子夏說：「君子有三變：遠看他的樣子很莊重，接近他又覺得溫和可親，聽他說話，語言又堅定確切。」

朋友圈縱橫談

＊ 羅汝芳

　　君子的心中具備中和之理，他的容色、外貌、語言、態度，都是心之本體的外在表露。從觀察者的角度來看，君子在不同的情境下都能做得恰到好處，所以說他是「變」的。其實君子只是

沒有改變他的常道。

原文：

　　羅近溪曰：君子一心備中和之理，其容貌詞氣之常，皆是心體流行。自觀者見其各中其節，故言變。其實君子只是不失其常。

勞諫章

　　子夏曰：「君子信而後勞其民，未信則以為厲己也。信而後諫，未信則以為謗己也。」

❋ 譯文：

　　子夏說：「君子等民眾信任他之後才去勞使他們，否則民眾就會以為是在加害他們。等取得君主信任之後再去規勸他，否則，君主就會以為是在誹謗他。」

朋友圈縱橫談

※ 張　岱

　　子夏將「信」放在「勞」和「諫」之前，都是在於用精誠來感化他們，說到「謗」和「厲」，不是讓人逃避「勞」和「諫」，而正是讓人知道「信」是刻不容緩的。

原文：

　　按「信」在未「勞」、未「諫」之先，全在一段精誠感格上，說到「謗」「屬」處，不是避「勞」與「諫」，正見「信」之不可緩耳。

大德章

　　子夏曰：「大德不踰閑，小德出入可也。」

✳ 譯文：

　　子夏說：「人的德行，在大節上不能踰越界限，小節上有些出入是可以的。」

朋友圈縱橫談

※ 黃勉齋

　　子夏只是讓人要看重大的節義，說如果能夠先將大義建立起來，那麼小節方面即便有一些不恰當也可以忽略不計，大節怎麼能夠有差池呢？「小德出入可也」，是強調不能不致力於建立大德，也是為了說明「大德」之不可「踰閑」。

原文：

　　黃勉齋曰：子夏只要歸重大節，言若能先立乎大，則小者便

出入些亦不計較，若大節如何可出入得？「小德出入可也」，甚言不可以不務其大，正形容「大德」不可「踰閒」。

灑掃章

子游曰：「子夏之門人小子，當灑掃應對進退，則可矣，抑末也。本之則無，如之何？」子夏聞之，曰：「噫！言游過矣！君子之道，孰先傳焉，孰後倦焉？譬諸草木，區以別矣。君子之道，焉可誣也？有始有卒者，其惟聖人乎！」

※ 譯文：

　　子游說：「子夏的學生，做一些灑水掃地、語言應對和迎送客人的事情，就可以了，但這些不過是細枝末節，根本的東西卻沒有學到，這怎麼行呢？」子夏聽到了，說：「唉，子游錯了。君子之道，哪些先進行傳授，哪些放在後面因為厭倦而不傳授了呢？用草木來作譬喻，草木也都有大小類別的不同的。君子之道，怎麼可以隨意歪曲，欺騙他人呢？至於有始有終，深淺大小都學通了的，恐怕只有聖人吧！」

朋友圈縱橫談

※ 張　岱

「灑掃應對」，就是形而上者，以什麼為開始，以什麼為結

束，是區分本末先後的。但是這些東西對於聖人來說，就是所謂研究事物精義達到神妙的境地；對於弟子們來說，就是所謂的作為基本常識的初級學問。所以程子說：「只看其所以然是怎樣的。」子夏、子游大概都沒有理解「上學而上達」這句話，因為他們都是在語言、教人之法上尋求道，如果體認到了天性，那麼本和末、先和後又有什麼區別呢？

原文：

「灑掃應對」，便是形而上者，何始何卒，而分本末先後，但在聖人即謂之精義入神；在門人小子，即謂之下學。故程子曰：「只看所以然如何。」子夏、子游多未曾明白下學而上達一句，只為他在語言教法上尋求耳，若認得天性，又何同異之有？

※ 楊復所

本和末不是兩根木；木的根就是本，木的枝就是末，所以「本末」這兩個字的含義都是從木上來的。將一點放在「木」的下方，就成了「本」字；將一點放在「木」的上方，就成了「末」字。「區以別」就是明而白的意思，只需要去觀察一下草木就能知道本末，是一還是二，自然就明白了。「君子之道」那幾句話，都是說本末原本是一，有本就會有末，用以破除子游將二者分離的說法。

原文：

楊復所曰：本末原不是兩木；根便是本，木枝便是末，故「本末」二字俱從木字生義；一點收藏在木之下，故成「本」字；一點發散在木之上，故成「末」字。「區以別」猶言明以白也，只看草木便知本末，是一是二，自明白矣。君子之道幾句，總是說本末是一，有本便有末，以破子游支離之說。

仕學章

子夏曰：「仕而優則學，學而優則仕。」

＊ 譯文：

　　子夏說：「做官而有餘力的人，就可以去學道；學道有餘力的人，就可以去入仕做官。」

朋友圈縱橫談

※ 陳定宇

　　已經入仕的人，尚且不可以不為學，則可以知道尚未入仕的人，一定要學有餘力而後才可以入仕。這一章的重點在「學」上，入仕不入仕只是為學成果的驗證。

原文：

　　陳定宇曰：已仕者，尚不可不學，則知未仕者，必學優而後可仕矣。此章則重學上，仕不仕只是學之證驗。

致哀章

子游曰：「喪致乎哀而止。」

　　子游說：「喪禮只要做到盡哀也就可以了。」

朋友圈縱橫談

※ 崔子鍾

　　「致」，是推而達到極致的意思。「喪致乎哀而止」，是說達
到了情感用盡的地步才停止。

原文：

　　崔子鍾曰：「致」，推而極之也。「喪致乎哀而止」，言無所
不用其情而後已。

吾友章

子游曰：「吾友張也，為難能也，然而未仁。」

＊ 譯文：

　　子游說：「我的朋友子張，是一般人難以企及的了，然而還
　　沒有達到仁。」

※ 張　岱

　　所有踐行「仁」的人，都是在布帛、菽粟、飲食、日用之間踐行的，本來就不用好高騖遠；像子張那樣的做法，確實是非常困難的，但是否符合「仁」我就不知道了。

原文：

　　凡為仁者，只在布帛、菽粟、飲食、日用之間，原不必好高騖遠；若子張之所為，則可以為難矣，仁則吾不知也。

並仁章

曾子曰：「堂堂乎張也，難與並為仁矣。」

※ 譯文：

　　曾子說：「子張已經很高明了，只是仍然難以和他一起踐行仁道。」

朋友圈縱橫談

※ 張　岱

　　孔夫子評價子路說：「仲由啊，到達廳堂了，還沒有進入內

室。」現在曾子評價子張説：「堂堂」。「堂」字重複了兩遍，是非常高明的意思；「難與為仁」也只是説他缺少了「入室」的功夫。

原文：

夫子目子路曰：「由也，升堂矣，未入於室也。」今曾子目子張曰：「堂堂」。「堂」而又復曰「堂」，則高明極矣；「難與為仁」亦只少「入室」功夫。

親喪章

曾子曰：「吾聞諸夫子：人未有自致者也，必也親喪乎！」

* 譯文：

曾子説：「我在老師那裏聽説：人不能自己極盡情感，（如果能，）一定是在遇到父母之喪的時候。」

朋友圈縱橫談

※ 張　岱

一個「自」字就是血緣至親的最深情感，自然而然，就是《中庸》所説的「不思而得，不勉而中（不經過思考就能得到，不用勉強就能做到）」，也就是孟子所説的「不學而能，不慮而知（不學就能夠做到，不思慮就能夠知道。）」在此處能見到人性之善，在此處能見到天命之性。

一「自」字便是天親至情，自然而然，即《中庸》所謂「不思而得，不勉而中」，即孟子所謂「不學而能，不慮而知」。於此見性之善，於此見天命之性。

孟莊章

曾子曰：「吾聞諸夫子：孟莊子之孝也，其他可能也；其不改父之臣與父之政，是難能也。」

＊ 譯文：

曾子說：「我在老師那裏聽說，孟莊子的孝，其他人也可以做到；但他不更換父親所用之家臣及其所行之政治措施，是別人難以做到的。」

朋友圈縱橫談

※ 張　岱 ──────────────

孟獻子輔佐了三代君主，歷時五十年，魯國人稱他為社稷之臣，那麼他的家臣一定是賢能的，他的政令一定是合理的。孟莊子年少的時候就繼承了父親的官位，又跟季孫宿同朝為官；季孫宿的父親季文子對魯國公室非常忠誠，季孫宿卻不能堅守父親的做法。孟莊子則單單能夠「不改父之臣與父之政」，這是踐行父

親的公正忠誠而完成他沒有完成的事業，不是謹小慎微、無所作為的人能夠相提並論的。孔夫子讚許他，是很有深意的。

原文：

> 孟獻子歷相三君，五十年，魯人謂之社稷之臣；則其臣必賢，其政必善。莊子年少嗣立，又與季孫宿同朝；宿父文子忠於公室，宿不能守而改之。莊子乃獨能「不改父之臣與父之政」，則是體父公忠而成其未竟，非曲謹無為者等也。夫子嘉之，然有深意。

士師章

孟氏使陽膚為士師，問於曾子。曾子曰：「上失其道，民散久矣。如得其情，則哀矜而勿喜！」

✳ 譯文：

> 孟氏任命陽膚做典獄官，陽膚向曾子請教。曾子說：「在上位的人偏離了正道，民眾早就離心離德了。你如果在判獄時弄清了案件的實情，應當憐憫他們而不要自鳴得意。」

朋友圈縱橫談

✳ **黃勉齋** _____

> 知道了實情而自鳴得意，那麼過分苛刻之意可能會超出於律

法之外，從而加重處罰；知道了實情而感到哀矜的人，他的惻隱之心會一直在法度之中反映出來。

原文：

　　黃勉齋曰：得情而喜，則太刻之意或溢於法之外；得情而矜者，則不忍之心常行於法之中。

※ 張　岱

　　聽理訟獄的人，能夠想到「上失其道，民散久矣」，則自然會對人民有哀矜憐憫之情，不至於太過苛刻。這就像是煩熱症中的一服清涼丸散。

原文：

　　聽獄者，能想到「上失其道，民散久矣」，則自然矜憐，不致苛刻。此是煩熱症中一服清涼丸散。

紂惡章

　　子貢曰：「紂之不善，不如是之甚也。是以君子惡居下流，天下之惡皆歸焉。」

＊ 譯文：

　　子貢說：「紂王的不善，並不像後世傳說的那樣嚴重。所以君子憎惡處在下流之地，使天下惡名聲都歸到自己身上。」

 **朋友圈縱橫談**

※ 張 岱

> 　　我家先祖張栻說：「商紂王的昏庸無道達到極致了，只是因為他的惡是日積月累的，以至於最終惡貫滿盈；就像是河川湖泊地勢低窪，那麼水都會流向那裏；因此君子在開始的時候就非常謹慎。」
>
> 原文：
>
> 　　家南軒曰：「紂不道極矣，惟其日積月累，以至惡貫滿盈；猶川澤居下，而眾水歸之；君子所以謹之於始也。」

※ 張元岾

　　世人看《三國演義》的時候，只擔心曹操不輸，不知道是什麼原因？

原文：

　　張元岾曰：世人看《三國演義》，惟恐曹操不輸，不知是何緣故？

見過章

　　子貢曰：「君子之過也，如日月之食焉。過也，人皆見之；更也，人皆仰之。」

子貢說：「君子的過錯，就像是日食月食。他的過錯，人們都看得見；他改正過錯，人們都仰望着他。」

朋友圈縱橫談

※ 張　岱

美玉不掩蓋瑕疵，人們不會因為瑕疵而認為美玉比石頭便宜；鏡子不掩蓋障蔽，人們不會因為障蔽而認為鐵塊比鏡子貴。君子不掩飾自己的過失，人們不會因為過失而認為小人比君子高貴。君子的過失，是真實的；而小人的沒有過失，是虛假的。

原文：

玉不掩瑕，人不以瑕而賤玉於石；鏡不掩翳，人不以翳而貴鐵於鏡。君子不掩過，人不以過而貴小人於君子。君子之過，真；而小人之無過，偽也。

文武章

衞公孫朝問於子貢曰：「仲尼焉學？」子貢曰：「文、武之道，未墜於地，在人。賢者識其大者，不賢者識其小者，莫不有文武之道焉。夫子焉不學？而亦何常師之有？」

　　衞國的公孫朝問子貢：「仲尼的學問是從哪裏學來的？」子
貢說：「周文王武王的大道，並沒有墜落到地上，而是仍留在人
們身上。賢能的人了解道之大本，不賢的人只了解道之末節，
沒有什麼地方不存在文王武王之道。我們老師在哪裏不學呢？
而又何必要有固定的老師呢？」

朋友圈縱橫談

※ 張　岱

　　文武之道沒有墜落到地上，孔子只是遵從效法周文王、周武
王之制，子貢卻說他「焉不學」「何常師」，是形容聖人之學的
圓滿融通。

　　江水倒映出月亮而月在江上，盂中的水倒映月亮而月在盂
中。月亮沒有大小之分，不應該將月亮當作江水、盂水來看；賢
和不賢的人對文武之道的不同認識也是如此。

原文：

　　文武之道未墜於地，仲尼只是憲章文武，子貢卻說他「焉不
學」「何常師」，是形容聖學圓妙處。

　　江水印月而月在江，盂水受月而月在盂。蓋月無大小，不
應作江水盂水看；賢不賢之識亦如是。

宮牆章

　　叔孫武叔語大夫於朝，曰：「子貢賢於仲尼。」子服景伯以告子貢。子貢曰：「譬之宮牆，賜之牆也及肩，窺見室家之好。夫子之牆數仞，不得其門而入，不見宗廟之美，百官之富。得其門者或寡矣。夫子之云，不亦宜乎！」

＊ 譯文：

　　叔孫武叔在朝堂上對大夫們說：「子貢比仲尼更加賢能。」子服景伯把他說的話告訴了子貢。子貢說：「用圍牆來作比喻，我家的圍牆只有齊肩高，從牆外能夠看到房舍宅院的好。老師家的圍牆卻有幾仞高，如果找不到門進去，就看不見裏面宗廟的華美，房屋的富麗。能夠找到門的人可能很少。叔孫武叔那麼講，也沒什麼奇怪的！」

朋 友 圈 縱 橫 談

※ 張　岱

> 　　孔子就相當於佛，子貢就相當於菩薩；佛只是清靜無為，而菩薩則神通廣大。外道人看到他的法力無邊，不免會認為菩薩比佛還要厲害。武叔的看法也是如此。
>
> 原文：
>
> 　　孔子是佛，子貢是菩薩；佛惟清淨無為，而菩薩則神通

廣大。外道見其龍象光明，未免認是菩薩勝佛。武叔之見亦是如此。

日月章

叔孫武叔毀仲尼。子貢曰：「無以為也！仲尼不可毀也。他人之賢者，丘陵也，猶可踰也；仲尼，日月也，無得而踰焉。人雖欲自絕，其何傷於日月乎？多見其不知量也。」

＊ 譯文：

　　叔孫武叔毀謗孔子。子貢說：「這樣做是沒有用的！仲尼是不可毀謗的。別人的賢德，就像丘陵一樣，還可跨越；仲尼的賢德，就像太陽和月亮一樣，是無法跨越的。即便有人要向日月決絕，對日月又有什麼傷害呢？只是顯露這人的不自量力而已。」

朋友圈縱橫談

※ 張　岱 _____

　　「無以為也」，不是讓他不要毀謗孔子，而是說他毀謗也沒什麼用。日月，是從高的角度來說的；「何傷於日月」，是從明的角度來說的。

　　《佛說四十二章經》說：惡人毀傷賢者，就像是仰頭對着天

空吐唾沫，唾沫吐不到天上去，還會對着自己落下來；迎着風撒灰塵，灰塵撒不到別人身上，還會落在自己身上。賢人是不能毀傷的，毀傷者一定會毀了自己。

原文：

「無以為也」，不是教他不要毀，言毀亦無用。日月，以高言；「何傷於日月」，以明言。

《經》曰：惡人害賢，猶仰天而唾，唾不至天，還從己墮；迎風揚塵，塵不至彼，還坌己身。賢不可毀，毀必滅己。

猶天章

　　陳子禽謂子貢曰：「子為恭也，仲尼豈賢於子乎？」子貢曰：「君子一言以為知，一言以為不知，言不可不慎也。夫子之不可及也，猶天之不可階而升也。夫子之得邦家者，所謂立之斯立，道之斯行，綏之斯來，動之斯和。其生也榮，其死也哀。如之何其可及也？」

＊ 譯文：

　　陳子禽對子貢説：「你是謙遜了，仲尼怎麼會比你更賢能呢？」子貢説：「君子的一句話就可以顯示出他是智者，還是非智者，所以説話不可以不慎重。老師的高度不可企及的，就像天是沒有階梯可以爬上去的一樣。老師如果得封國家而為諸侯或得到采邑而為卿大夫，那真是所説的教百姓立於禮，百姓就

會立於禮，要引導百姓，百姓就會跟着走；安撫百姓，百姓就會歸順；動員百姓，百姓就會齊心協力。老師活着是榮耀的，死了是讓人極其哀痛的。他怎麼能被趕得上呢？」

朋友圈縱橫談

※ 袁了凡

前面說「不可及」，後面說「如之何可及」，正是發揮了前面的意思。神妙的教化是不可言說的，而列舉一些感應現象來說明它，就如同堯的仁德是無法言說的，而只說他的功勞、事跡。

原文：

袁了凡曰：上言「不可及」，下言「如之何可及」，正發明上意。蓋神化不可名而舉感應言之，正如堯德不可名而止言成功文章也。

※ 張　岱

普通人確實不能夠自立、自行、自來、自和，必須孔夫子來「立」「道」「綏」「動」。活着的人，命脈都繫在孔夫子身上。如果沒有孔夫子，則萬世都沒有真正活着的人。全天下都為他的死而哀傷、為他的活而感到榮耀，這才能反映出孔子之得國家人民之心。

原文：

人實不能自立、自行、自來、自和，須夫子之「立」「道」「綏」「動」。生人之命脈全繫於夫子。無夫子，則萬古無生人矣。合天下以為哀榮，方見夫子之得邦家處。

丧日第二十

堯曰章

堯曰:「咨!爾舜。天之曆數在爾躬,允執其中。四海困窮,天祿永終。」舜亦以命禹。曰:「予小子履,敢用玄牡,敢昭告於皇皇后帝:有罪不敢赦。帝臣不蔽,簡在帝心。朕躬有罪,無以萬方;萬方有罪,罪在朕躬。」周有大賚,善人是富。「雖有周親,不如仁人。百姓有過,在予一人。」謹權量,審法度,修廢官,四方之政行焉。興滅國,繼絕世,舉逸民,天下之民歸心焉。所重:民、食、喪、祭。寬則得眾,信則民任焉,敏則有功,公則說。

✳ 譯文:

　　堯說:「唉!你這個舜!天的曆數命運落在你的身上了。好好地掌握那中道吧!倘若天下百姓都困苦貧窮,上天賜給你的祿位也就會永遠完結了。」舜也把這番話交代給禹。商湯遇大旱向天祈雨時說:「我這個小子履,謹用黑色的公牛來獻祭,向偉大英明的天帝祈禱:有罪的人,我從不敢擅自赦免。那些賢人都是服從天帝之臣,我也不敢掩蔽,都由天帝的心來檢閱、選擇。若是我本人有罪,不要因此牽連萬方百姓,若萬方百姓有罪,請只降罪我一個人。」周武王得到上天的大恩賜,一時之間善人特別多。周武王說:「我雖然有至親,不如有仁德之人。百姓有過錯,都在我一人身上。」應該謹慎權衡,審察法度,修立已經廢除了的舊官職,這樣全國的政令就會通行了。復興被滅亡了的國家,延續已經斷絕了的世系,提拔隱逸的人

才，天下百姓就會真心歸服了。統治者應當重視的四件事：人民、飲食、喪禮、祭祀。他只要寬厚就能得到民眾的擁戴，只要誠信就能得到民眾的信任，只要勤勉力行就能取得成效，只要公正無私就會使民眾心悅誠服。

朋友圈縱橫談

※ 徐儆弦

如此大的天下，堯舜進行託付時所囑咐的話，只是三四句就結束了，沒有別的可說了，這可以想到那個時候精神相投、宇宙清明寧靜的情形。等到商湯討伐夏桀的時候，就去向上請示天命，向下昭告諸侯，用了很多話語去說。然而也只是通過誓、告的形式來陳述。等到周武王討伐商紂王的時候，就有了很多治理人心、扶植風教綱紀的事情，花費很多力氣。這可以看出世道人心的變化，因此帝王需要隨着時勢的不同採取措施，繁瑣或簡要是如此之不同。像典、謨、訓、誥這四種並沒有記載下來，將它們綴在文後，可知治理之法總不會超出心法。

原文：

徐儆弦曰：許大天下，堯舜以之授；其所囑付，只是三四言而止，又更無別說，此可想見當時精神契合，宇宙清寧之意。至湯伐桀，便去上請天命，下告諸侯，卻費辭說。然亦陳之誓告而已。至武王伐紂，便有許多收拾人心，扶植風紀之事，卻費氣力。此見世道人心之變，帝王所以隨時措置，其繁簡之不一如此也。四者典、謨、訓、誥所不載記者，綴之於後，見治法總不出心法之外。

從政章

子張問於孔子曰：「何如斯可以從政矣？」子曰：「尊五美，屏四惡，斯可以從政矣。」子張曰：「何謂五美？」子曰：「君子惠而不費，勞而不怨，欲而不貪，泰而不驕，威而不猛。」子張曰：「何謂惠而不費？」子曰：「因民之所利而利之，斯不亦惠而不費乎？擇可勞而勞之，又誰怨？欲仁而得仁，又焉貪？君子無眾寡，無小大，無敢慢，斯不亦泰而不驕乎？君子正其衣冠，尊其瞻視，儼然人望而畏之，斯不亦威而不猛乎？」子張曰：「何謂四惡？」子曰：「不教而殺謂之虐；不戒視成謂之暴；慢令致期謂之賊；猶之與人也，出納之吝謂之有司。」

✳ 譯文：

子張問孔子說：「怎樣做才能夠從事政治呢？」孔子說：「尊崇五美，摒除四惡，就可以從事政治了。」子張問：「五美是什麼？」孔子說：「在上位的君子要給百姓以恩惠而自己卻無所耗費；役使百姓而不使他們怨恨；有欲望而不貪婪；莊重而不驕矜；有威嚴而不兇猛。」子張說：「怎樣叫要給百姓以恩惠而自己卻無所耗費呢？」孔子說：「借助能讓百姓得利的事情而讓他們得利，這不就是惠而不費嘛！選擇可以役使百姓的時間和事情去役使他們，又有誰會怨恨呢？自己想要追求仁便得到了仁，又還有什麼可貪的呢？君子對人，無論對方人數

多寡，勢力大小，都不怠慢他們，這不就是莊重而不驕矜嗎？君子衣冠整肅，目不斜視，莊重得使人看到就生出敬畏之心，這不就是威嚴而不兇猛嗎？」子張問：「什麼是四惡呢？」孔子說：「不事先教化就加以殺戮叫做虐；不事先告誡就督查成績叫做暴；不事先鄭重申明就突然限期叫做賊，同樣是要給人財物，卻在出納之際吝嗇，那叫做管理部門的小官吏，而不是一個統治者。」

朋友圈縱橫談

※ 張　岱

「五美」是從道心上發揮作用，「四惡」是從人心上放縱。一「尊」一「屏」，法度戒律清清楚楚。將這一章放在講述帝王之道的《堯曰章》後，可見治統和道統確實是有關聯的。

對於「五美」用一個「尊」字，將它們奉若神明，行為的準則都從這裏來。對於「四惡」用一個「屏」字，把它們當作毒草蛇蠍一樣的東西，絕不讓它們的危害加諸於人民。

原文：

「五美」從道心上運用，「四惡」從人心上恣肆。一「尊」一「屏」，法戒昭然。敘此章於帝王之後，治統、道統確有淵源。

「五美」下一「尊」字，奉若神明，著蔡必欲出乎身。「四惡」下一「屏」字，如荼毒蛇蠍，必不使加乎民。

知命章

子曰:「不知命,無以為君子也;不知禮,無以立也;不知言,無以知人也。」

＊ 譯文:

孔子説:「不知天命,就不能做君子;不知禮儀,就不能立身;不知別人的話語,就不能知人。」

朋友圈縱橫談

※ 張　岱

> 三個「知」字是這一整章的關鍵,不一定要用「命」字來貫通。
>
> 「知命」,不是把一切都交給氣數,完全沒有自我努力。古人哪怕刀鋸在前,湯鑊在後(刀鋸湯鑊均為刑具),也全然不去躲避。又説「知命」之人,不站立在將要傾塌的牆之下;犯罪受刑而死的,不是正常的命運。這裏面審時度勢的權宜大有學問;不是輕巧地説一個「知命」,更不是説可以草率地成為一個君子。
>
> 原文:
>
> 三「知」字是通章關鍵,不必以「命」字貫。
>
> 「知命」,不全然諉之氣數,毫無斡旋。古人刀鋸在前,湯

鑊在後，全無趨避。又說「知命」者，不立於岩牆之下；又說桎梏死者，非正命也。此中大有機宜，大有學問；不是輕輕說一「知命」，亦不是草草成一君子。

※ 張　岱

《禮記‧禮器》說：「禮，能使人消除邪念，增加美質。它對於人來說，就如同竹子有青皮，松柏有樹心。」一個筠一個心，可以想出「立」字的含義。

應當知道「知人」不僅是辨識別人的人品，也正是驗證自己的學問功力，所以是困難的。

原文：

《禮記》曰：「禮，釋回，增美質，其在人也，如竹箭之有筠也、如松柏之有心也。」一筠一心，可想見「立」字之義。

要知「知人」處，不只是辨別人品，正是驗自己學力，所以為難。

當才子遇上論語

[明] 張岱 著

馮寧寧 編譯

□ 責任編輯：蕭 健
□ 裝幀設計：高 林
□ 排　版：賴艷萍
□ 校　對：盧爭艷
□ 印　務：林佳年

出版　中華書局（香港）有限公司
　　　　香港北角英皇道 499 號北角工業大廈一樓 B
　　　　電話：（852）2137 2338　傳真：（852）2713 8202
　　　　電子郵件：info@chunghwabook.com.hk
　　　　網址：http://www.chunghwabook.com.hk

發行　香港聯合書刊物流有限公司
　　　　香港新界大埔汀麗路 36 號
　　　　中華商務印刷大廈 3 字樓
　　　　電話：（852）2150 2100　傳真：（852）2407 3062
　　　　電子郵件：info@suplogistics.com.hk

印刷　美雅印刷製本有限公司
　　　　香港觀塘榮業街 6 號 海濱工業大廈 4 樓 A 室

版次　2020 年 4 月初版
　　　　© 2020 中華書局（香港）有限公司

規格　32 開（230mm×150mm）

ISBN　978-988-8675-00-5